RANC

HENRI

AVENEL

HENRI ROCHEFORT

LE MONDE DES JOURNAUX EN 1895

ORGANISATION — INFLUENCE — LÉGISLATION
MOUVEMENT ACTUEL

Portraits et Pseudonymes
Reproduction en fac-similé des principaux journaux
de Paris et des Départements

LA PRESSE ÉTRANGÈRE

JULES LEMAITRE

EN VENTE

ANCIENNE
Maison QUANTIN
7, rue St-Benoît
et à
L'ANNUAIRE
de la
Presse française
et du
Monde politique
7, rue Suger
PARIS

EDOUARD HERVÉ

SOMMAIRE

LE

MONDE DES JOURNAUX

EN 1895

IL A ÉTÉ TIRÉ DE CET OUVRAGE

CINQ EXEMPLAIRES NUMÉROTÉS SUR PAPIER DE HOLLANDE

Phot. Pierre Petit.

JULES SIMON

HENRI AVENEL

LE MONDE DES JOURNAUX EN 1895

ORGANISATION — INFLUENCE — LÉGISLATION
MOUVEMENT ACTUEL

Portraits et Pseudonymes
Reproduction en fac-similé des principaux journaux
de Paris et des Départements

LA PRESSE ÉTRANGÈRE

PARIS
En vente :

ANCIENNE MAISON QUANTIN
LIBRAIRIES-IMPRIMERIES RÉUNIES
MAY ET MOTTEROZ
7, rue Saint-Benoît.

A L'ANNUAIRE
DE LA PRESSE FRANÇAISE
ET DU MONDE POLITIQUE
7, rue Suger.

1895

AVANT-PROPOS

L'épanouissement du journalisme dans nos sociétés modernes est, au point de vue psychologique, un phénomène pour le moins aussi curieux que dans l'ordre scientifique, l'application de l'électricité.

Le journal a conquis son droit de cité dans la bourgade, comme dans la grande ville. Il se trouve entre les mains des prolétaires en même temps que sur la table de l'oisif, servant d'aliment au plus humble comme au plus élevé, au pauvre ainsi qu'au riche, au simple non moins qu'au raffiné.

La lecture de ce carré de papier, qui donne des nouvelles du monde entier et relie chacun de nous aux autres fractions de l'humanité, est si bien devenue une nécessité quotidienne, qu'en être privé nous semblerait un châtiment, une sorte de séparation, un supplice comparable à la faim ou à la soif.

De fait, en dehors de ses occupations de métier, de ses affaires ou de ses plaisirs, chacun n'a rien de plus pressé que de « lire son journal ». Mais l'être humain étant essentiellement complexe et divers, le journal a dû se plier à de multiples variations, et, nouveau Protée, revêtir des formes nouvelles à l'infini, suivant l'âge, le caractère, l'humeur, le caprice des uns et des autres.

Tantôt, c'est l'opinion qui réclame une plus large part de liberté. Cette liberté, dégénérant à son tour en licence, la loi intervient pour la refréner. Ici, la presse fait et défait les puissants ; là, elle sert l'esclave d'un parti, selon les événements, les époques et les pays. Tour à tour, elle soutient un vieil édifice chancelant ou construit une bâtisse neuve appelée à abriter des générations entières. Bref, la Presse est l'agent principal des transformations successives qui s'opèrent dans le monde de la pensée et de l'action.

Il n'est plus permis aujourd'hui de se désintéresser de cette force qui emprunte sa vitalité à toutes les forces ambiantes.

D'abord, reflet de la pensée humaine dans ce qu'elle a d'éphémère et de fugitif, mais aussi de plus actuel et de plus saisissant, la Presse, grâce au « fil spécial », a centuplé ses moyens d'information et les a universalisés, en attendant le « ballon spécial » permettant de suivre par le menu toutes les péripéties des grandes courses de yacht, de chevaux ou de vélos.

Maintenant, comment fonctionnent tous ces rouages, non seulement à Paris, non seulement en France, mais dans toute l'Europe ? Comment sont répartis et de quoi sont composés ces fils ténus qui s'entre-croisent, s'enchevêtrent et englobent des régions entières ? C'est ce que nous nous faisons un devoir de faire connaître au lecteur dans les pages suivantes composant le volume que nous publions sous ce titre : LE MONDE DES JOURNAUX EN 1895 [1].

H. A.

1. Notre *Annuaire de la Presse française* et du *Monde politique*, dont le seizième volume vient de paraître, donne les renseignements, pour chaque région et pour chaque journal, détaillés et tout à fait complets.

LA LÉGISLATION FRANÇAISE

SUR LA PRESSE

DEPUIS LA LOI DU 29 JUILLET 1881

Loi unique remplaçant 42 lois, décrets et ordonnances.

La loi du 29 juillet 1881 a réalisé un progrès considérable dans notre législation sur la presse, en la dégageant de l'inextricable confusion léguée par les gouvernements divers qui se sont succédé dans notre pays.

S'il faut en croire le rapporteur, M. Lisbonne, cette législation se composait de quarante-deux lois, décrets et ordonnances, d'origines diverses, dont les textes semblaient parfois se contredire, à tel point que les jurisconsultes eux-mêmes étaient souvent embarrassés pour décider si certaines dispositions étaient encore en vigueur ou si elles étaient abrogées.

Le premier et très grand service rendu par le législateur de 1881 a été de balayer tous ces vieux débris des régimes déchus et de nous doter d'une loi unique, véritable code de la presse.

En même temps, il a supprimé toutes les mesures préventives et tous les délits d'opinion. Son œuvre a été, dans toute l'acception des termes, une œuvre d'affranchissement et de liberté.

Dans les trois premiers chapitres, consacrés le premier à l'imprimerie et à la librairie, le second à la presse périodique, le troisième à l'affichage, au colportage et à la vente sur la voie publique, la loi de 1881 a fait table rase de toutes les mesures préventives de l'ancienne législation. Elle se borne à réglementer, sans la restreindre, la liberté d'exprimer et de communiquer la pensée par le livre, le journal, l'affiche, ou tout autre instrument de publication.

Le quatrième chapitre donne l'énumération des crimes et délits qui peuvent se commettre par la voie de la presse ou par tout autre moyen de publication, et ne comprend dans cette énumération que es actes présentant tous les caractères des délits de droit commun.

Enfin, le cinquième chapitre est consacré à la procédure. Il fait du jury la juridiction de droit commun en matière de presse, et il ne défère aux tribunaux correctionnels que les délits de diffamation et d'injures commis envers les particuliers. Quant aux infractions punies de peines de simple police, elles sont justiciables du juge de paix.

Le droit commun appliqué à la Presse et ses conséquences.

Toutes les discussions intéressantes se sont produites, à la Chambre des députés, au sujet des articles du quatrième chapitre de la loi.

M. Floquet proposa, en matière de répression, un système nouveau et tout à fait séduisant, au premier abord, par son extrême simplicité, qu'il formula en ces termes : « Il n'y a pas de délits spéciaux de la presse. Quiconque fait usage de la presse ou de tout autre mode de publication est responsable selon le droit commun. » Et le droit commun, selon M. Floquet, c'était, au point de vue civil, l'article 1382 du Code civil, qui rend chacun responsable de son fait et l'oblige à réparer le dommage qu'il a causé ; en matière criminelle, c'est la complicité, telle qu'elle est caractérisée par l'article 60 du Code pénal, et à côté de cette complicité la culpabilité directe pour les délits contre les personnes, c'est-à-dire pour la diffamation et l'injure.

Mais on reconnut que le droit commun appliqué à la presse serait cent fois plus dur que le régime spécial proposé par le rapporteur, au nom de la commission. En effet, suivant le droit commun, en cas de délit, les coupables seraient : d'abord l'imprimeur, puis l'éditeur responsable, si l'écrit délictueux n'était pas périodique ; puis l'auteur de l'article, alors même qu'il n'aurait pas signé ; car la preuve devrait être admise pour le faire découvrir et reconnaître. Enfin, il faudrait poursuivre comme complices le propriétaire du journal, le financier qui le fait vivre, le directeur politique qui en a la surveillance ; on pourrait même aller jusqu'à discuter la complicité du commanditaire. On n'hésita pas longtemps ; et, dans l'intérêt même de la presse périodique, on se décida en faveur du régime spécial.

Discussion sur le chef d'outrage à la République ou à l'une des deux Chambres.

Un point des plus importants, c'est que la nouvelle loi a écarté, d'une manière générale, tous les délits d'opinion pouvant donner lieu à des procès de tendance : les attaques contre la Constitution, le principe de la souveraineté du peuple et du suffrage universel ; les attaques contre le respect dû aux lois, contre la liberté des cultes, la propriété, la famille ; l'excitation à la haine et au mépris du Gouvernement ; l'exposition publique ou mise en vente de signes ou symboles séditieux ; l'outrage à la morale publique et religieuse.

La discussion fut vive et prolongée lorsqu'il s'agit de savoir si on écarterait aussi l'outrage à la République ou à l'une des deux Chambres. M. Marcou, à la Chambre des députés, s'efforça de démontrer que la République ne pouvait, sans danger, permettre qu'on l'outrageât impunément ; qu'elle avait le droit de vivre et par suite celui de se faire respecter et de se défendre ; et qu'en décrétant l'impunité des injures, des insultes, des outrages dirigés contre elle, on préparerait son renversement, on la ruinerait dans ses fondements essentiels, c'est-à-dire dans l'estime des citoyens, dans l'affection, dans l'enthousiasme qui font sa force et sa grandeur.

Ces objections graves trouvèrent des contradicteurs éloquents tels que MM. Madier de Montjau, Clémenceau, Ballue, qui finirent par l'emporter. La République, disaient-ils, ne peut vivre que de liberté et doit apprendre à avoir confiance en elle. Dans un pays qui prétend et qui veut se gouverner lui-même, le droit de critiquer et de discuter le Gouvernement doit être absolu et placé hors de toute atteinte. Sans doute, il serait désirable que la République ne pût être outragée ; mais comme il est impossible de préciser le moment où la discussion devient outrageante, de dire où finit la discussion et où commence l'attaque, il faut nécessairement ou proclamer l'impunité de l'outrage, ou proclamer l'arbitraire gouvernemental. En matière de presse, suivant le mot de Royer-Collard, il n'y a point « d'issue légale entre ces deux termes : impunité et arbitraire ». Un gouvernement monarchique peut choisir l'arbitraire, le gouvernement républicain est tenu d'opter pour l'impunité. La liberté, qui est son principe et sa raison d'être, lui en fait un devoir ; d'ailleurs, un gouvernement basé sur le suffrage universel n'a pas à redouter cette impunité et doit, avant tout, s'en remettre à l'opinion publique du soin de le venger des injures ou des insultes dont il est l'objet. L'expérience enfin n'a-t-elle pas démontré que les lois répressives ont toujours été impuissantes à sauver les gouvernements qui n'étaient pas assez forts pour affronter toutes les discussions et braver toutes les injures ; et des lois répressives ne seraient-elles pas plus fatales encore à la République qu'à tout autre gouvernement [1].

1. Georges Barbier, *Code expliqué de la presse*, t. I, p. 10.

Nécessité de remanier la loi de 1881.

La loi de 1881, en supprimant tous les délits d'opinion, en tolérant même l'outrage à la République, a permis à la liberté de la presse de dégénérer parfois en licence.

Des abus se sont naturellement produits, qui ont trouvé le pouvoir désarmé et impuissant à se défendre. C'est ce qui a amené beaucoup de bons esprits à reconnaître qu'il convenait de retoucher et de compléter cette loi récente, pour la mettre en harmonie avec les nécessités révélées par les événements.

Il y a eu des hésitations, des tâtonnements, qui ont fait avorter bien des projets et en ont fait aboutir quelques-uns.

C'est ce mouvement des esprits et des projets de loi successifs sur la presse, depuis 1881, que nous voulons exposer ici pour l'édification de nos lecteurs, auxquels nous laisserons le soin de prononcer un jugement en dernier ressort. Nous leur ferons seulement observer que toute œuvre législative est nécessairement imparfaite, et que la législation sur la presse est une des plus complexes et des plus difficiles à établir d'une manière durable, dans une nation aussi mobile et aussi divisée que la nation française.

Répression des outrages aux bonnes mœurs.

La loi du 2 août 1882 ayant pour objet la répression des outrages aux bonnes mœurs est venue la première modifier la législation de 1881 sur la presse.

Il convient de dire dans quelles circonstances.

A peine la loi du 29 juillet 1881 était-elle promulguée qu'il se produisit un véritable débordement de publications obscènes à bon marché, dont l'étalage déshonorait les promenades les plus fréquentées des grandes villes, et dont la grossièreté était signalée à l'attention des passants par les cris et les commentaires des vendeurs. L'autorité n'était pas assez armée pour mettre fin à un pareil scandale. En effet, l'article 28 de la loi de 1881 était efficace pour assurer la répression de l'outrage aux bonnes mœurs commis par dessins, gravures, emblèmes ou images, la saisie préventive étant permise en ce cas et la juridiction correctionnelle appelée à connaître du délit pouvant toujours être rapidement saisie; mais quand on n'était pas en présence de *publications illustrées*, quand les coupables prenaient soin d'éviter la gravure, le dessin, l'emblème ou l'image, la répression était inefficace, parce qu'elle intervenait seulement lorsque tout le mal était fait et que les coupables avaient réalisé le bénéfice de leurs méfaits.

De plus, comme le dit très bien M. Barbier[1], ces entrepreneurs de scandales, ces éditeurs et auteurs d'œuvres exclusivement pornographiques, ne relevant d'aucune littérature, étaient admis, au même titre que les éditeurs et écrivains dignes de ce nom, à bénéficier des règles spéciales et toutes de faveur adoptées par la loi sur la presse, relativement à la complicité, à la détention préventive, à la récidive, aux circonstances atténuantes, à la prescription.

Pour parer à l'insuffisance de l'article 28 de la loi de 1881, le garde des sceaux Humbert présenta, le 2 mai 1882, à la Chambre des députés, un projet de loi qui plaçait le délit d'outrage aux bonnes mœurs sous l'empire du *droit commun*, l'assimilait au délit d'outrage public à la pudeur et lui appliquait les peines édictées par l'article 330 du Code pénal.

La Chambre des députés repoussa cette assimilation. Elle laissa soumis aux pénalités de l'article 28, paragraphe 1er, de la loi de 1881 et aux règles spéciales de cette loi l'outrage aux bonnes mœurs, commis soit par la voie du *livre*, soit par des *discours*, *chants ou cris obscènes*. Mais elle décida de punir par une loi spéciale, comme délit de droit commun, l'outrage aux bonnes mœurs, quand il serait commis par des moyens de publication autres que ceux ci-dessus énoncés, c'est-à-dire à l'aide d'écrits, d'imprimés *autres que le livre*, d'affiches, dessins, gravures, peintures, emblèmes ou images obscènes.

Le Sénat adopta le projet de loi de la Chambre des députés; et ainsi fut votée la loi du 2 août 1882, qui fait de l'outrage aux bonnes mœurs par voie de publications obscènes, suivant les cas, tantôt un délit de presse, tantôt un délit de droit commun.

Napoléon.

Un second projet de loi fut bientôt proposé par le Gouvernement en vue de modifier la loi de 1881 sur la presse. Il fut discuté par la Chambre des députés en 1883 et 1884. Il était relatif aux *manifestations séditieuses*.

Disons tout de suite que ce projet a échoué.

Il faut rappeler quelle était alors la situation politique et quel était le mouvement des esprits.

Un des chefs les plus illustres et les plus aimés du parti républicain, le grand patriote Gambetta, venait de mourir (31 décembre 1882). Cet événement avait entraîné un certain désarroi, dont voulut profiter le prince Jérôme Napoléon pour lancer une sorte d'appel au pays.

1. *Code de la presse*, t. I, p. 309.

Le 16 janvier au matin, un manifeste signé NAPOLÉON était placardé sur les murs de Paris. En voici quelques extraits :

Paris, 15 janvier 1883.

A mes concitoyens.

La France languit.

Quelques-uns parmi ceux qui souffrent s'agitent.

La grande majorité de la nation est dégoûtée. Sans confiance dans le présent, elle semble attendre un avenir qu'elle ne pourra obtenir que par une résolution virile.

Le pouvoir exécutif est affaibli, incapable et impuissant.

Les Chambres sont sans direction et sans volonté.

Le parti au pouvoir méconnait ses propres principes pour ne rechercher que la satisfaction des passions les moins élevées.

Le Parlement est fractionné à l'infini.

Réactionnaires, modérés, radicaux se sont succédé au Gouvernement. Tous ont échoué.

On nous a promis une République réparatrice et réformatrice. Promesse mensongère.

Vous assistez à des crises continuelles qui atteignent le chef de l'État, les Ministres et les Chambres.

L'expérience de la République parlementaire, poursuivie depuis douze années, est complète.

Vous n'avez pas de gouvernement.

Le mal réside dans la Constitution, qui met le pays à la discrétion de huit cents sénateurs et députés...

L'Administration est discréditée... Exploiter le pays, ce n'est pas l'administrer.

Vos finances sont dilapidées.

Les impôts, lourds et mal répartis, sont maintenus dans un fatal esprit de routine qui met obstacle à tout progrès...

Un agiotage, qui ne doit souvent son impunité qu'à des solidarités compromettantes, a envahi toutes les classes de la société.

La religion, attaquée par un athéisme persécuteur, n'est pas protégée, et cependant ce grand intérêt de toute société civilisée est plus facile à sauvegarder que tout autre par l'application loyale du Concordat, qui seul peut nous donner la paix religieuse.

Notre commerce est atteint par l'abandon des traités de 1860, auxquels nous devions la prospérité ; et l'intérêt des consommateurs et des commerçants est sacrifié.

Héritier de Napoléon Ier et de Napoléon III, je suis le seul homme vivant dont le nom ait réuni *sept millions trois cent mille suffrages.*

Le Gouvernement s'effondre ; mais une grande démocratie comme la nôtre ne peut se dérober longtemps à la nécessité de constituer l'autorité. Le peuple en a le sentiment. Il l'a prouvé dans les huit plébiscites de 1800, 1802, 1804, 1815, 1848, 1851, 1852 et 1870.

Français, souvenez-vous de ces paroles de Napoléon Ier :

Tout ce qui est fait sans le peuple est illégitime.

Le Gouvernement républicain prit un peu trop au tragique cette démonstration platonique, peut-être même simplement ridicule. M. le garde des sceaux Devès fit déchirer et saisir les affiches par la police. Il mit en mouvement le parquet, et le prince Jérôme Napoléon fut mis en état d'arrestation, sur un mandat de dépôt signé par un juge d'instruction [1].

Sur une interpellation de M. Jolibois, qui qualifia cette arrestation d'arbitraire, la Chambre des députés vota, par 401 voix contre 85, un bill d'indemnité au ministère.

Mais on fut bientôt obligé de reconnaître qu'en vertu de la loi du 29 juillet 1881 sur la presse, l'affichage du manifeste du prince Napoléon était tout à fait licite, que la destruction des exemplaires ne pouvait être opérée qu'en vertu d'un arrêt de la cour d'assises, que l'auteur ne pouvait être poursuivi que pour provocation suivie d'effet à un crime ou à un délit quelconque, ou pour provocation même non suivie d'effet, s'il avait provoqué au meurtre, au pillage, à l'incendie ou à l'un des crimes contre la sûreté de l'État prévus par les articles 75 à 101 du Code pénal.

Le prince Napoléon bénéficia d'une ordonnance de non-lieu et s'attira les lazzi de presque toute la presse pour son rôle de *César déclassé*.

Proposition de loi relative aux manifestations séditieuses. — Discours de M. Waldeck-Rousseau.

Le Gouvernement crut alors nécessaire de présenter un projet de loi destiné à combler les lacunes révélées par cet incident dans la loi de 1881 sur la presse.

Ce projet fut compris dans le programme ministériel du cabinet Ferry. Mais il ne vint en discussion devant la Chambre que dans le courant des mois de février et mars 1884.

Le Gouvernement et la Commission se mirent d'accord pour proposer à la Chambre d'adopter un contre-projet rédigé par M. Lelièvre, et qu'il convient de reproduire ici à titre de document :

Article premier. — L'article 10 de la loi du 30 juin 1881 est modifié ainsi qu'il suit :

« Toute personne qui aura pris une part manifestement active à une réunion organisée sur la voie publique sera punie d'un emprisonnement de six jours à trois mois.

« La provocation directe à former une réunion sur la voie publique, qu'elle ait été ou non suivie d'effet, sera punie des mêmes peines.

1. On nous raconte un mot assez plaisant du prince Jérôme au cours des interrogatoires que lui fit subir le juge d'instruction. Celui-ci lui faisait un reproche d'avoir signé son manifeste du seul nom de « Napoléon ». Le prince Jérôme répondit : « J'ai apposé mon nom au bas du manifeste. Je ne pouvais pourtant pas signer Benoît. Tout le monde n'a pas l'honneur de s'appeler Benoît. »

« Les autres infractions aux dispositions de la présente loi seront punies des peines de simple police, sans préjudice des poursuites pour crimes et délits qui pourraient être commis dans les réunions. »

ART. 2. — Seront punis d'un emprisonnement de six jours à six mois et d'une amende de cent à quatre mille francs, ou de l'une de ces deux peines seulement : 1° l'enlèvement ou la dégradation de signes publics de l'autorité du Gouvernement républicain ; 2° tous cris ou chants séditieux proférés sur la voie ou dans les lieux publics ; 3° toute manifestation séditieuse faite publiquement par emblèmes ; 4° toute manifestation séditieuse faite publiquement par affiches exposées ou distribuées.

Le tout sans préjudice des dispositions de l'article 471, n° 15, du Code pénal, relatives aux contraventions, aux arrêtés de police pris en exécution des lois des 14 décembre 1789, 22 décembre 1789, janvier 1890, 16-24 août 1790, 19-22 juillet 1791 [1].

ART. 3. — Les journaux, placards, affiches et généralement tous écrits ou imprimés distribués ou vendus dans les rues et lieux publics ne pourront être annoncés que par leurs titres.

Aucun titre contenant des imputations ou expressions injurieuses pour une ou plusieurs personnes ne pourra être annoncé sur la voie publique.

Les infractions aux dispositions qui précèdent seront punies d'un emprisonnement de six jours à un mois et d'une amende de 16 à 500 fr., ou de l'une de ces deux peines seulement.

ART. 4. — Les délits prévus par la présente loi seront déférés à la police correctionnelle, sauf celui visé par le paragraphe 4 de l'article 2, qui ressortira à la cour d'assises.

ART. 5. — Les règles de la procédure en matière de flagrant délit tracées par la loi du 20 mai 1863 sont également applicables à ces délits, sauf celui prévu par l'article 2, paragraphe 4, de la présente loi.

ART. 6. — L'article 463 du Code pénal est applicable aux délits ci-dessus prévus.

Ce projet fut vivement attaqué par MM. Jullien, Bovier-Lapierre, Gâtineau et Camille Pelletan, qui fit avec une verve étourdissante la critique de chacun des termes de la loi proposée. MM. Dusolier, Léon Renault, Waldeck-Rousseau, ministre de l'intérieur, et Martin-Feuillée, garde des sceaux, défendirent le projet. Le ministre de l'intérieur, repoussant toute pensée de réaction contre la liberté de la presse, s'attacha à justifier la juridiction correctionnelle appliquée aux cris et placards séditieux par l'impossibilité d'attendre les sessions trimestrielles de la cour d'assises pour réprimer ces sortes de délits.

1. L'objet de cette dernière disposition était de donner une sanction expresse à divers arrêtés municipaux ou préfectoraux rendus en 1883 et interdisant soit le cri, sur la voie publique, de journaux à scandale, soit l'affichage de placards séditieux. La légalité de ces arrêtés avait été contestée, la loi de 1881 ne consacrant point les pouvoirs généraux de police des préfets et des maires à cet égard.

« Ce qu'il faut, disait-il, c'est assurer la liberté de la rue.

« Je crois qu'il y a des droits naturels qu'on n'aliène pas, et je suis prêt à proclamer que parmi ces droits figure celui de publier sa pensée, de se réunir, de s'associer; mais, quand on fait partie d'une société, est-il possible, non d'offrir l'expression de sa pensée, mais de l'imposer sous une forme quelconque, en confisquant à son profit une partie de la voie publique, d'imposer aux passants des placards ou des images qui peuvent être absolument insultants pour leurs convictions ?

« La liberté d'écrire et de se réunir doit se définir ainsi : la liberté d'écrire pour ceux qui voudront lire, et la liberté de former une réunion avec le consentement de ceux qui voudraient y assister.

« Si l'on va plus loin, vous aurez bien pour un temps proclamé la liberté de la presse, obtenu le droit de réunion, mais vous ne serez pas assurés de le conserver le jour où la population française, qui n'est pas sans une certaine mobilité, se trouvera, elle qui a un si grand attachement pour les institutions républicaines, obligée de subir là où elle ne les cherche pas, où elle ne peut les éviter, les thèses les plus opposées à son opinion. Et c'est ce qui arrivera si l'on ne garantit pas la liberté de la voie publique.

« C'est là que se résume le projet. Encore une fois, nous ne voulons en aucune façon revenir sur les lois libérales que nous avons votées ; il y a, au contraire, tout intérêt à faire passer de la loi sur la presse dans une loi sur la voie publique tout ce qui est relatif aux cris séditieux, et je n'aurai pas de peine à montrer que la liberté de la presse a souffert de cette confusion, que, si la presse a tant de fois perdu les conquêtes qu'elle avait faites, c'est au lendemain de ces agitations sur la voie publique, dont elle n'était en aucune façon responsable.

« En effet, quand on enveloppe dans un même texte les questions de presse et de voie publique, on s'expose à des retours offensifs, dangereux pour les intérêts les plus chers, pour ceux de la liberté de la presse.

« Je me résume. Par rapport à la loi de 1881, le projet que le Gouvernement vous demande avec insistance de voter répond à cette triple idée de la liberté complète de la presse, de la liberté complète de la réunion, de la sécurité complète de la voie publique, de la rue. »

A la majorité de 268 voix contre 190, la Chambre décida de passer à la discussion des articles ; mais le Gouvernement fut battu sur plusieurs points importants et notamment sur l'attribution aux tribunaux correctionnels de la connaissance des délits de cris, chants et placards séditieux.

Le projet fut définitivement abandonné, sans passer par l'épreuve d'une seconde lecture.

Le Manifeste du comte de Paris

Il en résulta que le Gouvernement se trouva désarmé, lorsque, deux années plus tard, après les élections d'octobre 1885, les membres des familles ayant régné sur la France furent expulsés du territoire en vertu de la loi du 22 juin 1886, et que le comte de Paris publia et fit afficher, dans quelques communes rurales, une protestation-manifeste d'un caractère nettement séditieux :

« Contraint de quitter le sol de mon pays, disait ce prétendant, je proteste, au nom du droit, contre la violence qui m'est faite... En me poursuivant, on se venge sur moi des trois millions et demi de voix qui, le 4 octobre ont condamné les fautes de la République, et l'on cherche à intimider ceux qui, chaque jour, se détachent d'elle. On poursuit en moi le principe monarchique... Ces calculs seront trompés.

« Instruite par l'expérience, la France ne se méprendra ni sur la cause, ni sur les auteurs des maux dont elle souffre. Elle reconnaîtra que la monarchie, traditionnelle par son principe, moderne par ses institutions, peut seule y porter remède.

« Seule, cette monarchie nationale dont je suis le représentant peut réduire à l'impuissance les hommes de désordre qui menacent le repos du pays, assurer la liberté politique et religieuse, relever l'autorité, refaire la fortune publique...

« La République a peur : en me frappant, elle me désigne.

« J'ai confiance dans la France. A l'heure décisive, je serai prêt. »

Le Gouvernement, rep ésenté alors par MM. de Freycinet, Sarrien, Demôle, le général Boulanger, etc., déposa le 26 juin, à la Chambre, un projet de loi déférant à la cour d'assises l'affichage et l'exposition d'écrits séditieux. La commission élue pour examiner ce projet fut presque unanimement hostile. On songea d'abord à limiter l'application du projet aux affiches émanant de personnages princiers ; puis on décida de ne pas faire de rapport, et le Gouvernement se borna à faire enlever par voie administrative les quelques exemplaires du manifeste qui avaient été placardés.

L'opinion publique et le Parlement étaient alors si opposés à tout remaniement de la loi du 29 juillet 1881, que lorsque M. Bozérian, sénateur, proposa, dans les premiers mois de l'année 1888, de restreindre les abus de la liberté de la presse, il fut combattu tout à la fois par M. Lisbonne, par M. Sarrien, ministre de l'intérieur, et par M. Fallières, garde des sceaux. — Son projet ne put aboutir.

Il en fut de même d'une proposition de M. Lisbonne, ayant pour objet de rendre justiciables des tribunaux de police correctionnelle les délits d'injure publique seulement. Le Sénat adopta bien cette proposition le 18 février 1889 ; mais la Chambre des députés, au mois d'avril, la rejeta.

Projet de loi de M. Marcel Barthe concernant les délits d'injure, d'outrage et de diffamation contre les fonctionnaires de tout ordre.

La lutte électorale de 1889 contre le parti boulangiste et les dangers courus alors par les libertés publiques semblèrent incliner les esprits vers une répression plus rigoureuse des excès de tout genre commis par la presse. Mais cette disposition des esprits ne fut pas de longue durée, comme on va le voir.

Tout d'abord, la mise en vente des journaux dans les rues était devenue l'occasion de tels désordres, de tels scandales et de tels chantages, que la loi du 19 mars 1889 fut votée pour réglementer cette vente sur la voie publique. Ce n'était qu'un détail; mais il avait son importance.

Après les élections et dès le 21 novembre 1889, à la Chambre des députés, M. Joseph Reinach proposa d'abroger la loi sur la presse de 1881 et de revenir au *droit commun*, c'est-à-dire au Code pénal légèrement modifié. La juridiction correctionnelle devait être substituée au jury.

Ce projet ne fut pas discuté, parce que le Sénat avait mis à son ordre du jour un projet analogue de M. Marcel Barthe, qui tendait à rendre justiciables des tribunaux correctionnels les délits d'injure, d'outrage et de diffamation commis par la voie de la presse contre le Président de la République, les ministres, les membres des deux Chambres, les fonctionnaires publics, etc.

Il est facile de résumer les arguments présentés par les partisans de la proposition Marcel Barthe, les sénateurs Cordelet, de Marcère et Tolain. Il n'y a plus, depuis 1881, disaient-ils [1], de délits d'opinion, de délits de tendance, et nul ne songe à les rétablir. Ne sachant plus comment s'attaquer au Gouvernement dans son principe, les adversaires de la République s'attaquent aux hommes qui la représentent, au chef de l'État, aux ministres, aux membres du Parlement, aux fonctionnaires; pour réprimer les outrages et les diffamations dont ils abreuvent ces hommes, la juridiction des assises est notoirement insuffisante : elle ne fonctionne que plusieurs mois après que le délit a été commis, c'est-à-dire lorsque tout l'effet d'une diffamation est déjà produit, toutes les accusations calomnieuses accréditées dans la masse; d'autre part, ses arrêts ne sont point motivés : lorsqu'elle prononce l'acquittement d'un diffamateur, elle n'a point même à alléguer qu'il a pu agir de bonne foi, et l'opinion publique n'hésite pas à interpréter l'acquittement du prévenu comme une condamnation du fonctionnaire ou du

1. *Année politique de 1890*, par André Daniel.

député qui s'est prétendu diffamé. Une telle situation est intolérable au point de vue politique : elle compromettra, si elle se prolonge, l'autorité et le crédit du gouvernement tout entier.

Le plus redoutable adversaire du projet de loi, en dehors des orateurs de la droite tels que MM. Fresneau et Baragnon, fut un sénateur républicain de la Gironde, M. Trarieux.

Pour lui, il ne fallait à aucun prix renier la tradition séculaire du parti libéral, qui a toujours réclamé pour la presse la juridiction du jury; il considérait la proposition Barthe comme un retour plus ou moins déguisé au décret dictatorial de 1852, car, disait-il, il est impossible de tracer une limite exacte entre la diffamation contre un homme et la dénonciation d'un abus; or, si la diffamation est répréhensible, la révélation des abus est utile, indispensable au fonctionnement des institutions libres; sous couleur de réprimer la première, il ne faut pas décourager la seconde. Peut-on même dire que la proposition atteindrait son but si elle devenait loi? Les tribunaux correctionnels se sont fréquemment montrés dans ces derniers temps plus indulgents, ou plus lâches, que le jury dans la répression des excès de la presse. Un fonctionnaire diffamé, armé d'un jugement correctionnel, ne sera d'ailleurs jamais aussi bien lavé, au regard des tiers, des accusations qui pèsent sur lui que s'il obtient un verdict du jury. On n'aura donc point protégé les fonctionnaires; on n'aura fait que discréditer le régime.

Discours de M. Thévenet, garde des sceaux.

Le Gouvernement intervint par l'organe du garde des sceaux, M. Thévenet, et du président du conseil, M. Tirard. Il le fit avec un grand esprit de décision et contribua puissamment à entrainer les votes du Sénat.

« Ce qu'il faut examiner, disait le garde des sceaux, c'est le point de savoir si, sous prétexte de liberté de la presse, on ne désarme pas ce qui doit toujours demeurer armé dans tous les pays, le Gouvenement.

« Pendant ces derniers mois, où les passions politiques ont atteint une exaspération sans précédent, est-ce que l'on a seulement critiqué et jugé les actes du Gouvernement?

« Non, ce qu'on a voulu faire et ce qu'on a fait, ç'a été surtout d'atteindre les personnes. C'est là le caractère de cette lutte si habilement et si perfidement engagée, dont vous avez été les témoins, et, pendant des mois, les fonctionnaires de tous ordres, à quelque degré de l'échelle qu'ils fussent placés, parce qu'ils étaient républicains et qu'ils s'opposaient aux entreprises factieuses, ont été dénoncés comme de malhonnêtes gens, et vous n'avez pas oublié l'épithète infamante qu'on avait accolée au Gouvernement auquel vous aviez donné votre confiance. . .

« L'honorable M. Trarieux a beaucoup parlé du droit commun en matière de presse. Il ne veut pas qu'on touche au droit commun, et pour lui le droit commun, c'est la loi de 1881. Qu'il me permette de le lui dire, il fait une pétition de principe, et son raisonnement repose ici sur une conception inadmissible.

« La loi de 1881 n'a en aucune façon soumis la presse au droit commun. Elle a accordé au journaliste de véritables privilèges, dont je ne signalerai que deux. Le premier, c'est que le journaliste prévenu d'un délit de presse est jugé par la cour d'assises, tandis que tout autre citoyen prévenu de délit est justiciable des tribunaux correctionnels. Il y a donc là une dérogation au droit commun édictée au profit du journaliste.

« Voici un autre cas. M. Trarieux disait tout à l'heure que la diffamation contre un fonctionnaire est une véritable dénonciation.

« Or ouvrez le Code pénal, et vous lirez ceci à l'article 373 : « Quiconque aura fait par écrit une dénonciation calomnieuse « contre une ou plusieurs personnes sera puni d'un emprisonne- « ment, etc. »

« Ainsi, tout individu qui fait par écrit, sous sa signature, une dénonciation calomnieuse, est justiciable des tribunaux correctionnels.

« Et si la dénonciation paraît dans un journal, sous le voile de l'anonyme, parce que son auteur n'aime pas à en prendre ouvertement la responsabilité, celui-ci est traduit en cour d'assises.

« Quelle est donc la raison qui permet de soustraire ainsi le journaliste à la juridiction ordinaire?

« Le droit commun s'applique indistinctement à tous les citoyens. Si vous faites une exception à ses règles en faveur des journalistes, ce ne peut être qu'à une condition, à la condition de démontrer que la liberté de discussion serait compromise si ces derniers ne bénéficiaient pas d'une mesure de faveur. Sinon vous constituez, pour une catégorie de citoyens, un privilège exorbitant, dont la seule existence est une iniquité à l'égard des autres.

« En outre, il faut, messieurs, se rendre compte de la situation faite au fonctionnaire diffamé. Vous mettez à sa disposition la solennité d'une cour d'assises; il n'en a que faire. Ce qu'il demande, ce sont des juges ayant l'habitude de juger, qui, pour se prononcer, voudront des preuves et des preuves précises.

« Quant au jury, il se compose de citoyens peu habitués aux choses de la justice, qui, au sortir de l'audience, se mêlent à l'opinion publique et qui, une fois revenus sur leurs sièges, peuvent se laisser égarer et par l'éloquence d'un avocat et par des considérations personnelles et politiques. . . .

« En matière de diffamation contre un fonctionnaire, le jury peut être placé dans une situation où son impartialité peut être suspectée; le droit de récusation, en effet, n'appartient pas à la partie civile qui se plaint. C'est encore là une erreur de la loi de 1881, que nous vous demandons de corriger.

« On a dit du jury qu'il pouvait s'arrêter à des présomptions vagues plutôt qu'à la réalité, et qu'il pouvait rendre un arrêt sans en comprendre toute l'importance; cela est vrai, cela est humain, et quand on songe qu'il suffit d'un *oui* ou d'un *non* pour tuer un homme devant l'opinion, n'est-on pas en droit de penser qu'il est plus sage, plus prudent et plus juste de confier ce jugement à un magistrat qui, avant de le rendre, devra le rédiger, le motiver et en peser mûrement tous les termes?

« Est-ce que la matière n'est pas suffisamment grave pour que l'on cherche à l'entourer de toutes les garanties? Et l'honorable M. Trarieux lui-même le comprend ainsi, puisqu'il voulait que deux questions fussent posées aux jurés, l'une sur le fait, l'autre sur la culpabilité. Mais ne vaut-il pas mieux, lorsqu'il s'agit de l'honneur, de la situation morale et matérielle d'un fonctionnaire, s'adresser à la juridiction ordinaire, aux magistrats qui ont l'habitude de juger, qui rédigeront leurs sentences et les motiveront en pleine connaissance de cause et dans toute leur indépendance?

« Messieurs, j'ai terminé; je n'ai examiné la question qu'au point de vue politique, et vous aurez à vous demander si dans un pays comme le nôtre, où le principe du Gouvernement est attaqué chaque jour par les alliances que vous savez, il n'est pas bon de protéger les fonctionnaires.

« Je dis que le moment est venu de donner au Gouvernement républicain toutes les armes dont il a besoin pour protéger ceux qui le servent.

« Oui, le Gouvernement pense qu'il y a intérêt à ne point placer les délits de diffamation et d'injure dans une loi sur la presse, car ce ne sont point des délits de presse. Vous ferez une loi qui réprimera les délits que tous les Gouvernements réprouvent et que vous réprouverez aussi. »

Le projet fut voté par le Sénat, en première lecture, par 167 voix contre 102.

Discours de M. Challemel-Lacour.

Dans la seconde délibération, M. Lisbonne reprit les arguments de M. Trarieux. De son côté, M. Challemel-Lacour s'attacha à justifier la proposition Barthe par des considérations d'ordre général:

« Messieurs, disait-il, il s'est accompli dans la presse en ses rapports avec la société, avec le Gouvernement, les particuliers et la justice, non pas des changements partiels, mais une révolution totale.

« Nous sommes donc un monde nouveau.

« Nous sommes en présence d'un état de choses auquel ne saurait être comparé aucun autre état antérieur, et que nul n'avait pu connaître ou prévoir parmi les théoriciens de la liberté.

« Nous sommes en présence d'une presse dont rien, dans le passé, sous aucun régime ni dans aucun pays, n'a pu donner une idée.

« Eh bien, c'est une révolution qui met en défaut les théories que l'on a invoquées et qui modifie profondément les doctrines que l'on avait conçues d'après le modèle de l'Angleterre. Cette révolution se rattache à des causes variées qu'il serait intéressant de démêler. Ses origines remontent à un temps déjà éloigné. Elle date du jour où le suffrage universel est devenu subitement la base de notre société politique.

« Elle a continué même sous l'Empire, où, malgré toutes les entraves qu'il a maintenues jusqu'au bout, elle n'a pas cessé d'avancer lourdement. Elle n'a éclaté et n'a été consacrée que par la loi du 29 juillet 1881, et, depuis ce jour, elle s'est développée avec une rapidité foudroyante.

« Le premier trait de cette révolution, c'est que, aujourd'hui, tout le monde peut faire un journal moyennant quelques formalités faciles à remplir et dont vous connaissez tous la valeur. Il ne faut ni argent, ni opinion politique, ni passé, ni avenir, il n'est besoin de présenter aucune garantie que l'accomplissement des formalités légales.

« Au temps où ces théories si souvent invoquées étaient exposées par de grands esprits, on reconnaissait qu'un journal est une influence et un pouvoir, et on proclamait comme un axiome, dans la langue abstraite de l'époque, que toute influence implique garantie et tout pouvoir responsabilité.

« Messieurs, cet axiome a cessé d'exister aujourd'hui, ou du moins il est tombé en désuétude. Les journaux sont toujours une influence et un pouvoir; ils sont même devenus une force en quelque sorte mécanique et irrésistible; mais on ne leur demande aucune garantie. C'est à peine s'ils connaissent une responsabilité.

« Qui que vous soyez, une fois les formalités du début accomplies, vous pouvez fonder, que dis-je, fonder? vous pouvez publier un journal trois ans, trois mois, trois jours même; vous pouvez ne le publier qu'une seule fois.

« Tant qu'il durera, ce journal parlera sur qui et comment il voudra, sur les particuliers et les fonctionnaires, sur les sociétés privées et les institutions politiques, sur les hommes d'affaires et les hommes d'État. Il pourra répandre et multiplier ses attaques sans mesure, sans frein, les pousser jusqu'aux derniers excès, sans risquer autre chose que quelques poursuites en cour d'assises ou en police correctionnelle.

« Et quand le plaignant se présentera devant la cour d'assises, tout aura disparu, le journal, le journaliste, le gérant; il ne restera plus que le souvenir des diffamations par lesquelles ils auront signalé leur passage.

« Messieurs, il y a là un fait nouveau, qui dérange toutes les théories du passé, celles notamment de nos devanciers de 1818 qui avaient combattu avec tant d'éclat et de courage pour la liberté du journaliste. »

A ce discours de large envergure, les sénateurs Lisbonne et Bernard répondaient en présentant des palliatifs, des expédients sans consistance, pour corriger les défauts trop réels de la juridiction du jury.

« Au lieu de demander simplement au jury, disaient-ils, si le diffamateur est coupable, comme le veut la loi, multipliez et précisez les questions. Demandez-lui d'abord si la preuve des faits diffamatoires a été fournie; demandez-lui ensuite s'il y a eu ou non intention de nuire, et enfin s'il ne convient pas, même au cas où l'intention de nuire est écartée, d'allouer des dommages-intérêts. Vous aurez ainsi une sorte de verdict motivé. »

Le projet de loi Marcel Barthe, voté par le Sénat, est repoussé par la Chambre.

Le 28 février 1890, la proposition Marcel Barthe fut votée, au Sénat, par 170 voix contre 96.

Mais devant la Chambre des députés, le beau zèle du Gouvernement en faveur du projet de loi s'évanouit. Les souvenirs du péril boulangiste allaient tous les jours s'affaiblissant; et beaucoup de bons esprits considéraient comme inutiles les mesures qu'ils auraient votées, quelques mois auparavant, à titre de mesures de salut public.

M. Fallières, devenu garde des sceaux, eut beau déclarer qu'il ne réclamait la juridiction correctionnelle qu'en ce qui concerne l'injure, en laissant aux cours d'assises la connaissance des délits de diffamation, la Chambre repoussa le projet par 334 voix contre 183.

Les attaques au crédit de l'État et les offenses aux souverains étrangers sont déférées à la juridiction correctionnelle.

La Chambre élue en 1889 consentit cependant à certaines modifications de la loi sur la presse, mais sur des points accessoires et d'une portée restreinte.

Une loi du 3 février 1893 compléta les articles 419 et 420 du Code pénal en punissant les provocations ou tentatives de provocation au retrait des fonds des caisses publiques ou des établissements obligés par la loi à effectuer leurs versements dans les caisses publiques, et en les renvoyant à la police correctionnelle.

Le garde des sceaux Léon Bourgeois, devant le Sénat, justifia en termes excellents les dispositions de la nouvelle loi : « Il n'est pas question, dit-il, quel que soit le moyen employé et *alors même qu'il s'agirait simplement d'articles de presse*, de soumettre l'appréciation de ces faits délictueux à la juridiction de la cour d'assises. On ne peut songer à laisser leurs auteurs en liberté et à employer la procédure organisée par la loi du 29 juillet 1881. Il est nécessaire d'avoir recours à une juridiction qui offre, par la rapidité de la procédure et les mesures préventives qui peuvent être prises, toutes les garanties d'une répression prompte et efficace. La sécurité de l'État est à ce prix... On cherche à inquiéter le petit travailleur, cet homme qui a péniblement économisé une somme parfois bien modique... On lui insinue que l'État est un voleur. Quand nous sommes en présence de tels agissements, quand nous voyons les efforts faits pour jeter le doute et le trouble dans l'esprit des plus humbles et des plus intéressants des citoyens, *j'ai le droit de dire qu'il ne saurait plus être question de la liberté de la presse*... Si le but de ceux qui ont écrit les articles ou qui les ont dictés est véritablement de troubler le crédit public par le retrait en masse des fonds des caisses d'épargne, dans ce cas, alors même que le seul fait incriminé serait un article de journal, il ne saurait y avoir de doute : c'est le délit de droit commun prévu par les articles 419 et 420 du Code pénal. »

Un peu plus tard, par une loi du 16 mars 1893, les offenses envers les souverains étrangers et les outrages contre les agents diplomatiques étrangers ont été déférés à la juridiction correctionnelle. On a voulu empêcher ainsi des acquittements qui, comme ceux d'Aiguesmortes, peuvent déchaîner la guerre.

L'Anarchie et ses doctrines.

Il ne nous reste plus qu'à parler des modifications introduites dans la législation de la presse par les lois du 12 décembre 1893 et du 28 juillet 1894 sur la propagande et les menées anarchistes.

Les dernières années de notre XIXe siècle seront tristement caractérisées dans l'histoire par l'éclosion et le développement de la secte anarchiste, qui a fait, suivant le mot de Zola, le grand rêve noir de tout purifier par la flamme des incendies.

Depuis le jour où Proudhon, que Kropotkine appelle *le Père immortel de l'anarchie,* a lancé, comme une bombe, dans le monde civilisé, son fameux cri de guerre : *La propriété, c'est le vol*, les diverses écoles socialistes ont proclamé avec plus ou moins d'audace le droit de reprise de la collectivité des travailleurs, soit sur les instruments, soit sur les produits du travail.

Tous les socialistes veulent aboutir à la « socialisation de la propriété capitaliste », c'est-à-dire à la destruction de la propriété individuelle, de l'industrie individuelle. Mais les uns marchent à la conquête du pouvoir politique en se confiant aux moyens légaux, pour arriver à réformer la société actuelle. D'autres, les socialistes impatients, *les révolutionnaires,* persuadés qu'on ne peut refaire une société sans verser le sang, font appel à la violence pour s'emparer du pouvoir politique, qui leur permettra de faire table rase des institutions existantes.

Quant aux anarchistes, ils ne se préoccupent de conquérir le pouvoir, ni par le suffrage universel, ni par la violence. Ils ont le mépris de toutes les lois et de toutes les autorités. « Individualistes jusqu'au crime, dit M. Garraud [1], ils considèrent qu'une partie des travailleurs et même qu'un travailleur a droit à la reprise individuelle des produits collectifs. Pour eux, le vol n'est plus le vol, car reprendre à quelques-uns ce qui appartient à tous, ce n'est qu'exercer un droit. Qu'attendez-vous du Parlement? des pouvoirs publics? disent-ils aux prolétaires. On ne demande pas, on prend : on prend chez le boulanger, on prend chez le tailleur, on prend chez le riche, soit pour vivre, soit pour aider les compagnons à vivre, soit même pour soutenir la cause anarchiste et créer une caisse de propagande. »

Pour faire pénétrer leur doctrine de destruction dans les masses, les anarchistes ont recours à la parole et à la plume, et

1. *L'Anarchie et la répression*, p. 10 (Paris, Larose, 1895). On peut consulter aussi sur ce sujet les volumes suivants récemment parus : *De la complicité intellectuelle,* par Fabreguettes (Paris, Chevalier-Marescq, 1894-95); *Code de la législation contre les anarchistes*, par Loubat (Paris, Chevalier-Marescq, 1895); *le Péril anarchiste,* par Félix Dubois (Paris, Flammarion, 1894).

aussi à la propagande par le fait, c'est-à-dire aux moyens les plus criminels, l'incendie, l'explosion, l'assassinat, l'empoisonnement.

La presse anarchiste a abusé au delà de toute expression de la liberté accordée par la loi de 1881 et de l'inertie du pouvoir. Ce fut d'abord à Lyon, de 1880 à 1885, qu'on assista à une floraison extraordinaire de feuilles anarchistes. Le procès fait à soixante-six anarchistes, en 1883, comme affiliés à la *Société internationale des travailleurs*, n'enraya qu'à moitié ce mouvement. Parmi les condamnés figuraient Kropotkine, Émile Gautier, Bordas, Bernard, Sanlaville, etc. Élisée Reclus fut acquitté.

L'Anarchie et ses apôtres.

L'anarchie a eu son journal doctrinaire, *le Révolté*, qui devint *la Révolte* en 1888, tira jusqu'à huit mille exemplaires et fut rédigé principalement par Kropotkine, Élisée Reclus, Jean Grave [1]. Vint ensuite *le Père Peinard*, avec Pouget pour directeur, une sorte de tirailleur d'avant-garde, *le Père Duchesne* de l'anarchie. Et à la suite de ces journaux, des livres comme *la Conquête du pain*, de Kropotkine; *la Société mourante*, de Jean Grave; des revues et des brochures comme les *Entretiens* et l'*En Dehors*, ce dernier fondé par Zo d'Axa, avec des collaborateurs tels que Octave Mirbeau, auteur d'un article fameux glorifiant Ravachol, Sébastien Faure, Lucien Descaves, Paul Adam, A.-F. Hérold, Barrucaud, etc.

Il y a même eu une imagerie et une caricature anarchistes. Qui ne sait qu'on a glorifié ainsi Ravachol, le martyr national, avec les dernières paroles prononcées par lui devant l'échafaud :

Si tu veux être heureux,
Nom de Dieu!
Pends ton propriétaire [2].

L'Anarchie et ses exploits.

Les crimes abominables et les nombreux attentats commis par la secte anarchiste firent enfin sortir le Gouvernement de sa torpeur et de sa mansuétude.

1. *La Révolte*, qui avait disparu après la chasse aux anarchistes faite en 1894 par les cabinets Perier et Dupuy, vient de reparaître sous le titre : *les Temps nouveaux* (avril 1895).
2. *Le Péril anarchiste*, par Félix Dubois (Paris, Flammarion, 1894). Ce livre est une véritable histoire du parti anarchiste dans ces dernières années, avec des extraits de ses principales publications, des reproductions de gravures, documents, etc. Il est d'un puissant intérêt.

Déjà, en 1882, à Montceau-les-Mines, des bandes avaient pillé et brûlé une église, fait sauter des calvaires. L'explosion du café Bellecour, à Lyon, qui avait blessé plusieurs consommateurs et tué l'un d'entre eux, avait entraîné la condamnation à mort comme complice de Cyvoct, gérant d'un journal anarchiste lyonnais. M. Grévy le gracia. Une échauffourée avec pillage de boulangeries, à Paris, en mars 1883, avait valu plusieurs années de réclusion à Louise Michel et à Pouget.

Mais ce fut surtout à partir de l'année 1890 que se produisit une recrudescence extraordinaire d'attentats anarchistes, grâce aux incitations et à l'organisation savante donnée à la secte par des journaux publiés à Londres et répandus en France secrètement : *l'International*, d'abord, *l'Indicateur anarchiste*, plus tard. Ces feuilles préconisèrent les procédés chimiques les plus redoutables pour hâter la destruction d'une société abhorrée.

« A côté du vol, disait *l'International*, du meurtre et de l'incendie, qui deviennent naturellement nos moyens légaux pour faire connaître notre ultimatum à tous les dirigeants de la société actuelle, nous n'hésiterons pas à placer la chimie, dont la voix puissante devient absolument nécessaire pour dominer le tumulte social et faire tomber brutalement entre nos mains la fortune ennemie, sans gaspiller le sang des nôtres..... Il faut brûler les églises, les palais, couvents, casernes, préfectures, mairies, études de notaires, d'avocats, d'huissiers, les forteresses, les prisons..... Occupons-nous de chimie et fabriquons vivement bombes, dynamite et autres matières explosives. »

Quant à *l'Indicateur anarchiste*, dans quarante pages de texte, il expliquait minutieusement la fabrication de la dynamite, du fulminate de mercure, de la nitrobenzine, de la bombe asphyxiante, du feu fénian, du feu lorrain, de la bombe au sodium et au potassium, de la nitroglycérine, des poudres chloratées, etc.

Toutes ces excitations portèrent, comme on devait s'y attendre, des fruits détestables. En 1891, signalons seulement la manifestation anarchiste de Levallois, drapeau noir en tête et revolver au poing, et la tentative d'explosion au commissariat de police de Clichy. En 1892, après le vol de dynamite de Soisy-sous-Étioles, on assiste coup sur coup à l'explosion de l'hôtel de la princesse de Sagan, à l'explosion d'une maison du boulevard Saint-Germain, habitée par M. le conseiller Benoît ; à l'explosion de la caserne Lobau, à l'explosion d'une maison de la rue de Clichy, habitée par M. l'avocat général Bulot.

L'auteur des explosions du boulevard Saint-Germain et de la rue de Clichy n'était autre que Ravachol, qui avait déjà assassiné un ermite à Chambles (Loire) et violé la sépulture de la marquise de La Rochetaillée pour y voler des bijoux. Ravachol fut condamné et exécuté. Mais d'autres dynamiteurs firent sauter le restaurant Véry. Enfin, en octobre 1892, l'explosion de la rue des Bons-Enfants, par la bombe déposée au siège de la Compagnie des mines de Carmaux, causa la mort de cinq agents de police.

Mesures préventives du Gouvernement.

Le ministère présidé par M. Loubet déposa, au mois de mai 1892, un projet de loi sur la presse portant modification des articles 24, 25 et 49 de la loi du 29 juillet 1881. La disposition essentielle du projet consistait à permettre l'arrestation et la saisie préventives, en cas de provocation directe à commettre certains crimes et le délit de vol, « dans le cas où cette provocation n'aurait pas été suivie d'effet ». Quant aux autres innovations, elles n'avaient trait qu'à l'aggravation de certaines pénalités, notamment en ce qui concernait la provocation des militaires à la désobéissance. Malgré les efforts méritoires du président du conseil, la discussion du projet se perdit dans de vagues déclamations religieuses portées à la tribune par M. de Mun et dans les scrupules juridiques de MM. Jullien, Gerville-Réache, de Ramel et autres.

Les idées de M. de Mun.

M. de Mun demanda au Gouvernement quelles doctrines, quelles idées il prétendait opposer aux doctrines et aux idées anarchistes. Suivant lui, l'anarchie était le fruit de l'éducation antichrétienne imposée au peuple depuis quinze ans. « Partout, disait-il, à l'école, au lycée, à l'Université, à l'hospice où les pauvres vont mourir, au lit de la mort, dans l'institution de la famille, dans toutes les manifestations extérieures de la puissance publique, partout votre idée dominante s'est résumée dans ce seul mot: rompre avec toute religion, avec toute loi divine !... » A la morale chrétienne, ajoutait-il, qui conduit les hommes « par le double effort de la charité et de la justice vers l'amélioration de leur destinée », on a substitué une doctrine qui fait du bien-être l'objet exclusif de leur activité. Il n'y a donc pas lieu de s'étonner des assauts violents livrés à un ordre social où tout n'est pas respectable, lorsqu'on ne peut opposer à cette recherche illimitée du bonheur que le frein impuissant d'une loi dépourvue désormais de toute sanction morale. »

A quel résultat pouvaient aboutir de telles considérations morales, dans une Assemblée législative? Est-ce qu'elle peut décréter le retour de la nation aux idées religieuses?

Quoi qu'il en soit, le ministère Loubet sombra au milieu des conflits parlementaires soulevés par l'affaire du Panama; et les anarchistes continuèrent le cours de leurs exploits, sans que la Chambre et le Sénat se missent d'accord sur les moyens répressifs qui devaient leur être appliqués.

Conséquence des attentats de Vaillant et d'Émile Henry.

En 1893, un anarchiste nommé Willis tira un coup de revolver sur la place de l'Opéra, lors des fêtes russes, et fut condamné à cinq ans de réclusion. Un jeune homme de vingt ans, Léauthier, frappa d'un coup de poinçon un « homme décoré », M. Georgewitch, et fut condamné aux travaux forcés à perpétuité. Le 9 décembre 1893, Auguste Vaillant lança une bombe en pleine Chambre des députés. Vaillant fut exécuté ; mais presque aussitôt Émile Henry jeta une autre bombe au café Terminus. Un inconnu, sous le nom de Rabardy, se servit de la bombe pour attenter à la vie des commissaires de police et causa ainsi la mort d'une femme, propriétaire d'un hôtel meublé.

L'attentat de Vaillant, commis dans l'enceinte de la Chambre des députés, ouvrit les yeux aux plus aveugles. Le président du conseil, M. Casimir-Perier, comprit qu'il y avait urgence à assurer l'ordre social et la sécurité publique. Parmi les lois qu'il fit voter dans ce but figura la loi du 12 décembre 1893, qui modifiait les articles 24, 25 et 49 de la loi sur la presse, et reproduisait, sauf quelques nuances, l'ancien projet du ministère Loubet.

Lois nouvelles contre l'Anarchie.

La loi du 12 décembre 1893 a étendu le cercle des provocations punissables et augmenté les pénalités édictées par la loi de 1881. De plus, elle a autorisé, pour certains cas déterminés, la saisie préventive des placards ou affiches incriminés, et l'arrestation préventive des inculpés, alors même qu'ils ont leur domicile en France.

Cette double modification dans l'incrimination est-elle suffisante ? Un jurisconsulte éminent, M. Garraud, professeur de droit criminel à la Faculté de droit de Lyon, ne le pense pas; et nous croyons devoir reproduire ici les raisons qu'il en donne dans sa récente et remarquable brochure sur *l'Anarchie et la répression.*

Le système de la loi de 1881 sur la provocation contient des restrictions que la législation antérieure, plus prévoyante, n'avait pas admises. Il y a un intérêt évident de défense sociale à rétablir aujourd'hui les barrières traditionnelles. Y a-t-il rien de plus dangereux et de plus imprévoyant que de permettre, comme le fait notre loi sur la presse, la provocation à un fait délictueux, quel qu'il soit? Le Code pénal représente le *minimum d'exigence de la moralité sociale*. On ne comprend donc pas qu'il puisse être licite d'exciter publiquement à commettre un acte réprimé par la loi pénale. La loi du 17 mai 1819 (art. 12) déclarait punissable la provocation à toute action qualifiée *crime* ou *délit*. Si la provocation était suivie *d'effet*, son auteur était considéré et puni comme complice du crime ou du délit; la provocation qui n'était suivie *d'aucun effet* constituait un délit spécial, et la peine était plus ou moins sévère, selon que la provocation avait eu pour objet un crime ou un délit. C'est un régime auquel on devra revenir. C'est celui de la plupart des législations européennes.

Pour réprimer la provocation, la loi du 29 juillet 1881 exige qu'elle soit *directe*. Il en est de même de la loi du 12 décembre 1893. Cette dernière loi cependant punit une forme de provocation indirecte: *l'apologie du crime*, qui est une sorte de provocation. Il faudra en venir à punir toutes les provocations indirectes, sans distinction, comme le faisait la législation antérieure à 1881. Il y a bien d'autres formes d'excitations indirectes au meurtre, à l'incendie, à l'explosion, etc., que l'apologie de ces mêmes faits; et ces formes de provocation indirecte peuvent présenter un caractère tout aussi dangereux. Il y a presque unanimité, à cet égard, dans les législations criminelles des États européens (Allemagne, Italie, Suisse, Danemark, Hollande).

L'assassinat du président Carnot et la loi du 28 juillet 1894. Les attentats anarchistes de 1895.

La loi du 12 décembre 1893, jointe aux autres lois contre les anarchistes votées au même moment, a contribué puissamment à enrayer cette propagande publique et scandaleuse qui s'étalait dans les feuilles de la secte. Mais elle n'a pu suffire à purger la France des sectaires, ni à préserver le président Carnot du plus odieux des attentats.

Au lendemain de l'assassinat du président Carnot, un nouveau pas a été fait dans la voie de la répression; et la loi du 28 juillet 1894 a été inscrite dans nos codes. Mais n'est-il pas cruel de songer que l'amélioration de notre législation, en cette matière, n'a pu être conquise qu'à la suite d'abominables forfaits et au prix du sang le plus pur?

On s'est demandé si la loi du 28 juillet 1894 se rattachait au *régime de la presse*. Dans les interminables discussions parlementaires, il n'a pas été facile de saisir et de fixer la pensée du Gouvernement. Ce sont des articles de journaux qui ont été lus à la tribune par le président du conseil, pour démontrer la nécessité de la loi. Plus tard, il a déclaré avec une certaine insistance que le projet de loi ne visait pas la presse.

La vérité, c'est que l'article 1er de la loi du 28 juillet 1894, qui vise la propagande anarchiste réalisée par les moyens de publicité spécifiés à l'article 23 de la loi sur la presse du 29 juillet 1881, doit être considéré comme un article additionnel, un *appendice* des lois de 1881 et de 1893. Il fait, par suite, partie intégrante du code de la presse.

Quant à l'article 2, qui crée un délit nouveau, dont l'un des caractères est de ne pouvoir être commis par l'un des modes de publicité énumérés dans l'article 23 de la loi de 1881, il rentre dans le droit commun des matières criminelles.

On arrive ainsi à cette conclusion, très nettement mise en lumière par M. Garraud, que la loi de 1894 a un *caractère mixte*. Là se trouve l'explication des confusions qui se sont produites dans la discussion lorsqu'il s'est agi de la caractériser.

Aucune loi peut-être n'a été plus attaquée que la loi du 28 juillet 1894 sur les menées anarchistes. Les socialistes l'ont qualifiée de *loi scélérate*. Elle a eu du moins cet effet salutaire de prouver aux anarchistes que la société était prête à se défendre. Elle a agi par voie comminatoire et d'une manière préventive, en cherchant à paralyser chez les anarchistes ce qu'ils appellent « le courage du geste ».

Depuis la promulgation de cette loi, plus d'une année s'étant écoulée sans qu'il se fût présenté une seule occasion de l'appliquer, on pouvait croire à la disparition du mouvement anarchiste; c'était trop se hâter. Le récent attentat d'Aniche, où le meurtrier, comme déjà cela s'était passé à l'église de la Madeleine, fut victime de son acte et expia le crime en le commettant; la lettre explosible envoyée au baron de Rothschild avec « prière de faire suivre » et qui éclata dans les mains du secrétaire chargé de « dépouiller le courrier »; enfin, tout dernièrement, la bombe déposée rue Laffitte, à l'hôtel du célèbre banquier et dont on a pu arrêter le porteur, un certain Léon Boutheille, élève et admirateur d'Émile Henry; tous ces événements accumulés en moins de deux mois, démontrent clairement que l'anarchie n'a rien appris, n'a rien oublié et que la loi du 28 juillet 1894 n'est pas près de tomber en désuétude.

Propositions Denoix et Marcel Barthe, concernant la responsabilité de la presse.

Il ne s'écoulera plus une seule année, désormais, sans que quelques modifications à la loi sur la presse du 29 juillet 1881 ne soit proposée à la Chambre ou au Sénat.

Mentionnons donc, en terminant, les deux dernières manifestations de la Chambre et du Sénat au sujet de la presse.

A la Chambre, c'est M. le député Denoix, qui a déposé, à la séance du 22 décembre 1894, une proposition sur le régime de la presse. Cette proposition a été l'objet, à la séance du 31 janvier 1895, d'un rapport sommaire de M. de Lasteyrie, au nom de la Commission d'initiative, concluant à la prise en considération.

M. de Lasteyrie, dans son rapport, a fait une analyse très exacte du projet Denoix, après l'avoir résumé en ces mots : *liberté absolue de la presse* et *responsabilité absolue de l'écrivain.*

Voici les passages essentiels de cette analyse :

« M. Denoix ne songe à toucher à aucun des articles de la loi de 1881 qui ont fait disparaître toute entrave à la libre expression de la pensée. Mais il juge que le législateur n'a peut-être pas rendu suffisamment effective la responsabilité des écrivains, et il n'est pas le premier à soutenir cette opinion.

« Vous vous rappelez, en effet, qu'en 1889, le Sénat, après l'équipée boulangiste, frappé des écarts déplorables auxquels la presse s'était livrée pendant cette malheureuse période, avait voté diverses modifications à la loi de 1881. Vous vous rappelez qu'ici même, des collègues appartenant à la presse vous avaient demandé de donner aux pouvoirs publics des moyens plus efficaces de faire porter la responsabilité de leurs écrits à ces hommes pour qui la presse n'est plus qu'une entreprise de diffamation, de mensonge et de chantage. Et vous ne pouvez avoir oublié en quels excellents termes le garde des sceaux d'un de nos derniers ministères radicaux, M. Guyot-Dessaigne, soutenait ici même la nécessité de reviser certains articles de la loi de 1881. C'est de ces précédents que M. Denoix s'est inspiré...

« L'article 27 de la loi du 29 juillet 1881 ne punit le délit de fausses nouvelles, même s'il y a mauvaise foi, que dans le cas où la paix publique aura été troublée. M. Denoix propose de ne pas maintenir cette restriction, dont plusieurs exemples tout récents n'ont que trop montré les inconvénients.

« La loi de 1881 a établi comme juridiction normale de la presse la cour d'assises. Mais elle a réservé aux tribunaux correctionnels la connaissance de certains délits déterminés, qu'elle énumère dans le second paragraphe de l'article 45. L'honorable M. Denoix ajoute à cette énumération les délits prévus par les articles 27, 30, 31 et 33, paragraphe premier, de la loi de 1881, c'est-à-dire les délits de diffamation et d'injures.

« L'article 46 de la loi de 1881 ne permet pas, en cas de diffamation, une action civile indépendamment de l'action publique. Notre honorable collègue demande l'abrogation de cette disposition.

« Enfin les articles 63 et 64 de la loi de 1881 dérogent en faveur de la presse aux règles de notre droit en matière de récidive et de circonstances atténuantes. M. Denoix propose l'abrogation de ces dispositions, c'est-à-dire le retour au droit commun. »

Plus récemment encore, dans les premiers jours d'avril 1895, M. Marcel Barthe a déposé au Sénat une proposition ayant pour objet « de remplacer l'article 26 de la loi du 29 juillet 1881 sur la presse par des dispositions garantissant d'une manière plus efficace l'honneur, la dignité, la considération et la sûreté personnelle du Président de la République ». L'article unique de la proposition est ainsi conçu :

« L'article 26 de la loi du 29 juillet 1881 sur la liberté de la presse est remplacé par les dispositions suivantes :

« Sont déférées à la Haute Cour de justice, instituée par l'article 12, paragraphe 3, de la loi constitutionnelle du 16 juillet 1875, et organisée par la loi du 10 avril 1889, les offenses, les menaces contre la personne du Président de la République et les provocations à son renversement commises par l'un des moyens énoncés dans l'article 23 et dans l'article 28 de la loi du 29 juillet 1881 sur la liberté de la presse.

« Les délits ci-dessus énumérés seront poursuivis à la requête du procureur général de la Cour de cassation ou par le procureur général de la Cour d'appel de Paris; ils seront punis d'un emprisonnement de trois mois à deux ans et d'une amende de 100 à 5,000 francs, ou de l'une de ces deux peines seulement. »

* * *

Nous ne croyons pas nous tromper en affirmant que le projet de M. Marcel Barthe n'a aucune chance de succès. Il serait vraiment excessif de mettre en mouvement la solennelle et imposante juridiction de la Haute Cour de justice pour punir d'une amende tout journaliste qui se permettrait d'offenser le Président de la République.

Si les modifications à la loi sur la presse continuent à suivre la progression de ces dernières années, elles entraîneront nécessairement, dans un bref délai, une refonte complète de la législation sur la presse, ne serait-ce que pour coordonner, en les revisant, les lois diverses qui ont été votées successivement, sans aucun lien commun.

La législation sur la presse ressemble étrangement à la toile de Pénélope. Il faut savoir en prendre son parti et suivre, en cette matière peut-être plus qu'en toute autre, les mouvements de l'opinion publique.

LOIS SUR LA PRESSE

EN VIGUEUR EN FRANCE EN 1895

PREMIÈRE PARTIE

Lois et décrets sur la propriété littéraire, la contrefaçon, les publications concernant les remèdes secrets, les livres d'église, les manuscrits des archives et bibliothèques publiques, les loteries, les poids et mesures, les brevets d'invention, les écrits produits en justice, les annonces judiciaires et l'état de siège.

Loi des 19 et 24 juillet 1793 relative aux droits de propriété littéraire.

ARTICLE PREMIER.

Les auteurs d'écrits en tout genre, les compositeurs de musique, les peintres et dessinateurs qui feront graver des tableaux ou dessins, jouiront, durant leur vie entière, du droit exclusif de vendre, faire vendre, distribuer leurs ouvrages dans le territoire de la République, d'en céder la propriété en tout ou en partie.

ART. 2.

Leurs héritiers ou cessionnaires jouiront du même droit durant l'espace de dix ans après la mort des auteurs (abrogé par la loi du 14 juillet 1866).

ART. 3.

Les officiers de paix seront tenus de faire confisquer, à la réquisition et au profit des auteurs, compositeurs, peintres ou dessinateurs et autres, leurs héritiers ou cessionnaires, tous les exemplaires des éditions imprimées ou gravées sans la permission formelle et par écrit des auteurs.

ART. 4.

Tout contrefacteur sera tenu de payer au véritable propriétaire une somme équivalente au prix de trois mille exemplaires de l'édition originale.

ART. 5.

Tout débitant d'édition contrefaite, s'il n'est pas reconnu contrefacteur, sera tenu de payer au véritable propriétaire une somme équivalente au prix de cinq cents exemplaires de l'édition originale.

ART. 6.

Tout citoyen qui mettra au jour un ouvrage, soit de littérature ou de gravure, dans quelque genre que ce soit, sera obligé d'en déposer deux exemplaires à la Bibliothèque nationale ou au Cabinet des estampes de la République, dont il recevra un reçu signé par le bibliothécaire; faute de quoi il ne pourra être admis en justice pour la poursuite des contrefacteurs.

ART. 7.

Les héritiers d'un auteur d'un ouvrage de littérature ou de gravure, ou de toute autre production de l'esprit ou du génie qui appartiennent aux beaux-arts, en auront la propriété exclusive pendant dix années.

Décret du 1er germinal an XIII sur la propriété littéraire des ouvrages posthumes.

Les propriétaires, par succession ou à autre titre, d'un ouvrage posthume ont les mêmes droits que l'auteur, et les dispositions des lois sur la propriété exclusive des auteurs et sur la durée leur sont applicables, toutefois à la charge d'imprimer séparément les œuvres posthumes, et sans les joindre à une nouvelle édition des ouvrages déjà publiés et devenus propriété publique.

Loi du 14 juillet 1866 sur la propriété littéraire.

La durée des droits accordés par les lois antérieures aux héritiers, successeurs irréguliers, donataires ou légataires des auteurs, compositeurs ou artistes, est portée à *cinquante ans*, à partir du décès de l'auteur. Pendant cette période de cinquante ans, le conjoint survivant, quel que soit le régime matrimonial, et indépendamment des droits qui peuvent résulter en faveur de ce conjoint du régime de la communauté, a la simple jouissance des droits dont l'auteur prédécédé n'a pas disposé par acte entre vifs ou par testament. Toutefois, si l'auteur laisse des héritiers à réserve, cette jouissance est réduite au profit de ces héritiers, suivant les proportions et distinctions établies par les articles 913 et 915 du Code Napoléon. Cette jouissance n'a pas lieu lorsqu'il existe, au moment du décès, une séparation de corps prononcée contre ce conjoint; elle cesse au cas où le conjoint contracte un nouveau mariage. Les droits des héritiers à réserve et des autres héritiers ou successeurs, pendant cette période de cinquante ans, restent d'ailleurs réglés conformément aux prescriptions du Code Napoléon.

Lorsque la succession est dévolue à l'État, le droit exclusif s'éteint sans préjudice des droits des créanciers et de l'exécution des traités de cession qui ont pu être consentis par l'auteur ou par ses représentants.

Articles du Code pénal punissant la contrefaçon.

ART. 425.

Toute édition d'écrits, de composition musicale, de dessin, de peinture ou de toute autre production, imprimée ou gravée en entier ou en partie, au mépris des lois et règlements relatifs à la propriété des auteurs, est une contrefaçon; et toute contrefaçon est un délit.

ART. 426.

Le débit d'ouvrages contrefaits, l'introduction sur le territoire français d'ouvrages qui, après avoir été imprimés en France, ont été contrefaits à l'étranger, sont un délit de la même espèce.

ART. 427.

La peine contre le contrefacteur, ou contre l'introducteur, sera une amende de 100 francs au moins et de 2,000 francs au plus; et contre le débitant, une amende de 25 francs au moins et de 500 francs au plus.

La confiscation de l'édition contrefaite sera prononcée tant contre le contrefacteur que contre l'introducteur et le débitant.

Les planches, moules ou matrices des objets contrefaits, seront aussi confisqués.

ART. 428.

Tout directeur, tout entrepreneur de spectacle qui aura fait représenter sur son théâtre des ouvrages dramatiques, au mépris des lois et règlements relatifs à la propriété des auteurs, sera puni d'une amende de 50 francs au moins, de 500 francs au plus, et de la confiscation des recettes.

ART. 429.

Dans les cas prévus par les quatre articles précédents, le produit des confiscations ou les recettes confisquées seront remis au propriétaire pour l'indemniser d'autant du préjudice qu'il aura souffert; le surplus de son indemnité, ou l'entière indemnité, s'il n'y a eu ni vente d'objets confisqués, ni saisie de recettes, sera réglé par les voies ordinaires.

Loi du 21 germinal an XI (article 36) sur les remèdes secrets.

Tout débit au poids médicinal, toute distribution de drogues et préparations médicamenteuses sur des théâtres ou étalages, dans les places publiques, foires et marchés, *toute annonce et affiche* imprimée qui indiqueront des remèdes secrets, sous quelque dénomination qu'ils soient présentés, sont sévèrement prohibés.

Les individus qui se rendraient coupables de ce délit seront poursuivis par mesure de police correctionnelle et punis conformément aux articles 183 et suivants du Code des délits et des peines.

Décret du 7 germinal an XIII sur les livres d'église.

ARTICLE PREMIER.

Les livres d'église, les heures et prières ne peuvent être imprimés ou réimprimés que d'après les permissions données par les évêques diocésains, laquelle permission doit être textuellement rapportée et imprimée en tête de chaque exemplaire.

ART. 2.

Les imprimeurs et libraires qui feraient imprimer, réimprimer des livres d'église, des heures, des prières, sans avoir obtenu cette permission, doivent être poursuivis conformément à la loi de 1793 (relative à la propriété littéraire).

Décret du 20 février 1809 sur les manuscrits des archives et bibliothèques.

ARTICLE PREMIER.

Les manuscrits des archives de notre ministère des relations extérieures et ceux des bibliothèques impériales, départementales et communales, ou des autres établissements de notre empire, soit que ces manuscrits existent dans les dépôts auxquels ils appartiennent, soit qu'ils en aient été soustraits, ou que leurs minutes n'y aient pas été déposées aux termes des anciens règlements, sont la propriété de l'État et ne peuvent être imprimés et publiés sans autorisation.

ART. 2.

Cette autorisation sera donnée par notre ministre des relations extérieures pour la publication des ouvrages dans lesquels se trouveront des copies, extraits ou citations des manuscrits qui appartiennent aux archives de son ministère; et par notre ministre de l'intérieur, pour celle des ouvrages dans lesquels se trouveront des copies, extraits ou citations des manuscrits qui appartiennent à l'un des autres établissements publics mentionnés dans l'article précédent.

Loi du 21 mai 1836 (article 4, § 2) sur les loteries.

Ceux qui auront colporté ou distribué des billets, ceux qui, par des *avis, annonces, affiches,* ou par tout autre moyen de publication, auront fait connaître l'existence de ces loteries ou facilité l'émission des billets, seront punis des peines portées en l'article 411 du Code pénal; il sera fait application, s'il y a lieu, des deux dernières dispositions de l'article précédent.

Loi du 4 juillet 1837 (article 5) sur les poids et mesures.

Toutes dénominations de poids et mesures autres que celles portées dans le tableau annexé à la présente loi et établies par la loi du 18 germinal sont interdites dans les actes publics, *les affiches, les annonces*, etc. (L'amende est de 10 francs.)

Loi du 5 juillet 1844 (article 33) sur les brevets d'invention.

Quiconque dans les *enseignes, annonces, prospectus, affiches*, marques ou estampilles, prendra la qualité de breveté sans posséder un brevet délivré conformément aux lois ou après l'expiration d'un brevet antérieur, ou qui, étant breveté, mentionne sa qualité de breveté ou son brevet sans y ajouter ces mots : « sans garantie du gouvernement » sera puni d'une amende de 50 à 1,000 francs. En cas de récidive, l'amende pourra être portée au double.

Article 1036 du Code de procédure civile sur la suppression d'écrits produits en justice, l'impression et l'affichage des jugements.

Les tribunaux, suivant la gravité des circonstances, pourront, dans les causes dont ils seront saisis, prononcer, même d'office, des injonctions, supprimer des écrits, les déclarer calomnieux, et ordonner l'impression et l'affichage de leurs jugements.

Décret du 28 décembre 1870 sur les annonces judiciaires.

Provisoirement et jusqu'à ce qu'il en ait été autrement décidé, les annonces judiciaires et légales pourront être insérées, au choix des parties, dans l'un des journaux publiés en langue française dans le département.

Néanmoins, toutes les annonces judiciaires relatives à une même procédure de vente seront insérées dans le même journal.

Loi du 9 août 1849 (articles 7, 8 et 9) sur l'état de siège.

ART. 7.

Aussitôt l'état de siège déclaré, les pouvoirs dont l'autorité civile était revêtue pour le maintien de l'ordre et de la police passent tout entiers à l'autorité militaire. L'autorité civile continuera néanmoins à exercer ceux de ces pouvoirs dont l'autorité militaire ne l'a pas dessaisie.

Art. 8.

Les tribunaux militaires peuvent être saisis de la connaissance des crimes et délits contre la sûreté de la République, contre la Constitution, contre l'ordre et la paix publique, quelle que soit la qualité des auteurs principaux et des complices.

Art. 9.

L'autorité militaire a le droit : 1° de faire des perquisitions de jour et de nuit dans le domicile des citoyens ; 2° d'éloigner les repris de justice et les individus qui n'ont pas leur domicile dans les lieux soumis à l'état de siège ; 3° d'ordonner la remise des armes et munitions et de procéder à leur recherche et à leur enlèvement ; 4° d'interdire les publications et les réunions qu'elle juge de nature à exciter ou à entraîner le désordre.

DEUXIÈME PARTIE

Loi sur la presse des 29-30 juillet 1881 et lois postérieures qui la modifient ou la complètent.

LOI SUR LA PRESSE

des 29-30 juillet 1881

MODIFIÉE PAR LES LOIS DU 2 AOUT 1882, DU 16 MARS 1893, DU 12 DÉCEMBRE 1893[1].

CHAPITRE PREMIER

De l'Imprimerie et de la Librairie.

Article premier.

L'imprimerie et la librairie sont libres.

Art. 2.

Tout imprimé rendu public, à l'exception des ouvrages dits de ville ou bilboquets, portera l'indication du nom et du domicile de

1. **Travaux préparatoires de la loi du 29 juillet 1881 :**
Chambre des députés. — Proposition de loi portant abrogation de la loi du 29 décembre 1875 sur la presse, par MM. Eschassériaux, Cuneo d'Ornano et autres, le 15 décembre 1877. — Proposition par MM. Seignobos et Boissy d'Anglas, portant abrogation des articles 4 à 9 de la même loi, le 15 décembre 1877. Exp. mot. et

l'imprimeur, à peine, contre celui-ci, d'une amende de 5 à 15 francs.

La peine de l'emprisonnement pourra être prononcée si, dans les douze mois précédents, l'imprimeur a été condamné pour contravention de même nature.

ART. 3.

Au moment de la publication de tout imprimé, il en sera fait, par l'imprimeur, sous peine d'une amende de 16 à 300 francs, un dépôt de deux exemplaires destinés aux collections nationales.

Ce dépôt sera fait au ministère de l'intérieur pour Paris; à la préfecture, pour les chefs-lieux de département; à la sous-préfecture, pour les chefs-lieux d'arrondissement, et pour les autres villes à la mairie.

L'acte de dépôt mentionnera le titre de l'imprimé et le chiffre du tirage.

Sont exceptés de cette disposition les bulletins de vote, les

texte (*J. off.* du 31 décembre, p. 8934, et janvier 1878, p. 76). — Rapport somm. par M. Sallard (*J. off.* du 6 mars, p. 2638 et 2640). — Proposition de MM. Noirot, Versigny et Lelièvre, relative aux professions d'afficheur et de crieur publics, le 2 février 1878. Exposé mot. et texte (*J. off.* du 16 février, p. 1623). — Rapport somm. par M. Lesguillon (*J. off.* du 1er mars, p. 1555). — Renvoi à la Comm. de la presse (*J. off.* du 1er juillet, p. 5933. — Proposition par M. Naquet, portant abrogation des lois restrictives de la liberté de la presse, le 5 novembre 1878. Exp. mot. et texte (*J. off.* des 26 et 27 novembre, p. 11052 et 11084). — Rapport som. par M. Lisbonne (*J. off.* du 13 février 1879, p. 10098). — Rapport au nom de la Comm. chargée d'examiner les diverses propositions de loi relatives à la liberté de la presse, par M. Lisbonne (*J. off.* du 18 juillet 1879, p. 8289). —1er rapport verbal complémentaire (séance du 29 janvier 1881, *J. off.* du 30, p. 81). — 2e rapport verbal complémentaire (séance du 5 février 1881, *J. off.* du 6, p. 152). — 3e rapport verbal complémentaire (séance du 14 février 1881, *J. off.* du 15, p. 235). — 1re délibération, les 24, 25, 27, 29, 31 janvier, 1er et 5 février 1881 (*J. off.* des 25, 26, 28, 30 janvier, 1er, 2 et 6 février; Débats parl., p. 33, 49, 65, 81, 96, 116 et 152). — 2e délibération, les 14, 15 et 17 février 1881 (*J. off.* des 15, 16 et 18; Débats parl., p. 235, 257 et 281).

Sénat. — Transmission le 21 février 1881 (*J. off.*, doc. parl., mars, p. 241). — Rap. de M. Pelletan; dépôt et déclaration de l'urgence, le 18 juin 1881 (*J. off.* du 19, p. 889; Doc. parl., juillet, p. 461). Discussion et adoption avec modifications, les 9, 11, 15 et 16 juillet 1881 (*J. off.* des 10, 12, 16 et 17; Déb. parl., p. 1090, 1106, 1152 et 1169).

Chambre des députés. — Retour du projet modifié, le 19 juillet 1881 (*J. off.* du 20). — Rapport verbal par M. Lisbonne, discussion et adoption, le 21 juillet (*J. off.* du 22; Déb. parl., p. 1719).

Travaux préparatoires de la loi du 2 août 1882. — *Chambre des députés.* — Présentation du projet, le 2 mai 1882. — Motifs et texte, déb. lég., p. 475. — Rap. par M. Dreyfus, p. 1583. — Discussion, 24 juin 1882. — Adoption du projet, 26 juin.

Sénat. — Transmission le 10 juillet. — Rapport par M. Devaux, doc. parlem., p. 493. — Déclaration de l'urgence, 25 juillet. — Adoption, le 29 juillet.

Promulgation, *Journal officiel* du 30 juillet 1881.

Travaux préparatoires de la loi du 16 mars 1893. — *Sénat.* — Exposé des motifs du projet de loi, doc. 1893, p. 6; rapport lu en séance publique, 17 janvier 1893; adoption, 20 janvier.

Chambre des députés. — Rapport, doc. 1893, p. 61; adoption, 6 mars 1893.

Travaux préparatoires de la loi du 12 décembre 1893. — *Chambre des députés.* — Exposé des motifs, discussion immédiate et adoption, 11 décembre.

Sénat. — Lecture du rapport et adoption, 12 décembre 1893.

circulaires commerciales ou industrielles, et les ouvrages dits de ville ou bilboquets.

ART. 4.

Les dispositions qui précèdent sont applicables à tous les genres d'imprimés ou de reproductions destinés à être publiés.

Toutefois, le dépôt prescrit par l'article précédent sera de trois exemplaires pour les estampes, la musique et en général les reproductions autres que les imprimés.

CHAPITRE II

De la presse périodique.

§ 1er. — *Du droit de publication, de la gérance, de la déclaration et du dépôt au parquet.*

ART. 5.

Tout journal ou écrit périodique peut être publié, sans autorisation préalable et sans dépôt de cautionnement, après la déclaration prescrite par l'article 7.

ART. 6.

Tout journal ou écrit périodique aura un gérant.

Le gérant devra être Français, majeur, avoir la jouissance de ses droits civils et n'être privé de ses droits civiques par aucune condamnation judiciaire.

ART. 7.

Avant la publication de tout journal ou écrit périodique, il sera fait, au parquet du procureur de la République, une déclaration contenant :

1° Le titre du journal ou écrit périodique et son mode de publication ;

2° Le nom et la demeure du gérant ;

3° L'indication de l'imprimerie où il doit être imprimé.

Toute mutation dans les conditions ci-dessus énumérées sera déclarée dans les cinq jours qui suivront.

ART. 8.

Les déclarations seront faites par écrit, sur papier timbré, et signées des gérants. Il en sera donné récépissé.

ART. 9.

En cas de contravention aux dispositions prescrites par les articles 6, 7, 8, le propriétaire, le gérant, ou, à défaut, l'imprimeur, seront punis d'une amende de 50 francs à 500 francs.

Le journal ou écrit périodique ne pourra continuer sa publication qu'après avoir rempli les formalités ci-dessus prescrites, à peine, si la publication irrégulière continue, d'une amende de 100 francs, prononcée solidairement contre les mêmes personnes, pour chaque numéro publié à partir du jour de la prononciation du jugement de condamnation, si ce jugement est contradictoire, et du troisième jour qui suivra sa notification, s'il a été rendu par défaut ; et ce, nonobstant opposition ou appel, si l'exécution provisoire est ordonnée.

Le condamné, même par défaut, peut interjeter appel. Il sera statué par la cour dans le délai de trois jours.

ART. 10.

Au moment de la publication de chaque feuille ou livraison du journal ou écrit périodique, il sera remis au parquet du procureur de la République, ou à la mairie, dans les villes où il n'y a pas de tribunal de première instance, deux exemplaires signés du gérant.

Pareil dépôt sera fait au ministère de l'intérieur, pour Paris et le département de la Seine ; et, pour les autres départements, à la préfecture, à la sous-préfecture, ou à la mairie, dans les villes qui ne sont ni chefs-lieux de département, ni chefs-lieux d'arrondissement.

Chacun de ces dépôts sera effectué sous peine de 50 francs d'amende contre le gérant.

ART. 11.

Le nom du gérant sera imprimé au bas de tous les exemplaires, à peine, contre l'imprimeur, de 16 francs à 100 francs d'amende par chaque numéro publié en contravention de la présente disposition.

§ 2. — *Des rectifications.*

ART. 12.

Le gérant sera tenu d'insérer gratuitement, en tête du plus prochain numéro du journal ou écrit périodique, toutes les rectifications qui lui seront adressées par un dépositaire de l'autorité publique, au sujet des actes de sa fonction, qui auront été inexactement rapportés par ledit journal ou écrit périodique.

Toutefois ces rectifications ne dépasseront pas le double de l'article auquel elles répondront.

En cas de contravention, le gérant sera puni d'une amende de 100 francs à 1,000 francs.

ART. 13.

Le gérant sera tenu d'insérer, dans les trois jours de leur réception ou dans le plus prochain numéro, s'il n'en était pas publié avant l'expiration des trois jours, les réponses de toute personne nommée ou désignée dans le journal ou écrit périodique, sous peine d'une amende de 50 francs à 500 francs, sans préjudice des autres peines et dommages-intérêts auxquels l'article pourrait donner lieu.

Cette insertion devra être faite à la même place et en mêmes caractères que l'article qui l'aura provoquée.

Elle sera gratuite, lorsque les réponses ne dépasseront pas le double de la longueur dudit article. Si elles le dépassent, le prix d'insertion sera dû pour le surplus seulement. Il sera calculé au prix des annonces judiciaires.

§ 3. — *Des journaux ou écrits périodiques étrangers.*

Art. 14.

La circulation en France des journaux ou écrits périodiques publiés à l'étranger ne pourra être interdite que par une décision spéciale délibérée en conseil des ministres.

La circulation d'un numéro peut être interdite par une décision du ministre de l'intérieur.

La mise en vente ou la distribution, faite sciemment au mépris de l'interdiction, sera punie d'une amende de 50 francs à 500 francs[1].

CHAPITRE III

De l'affichage, du colportage et de la vente sur la voie publique.

§ 1er. — *De l'affichage.*

Art. 15.

Dans chaque commune, le maire désignera, par arrêté, les lieux exclusivement destinés à recevoir les affiches des lois et autres actes de l'autorité publique.

Il est interdit d'y placarder des affiches particulières.

Les affiches des actes émanés de l'autorité seront seules imprimées sur papier blanc.

Toute contravention aux dispositions du présent article sera punie des peines portées en l'article 2.

Art. 16.

Les professions de foi, circulaires et affiches électorales pourront être placardées, à l'exception des emplacements réservés par

1. Cet article 14 a été rendu applicable aux journaux publiés en France et en langue étrangère, par l'article 2 de la loi du 12 décembre 1893.

l'article précédent, sur tous les édifices publics consacrés aux cultes, et particulièrement aux abords des salles de scrutin.

ART. 17.

Ceux qui auront enlevé, déchiré, recouvert ou altéré, par un procédé quelconque, de manière à les travestir ou à les rendre illisibles, des affiches apposées par ordre de l'administration dans les emplacements réservés, seront punis d'une amende de 5 francs à 15 francs.

Si le fait a été commis par un fonctionnaire ou un agent de l'autorité publique, la peine sera d'une amende de 16 francs à 100 francs et d'un emprisonnement de six jours à un mois, ou de l'une de ces deux peines seulement.

Seront punis d'une amende de 5 francs à 15 francs tous ceux qui auront enlevé, déchiré, recouvert ou altéré par un procédé quelconque, de manière à les travestir ou à les rendre illisibles, des affiches électorales émanant de simples particuliers, apposées ailleurs que sur les propriétés de ceux qui auront commis cette lacération ou altération.

La peine sera d'une amende de 16 francs à 100 francs et d'un emprisonnement de six jours à un mois, ou de l'une de ces deux peines seulement, si le fait a été commis par un fonctionnaire ou un agent de l'autorité publique, à moins que les affiches n'aient été apposées dans les emplacements réservés par l'article 15.

§ 2. — *Du colportage et de la vente sur la voie publique.*

ART. 18.

Quiconque voudra exercer la profession de colporteur ou distributeur sur la voie publique ou en tout autre lieu public ou privé, de livres, écrits, brochures, journaux, dessins, gravures, lithographies et photographies, sera tenu d'en faire la déclaration à la préfecture du département où il a son domicile.

Toutefois, en ce qui concerne les journaux et autres feuilles périodiques, la déclaration pourra être faite, soit à la mairie de la commune dans laquelle doit se faire la distribution, soit à la sous-préfecture. Dans ce dernier cas, la déclaration produira son effet pour toutes les communes de l'arrondissement.

ART. 19.

La déclaration contiendra les nom, prénoms, profession, domicile, âge et lieu de naissance du déclarant.

Il sera délivré immédiatement et sans frais au déclarant un récépissé de sa déclaration.

ART. 20.

La distribution et le colportage accidentels ne sont assujettis à aucune déclaration.

ART. 21.

L'exercice de la profession de colporteur ou de distributeur sans déclaration préalable, la fausseté de la déclaration, le défaut de présentation à toute réquisition du récépissé, constituent des contraventions.

Les contrevenants seront punis d'une amende de 5 francs à 15 francs et pourront l'être, en outre, d'un emprisonnement d'un à cinq jours.

En cas de récidive ou de déclaration mensongère, l'emprisonnement sera nécessairement prononcé.

ART. 22.

Les colporteurs et distributeurs pourront être poursuivis conformément au droit commun s'ils ont sciemment colporté ou distribué des livres, écrits, brochures, journaux, dessins, gravures, lithographies et photographies présentant un caractère délictueux, sans préjudice des cas prévus par l'article 42.

CHAPITRE IV

Des crimes et délits commis par la voie de la presse ou par tout autre moyen de publication.

§ 1er. — *Provocation aux crimes et délits.*

ART. 23.

Seront punis comme complices d'une action qualifiée crime ou délit ceux qui, soit par des discours, cris ou menaces proférés dans des lieux ou réunions publics, soit par des écrits, des imprimés vendus ou distribués, mis en vente ou exposés dans des lieux ou réunions publics, soit par des placards ou affiches exposés aux regards du public, auront directement provoqué l'auteur ou les auteurs à commettre ladite action, si la provocation a été suivie d'effet.

Cette disposition sera également applicable lorsque la provocation n'aura été suivie que d'une tentative de crime prévue par l'article 2 du Code pénal.

ART. 24.

Ceux qui, par l'un des moyens énoncés en l'article précédent, auront directement provoqué soit au vol, soit aux crimes de meurtre, de pillage et d'incendie, soit à l'un des crimes punis par l'article 435 du Code pénal, soit à l'un des crimes et délits contre la sûreté extérieure de l'État prévus par les articles 75 et suivants jusques et y compris l'article 85 du même code, seront punis, dans le cas où cette provocation n'aurait pas été suivie d'effet, d'un an à cinq ans d'emprisonnement et de 100 francs à 3,000 francs d'amende.

Ceux qui, par les mêmes moyens, auront directement provoqué à l'un des crimes contre la sûreté intérieure de l'État prévus par les articles 86 et suivants, jusques et y compris l'article 101 du Code pénal, seront punis des mêmes peines.

Tous cris ou chants séditieux proférés dans des lieux ou réunions publics seront punis d'un emprisonnement de six jours à un mois et d'une amende de 16 francs à 500 francs ou de l'une de ces deux peines seulement[1].

ART. 25.

Toute provocation par l'un des moyens énoncés en l'article 23, adressée à des militaires des armées de terre ou de mer, dans le but de les détourner de leurs devoirs militaires et de l'obéissance qu'ils doivent à leurs chefs dans tout ce qu'ils leur commandent pour l'exécution des lois et règlements militaires, sera punie d'un emprisonnement de trois mois à deux ans et d'une amende de 100 à 3,000 francs[2].

§ 2.— *Délits contre la chose publique.*

ART. 26.

L'offense au Président de la République par l'un des moyens énoncés dans l'article 23 et dans l'article 28 est punie d'un emprisonnement de trois mois à un an et d'une amende de 100 francs à 3,000 francs, ou de l'une de ces deux peines seulement.

ART. 27.

La publication ou reproduction de nouvelles fausses, de pièces fabriquées, falsifiées ou mensongèrement attribuées à des tiers, sera punie d'un emprisonnement d'un mois à un an et d'une amende de 50 francs à 1,000 francs, ou de l'une de ces deux peines seulement, lorsque la publication ou reproduction aura troublé la paix publique, et qu'elle aura été faite de mauvaise foi.

ART. 28.

L'outrage aux bonnes mœurs commis par l'un des moyens énoncés en l'article 23 sera puni d'un emprisonnement d'un mois à deux ans et d'une amende de 16 francs à 2,000 francs.

1 et 2. Les articles 24 et 25 ont été ainsi modifiés par la loi du 12 décembre 1893.

Les mêmes peines seront applicables à la mise en vente, à la distribution ou à l'exposition de dessins, de gravures, peintures, emblèmes ou images obscènes. Les exemplaires de ces dessins, gravures, peintures, emblèmes ou images obscènes exposés au regard du public, mis en vente, colportés ou distribués, seront saisis [1].

§ 3. — *Délits contre les personnes.*

Art. 29.

Toute allégation ou imputation d'un fait qui porte atteinte à l'honneur ou à la considération de la personne ou du corps auquel le fait est imputé est une diffamation. — Toute expression outrageante, terme de mépris ou invective qui ne renferme l'imputation d'aucun fait est une injure.

Art. 30.

La diffamation commise par l'un des moyens énoncés en l'article 23 et en l'article 28, envers les cours, les tribunaux, les armées de terre ou de mer, les corps constitués et les administrations publiques, sera punie d'un emprisonnement de huit jours à un an et d'une amende de 100 francs à 3,000 francs, ou de l'une de ces deux peines seulement.

Art. 31.

Sera punie de la même peine la diffamation commise par les mêmes moyens, à raison de leurs fonctions ou de leur qualité, envers un ou plusieurs membres du ministère, un ou plusieurs membres de l'une ou de l'autre Chambre, un fonctionnaire public,

1. Ce paragraphe a été abrogé et remplacé par la loi du 2 août 1882 sur les outrages aux bonnes mœurs, qui est ainsi conçue :

Article premier. — Est puni d'un emprisonnement d'un mois à deux ans et d'une amende de seize à trois mille francs quiconque aura commis le délit d'outrage aux bonnes mœurs, par la vente, l'offre, l'exposition, l'affichage ou la distribution gratuite, sur la voie publique ou dans les lieux publics, d'écrits, d'imprimés autres que le livre, d'affiches, dessins, gravures, peintures, emblèmes ou images obscènes.

Art. 2. — Les complices de ce délit, dans les conditions prévues et déterminées par l'article 60 du Code pénal, seront punis de la même peine, et la poursuite aura lieu devant le tribunal correctionnel, conformément au droit commun et suivant les règles édictées par le Code d'instruction criminelle.

Art. 3. — L'article 463 du Code pénal s'applique aux délits prévus par la présente loi.

Art. 4. — Sont abrogées toutes les dispositions contraires à la présente loi.

Travaux préparatoires de la loi du 2 aout 1882. — *Chambre des députés.* — Présentation du projet, le 2 mai 1882. — Motifs et texte, Déb. lég., p. 475. — Rapport par M. Dreyfus, p. 1583. — Discussion, 24 juin 1882. — Adoption du projet, 26 juin.

Sénat. — Transmission le 10 juillet. — Rapport par M. Devaux, Doc. parl., p. 493. — Déclaration de l'urgence, 25 juillet. — Adoption le 29 juillet.

un dépositaire ou agent de l'autorité publique, un ministre de l'un des cultes salariés par l'État, un citoyen chargé d'un service ou d'un mandat public, temporaire ou permanent, un juré ou un témoin, à raison de sa déposition.

Art. 32.

La diffamation commise envers les particuliers par l'un des moyens énoncés en l'article 23 et en l'article 28 sera punie d'un emprisonnement de cinq jours à six mois et d'une amende de 25 francs à 2,000 francs, ou de l'une de ces deux peines seulement.

Art. 33.

L'injure commise par les mêmes moyens envers les corps ou les personnes désignés par les articles 30 et 31 de la présente loi sera punie d'un emprisonnement de six jours à trois mois et d'une amende de 16 francs à 500 francs, ou de l'une de ces deux peines seulement. L'injure commise de la même manière envers les particuliers, lorsqu'elle n'aura pas été précédée de provocation, sera punie d'un emprisonnement de cinq jours à deux mois et d'une amende de 16 francs à 300 francs, ou de l'une de ces deux peines seulement. — Si l'injure n'est pas publique, elle ne sera punie que de la peine prévue par l'article 471 du Code pénal.

Art. 34.

Les articles 29, 30 et 31 ne seront applicables aux diffamations ou injures dirigées contre la mémoire des morts, que dans le cas où les auteurs de ces diffamations ou injures auraient eu l'intention de porter atteinte à l'honneur ou à la considération des héritiers vivants. — Ceux-ci pourront toujours user du droit de réponse prévu par l'article 13.

Art. 35.

La vérité du fait diffamatoire, mais seulement quand il est relatif aux fonctions, pourra être établie par les voies ordinaires, dans le cas d'imputations contre les corps constitués, les armées de terre ou de mer, les administrations publiques, et contre toutes les personnes énumérées dans l'article 31.

La vérité des imputations diffamatoires et injurieuses pourra être également établie contre les directeurs ou administrateurs de toute entreprise industrielle, commerciale ou financière, faisant publiquement appel à l'épargne ou au crédit.

Dans les cas prévus aux deux paragraphes précédents, la preuve contraire est réservée. Si la preuve du fait diffamatoire est rapportée, le prévenu sera renvoyé des fins de la plainte.

Dans toute autre circonstance et envers toute autre personne non qualifiée, lorsque le fait imputé est l'objet de poursuites commencées à la requête du ministère public, ou d'une plainte de la part du prévenu, il sera, durant l'instruction qui doit avoir lieu, sursis à la poursuite et au jugement du délit de diffamation.

§ 4. — *Délits contre les chefs d'États et agents diplomatiques étrangers.*

Art. 36.

L'offense commise publiquement envers les chefs d'États étrangers sera punie d'un emprisonnement de trois mois à un an et d'une amende de 100 francs à 3,000 francs, ou de l'une de ces deux peines seulement.

Art. 37.

L'outrage commis publiquement envers les ambassadeurs et ministres plénipotentiaires, envoyés, chargés d'affaires ou agents diplomatiques accrédités près du gouvernement de la République, sera puni d'un emprisonnement de huit jours à un an et d'une amende de 50 francs à 2,000 francs, ou de l'une de ces deux peines seulement.

§ 5. — *Publications interdites; immunités de la défense.*

Art. 38.

Il est interdit de publier les actes d'accusation et tous autres actes de procédure criminelle ou correctionnelle avant qu'ils aient été lus en audience publique, et ce sous peine d'une amende de 50 francs à 1,000 francs.

Art. 39.

Il est interdit de rendre compte des procès en diffamation où la preuve des faits diffamatoires n'est pas autorisée. La plainte seule pourra être publiée par le plaignant. Dans toute affaire civile, les cours et tribunaux pourront interdire le compte rendu du procès.

Ces interdictions ne s'appliqueront pas aux jugements, qui pourront toujours être publiés.

Il est également interdit de rendre compte des délibérations intérieures, soit des jurys, soit des cours et tribunaux.

Toute infraction à ces dispositions sera punie d'une amende de 100 francs à 2,000 francs.

Art. 40.

Il est interdit d'ouvrir ou d'annoncer publiquement des souscriptions ayant pour objet d'indemniser des amendes, frais et dommages-intérêts prononcés par des condamnations judiciaires, en matière criminelle et correctionnelle, sous peine d'un emprisonnement de huit jours à six mois et d'une amende de 100 à 1,000 francs, ou de l'une de ces deux peines seulement.

ART. 41.

Ne donneront ouverture à aucune action les discours tenus dans le sein de l'une des deux Chambres, ainsi que les rapports ou toutes autres pièces imprimées par ordre de l'une des deux Chambres.

Ne donnera lieu à aucune action le compte rendu des séances publiques des deux Chambres fait de bonne foi dans les journaux.

Ne donneront lieu à aucune action en diffamation, injure ou outrage, ni le compte rendu fidèle fait de bonne foi des débats judiciaires, ni les discours prononcés ou les écrits produits devant les tribunaux.

Pourront néanmoins les juges, saisis de la cause et statuant sur le fond, prononcer la suppression des discours injurieux, outrageants ou diffamatoires, et condamner qui il appartiendra à des dommages-intérêts. Les juges pourront aussi, dans le même cas, faire des injonctions aux avocats et officiers ministériels et même les suspendre de leurs fonctions. La durée de cette suspension ne pourra excéder deux mois, et six mois en cas de récidive dans l'année.

Pourront toutefois les faits diffamatoires étrangers à la cause donner ouverture, soit à l'action publique, soit à l'action civile des parties, lorsque ces actions leur auront été réservées par les tribunaux et, dans tous les cas, à l'action civile des tiers.

CHAPITRE V

Des poursuites et de la répression.

§ 1er. — *Des personnes responsables des crimes et délits commis par la voie de la presse.*

ART. 42.

Seront passibles, comme auteurs principaux, des peines qui constituent la répression des crimes et délits commis par la voie de la presse dans l'ordre ci-après, savoir : 1° les gérants ou éditeurs, quelles que soient leurs professions ou leurs dénominations ; 2° à leur défaut, les auteurs ; 3° à défaut des auteurs, les imprimeurs ; 4° à défaut des imprimeurs, les vendeurs, distributeurs ou afficheurs.

ART. 43.

Lorsque les gérants ou les éditeurs seront en cause, les auteurs seront poursuivis comme complices.

Pourront l'être au même titre et dans tous les cas, toutes personnes auxquelles l'article 60 du Code pénal pourrait s'appliquer. Ledit article ne pourra s'appliquer aux imprimeurs pour faits d'impression, sauf dans les cas et les conditions prévus par l'article 6 de la loi du 7 juin 1848 sur les attroupements.

ART. 44.

Les propriétaires des journaux ou écrits périodiques sont responsables des condamnations pécuniaires prononcées au profit des tiers contre les personnes désignées dans les deux articles précédents, conformément aux dispositions des articles 1382, 1383 et 1384 du Code civil.

ART. 45.

Les crimes et délits prévus par la présente loi sont déférés à la Cour d'assises. Sont exceptés et déférés au tribunal de police correctionnelle les délits et infractions prévus par les articles 3, 4, 9, 10, 11, 12, 13, 14, 17, §§ 2 et 4 ; 28, § 2 ; 32, 33, § 2 ; 36, 37, 38, 39 et 40 de la présente loi. — Sont encore exceptées et renvoyées devant les tribunaux de simple police les contraventions prévues par les articles 2, 15, 17, §§ 1 et 3 ; 21 et 33, § 3 de la présente loi [1].

ART. 46.

L'action civile résultant des délits de diffamation prévus et punis par les articles 30 et 31 ne pourra, sauf dans le cas de décès de l'auteur du fait incriminé ou d'amnistie, être poursuivie séparément de l'action publique.

§ 2. — *De la procédure.*

A. — COUR D'ASSISES.

ART. 47.

La poursuite des crimes et délits commis par la voie de la presse ou par tout autre moyen de publication aura lieu d'office et à la requête du ministère public, sous les modifications suivantes : — 1° Dans le cas d'injure ou de diffamation envers les cours, tribunaux et autres corps indiqués en l'article 30, la poursuite n'aura

1. Cet article a été ainsi modifié par la loi du 16 mars 1893. Cette modification a eu pour but d'enlever à la juridiction de la Cour d'assises et de déférer à la juridiction correctionnelle les délits prévus par les articles 36 et 37 (offense envers les chefs d'États étrangers, les ambassadeurs et agents diplomatiques).

lieu que sur une délibération prise par eux en assemblée générale, et requérant les poursuites, ou, si le corps n'a pas d'assemblée générale, sur la plainte du chef du corps ou du ministre duquel ce corps relève. — 2° Dans le cas d'injure ou de diffamation envers un ou plusieurs membres de l'une ou de l'autre Chambre, la poursuite n'aura lieu que sur la plainte de la personne ou des personnes intéressées. — 3° Dans le cas d'injure ou de diffamation envers les fonctionnaires publics, les dépositaires ou agents de l'autorité publique autres que les ministres, envers les ministres des cultes salariés par l'Etat et les citoyens chargés d'un service ou d'un mandat public, la poursuite aura lieu, soit sur leur plainte, soit d'office, sur la plainte du ministre dont ils relèvent. — 4° Dans le cas de diffamation envers un juré, ou un témoin, délit prévu par l'article 31, la poursuite n'aura lieu que sur la plainte du juré ou du témoin qui se prétendra diffamé. — 5° (abrogé par la loi du 16 mars 1893). — 6° Dans les cas prévus par les paragraphes 3 et 4 du présent article, le droit de citation directe devant la Cour d'assises appartiendra à la partie lésée. — Sur sa requête, le président de la Cour d'assises fixera les jour et heure auxquels l'affaire sera appelée.

Art. 48.

Si le ministère public requiert une information, il sera tenu, dans son réquisitoire, d'articuler et de qualifier les provocations, outrages, diffamations et injures à raison desquels la poursuite est intentée, avec indication des textes dont l'application est demandée, à peine de nullité du réquisitoire et de ladite poursuite.

Art. 49.

Immédiatement après le réquisitoire, le juge d'instruction pourra, mais seulement en cas d'omission du dépôt prescrit par les articles 3 et 10 ci-dessus, ordonner la saisie de quatre exemplaires de l'écrit du journal ou du dessin incriminé.

Toutefois, dans les cas prévus aux articles 24, paragraphe premier, et 25 de la présente loi, la saisie des écrits ou imprimés, des placards ou affiches, aura lieu conformément aux règles édictées par le Code d'instruction criminelle.

Si le prévenu est domicilié en France, il ne pourra être préventivement arrêté, sauf dans les cas prévus aux articles 23, 24, paragraphe premier, et 25 ci-dessus.

S'il y a condamnation, l'arrêt pourra, dans les cas prévus aux articles 24, paragraphe premier, et 25, prononcer la confiscation des écrits ou imprimés, placards ou affiches saisis, et, dans tous les cas, ordonner la saisie et la suppression ou la destruction de tous les exemplaires qui seraient mis en vente, distribués ou exposés au regard du public. Toutefois, la suppression ou la destruction pourra ne s'appliquer qu'à certaines parties des exemplaires saisis.

En cas d'arrestation préventive ou de saisie, l'inculpé pourra demander sa mise en liberté provisoire ou la mainlevée de la saisie.

Le juge d'instruction, après avoir entendu le procureur de la République, devra statuer dans un délai de vingt-quatre heures. L'ordonnance sera signifiée dans le même délai.

Le procureur de la République et l'inculpé auront, dans les vingt-quatre heures de la signification de l'ordonnance, le droit de former opposition devant la Chambre des mises en accusation, qui statuera dans les cinq jours.

Si aucune décision n'est intervenue avant l'expiration de ce délai, l'inculpé devra être mis en liberté et les pièces saisies seront restituées [1].

ART. 50.

La citation contiendra l'indication précise des écrits, des imprimés, placards, dessins, gravures, peintures, médailles, emblèmes, des discours ou propos publiquement proférés qui seront l'objet de la poursuite, ainsi que de la qualification des faits. Elle indiquera les textes de la loi invoqués à l'appui de la demande. — Si la citation est à la requête du plaignant, elle portera, en outre, copie de l'ordonnance du président; elle contiendra élection de domicile dans la ville où siège la Cour d'assises, et sera notifiée tant au prévenu qu'au ministère public. — Toutes ces formalités seront observées à peine de nullité de la poursuite.

ART. 51.

Le délai entre la citation et la comparution en Cour d'assises sera de cinq jours francs, outre un jour par cinq myriamètres de distance.

ART. 52.

En matière de diffamation, ce délai sera de douze jours, outre un jour par cinq myriamètres. — Quand le prévenu voudra être admis à prouver la vérité des faits diffamatoires, conformément aux dispositions de l'article 35 de la présente loi, il devra, dans les cinq jours qui suivront la notification de la citation, faire signifier au ministère public près la Cour d'assises ou au plaignant, au domicile par lui élu, suivant qu'il est assigné à la requête de l'un ou de l'autre : — 1° les faits articulés et qualifiés dans la citation, desquels il entend prouver la vérité; — 2° la copie des pièces; — 3° les noms, professions et demeures des témoins par lesquels il

1. L'article 49 a été ainsi modifié par la loi du 12 décembre 1893.

entend faire sa preuve. Cette signification contiendra élection de domicile près la Cour d'assises, le tout à peine d'être déchu du droit de faire la preuve.

ART. 53.

Dans les cinq jours suivants, le plaignant ou le ministère public, suivant le cas, sera tenu de faire signifier au prévenu, au domicile par lui élu, la copie des pièces et les noms, professions et demeures des témoins par lesquels il entend faire la preuve contraire, sous peine d'être déchu de son droit.

ART. 54.

Toute demande en renvoi, pour quelque cause que ce soit, tout incident sur la procédure suivie devront être présentés avant l'appel des jurés, à peine de forclusion.

ART. 55.

Si le prévenu a été présent à l'appel des jurés, il ne pourra plus faire défaut, quand bien même il se fût retiré pendant le tirage au sort. — En conséquence, tout arrêt qui interviendra, soit sur la forme, soit sur le fond, sera définitif quand bien même le prévenu se retirerait de l'audience ou refuserait de se défendre. Dans ce cas, il sera procédé avec le concours du jury et comme si le prévenu était présent.

ART. 56.

Si le prévenu ne comparaît pas au jour fixé par la citation, il sera jugé par défaut par la Cour d'assises, sans assistance ni intervention des jurés. — La condamnation par défaut sera comme non avenue si, dans les cinq jours de la signification qui en aura été faite au prévenu ou à son domicile, outre un jour par cinq myriamètres, celui-ci forme opposition à l'exécution de l'arrêt et notifie son opposition tant au ministère public qu'au plaignant. Toutefois, si la signification n'a pas été faite à personne ou s'il ne résulte pas de l'acte d'exécution de l'arrêt que le prévenu en a eu connaissance, l'opposition sera recevable jusqu'à l'expiration des délais de la prescription de la peine. L'opposition vaudra citation à la première audience utile. Les frais de l'expédition, de la signification de l'arrêt, de l'opposition et de la réassignation pourront être laissés à la charge du prévenu.

ART. 57.

Faute par le prévenu de former son opposition dans le délai fixé en l'article 56, et de la signifier aux personnes indiquées dans cet article, ou de comparaître par lui-même au jour fixé en l'article précédent, l'opposition sera réputée non avenue et l'arrêt par défaut sera définitif.

ART. 58.

En cas d'acquittement par le jury, s'il y a partie civile en cause, la cour ne pourra statuer que sur les dommages-intérêts réclamés par le prévenu. Ce dernier devra être renvoyé de la plainte sans dépens ni dommages-intérêts au profit du plaignant.

ART. 59.

Si, au moment où le ministère public ou le plaignant exerce son action, la session de la Cour d'assises est terminée, et s'il ne doit pas s'en ouvrir d'autre à une époque rapprochée, il pourra être formé une Cour d'assises extraordinaire, par ordonnance motivée du premier président. Cette ordonnance prescrira le tirage au sort des jurés conformément à la loi. — L'article 81 du décret du 6 juillet 1810 sera applicable aux Cours d'assises extraordinaires formées en exécution du paragraphe précédent.

B. — POLICE CORRECTIONNELLE ET SIMPLE POLICE.

ART. 60.

La poursuite devant les tribunaux correctionnels et de simple police aura lieu conformément aux dispositions du chapitre II du titre Ier du livre II du Code d'instruction criminelle, sauf les modifications suivantes :

1° Dans le cas d'offense envers les chefs d'État ou d'outrages envers les agents diplomatiques étrangers, la poursuite aura lieu, soit à leur requête, soit d'office, sur leur demande adressée au ministre des affaires étrangères et par celui-ci au ministre de la justice.

En ce cas seront applicables les dispositions de l'article 49 sur le droit de saisie et d'arrestation préventive relatives aux infractions prévues par les articles 23, 24 et 25[1] ;

2° Dans le cas de diffamation envers les particuliers prévu par l'article 32 et dans le cas d'injure prévu par l'article 33, paragraphe 2, la poursuite n'aura lieu que sur la plainte de la personne diffamée ou injuriée;

3° En cas de diffamation ou d'injure pendant la période électorale contre un candidat à une fonction élective, le délai de la citation sera réduit à vingt-quatre heures, outre le délai de distance;

4° La citation précisera et qualifiera le fait incriminé; elle indiquera le texte de la loi applicable à la poursuite, le tout à peine de nullité de ladite poursuite.

1. Ce paragraphe a été ajouté à l'article 60 par la loi du 16 mars 1893.

Sont applicables au cas de poursuite et de condamnation les dispositions de l'article 49 de la présente loi.

Le désistement du plaignant arrêtera la poursuite commencée.

C. — POURVOIS EN CASSATION.

ART. 61.

Le droit de se pourvoir en cassation appartiendra au prévenu et à la partie civile, quant aux dispositions relatives à ses intérêts civils. L'un et l'autre seront dispensés de consigner l'amende et le prévenu de se mettre en état.

ART. 62.

Le pourvoi devra être formé dans les trois jours, au greffe de la cour ou du tribunal qui aura rendu la décision. Dans les vingt-quatre heures qui suivront, les pièces seront envoyées à la Cour de cassation, qui jugera d'urgence dans les dix jours à partir de leur réception.

§ 3. — *Récidive, circonstances atténuantes, prescription.*

ART. 63.

L'aggravation des peines résultant de la récidive ne sera pas applicable aux infractions prévues par la présente loi.

En cas de conviction de plusieurs crimes ou délits prévus par la présente loi, les peines ne se cumuleront pas et la plus forte sera seule prononcée.

ART. 64.

L'article 463 du Code pénal est applicable dans tous les cas prévus par la présente loi. Lorsqu'il y aura lieu de faire cette application, la peine prononcée ne pourra excéder la moitié de la peine édictée par la loi.

ART. 65.

L'action publique et l'action civile résultant des crimes, délits et contraventions prévus par la présente loi se prescriront après trois mois révolus, à compter du jour où ils auront été commis, ou du jour du dernier acte de poursuite, s'il en a été fait. Les prescriptions commencées à l'époque de la publication de la présente loi, et pour lesquelles il faudrait encore, suivant les lois existantes, plus de trois mois à compter de la même époque, seront, par ce laps de trois mois, définitivement accomplies.

Dispositions transitoires.

Art. 66.

Les gérants et propriétaires de journaux existant au jour de la promulgation de la présente loi seront tenus de se conformer, dans un délai de quinzaine, aux prescriptions édictées par les articles 7 et 8, sous peine de tomber sous l'application de l'article 9.

Art. 67.

Le montant des cautionnements versés par les journaux ou écrits périodiques actuellement soumis à cette obligation sera remboursé à chacun d'eux, par le Trésor public, dans un délai de trois mois, à partir du jour de la promulgation de la présente loi, sans préjudice des retenues qui pourront être effectuées au profit de l'État et des particuliers, pour les condamnations à l'amende et les réparations civiles auxquelles il n'aura pas été autrement satisfait à l'époque du remboursement.

Art. 68.

Sont abrogés les édits, lois, décrets, ordonnances, arrêtés, règlements, déclarations généralement quelconques, relatifs à l'imprimerie, à la librairie, à la presse périodique ou non périodique, au colportage, à l'affichage, à la vente sur la voie publique et aux crimes et délits prévus par les lois sur la presse et les autres moyens de publication, sans que puissent revivre les dispositions abrogées par les lois antérieures.

Est également abrogé le second paragraphe de l'article 31 de la loi du 10 août 1871 sur les conseils généraux, relatif à l'appréciation de leurs discussions par les journaux.

Art. 69.

La présente loi est applicable à l'Algérie et aux colonies.

Art. 70.

Amnistie est accordée pour tous les crimes et délits commis antérieurement au 16 février 1881, par la voie de la presse ou autres moyens de publication, sauf l'outrage aux bonnes mœurs puni par l'article 28 de la présente loi, et sans préjudice du droit des tiers.

Les amendes non perçues ne seront pas exigées. Les amendes déjà perçues ne seront pas restituées, à l'exception de celles qui ont été payées depuis le 16 février 1881.

Art. 239, § 5 du Code civil modifié par la loi du 18 avril 1886 sur la procédure en matière de divorce et de séparation de corps. (*Journal officiel* du 20 avril 1886.)

La reproduction des débats par la voie de la presse, dans les instances en divorce, est interdite, sous peine de l'amende de 100 à 2,000 francs, édictée par l'article 39 de la loi du 30 juillet 1881.

Loi du 11 juin 1887 sur la diffamation par carte postale.

ARTICLE PREMIER.

Quiconque aura expédié par l'administration des postes et télégraphes une correspondance à découvert contenant une diffamation, soit envers des particuliers, soit envers les corps ou les personnes désignés par les articles 26, 30, 31, 36 et 37 de la loi du 29 juillet 1881, sera puni d'un emprisonnement de cinq jours à six mois et d'une amende de 25 francs à 3,000 francs, ou de l'une de ces deux peines seulement.

Si la correspondance contient une injure, cette expédition sera punie d'un emprisonnement de cinq jours à deux mois et d'une amende de 16 francs à 300 francs, ou de l'une de ces deux peines seulement.

ART. 2.

Les délits prévus par la présente loi sont de la compétence des tribunaux correctionnels.

Les dispositions des articles 35, 46, 47, 60, 61, 62, 63, 64, 65 et 69 de la loi du 29 juillet 1881 leur sont applicables.

Loi du 19 mars 1889, relative aux annonces sur la voie publique.

ARTICLE PREMIER.

Les journaux et tous les écrits ou imprimés distribués ou vendus dans les rues et lieux publics ne pourront être annoncés que par leur titre, leur prix, l'indication de leur opinion et les noms de leurs auteurs et rédacteurs.

Aucun titre obscène ou contenant des imputations, diffamations ou expressions injurieuses pour une ou plusieurs personnes ne pourra être annoncé sur la voie publique.

ART. 2.

Les infractions aux dispositions qui précèdent seront punies d'une amende de un franc à quinze francs, et, en cas de récidive, d'un emprisonnement d'un jour à cinq jours. Toutefois, l'article 463 du Code pénal pourra toujours être appliqué.

Loi du 17 juillet 1889 (articles 4 et 6) sur les candidatures multiples.

ART. 4.

Il est interdit de signer ou d'apposer des affiches, d'envoyer ou de distribuer des bulletins, circulaires ou professions de foi dans l'intérêt d'un candidat qui ne s'est pas conformé aux prescriptions de la présente loi (déclaration de candidature à la préfecture).

ART. 6.

Seront punis d'une amende de 10,000 francs les candidats contrevenant aux dispositions de la présente loi, et d'une amende de 1,000 à 5,000 francs toute personne qui agira en violation de l'article 4 de la présente loi.

Loi du 3 février 1893 sur la protection des caisses publiques contre les fausses nouvelles.

ARTICLE PREMIER.

Sera puni des peines prévues par l'article 420 du Code pénal quiconque, par des faits faux ou calomnieux semés à dessein dans le public ou par des voies ou moyens frauduleux quelconques, aura provoqué ou tenté de provoquer des retraits de fonds des caisses publiques ou des établissements obligés par la loi à effectuer leurs versements dans les caisses publiques.

ART. 2.

L'article 463 est applicable aux délits prévus et punis par la présente loi.

Loi du 28 juillet 1894 sur la répression des menées anarchistes.

ARTICLE PREMIER.

Les infractions prévues par les articles 24, paragraphes 1 et 3, et 25 de la loi du 29 juillet 1881, modifiées par la loi du 12 décembre 1893, sont déférées aux tribunaux de police correctionnelle lorsque ces infractions ont pour but un acte de propagande anarchiste.

ART. 2.

Sera déféré aux tribunaux de police correctionnelle et puni d'un emprisonnement de trois mois à deux ans et d'une amende de 100 à 2,000 francs, tout individu qui, en dehors des cas visés par l'article précédent, sera convaincu d'avoir, dans un but de propagande anarchiste :

1° Soit par provocation, soit par apologie des faits spécifiés auxdits articles, incité une ou plusieurs personnes à commettre, soit un vol, soit les crimes de meurtre, de pillage, d'incendie, soit les crimes punis par l'article 435 du Code pénal ;

2° Ou adressé une provocation à des militaires des armées de terre ou de mer, dans le but de les détourner de leurs devoirs militaires et de l'obéissance qu'ils doivent à leurs chefs dans ce qu'ils leur commandent pour l'exécution des lois et règlements militaires et la défense de la Constitution républicaine.

Les pénalités prévues au paragraphe 1er seront appliquées, même dans le cas où la provocation adressée à des militaires de l'armée de terre ou de mer n'aurait pas le caractère d'un acte de propagande anarchiste ; mais, dans ce cas, la pénalité accessoire de la relégation édictée par l'article 3 de la présente loi ne pourra être prononcée.

La condamnation ne pourra être prononcée sur l'unique déclaration d'une personne affirmant avoir été l'objet des incitations ci-dessus spécifiées, si cette déclaration n'est pas corroborée par un ensemble de charges démontrant la culpabilité et expressément visées dans le jugement de condamnation.

ART. 3.

La peine accessoire de la relégation pourra être prononcée contre les individus condamnés en vertu des articles 1er et 2 de la présente loi à une peine supérieure à une année d'emprisonnement et ayant encouru, dans une période de moins de dix ans, soit une condamnation à plus de trois mois d'emprisonnement pour les faits spécifiés auxdits articles, soit une condamnation à la peine des travaux forcés, de la réclusion ou de plus de trois mois d'emprisonnement pour crime ou délit de droit commun.

ART. 4.

Les individus condamnés en vertu de la présente loi seront soumis à l'emprisonnement individuel, sans qu'il puisse résulter de cette mesure une diminution de la durée de la peine.

Les dispositions du présent article seront applicables pour l'exécution de la peine de la réclusion ou de l'emprisonnement prononcée en vertu des lois du 18 décembre 1893 sur les associations de malfaiteurs et la détention illégitime d'engins explosifs.

ART. 5.

Dans les cas prévus par la présente loi, et dans tous ceux où le fait incriminé a un caractère anarchiste, les cours et tribunaux pourront interdire, en tout ou partie, la reproduction des débats en tant que cette reproduction pourrait présenter un danger pour l'ordre public.

Toute infraction à cette défense sera poursuivie conformément aux prescriptions des articles 42, 43, 44 et 49 de la loi du 29 juillet 1881 et sera punie d'un emprisonnement de six jours à un mois et d'une amende de 1,000 à 10,000 francs.

Sera poursuivie dans les mêmes conditions et passible des mêmes peines, toute publication ou divulgation, dans les cas prévus au paragraphe 1er du présent article, de documents ou actes de procédure spécifiés à l'article 38 de la loi du 29 juillet 1881.

Art. 6.

Les dispositions de l'article 463 du Code pénal sont applicables à la présente loi.

LA PRESSE EUROPÉENNE

ET

SA LÉGISLATION

EMPIRE D'ALLEMAGNE

I. — Le caractère distinctif de la presse allemande, c'est qu'elle est en général entre les mains de banquiers juifs, ou bien dans la dépendance du gouvernement. « Je n'ai pas de journal à moi, disait, un jour, le fameux banquier de Blœichrœder à un ambassadeur, et je ne veux pas en avoir; car, si j'en avais un, cela m'empêcherait de les avoir tous quand j'en ai besoin. Si j'avais le malheur d'avoir un journal à moi, toute la meute affamée des gazetiers se lancerait après moi. »

Celui qui a le mieux joué de la presse, en Allemagne, c'est sans contredit le chancelier de Bismarck. Il savait inspirer tour à tour la *Post*, la *Nordeutsche Allgemeine Zeitung*, la *Nationale Zeitung* et même la *Gazette de Cologne*, suivant que le choix de l'une ou de l'autre de ces feuilles lui paraissait favorable à ses intérêts.

Bismarck avait inventé un art tout machiavélique de faire servir la presse à ses desseins de politique extérieure. Lorsqu'il tenait à être édifié sur l'effet que pouvait produire dans le monde une nouvelle quelconque, il la faisait aussitôt imprimer, en ayant soin de l'accentuer d'après la nuance apparente de l'organe choisi par lui. Quand l'Europe entière s'en était émue, agitée, que la presse étrangère avait relevé cette nouvelle avec plus ou moins de bruit, le résultat poursuivi était obtenu, et Bismarck faisait démentir la nouvelle par une note officieuse de la *Nordeutsche*. Puis, le malin chancelier s'indignait de la perversité des feuilles étrangères, qui osaient soupçonner un journal indépendant d'avoir des accointances avec le gouvernement.

Le fameux fonds *des reptiles* est une institution des plus pratiques pour le gouvernement allemand, et les successeurs de Bismarck savent en user aussi bien que lui. M. de Caprivi a toujours refusé, pendant qu'il était au pouvoir, de donner aucun détail sur l'emploi des intérêts provenant de la fortune de l'ancien roi de Hanovre qui constitue le fonds des *Guelfes*. C'est ce fonds des *Guelfes* qui alimente, paraît-il, le *fonds des reptiles* et se confond même avec lui.

La *Nordeutsche Allgemeine Zeitung* (*Gazette de l'Allemagne du Nord*) est à peu près entièrement rédigée dans les bureaux du ministère des affaires étrangères de Berlin.

La *Post* est un journal conservateur et affiche des allures indépendantes, une intégrité de principes qui est de nature à faire illusion à beaucoup de ses lecteurs.

La *Gazette de la Croix* a pour abonnés les grands seigneurs piétistes, qui ont sans cesse devant les yeux le cauchemar de la révolution sociale.

Quant à la *Nationale Zeitung*, organe des nationaux libéraux, elle a surtout soutenu le gouvernement contre le parti catholique. Mais depuis que la lutte contre le cléricalisme n'est plus à l'ordre du jour, elle est bien déchue de son ancienne importance.

La *Gazette de Cologne*, publiée hors de Berlin, passe pour la feuille la mieux informée de l'Allemagne, de même qu'elle en est une des plus riches, entretenant partout des correspondants à l'affût de toutes les nouvelles pouvant intéresser l'empire allemand.

Parmi les feuilles indépendantes, deux seulement méritent une mention spéciale : la *Kreuz Zeitung* (*Gazette de la Croix*) et la *Germania*. La première est patronnée par la haute société berlinoise, qui y trouve des descriptions détaillées de toutes les fêtes de cour, avec l'annonce des mariages, des naissances et des décès de la société élégante. Cette feuille est archi-honnête, archi-protestante et archi-ennuyeuse. Son saint est Luther et elle voit des ennemis dans tous ceux pour qui le mot progrès n'est pas l'abomination de la désolation.

La *Germania*, plus catholique que le pape, se distingue surtout par son ardeur passionnée pour toutes sortes de polémiques et par l'âpreté qu'elle apporte dans toute sorte de discussion. Le tact est une qualité qui lui est tout à fait inconnue, et la douceur chrétienne lui est absolument étrangère. Religion sans charité, telle devrait être sa devise.

Le *Fremdenblatt* et le *Berliner Tageblatt* se partagent les faveurs des officiers et des dames de Berlin, qui y trouvent, après un bal, la description de leurs toilettes et les noms des danseurs et danseuses. En général, dit Paul Vasili [1], toutes les feuilles consacrées au récit des faits divers et des scandales du grand monde jouissent d'une immense vogue dans la société élégante. Les journalistes qui en sont les possesseurs profitent de cet état de choses

1. *La Société de Berlin*, par P. Vasili.

pour augmenter le nombre de leurs abonnés, en leur servant tous les matins un nouveau commérage.

Un des journaux les plus lus à Berlin, c'est le *Bœrsen-Courrier* (Courrier de la Bourse), organe de la coulisse et des agioteurs, dont les opinions sont nulles en toute autre matière que celle de l'argent.

Parmi les feuilles fort répandues qui se publient hors de Berlin, il convient d'en signaler quelques-unes : la *Frankfurter Zeitung* (*Gazette de Francfort*), qui paraît trois fois par jour; l'*Allgemeine Zeitung* (*Gazette universelle*) et les *Neueste Nachrichten*, qui paraissent l'une et l'autre à Munich et exercent une influence considérable dans tous les États du sud de l'Allemagne.

Les journaux socialistes exercent une grande influence et une sorte de dictature morale sur leurs nombreux lecteurs et adhérents. Ils sont tous entre les mains du fameux triumvirat socialiste Bebel, Liebnechkt et Singer. La loi du 21 octobre 1878 contre les aspirations socialistes présentant un danger général, votée sur les injonctions de Bismarck, fit disparaître d'un seul coup près de 400 feuilles socialistes. Le journalisme socialiste ne s'est jamais bien relevé de ce coup formidable, même après l'abrogation de la loi d'exception.

Le *Vorwaerts* [1] est reconnu comme l'organe officiel du parti socialiste, surtout dans l'Allemagne du Nord. Dans l'Allemagne du Sud, l'organe le plus important du socialisme est la *Münchener Post*. En octobre 1890, la propagande socialiste disposait de 19 journaux quotidiens et de 40 journaux hebdomadaires ayant ensemble 254,000 abonnés. En outre, 43 feuilles d'atelier ont réussi à grouper 200,000 abonnés; et 100,000 abonnés se sont réunis autour de deux journaux socialistes et satiriques.

Le socialisme allemand diffère sur bien des points du socialisme français. Tandis qu'en France, les socialistes s'organisent en groupe révolutionnaire, préoccupés surtout de donner une couleur politique à toutes les questions, en Allemagne les chefs socialistes s'efforcent de transformer toute question, même purement politique, en question sociale. Bebel et Liebnechkt savent bien que la plupart de leurs adeptes sont encore attachés au régime monarchique et ne les suivraient pas dans un mouvement politique violent contre les institutions de l'Empire allemand. Il est probable que ces mêmes adeptes socialistes abandonneraient leurs chefs, si ceux-ci accentuaient tant soit peu leurs opinions internationalistes

1. Le Gouvernement allemand a fait saisir le numéro exceptionnel du *Vorwaerts* préparé pour le 1er mai 1895. L'édition entière, plus de 50,000 exemplaires, est tombée entre les mains de la police. Le directeur de cet organe socialiste, le docteur Adolphe Braun, a passé dernièrement vingt-cinq jours en prison pour avoir refusé de donner le nom de l'auteur d'un article, et il y serait encore si le « coupable » ne s'était dénoncé.

et antipatriotiques : c'est ce qu'on ne devrait jamais oublier en France.

D'après M. Dubief [1], il se publiait en 1888, en Allemagne, 5,500 feuilles périodiques dont 800 quotidiennes. Berlin n'avait que 620 feuilles périodiques de toute nature, ce qui montre tout de suite le caractère essentiel de la presse allemande : une décentralisation extrême.

Les annonces ont pris en Allemagne un grand développement. Il en résulte que les journaux quotidiens sont entrés depuis longtemps, à l'imitation des Anglais, dans la voie des suppléments. Nulle part au monde, même en Suisse, la presse n'est à meilleur marché. Grâce aux conditions exceptionnelles consenties par la poste, on peut s'abonner à certaines feuilles quotidiennes pour dix marks par an, c'est-à-dire 12 fr. 50. Dans les grandes villes, la vente au numéro commence à s'implanter. Partout ailleurs c'est l'abonnement qui prévaut.

II. — Une loi du 7 mai 1874 a unifié le régime de la presse dans toutes les parties de l'empire d'Allemagne. Cette loi dispose cependant qu'elle ne porte pas atteinte aux droits des divers États d'édicter des prescriptions particulières au sujet de l'affichage, du placardage, de la distribution des écrits et de la remise d'exemplaires destinés aux bibliothèques ou collections publiques.

Suivant cette législation [2], aucun impôt spécial (timbre, cautionnement) ne doit frapper la presse, en dehors des impôts généraux qui frappent les industries d'après les lois des divers pays.

Tout imprimé doit porter l'indication du nom et de la demeure de l'imprimeur, et si cet écrit est destiné à la librairie, l'indication du nom et de la demeure de l'éditeur ou publicateur.

Tout journal ou revue périodique doit indiquer le nom d'un *rédacteur responsable*, majeur, jouissant de ses droits civiques et domicilié ou résidant habituellement en Allemagne.

Le rédacteur responsable est puni comme auteur du délit, sauf à lui à détruire la présomption qu'il est l'auteur de l'article incriminé.

A défaut de rédacteur responsable, l'éditeur, à son défaut, l'imprimeur et les colporteurs sont punis d'amende ou de prison ne pouvant excéder un an, à raison de leur négligence.

L'acte d'accusation et les diverses pièces d'une procédure pénale ne peuvent être publiés.

Le rédacteur responsable d'un journal est tenu d'insérer les avis

1. *Le Journalisme*, Hachette, Paris, 1892.
2. *Annuaire de législation étrangère*, 4e année.

officiels que l'autorité publique lui communique, ainsi que les rectifications qui lui sont adressées par de simples particuliers; ces rectifications paraissent sans frais quand elles ne dépassent pas les proportions de l'article à rectifier.

La plupart des écrits délictueux peuvent être saisis administrativement; l'autorité judiciaire est ensuite appelée à statuer sur la confirmation ou la levée de la saisie.

D'après le code d'organisation judiciaire de l'empire allemand, du 27 janvier 1877, les délits de presse sont déférés au *jury*. La prescription est acquise au bout de six mois pour les délits.

Le dernier article de la loi déclare qu'elle n'est pas applicable à l'Alsace-Lorraine, qui reste soumise à un régime dictatorial.

Le développement rapide des idées socialistes a inspiré de grandes craintes au gouvernement allemand, et en particulier au chancelier de Bismarck. Des mesures de rigueur et d'exception ont été prises dans la loi du 21 octobre 1878, qui devait demeurer en vigueur jusqu'au 31 mars 1881.

Cette loi naturellement visait la presse socialiste. Elle interdisait toute publication manifestant d'une manière menaçante pour la paix publique, et en particulier pour l'union des diverses classes de la population, des aspirations démocratiques, socialistes ou communistes, ayant pour objet le renversement de l'ordre politique ou social existant.

Le droit de prononcer l'interdiction était attribué aux autorités de police.

L'interdiction entraînait la saisie des écrits dans les endroits où ils étaient déposés pour être distribués. On prohibait toute souscription destinée à favoriser les aspirations démocratiques, socialistes ou communistes ayant pour but le renversement de l'ordre politique ou social existant.

Cette loi draconienne permettait même d'interdire le séjour de certains districts ou de certaines localités aux personnes considérées comme pouvant mettre en danger la sûreté ou l'ordre public. Elle permettait aussi, dans les districts ou localités susceptibles d'être troublés par les aspirations socialistes, d'interdire la distribution d'imprimés sur les voies publiques, rues, places et autres lieux publics.

L'amende et l'emprisonnement de six mois au plus étaient la sanction des infractions commises.

La loi du 21 octobre 1878 a été prorogée quatre fois, en 1880, en 1884, en 1886 et enfin en 1888, toujours dans les mêmes conditions. Lorsque la période pour laquelle la loi avait été maintenue en vigueur était près d'expirer, le gouvernement allemand déposait un projet tendant à une nouvelle prolongation, de longue durée; mais chaque fois le Parlement rejetait ces propositions et se bornait à accorder une prolongation assez courte, en écartant toutes les dispositions aggravant la rigueur de la loi.

C'est ce qui s'est produit notamment en 1888, où le gouvernement proposa au Reichstag de prolonger la durée de la loi contre la démocratie socialiste pour une période de cinq ans, et l'invita en outre à voter certaines aggravations.

Dans la discussion, les orateurs ne firent guère que rééditer les discours prononcés lors des précédentes prorogations. Le socialiste Singer combattit vivement le projet et affirma que l'anarchisme avait été enfanté non par la démocratie socialiste, mais par la loi dirigée contre elle. Les nationaux-libéraux et le centre s'accordèrent pour reconnaître que la loi était mal faite; néanmoins ils déclarèrent qu'ils voteraient la prorogation, mais pour un court délai, et en écartant les aggravations de pénalité proposées. Le chef du centre, Windthorst, constata que malgré tout ce qu'on avait fait pour entraver le mouvement socialiste, le nombre et l'activité des adhérents de ce parti n'avaient fait que s'accroître. Suivant lui, ce n'était pas avec des lois répressives qu'on pouvait enrayer le mal; il fallait, et c'était le seul moyen pratique, donner plus de liberté aux associations religieuses, réformer l'instruction, voter des lois pour l'amélioration des classes laborieuses et donner, dans l'école primaire, à l'enseignement religieux une place prépondérante.

A la suite de cette discussion, la durée de la loi fut prorogée de deux années seulement, au lieu de cinq, et le surplus du projet du gouvernement fut rejeté.

En 1890, le chancelier de Bismarck est tombé du pouvoir, peu de temps après l'avènement de l'empereur Guillaume II, et la loi d'exception dirigée contre la démocratie socialiste n'a plus été prorogée[1].

ANGLETERRE

I. — La presse anglaise est une des plus originales et peut-être la plus puissante du monde entier.

Son quartier général est à Londres, dans Fleet-Street, au centre de l'agitation de la vieille Cité. C'est là que s'ouvrent pêle-mêle boutiques de libraires, imprimeries, bureaux de journaux. Tous les grands journaux quotidiens ont leurs bureaux dans Fleet-Street, sauf le *Times*, qui n'en est pas bien éloigné. On les distingue facilement aux placards contenant le sommaire du numéro

1. *Annuaire de législation étrangère*, 18e année.

du jour affichés à la porte, suivant un usage anglais fort ancien. Presque tous sont installés avec un grand luxe ; et quelques-uns se sont fait construire de véritables palais.

Consacrons quelques mots rapides à chacun des grands journaux de Londres, qui ont une réputation universelle.

A tout seigneur, tout honneur. Le *Times*, dont les bureaux se trouvent dans Printing-House-Square, est celui qui résume le mieux l'opinion publique anglaise. Il compte plus d'un siècle d'existence; son fondateur, Walter, l'ayant fait paraître pour la première fois, sous le titre qu'il porte encore, le 1er janvier 1788. C'est le fils du fondateur qui, de 1803 à 1847, arriva à lui donner la vogue et l'autorité dont il a conservé le monopole.

Dès 1814, il employait la vapeur pour l'impression du journal. Aujourd'hui, il compte plus de trois cents correspondants dans l'intérieur du royaume, chacun muni d'enveloppes spéciales qui arrivent en franchise à toute heure de jour et de nuit ; il a dans chaque capitale un correspondant ayant presque rang d'ambassadeur. Ce sont de vrais diplomates, non pas officiels, mais officieux. Qui ne connaît M. de Blowitz, correspondant du *Times* à Paris ? L'un de ses derniers articles a provoqué une forte et légitime émotion dans la presse française.

A l'étranger, tous les journaux analysent ou reproduisent ses articles. Pour la plupart, la politique de l'Angleterre se résume et se personnifie dans la politique du *Times*.

En Angleterre, son importance et son influence ne peuvent être exagérées. Lors de la guerre de Crimée, les pouvoirs publics hésitaient à déclarer la guerre. Le *Times* se prononça pour la guerre ; et elle fut décidée aussitôt. Tant que dura l'expédition, le journal de la Cité exerça une sorte de dictature sur l'opinion publique de l'Angleterre.

Les tours de force et de vitesse des rédacteurs du *Times* ne se comptent plus. Pour n'en citer qu'un exemple, en 1877, le *Times* a inséré et fait crier dans les rues de Londres le texte intégral et définitif du traité de Berlin à l'heure même où les plénipotentiaires le signaient.

Le numéro du *Times* se vend toujours 30 centimes (*three pence*) ; mais c'est un véritable volume contenant assez de matière pour composer 500 pages in-octavo.

Le tirage est de 80,000 exemplaires et certains numéros exceptionnels sont tirés à des chiffres fabuleux. Les recettes relatives aux annonces produisent la somme fort ronde de plus de 500,000 fr. par mois, plus de six millions par an.

Les articles du *Times*, comme ceux des autres journaux anglais, ne sont pas signés. Aussi, comme le dit P. Villars [1], les

1. *L'Angleterre, l'Écosse et l'Irlande.* Paris, Quantin.

polémiques irritantes de journal à journal, de rédacteur à rédacteur sont chose inconnue dans la presse anglaise ; de plus, par une coutume assez curieuse, chaque journal traite les questions du jour à son seul point de vue, sans discuter les arguments des autres feuilles et absolument comme s'il était le seul. Si le public y perd quelques brillants articles, il y gagne, en revanche, par la quantité et la sûreté des renseignements qu'il y trouve.

Le *Daily News*, le principal organe du parti libéral et progressiste, a été fondé en 1846 par l'illustre écrivain Charles Dickens et par Dilke.

Il tire aujourd'hui à plus de 100,000 exemplaires et occupe dans la presse de Londres une place considérable. Le prix du journal est d'un *penny* (10 centimes). C'est dans le *Daily News* qu'ont été publiées les *Lettres de Junius*, qui sont restées dans toutes les mémoires.

Le *Daily News* a eu la bonne fortune d'avoir pour collaborateur un des journalistes les plus extraordinaires, Archibald Forbes, le type le plus accompli du reporter militaire idéal. M. le comte Paul Vasili, dans ses *Lettres sur la société de Londres*, nous le représente traversant des pays au galop, crevant des chevaux pour envoyer le premier une lettre ou un télégramme, prédisant ce qui va se passer, saisissant sur le terrain les grandes lignes de la bataille, passant des journées entières sur ses étriers, brûlé de poudre, couvert de boue, négligeant de manger, soutenu par la seule passion du reportage, écrivant des récits plus exacts que les rapports d'un état-major, plus vivants et plus dramatiques que ceux d'un romancier. Ce n'est plus du reportage, mais un recueil de documents historiques. Il a fait le voyage des Indes avec le prince de Galles ; il a suivi la guerre carliste et la guerre de Serbie. On a fort admiré sa chevauchée de Plewna à Sistow, où, pour envoyer la description de la bataille de Plewna, chef-d'œuvre resté un modèle, on l'a vu arriver portant sur sa tête la selle de la troisième monture qu'il venait de crever ; et on cite souvent sa course forcée pour annoncer au tsar, six heures avant ses propres courriers, la victoire de Chipka.

Le *Daily Telegraph*, fondé en 1855 par le colonel Sleigh, fut le premier à fixer à un penny le prix du journal, à une époque où tous les autres journaux se vendaient 40 centimes. C'était une véritable révolution opérée avec autant d'énergie que d'audace. Aujourd'hui, le *Daily Telegraph* tire à 250,000 exemplaires par jour, et le produit de ses annonces s'élève à plus de quatre millions de francs par an. Un de ses titres de gloire est d'avoir subventionné Stanley dans sa célèbre exploration de l'Afrique.

Le *Standard*, organe reconnu du parti conservateur, a suivi un des premiers l'exemple donné par le *Daily Telegraph*. Son succès a été complet et a valu à son propriétaire des revenus princiers. Il paye 50.000 francs par an à l'administration des postes pour l'usage d'un fil télégraphique entre Londres et Paris.

Mentionnons le *Morning Post*, qui a été autrefois l'organe de lord Palmerston et de Napoléon III; l'*Evening News*, la *Pall Mall Gazette*, que J. Morley a eu la hardiesse de transformer du jour au lendemain en journal radical; la *Saint-James Gazette*, l'*Echo*, le *Morning Advertiser*, le *Daily Chronicle*, le *Globe*, l'*Athenæum*, le *Truth*, de M. Labouchère; le *World* et le *National Reformer*, organe des revendications de M. Bradlaugh.

Les grands journaux de province exercent une certaine influence, mais plutôt au point de vue économique qu'au point de vue politique. Il en est ainsi du *Manchester Guardian*, du *Glasgow-Herald*, et du *York daily Herald*, pour ne citer que les plus importants.

Le *Punch*, feuille satirique qui correspond à notre *Charivari*, a été fondé en 1841. Ses attaques contre Robert Peel contribuèrent à le rendre populaire. Depuis plus d'un demi-siècle, il caricature, dans des dessins très goûtés du public, les personnages politiques les plus en vue qui se succèdent au pouvoir, soit à Londres, soit sur le continent. S'il faut en croire M. Paul Villars, c'est à un dîner hebdomadaire, auxquels assistent les collaborateurs attitrés du journal, écrivains et dessinateurs, sous la présidence du rédacteur en chef, que l'on choisit le sujet du dessin. Chacun émet son avis, on discute les événements du jour, on en dégage le trait saillant; le mot à effet, l'attitude à donner aux personnages naissent de la discussion, et le numéro suivant représente non une fantaisie ou une inspiration personnelle, mais l'expression collective des idées de la rédaction tout entière. De là cette remarquable fécondité, cette inépuisable verve qui seraient incompréhensibles sans cette explication. La politique n'occupe pas exclusivement M. *Punch* : les mœurs, les ridicules de ses concitoyens sont aussi justiciables de ses crayons.

Parmi les journaux illustrés de l'autre côté de la Manche, tout le monde connaît l'*Illustrated London News*, fondé par l'Américain Herbert Ingram, qui a eu longtemps, grâce à la collaboration d'une élite d'artistes de talent, le monopole de la presse illustrée en Angleterre. Ce n'est qu'en 1870 que vint au monde son rival le *Graphic*, aujourd'hui célèbre. La guerre franco-allemande, éclatant quelques semaines après son apparition, n'a pas peu contribué à la réussite du *Graphic*, qui venait, dit M. Villars, à un moment où le public, avide de nouvelles et de dessins représentant les principaux incidents de la guerre, se ruait littéralement sur les journaux quotidiens et périodiques, illustrés ou non. Ce fut, pendant *l'année terrible*, une lutte homérique entre les deux grands journaux illustrés de Londres pour arriver bon premier et donner au public le dessin des incidents les plus récents.

Il se publie, à cette heure, au moins trois mille feuilles dans le Royaume-Uni. En 1885, on y comptait déjà 2093 journaux, dont 1634 pour l'Angleterre, 193 pour l'Écosse, 162 en Irlande, 83 dans le pays de Galles, 21 dans les îles de la Manche. Les revues étaient au nombre de 163.

Certaines revues anglaises sont de grands et puissants organes connus du monde entier, comme notre *Revue des Deux Mondes*. Citons la *Revue d'Édimbourg*, la *Quarterly*, la *Contemporary*, le *Westminster*, la *Fortnightly*, le *Spectator* et la *Saturday Review*, rédigée par les meilleures plumes d'Oxford et de Cambridge.

La presse irlandaise a acquis, depuis quelques années, une grande importance politique. *The United Ireland*, fondée en 1880 pour soutenir les intérêts du parti nationaliste irlandais, dont le chef incontesté était alors Parnell, s'est fait remarquer par ses ardentes polémiques.

Depuis la scission qui s'est produite dans le parti nationaliste, à la suite du fameux procès intenté à Parnell, peu de temps avant sa mort, la presse irlandaise est divisée en trois camps : le parti loyaliste ou conservateur, avec le *Dublin Express*, l'*Evening Mail*, et l'*Irish Times* ; le parti parnelliste, fidèle à la mémoire de Parnell, de nuance protestante, avec l'*Irish Independant*, et l'*United Ireland*; le parti anti-parnelliste, nationaliste home ruler, avec le *Freemans-Journal* et la *National Press*, et nombre d'autres journaux locaux.

II. — La législation anglaise sur la presse mérite d'attirer plus qu'aucune autre peut-être notre attention, puisqu'elle régit une nation qui possède bien les mœurs de la liberté [1].

Dans l'intérêt du gouvernement et aussi pour assurer une protection sérieuse aux particuliers attaqués dans leur vie privée, diverses obligations sont imposées aux propriétaires, éditeurs et imprimeurs de journaux : le cautionnement, la déclaration, le dépôt, l'indication sur chaque exemplaire du nom de l'imprimeur et de l'éditeur.

Aux termes d'un statut qui remonte au règne de Georges III, toute personne qui possède une presse à imprimer ou des caractères d'impression doit en aviser le clerc de paix du comté, sous peine d'une amende. Quiconque imprime pour la vente et le commerce doit garder un exemplaire au moins de chaque publication,

1. *Le Régime légal de la presse en Angleterre*, par Edmond Bertrand. Edition de 1868. — *Annuaire de législation étrangère*, 11e année. — *Annexe au rapport de M. Lisbonne* sur la loi du 29 juillet 1881 sur la presse.

écrire sur cet exemplaire le nom et le domicile des personnes qu'il a employées pour l'imprimer, et le produire à la réquisition de tout juge de paix. Les imprimeurs de journaux sont tenus à la déclaration, au dépôt et à l'indication de leur nom et de celui de l'éditeur sur chaque exemplaire.

Les propriétaires et éditeurs de journaux sont soumis au cautionnement; ils sont responsables des excès commis par les feuilles qu'ils publient; mais l'acte de lord Campbell de 1844 leur donne la faculté, quand ils sont poursuivis devant la juridiction civile, de se justifier en démontrant que l'insertion de l'article ne peut être attribuée ni à une intention de nuire, ni à une faute lourde, et que, dès qu'ils en ont eu la possibilité, ils ont inséré des excuses satisfaisantes dans une livraison de leur publication et offert au poursuivant somme suffisante pour le désintéresser. De même, lorsqu'ils sont poursuivis devant la juridiction criminelle, les propriétaires et éditeurs de journaux ont la faculté de se justifier en établissant que la publication de l'article a été faite sans leur autorisation, à leur insu et sans faute de leur part.

La loi anglaise permet de discuter et de critiquer les actes du gouvernement, pourvu que la discussion soit loyale et la critique tempérée, décente, respectueuse, mais elle ne permet pas qu'on suspecte ses intentions et qu'on impute ses actes à des calculs perfides ou à des desseins pervers. Tout écrit qui est outrageant par l'expression ou par les intentions qu'il prête est réputé séditieux *(seditious libel)* et puni de l'amende et de la prison.

Certains écrits sont considérés comme des actes de trahison *(scribere est agere)* et punis de peines plus sévères : tels sont les écrits qui conspirent la mort du souverain ; qui conspirent avec les ennemis du roi ou qui leur prêtent aide et assistance. A l'écrivain coupable de trahison il faut joindre l'écrivain coupable d'excitation à la révolte, qui peut être puni de la transportation temporaire ou à vie ou de la prison avec travail forcé pour trois ans au plus.

La loi anglaise punit aussi les écrits qui tendent à diffamer les personnages qui occupent une grande situation par leur noblesse ou par leurs fonctions dans un pays étranger lorsqu'ils sont de nature à amener la rupture des relations pacifiques existant entre le gouvernement de ce pays étranger et le gouvernement britannique; elle punit encore les écrits qui répandent de fausses nouvelles de nature à semer la discorde entre le roi et la noblesse ou sur le compte d'un grand personnage du royaume, et ceux qui sont dirigés contre les lois existantes.

Le *libel* dirigé contre l'administration publique de la justice et le *libel* diffamatoire qui attaque la vie privée d'un particulier sont punis des mêmes peines que le *seditious libel.*

La justice anglaise procède à la répression des délits de presse par voie d'information ou d'accusation. Ces deux modes de poursuites donnent lieu à l'arrestation et à la détention préventive, à moins que caution ne soit donnée.

Le blasphème constitue un délit punissable de l'amende et de l'emprisonnement, parce que le christianisme fait partie des lois de l'Angleterre. Il y a blasphème dans le fait de nier l'existence ou la providence de Dieu, d'injurier le Christ, de railler les Saintes-Écritures et de les exposer au mépris ou au ridicule.

Une loi assez récente, du 27 août 1881, a rendu plus effective la responsabilité des propriétaires de journaux en assurant l'enregistrement exact et régulier de leurs noms, adresses et qualités. Mais, en même temps, elle a mis les propriétaires de journaux à l'abri de poursuites criminelles non justifiées et exercées par malveillance. De plus, elle a assuré au compte rendu de toute réunion publique légale, publié de bonne foi dans un journal, les mêmes immunités qu'au compte rendu d'une séance du Parlement ou d'une audience des cours de justice.

La loi considère comme *propriétaire de journaux* non seulement toute personne ayant la propriété exclusive d'un journal, mais tout actionnaire ou toute personne ayant une part d'intérêt dans la propriété d'un journal.

Chaque année, au mois de juillet, les déclarations des propriétaires de journaux sont consignées sur un registre qui est tenu à la disposition du public. Toute partie intéressée peut, à toute époque, faire connaître les mutations survenues dans la propriété du journal.

Grâce à cette législation qui réglemente avec une exactitude rigoureuse la responsabilité des journaux, grâce surtout aux mœurs de la véritable liberté qui ont pénétré toutes les couches de la nation, la presse anglaise a conquis une haute situation et l'estime de tous. Les journalistes sont des hommes de talent; ils inspirent à leurs lecteurs une confiance absolue et évitent de se déconsidérer par des attaques personnelles et violentes. Les polémiques personnelles et les duels sont inconnus entre journalistes. Les articles ne sont d'ailleurs pas signés.

Le vrai secret de la puissance de la presse anglaise, c'est que les journaux de partis n'existent pas, à proprement parler. Chaque journal a une couleur; mais il est d'une indépendance complète. Les organes de quelque importance appartiennent à des sociétés, au lieu d'appartenir directement à un ministre, à un député influent ou à un groupe parlementaire.

AUTRICHE-HONGRIE

I. — La presse de Vienne est une des mieux dirigées et administrées du continent, au point de vue des abonnés et des affaires.

Il y a peu de polémiques entre les organes représentant les diverses nuances d'un même parti. Les personnalités blessantes sont rares, ce qui donne à la presse autrichienne une supériorité incontestable sur celle d'autres pays.

Les grands journaux sont presque tous allemands libéraux.

La *Presse*, journal conservateur, a été longtemps l'une des feuilles les plus importantes et les plus répandues de l'empire d'Autriche. Son fondateur et premier directeur, M. Zang, sut en tirer grand profit et s'enrichit rapidement. Mais il eut l'imprudence de blesser ses principaux collaborateurs, Etienne et Friedlander, qui le quittèrent pour fonder la *Nouvelle Presse libre* et lui faire concurrence. Le tirage de la *Presse* diminua aussitôt dans des proportions désastreuses et son propriétaire s'empressa de céder ses droits à la Landerbank. C'est un journal officieux, qui chante aujourd'hui indifféremment les louanges de tous les ministères, quels qu'ils soient.

Le *Fremdenblatt* est un autre journal officieux, dont bon nombre d'articles sont rédigés au Ministère des Affaires étrangères. Il est dirigé avec une habileté consommée par des hommes rompus au métier du journalisme. Il a appartenu au baron plusieurs fois millionnaire Gustave Heine, frère d'Henri Heine, l'écrivain bien connu.

La *Neue freie Presse*, fondée en 1864 par Michel Etienne et Friedlander, anciens rédacteurs de la *Presse*, est un grand journal dans toute l'acception du mot. Son succès s'est affirmé dès le premier jour.

Vers 1860, le moment était merveilleusement choisi pour la création d'un pareil organe, comme le dit P. Vasili dans ses lettres sur la société de Vienne. D'une part, la vie publique s'élargissait; les questions politiques commençaient à intéresser un public de plus en plus nombreux. On attendait un journal traitant des intérêts généraux avec compétence et sachant les juger de haut. D'autre part, un grand mouvement économique se dessinait. De grandes affaires industrielles et commerciales s'annonçaient avec de grands développements, telles que constructions de chemins de fer entraînant la création d'établissements financiers et des transactions de Bourse.

Les directeurs de la *Neue freie Presse*, avec beaucoup d'habileté, intéressèrent leurs lecteurs à ces grands mouvements du crédit public. Mais cette publicité fort lucrative ne leur fit pourtant pas négliger la partie littéraire de leur feuille. Etienne avait débuté dans la carrière des lettres par la traduction de plusieurs romans de George Sand ; quelques mois avant sa mort, il publiait une étude sur le *Pape* de Victor Hugo. Il était Français d'origine et avait longtemps habité Paris.

En 1870-1871, la *Neue freie Presse* mena une campagne bruyante en faveur de l'Allemagne contre la France. Elle est devenue depuis lors le défenseur ardent de l'alliance austro-allemande, comme la plupart de ses confrères de la presse austro-hongroise.

Le *Neues Wiener Tagblatt* a une clientèle de petits bourgeois, de boutiquiers, d'artisans, et tire à cinquante mille exemplaires. Le journal est fait avec intelligence et avec un grand succès dans la recherche de l'actualité. Il publie des articles économiques toujours très remarqués et souvent excellents.

Le *Vaterland* est l'organe des cléricaux féodaux, et peut-être plus féodal encore que clérical. Il tonne journellement contre le capital juif.

Il est très bien écrit et a toutes les préférences du grand monde et des châteaux.

La *Deutsche Zeitung* est une feuille germanophile à l'excès. Elle est très lue et exerce une influence sérieuse en province.

La *Morgen Post* est un organe démocratique, sans grande importance.

Vienne possède un grand nombre de feuilles satiriques illustrées, que surpasse de beaucoup le *Kikeriki*, très populaire, écrit avec une verve endiablée et dessiné avec beaucoup d'esprit et de malice, ce qui le fait lire et aimer dans toute l'Autriche-Hongrie.

Signalons aussi un journal hebdomadaire en langue française le *Danube*, qui tire à quatre mille exemplaires et est fort bien rédigé.

Les journaux hongrois de Budapesth ont un tirage et une importance qui ne le cèdent guère au tirage et à l'importance des journaux de Vienne. C'est d'abord le *Budapesti Hirlap*, qui tire à cinquante mille exemplaires ; la *Gazette de Hongrie*, qui est rédigée en français et paraît une fois par semaine ; le *Pester Lloyd*, organe officieux du ministère hongrois et grand partisan de l'alliance austro-allemande.

II. — La presse autrichienne est régie par la loi du 17 décembre 1862 et par diverses dispositions du Code d'instruction criminelle de 1873.

Les journaux sont soumis au timbre et au cautionnement ; sont également soumis au cautionnement tous écrits périodiques paraissant plus de deux fois par mois et traitant même accessoirement de questions politiques, religieuses ou sociales.

Les délits de presse sont déférés au jury. Mais dans un pays de nationalités si diverses, se pénétrant les unes les autres comme en Autriche, et entrant souvent en conflit, l'institution du jury ne présente pas les mêmes garanties qu'ailleurs. En Bohême, par exemple, supposez qu'un article tchèque contre les Allemands soit déféré au jury d'une ville tchèque, il est à peu près certain qu'il sera acquitté. Supposez, au contraire, qu'il soit renvoyé — ce qui est arrivé plus d'une fois — par ordre supérieur, devant le jury d'une ville allemande, il sera certainement condamné.

L'article 487 du Code d'instruction criminelle permet la saisie préventive des imprimés par voie administrative.

L'article 493 du même Code réglemente la procédure dite *objective*, en vertu de laquelle le ministère public peut, même quand il n'intente pas d'action contre une personne déterminée, demander au tribunal, dans l'intérêt public, de déclarer qu'un écrit contient une infraction et qu'il est défendu de le répandre ultérieurement. On a souvent critiqué, non sans quelque raison, cette procédure, en disant qu'elle est contraire aux principes posés par la loi constitutionnelle, selon lesquels les délits de presse doivent être déférés au jury.

En Autriche, comme dans l'Empire allemand, lorsque le développement des idées socialistes a paru menacer l'ordre public, le législateur s'est préoccupé de soustraire l'agitation socialiste et anarchiste à l'application des règles du droit commun.

Pour comprendre la portée des mesures nouvelles édictées à ce sujet, il faut savoir que l'institution du jury n'a pas été admise en Autriche sans provoquer des craintes sérieuses sur son fonctionnement.

Pour satisfaire aux scrupules des adversaires du jury, le Reichsrath a voté une loi spéciale permettant au Gouvernement de suspendre, par ordonnance rendue en Conseil des ministres, sauf approbation ultérieure du Reichsrath, le fonctionnement du jury dans un pays déterminé, soit pour tous les délits de sa compétence, soit pour certaines catégories de ces délits. Cette loi a été promulguée le 23 mai 1873 avec le nouveau Code et la loi sur la composition des listes du jury. C'est ainsi qu'en Dalmatie, à la suite d'acquittements scandaleux prononcés par le jury, une ordonnance du 20 juin 1882 suspendit pour un an le fonctionnement du jury pour tous les crimes et délits soumis à sa connaissance.

Quand, à côté des théories socialistes, commencèrent à se manifester des menées anarchistes, et qu'à l'exposé des doctrines se joignit la propagande par le fait, le Gouvernement autrichien estima d'abord que la loi du 23 mai 1873 était pour lui une arme suffisante et, par ordonnance du 30 janvier 1884, il suspendit le fonctionnement du jury pour certains crimes et délits à Vienne et dans d'autres districts. Puis diverses, lois furent successivement votées, qui prorogèrent jusqu'au 1er juillet 1896 l'effet de ces mesures exceptionnelles.

La loi du 25 juin 1886 régularisa et étendit à toute l'Autriche, quand il s'agit de délits anarchistes, la suspension du jury que la loi de 1873 ne permettait d'édicter qu'à titre exceptionnel et pour certains districts. Mais l'article 2 de cette loi restreignit à deux ans la durée de son application. En 1888, le Gouvernement tenta de faire prolonger jusqu'au 31 août 1891 la durée de la loi du 25 juin 1886. Il se heurta à de vives résistances. La Commission de la Chambre des députés fit un rapport concluant à une prolongation de deux années seulement. Le Gouvernement renonça alors à faire voter son projet de loi, se réservant de prendre lui-même les mesures extraordinaires auxquelles les lois constitutionnelles l'autorisaient à recourir pendant la suspension des séances des Chambres, sauf à obtenir leur ratification [1].

— En Hongrie, le Code pénal du 29 mai 1878 déclare punissables et défère aux tribunaux les crimes et les délits suivants : la provocation directe par un moyen quelconque de publicité à commettre un crime ou un délit, à désobéir aux lois ou aux ordonnances légalement rendues ; l'excitation par les mêmes moyens à la haine des différentes classes, nationalités ou religions contre les autres, contre les institutions fondamentales de l'État, la propriété et la famille, l'attaque contre l'inviolabilité de la personne royale, l'ordre de la succession au trône, la constitution de l'État, l'autorité des lois et de la constitution, etc. ; l'apologie par les mêmes moyens d'un acte que la loi qualifie crime ou délit, ou de ses auteurs.

La prescription est acquise dans un délai de trois mois.

La preuve des diffamations et des injures est autorisée lorsqu'il s'agit d'un fonctionnaire public ou d'un corps constitué ; elle l'est aussi dans certains cas, lorsqu'il s'agit d'un particulier, notamment lorsque lui-même le demande ou que le prévenu démontre qu'il a agi dans un intérêt légitime [2].

BELGIQUE

I. Les principaux journaux de Belgique appartiennent au parti libéral. Et cependant les dernières élections générales, faites pour la première fois au suffrage plural, ont envoyé siéger dans les Chambres une majorité catholique et une importante minorité socialiste, laissant le parti libéral absolument désemparé.

1. *Annuaire de législation étrangère,* 16e et 18e années.
2. *Ibid.* 18e année.

L'*Indépendance belge*, dirigée par M. Gaston Bérardi, qui a succédé à son père Léon Bérardi en 1884, est un journal cosmopolite très répandu. La variété et la multiplicité de ses informations, puisées à bonne source, grâce à d'habiles correspondants bien choisis dans les nations étrangères, en ont fait un organe international jouissant d'un grand et légitime crédit. Il a su notamment s'attacher parmi les écrivains français, dans le monde de la politique, des lettres, des sciences et des arts, les collaborateurs les plus distingués.

On a dit quelquefois que l'*Indépendance* était un journal parisien paraissant à Bruxelles. Ce mot était vrai surtout sous le second empire, alors que les Parisiens hostiles au gouvernement impérial cherchaient dans cette feuille, quand elle n'était pas arrêtée à la frontière, les nouvelles politiques que les journaux de Paris n'auraient pas été autorisés à publier.

Aujourd'hui les relations entre Paris et Bruxelles ont pris des développements inattendus, grâce au téléphone, qui permet de transmettre instantanément à Paris les trois éditions de l'*Indépendance*, à 5 heures du soir, à 6 heures et à 9 heures du matin.

Le prix de l'abonnement a été abaissé à 20 francs par an et le prix du numéro à 10 centimes pour la Belgique.

A l'exemple des grands journaux anglais, le directeur de l'*Indépendance belge* a créé une grande édition hebdomadaire de dix pages, sorte de revue à bon marché du mouvement politique, littéraire, artistique et économique de tous les pays du globe. Cette publication a eu aussitôt le plus grand succès.

Après l'*Indépendance*, viennent l'*Étoile belge*, la *Gazette de Bruxelles*, la *Nation*, qui se publient à Bruxelles.

Il paraît encore à Bruxelles une feuille hebdomadaire d'une grande portée politique, le *Nord*, organe officieux de la chancellerie russe, rédigé avec le plus grand talent. On prétend que c'est dans les ambassades russes des diverses capitales de l'Europe que s'élaborent la plupart des articles publiés par le *Nord*.

Des journaux importants se publient dans chaque grande ville de Belgique : l'*Opinion*, d'Anvers ; le *Journal de Liège*, où écrit quelquefois l'ancien ministre libéral, M. Frère-Orban, et qui est la propriété de la famille Desoer ; le *Journal de Charleroi*, organe progressiste et démocrate ; la *Patrie*, de Bruges, un des principaux organes catholiques.

II. — La législation belge sur la presse est consignée dans le décret du 20 juillet 1831 et dans le Code pénal de 1867.

La presse n'est soumise ni au cautionnement, ni à aucune mesure préventive. Les délits de presse sont déférés au jury.

Les articles 299 et 300 du Code pénal punissent la distribution d'imprimés quelconques ne portant pas l'indication vraie du nom et du domicile de l'auteur et de l'imprimeur.

Les articles 383 et 384 punissent l'outrage aux bonnes mœurs commis par la distribution des chansons, pamphlets ou autres écrits imprimés ou non, des figures ou des images contraires aux bonnes mœurs.

L'article 66 punit comme *auteurs* d'un crime ou d'un délit, ceux qui, par des discours, des imprimés ou des images, auront provoqué directement à le commettre.

Le chapitre 5 du Code pénal réprime les atteintes portées à l'honneur ou à la considération des personnes.

La preuve des faits diffamatoires peut être rapportée quand l'imputation est dirigée contre une personne ayant agi dans un caractère public.

S'il s'agit d'un fait de la vie privée, l'auteur de l'imputation ne peut faire valoir pour sa défense aucune autre preuve que celle pouvant résulter d'un jugement ou de tout autre acte authentique.

L'auteur de l'imputation qui ne rapporte pas la preuve légale du fait imputé quand cette preuve est permise est coupable de calomnie ; il est coupable de diffamation, quand la loi ne permet pas la preuve.

La calomnie et la diffamation, qu'elles soient dirigées contre un corps constitué ou contre des individus, sont punies d'un emprisonnement de huit jours à un an et d'une amende de 26 francs à 200 francs.

L'injure est punie d'un emprisonnement de huit jours à deux mois et d'une amende de 26 à 500 francs, ou de l'une de ces deux peines seulement.

Le décret du 30 juillet 1831 sur les délits de presse punit d'un emprisonnement de six mois à trois ans les attaques dirigées contre l'autorité constitutionnelle du roi, l'inviolabilité de sa personne, contre les droits constitutionnels de sa dynastie, contre les droits ou l'autorité des Chambres.

Une loi du 6 avril 1847 punit l'offense au roi d'un emprisonnement de six mois à trois ans et d'une amende de 300 à 3,000 fr. En outre, le coupable peut être interdit de tout ou partie des droits mentionnés dans l'article 42 du Code pénal de 1810, pendant un intervalle de deux à cinq ans.

BULGARIE

I. — La presse bulgare est encore un peu à l'état embryonnaire, comme toutes les institutions de ce pays en voie de formation.

Les journaux ont une existence éphémère, ce qui n'a rien de surprenant sous le régime dictatorial de Stamboulof, qui s'est perpétué jusqu'à une époque récente.

Il n'est guère permis de critiquer les actes du gouvernement. On crée certaines feuilles pour une affaire spéciale, en vue d'intérêts particuliers ; et l'affaire terminée, les journaux ne tardent pas à disparaître.

Il y a une gazette officielle, *Dvrovsaven vestnik*, une sorte de courrier de la Cour.

Le *Plovdiv* de Philippopoli est un organe semi-officieux à l'usage de la Roumélie orientale.

La *Balkanska Zora* (Aurore des Balkans), dirigée par deux jeunes Bulgares, qui ont fait leurs études à Paris et à Bruxelles, a eu la première l'idée de séparer la cause du prince Ferdinand de celle de son ministre Stamboulof. Les persécutions de ce dernier enrayèrent un moment toute opposition. Mais cette politique a triomphé le jour où le prince Ferdinand a renvoyé son premier ministre.

La *Bulgarie*, rédigée en français par Iskender, a suspendu sa publication.

La *Svoboda* (*Liberté*) est rédigée moitié en français et moitié en bulgare.

II. — D'après la Constitution promulguée à Tirnova, le 16 avril 1879, la presse est libre. Les auteurs, imprimeurs, éditeurs ne sont assujettis à aucune censure ni à aucun impôt. Si l'auteur est connu et habite la Bulgarie, l'éditeur, l'imprimeur et le colporteur sont à l'abri de toute poursuite.

Les livres religieux doivent être revêtus de l'approbation du Saint-Synode.

Les délits de presse sont de la compétence des tribunaux ordinaires [1]. Une loi sur la presse a été promulguée les 17 et 29 décembre 1887 [2].

Aux termes de cette loi, tout journal ou écrit périodique doit, outre le nom de l'imprimeur, porter aussi le nom d'un rédacteur, sous peine d'une amende.

Le droit de réponse est réservé aux particuliers, et le communiqué à toutes les autorités, institutions et personnes ayant un caractère public.

L'introduction de livres, journaux et écrits périodiques étrangers peut être prohibée par décision du Conseil des ministres, publiée au *Journal officiel*, en raison d'articles délictueux au sens de la loi.

1. *Annuaire de législation étrangère*, 9e année.
2. *Ibid.*, 17e année.

Les provocations aux crimes, à la tranquillité intérieure ou extérieure de l'État, à la désobéissance ou à l'inexécution des lois, au mépris de l'autorité, sont punies de l'emprisonnement. De même l'atteinte aux bonnes mœurs, à la morale publique ou à l'un des cultes reconnus. La preuve à l'égard des diffamations dirigées contre les ministres, députés et fonctionnaires, ne peut être faite qu'au moyen d'un jugement ayant acquis force de chose jugée.

Les délits de la presse se prescrivent par six mois.

DANEMARK

I. — Dans ce pays, l'action de la presse est insignifiante, du moins en temps ordinaire.

En ce qui concerne la politique extérieure, tous les journaux comprennent qu'une stricte neutralité s'impose aux Danois en cas de guerre européenne. Ils se contentent donc de couper dans les feuilles étrangères les nouvelles qui peuvent intéresser leurs lecteurs.

Quant à la politique intérieure, elle s'est bornée longtemps à un échange de polémiques entre les partisans et les adversaires du ministère Estrup.

Le *Berlingske Tidende* est le journal officiel du Danemark ; il paraît matin et soir, sauf les jours fériés.

Le *Dagbladed* est un organe conservateur.

Le *Morgenbladed* et les *Politiken* sont deux journaux importants de l'opposition radicale.

Le *National Tidende*, le *Kiobenhavn* et le *Dag Telegraphen* sont des organes libéraux.

II. — La situation politique du Danemark ne permet pas toujours le fonctionnement régulier d'un régime légal.

Les abus de la presse ont été tels, les journalistes et les rédacteurs de journaux ont si souvent et si facilement éludé toute responsabilité, que le gouvernement a usé du droit que lui accorde l'article 25 de la Constitution et a promulgué, le 13 août 1886, une loi provisoire sur la responsabilité des articles insérés dans les journaux et les revues.

Cette loi provisoire, modifiant diverses dispositions de la loi sur la presse du 3 janvier 1851, porte que la responsabilité des articles anonymes pèse sur le rédacteur réel des journaux et des revues, dont le nom doit être indiqué sur la publication. En cas de fausse indication, ou à défaut d'indication, l'auteur de l'article, même anonyme, et les rédacteurs réels sont responsables. Les fausses déclarations sont d'ailleurs punies de mille à cinq mille kroner d'amende.

Les publications étrangères prohibées peuvent être saisies, non seulement chez les dépositaires et les consignataires, mais chez tout destinataire et même à la poste.

Les frais et les amendes résultant de condamnations en matière de presse peuvent être poursuivis sur les revenus du journal ou de la revue, sans tenir compte des prétentions que des tiers pourraient faire valoir sur ces revenus.

Des polémiques fort vives se sont engagées à l'occasion de cette loi, que l'on a arguée d'inconstitutionnalité. Mais les tribunaux n'ont pas admis cette critique. La loi a été appliquée et paraît avoir atteint le but que se proposaient ses auteurs [1].

ESPAGNE

I. — Il n'y a peut-être pas de pays au monde qui se passionne plus que l'Espagne à la lecture des journaux. Que les lois sur la presse soient sévères ou libérales, il importe peu, on entend crier jour et nuit à Madrid cent feuilles plus ou moins politiques. Le kiosque n'existe pas; ce sont des gamins et des vieilles femmes qui vendent les journaux dans les rues.

Nous emprunterons au comte Vasili, qui a étudié la société de Madrid comme celles des autres capitales de l'Europe, quelques-uns des traits dont il s'est servi pour son tableau de la presse espagnole.

Une des plus anciennes feuilles est assurément *la Epoca*, dont le nom est bien connu à l'étranger à cause de ses démêlés quotidiens avec tous les organes libéraux, quelle que soit leur nationalité. Il y a près d'un demi-siècle que ce journal ultra-conservateur défend, avec autant de courage que de succès, la cause du trône et de l'autel, de la religion et de la monarchie, tenant tête aux feuilles carlistes aussi bien qu'aux feuilles libérales, démocratiques et républicaines. Elle est l'organe de M. Canovas, le chef du parti conservateur.

La Epoca est un grand journal, fort bien fait, qui soutient vaillamment ses idées. Le chiffre de ses abonnés n'est pas considérable ; mais la clientèle est sûre, parce qu'elle se recrute dans les classes riches et nobles.

Son directeur, Escobar, a été créé par Alphonse XII, en récompense de son talent et de son dévouement, marquis de Valdeiglesias. On le respecte fort à Madrid, et l'on admire surtout sa con-

1. *Annuaire de législation étrangère*, 16e année, p. 583 et 584.

stance au travail ; car il s'est voué corps et âme à son œuvre politique et il consacre à son journal les meilleures heures du jour et de la nuit.

Son fils, M. Alfredo Escobar, rédacteur en chef du journal, a modernisé *la Epoca* en lui donnant l'aspect des grands journaux étrangers. Plus tolérant que son père, il s'efforce d'adoucir les haines des journaux libéraux contre *la Epoca.* Ecrivain aimable et chroniqueur de salon, c'est un journaliste doublé d'un agréable mondain.

La Correspondencia de España a été fondée vers 1851, par le marquis de Santa Ana, qui venait de débarquer à Madrid avec deux pièces de cent sous dans sa poche. Aujourd'hui, il est millionnaire et propriétaire du magnifique hôtel, ancien palais du duc d'Abrantès, dans lequel il a logé son journal, qui est le mieux informé de la presse madrilène et rend compte absolument de tout ce qui se passe en Europe et en Espagne. On l'appelle, paraît-il, à Madrid, *le Bonnet de nuit,* parce qu'on ne peut se coucher sans la *Correspondencia.*

Ce journal a trois éditions par jour et compte parmi ses collaborateurs les sommités politiques et littéraires, Castelar, Moret, Echegaray. Il est indépendant au point de vue politique et ne s'inféode à aucun parti. Créer un journal l'organe de tous, au milieu d'un peuple passionné et variable, telle fut l'idée originale du fondateur du journal, qui a mis à la mode les épithètes banales « distingué, aimable, éminent, un de nos premiers », etc. — Que m'en coûte-t-il d'être agréable à tout le monde ? dit souvent le directeur de la *Correspondencia,* qui est un philosophe doublé d'un habile industriel.

El Globo est l'organe de Castelar. Inutile de dire qu'il est admirablement rédigé. Il a conquis sa place peu à peu dans le public et ses abonnés sont nombreux.

El Correo, fondé par M. Ferreras, un des partisans les plus fermes de M. Sagasta et du parti libéral, est très répandu à cause d'une sorte de résumé de la journée très habilement rédigé par son directeur.

El Libéral et *el Imparcial* sont les deux journaux qui représentent le mieux l'Espagne libérale. *El Libéral* fut fondé par les anciens rédacteurs de *el Impartial*, qui se séparèrent un beau jour de leur directeur, M. Gasset, qu'ils accusaient de s'enrichir grâce à leur talent, sans en avoir lui-même. En effet le mérite exceptionnel des rédacteurs de *el Impartial* avait fait monter le tirage à quarante mille exemplaires, chose extraordinaire à Madrid. Un beau matin, rédacteurs, reporters, administrateurs, correspondants à l'étranger, protes et ouvriers, tout le personnel quitta le journal et fonda *el Libéral.* La clientèle de *el Imparcial* ne diminua guère avec le changement de rédaction ; et *el Libéral* s'en créa une nouvelle presque aussi nombreuse.

El Resumen ne date que de 1886, et il a déjà emporté d'assaut une des plus brillantes situations de la presse madrilène. Il consacre ses meilleures études aux questions militaires. Il a pour principal rédacteur M. Suarez de Figueroa, une des plumes les plus acérées du jeune journalisme espagnol.

Le parti républicain a deux organes principaux : *la Justicia*, qui a à sa tête Salmeron, ancien président de la République et pour rédacteurs les plus brillants professeurs de l'Université de Madrid, MM. Azcarate, Calderon, Pedregal, Cervera, etc. *El Pais*, organe du parti républicain progressiste, qui a à sa tête Don Manuel Ruiz Zorilla, ce qui nous dispense de tout commentaire.

Les journaux carlistes ont un grand nombre d'abonnés, ayant dans leur clientèle tous les prêtres espagnols. En revanche, certaines revues anticléricales, telles que le *Matin* et les *Dominicales*, qui s'acharnent après le clergé, ont autant de succès que les journaux carlistes, ce qui prouve avec quelle ardeur la bataille intellectuelle se livre en Espagne entre les idées anciennes et les idées modernes.

Madrid a des journaux illustrés en grand nombre. *L'Ilustracion* tire à plus de vingt mille exemplaires pour l'Espagne et les républiques sud-américaines. Il y a dans le monde bien peu de revues illustrées avec plus de goût et d'intelligence. C'est un vrai chef-d'œuvre.

L'Espagne a une presse originale et qu'il ne faut pas oublier : c'est la presse tauromachique. Aussitôt la course finie, on vend la revue, qui a été imprimée à la hâte avec les renseignements envoyés du cirque par les chroniqueurs de la *corrida*, lesquels sont d'ordinaire les directeurs mêmes de ces journaux. Le public avide de ces comptes rendus est innombrable ; le récit de la journée est fait dans un argot tout à fait incompréhensible pour un étranger. Il faut habiter Madrid depuis bien des années pour entendre ce langage et les jeux d'esprit qu'il comporte.

Les deux grands journaux tauromachiques, la *Lidia* et la *Nueva Lidia*, avec illustrations, sont charmants et la collection s'en paye fort cher. Rien de plus joli que ces lithographies coloriées, avec tous les incidents de la course, les portraits des *espadas*, etc. Les taureaux et la politique sont les sujets qui occupent le plus les lecteurs espagnols.

II. — La loi qui régit la presse en Espagne porte la date du 26 juillet 1883 [1]. Il faut y joindre la loi de 1889 sur le Code pénal.

1. *Annuaire de législation étrangère*, 13e année.

Cette législation divise les imprimés en un assez grand nombre de catégories, en se montrant de plus en plus sévère, suivant qu'il s'agit d'un livre, d'une brochure, d'une feuille séparée ou d'un placard pour affiche, en exceptant toutefois les circulaires ou affiches d'intérêt commercial ou artistique.

On doit déclarer à l'autorité administrative les périodiques ou journaux qu'on se propose de publier, quatre jours au moins avant l'apparition du premier numéro.

La responsabilité devant l'administration et les tribunaux incombe au directeur, et, à son défaut, au propriétaire. Le fondateur est considéré comme propriétaire tant qu'il ne justifie pas d'une transmission régulière de la propriété.

Les journaux doivent insérer toutes les réponses et rectifications qui leur sont adressées par les dépositaires de l'autorité publique, corporations ou particuliers, à l'occasion d'articles publiés, contenant des outrages ou des faits faux ou faussés.

Les imprimeurs ont le droit d'exiger que les manuscrits soient signés. Ils ne pourront en user contre la volonté de leurs auteurs, à moins qu'il ne s'agisse de les présenter aux tribunaux qui en réclameraient la communication, ou pour s'exonérer de la responsabilité résultant de la publication.

Les délits de presse sont justiciables du jury, sauf pour les affaires de lèse-majesté. L'introduction de feuilles, brochures et journaux en langue espagnole, imprimés à l'étranger, peut être prohibée par une décision du conseil des ministres.

La liberté de la presse en Espagne est une conquête de date trop récente pour être considérée comme définitivement acquise. Elle est à la merci du moindre incident un peu vif que provoque la lutte des partis dans une nation aussi mobile que passionnée. Nous venons d'en avoir la preuve.

Tout récemment, au milieu du mois de mars 1895, les officiers de l'armée espagnole, et à leur tête le général Lopez Dominguez, se sont offusqués de quelques critiques jugées par eux injurieuses et publiées dans les journaux *Resumen* et *Globo*. A titre de protestation ils ont envahi, au nombre de trois cents, les bureaux de rédaction et littéralement tout brisé et détruit.

L'incident n'a pas tardé à prendre des proportions. Des officiers généraux n'ont pas craint de se rendre solidaires de cette équipée. Les parquets militaires, foulant aux pieds la loi qui attribue au jury tous les procès de presse, ont commencé des poursuites contre les feuilles républicaines *El Pais*, *la Justicia*, *l'Ideal* et le journal indépendant *El Resumen*. Les journalistes se sont réfugiés à l'étranger. Les officiers ont invoqué les dispositions du Code d'instruction militaire en faveur de la compétence des tribunaux militaires. Mais il est bien évident que le législateur a eu en vue, dans ce dernier cas, les périodes exceptionnelles où l'état de siège a été proclamé et où la juridiction militaire exproprie *ipso facto* la juridiction civile ordinaire. D'ailleurs la Cour de cassation a eu l'occasion de fixer la jurisprudence sur ce point, et elle l'a toujours fait dans le sens de la compétence exclusive du jury.

Les officiers espagnols n'en ont pas moins persisté à exiger que la presse fût traitée comme si l'état de siège existait, et que les auteurs des articles incriminés fussent traduits devant les conseils de guerre. C'était demander une violation de la loi doublée d'une injustice, puisqu'en cette affaire l'armée aurait été tout à la fois juge et partie.

Au milieu de l'effervescence générale, le ministère libéral de M. Sagasta a fait place au ministère conservateur de M. Canovas.

Dans ces conditions, on peut bien dire, sans aucune exagération, que la liberté de la presse n'est pas très assurée en Espagne. Elle semble à la merci de la première manifestation militaire venue.

GRÈCE

I. — Dans ce petit pays, la presse est vaillante et batailleuse, surtout pendant les périodes électorales, qui se renouvellent très fréquemment en Grèce.

Elle se divise, au point de vue politique, entre tricoupistes et délyanistes, du nom des deux chefs de parti les plus importants qui se disputent le pouvoir. Dans la dernière crise électorale (avril et mai 1895), ce sont les délyanistes qui l'ont emporté à une écrasante majorité.

La *Proïa* (*le Matin*) et l'*Acropolis* sont les principaux organes du parti délyaniste. L'*Ora* (l'*Heure*) est le journal tricoupiste le plus notable. *L'Ephimeris* est tantôt d'un côté et tantôt de l'autre.

Il se publie à Athènes plusieurs journaux rédigés en français, le *Journal d'Athènes*, le *Messager d'Athènes*, le *Spectateur d'Orient*, dont le correspondant à Paris n'est autre que notre très distingué confrère M. Socrate Homère. Il est naturel que l'influence française se fasse sentir d'une manière particulière dans un pays où est établie la célèbre École française d'Athènes, où nos savants dirigent les fouilles de Delphes et se livrent aux études les plus remarquables sur l'art et l'histoire de l'antiquité grecque.

Il se publie en Grèce une centaine de journaux en langue hellénique. Dans les journaux officieux se trouvent quelques journalistes de profession honorablement rétribués. Pour le surplus, les véritables rédacteurs sont les hommes politiques, députés, anciens ministres, etc. Opposants ou ministériels, dit M. Dubief[1],

1. *Le Journalisme*, p. 279. (Hachette et Cie.)

ont juste le nombre d'abonnés et d'acheteurs au numéro nécessaires pour végéter. Ils sont criés dans les rues par des enfants. Ces jeunes péripatéticiens tiennent tous les concurrents à la fois : ce sont des kiosques ambulants.

II. — La législation sur la presse en Grèce est contenue en entier dans l'article 4 de la constitution hellénique.

Tout citoyen, aux termes de cet article, a le droit de publier, verbalement, par écrit ou par la presse, ses idées, en respectant les lois de l'État. La presse est libre. La censure, ainsi que toute autre mesure prohibitive, sont interdites. Il est également interdit de saisir les journaux, ainsi que toute autre publication, avant ou après leur vente. Par exception, il est permis de saisir un journal après sa publication, en cas d'injure envers la religion ou la personne du roi. Mais dans ce cas, vingt-quatre heures après la saisie, le procureur du roi doit soumettre l'affaire à l'autorité compétente, qui se prononce pour ou contre le maintien de la saisie, sans quoi elle est nulle *ipso facto*. L'auteur seul de la publication saisie a le droit de faire opposition à la saisie; le procureur du roi n'a pas ce droit.

Comme on le voit, la liberté absolue de la presse règne dans le beau pays de Grèce, berceau des civilisations modernes.

HOLLANDE

I. — La Hollande est le pays où s'était réfugiée la liberté de penser et d'écrire avant la Révolution française, alors que la monarchie absolue étouffait, en France et en Europe, toute manifestation tant soit peu indépendante.

Aujourd'hui, il y a des journaux dans les moindres villes. Les annonces y sont très développées et constituent la ressource essentielle de la presse.

Il n'y a guère qu'une trentaine de journaux se publiant à la Haye où à Amsterdam qui fassent réellement figure d'organes politiques. Et encore leur influence n'est-elle pas comparable à celle qu'exercent les journaux dans les autres pays. Les rédacteurs ne signent pas leurs articles. A peine deux ou trois grands journaux mentionnent-ils le nom de leur rédacteur en chef.

Les journaux ne se vendent guère au numéro ; et c'est le chiffre des abonnements qui règle, à peu de chose près, le tirage ordinaire de chaque feuille. Aucun journal, même parmi les plus répandus, ne dépasse 70,000 numéros.

Le *Niederlandsches Staats Courant* est le journal officiel du royaume de Hollande.

Le *Dagblad van zuid Holland* est une feuille dynastique et conservatrice.

Le *Tyd* d'Amsterdam est l'organe reconnu du parti catholique.

Le *Standard* est l'organe des antirévolutionnaires ; l'*Amsterdammer,* celui des radicaux ; le *Recht voor allen,* celui des socialistes, et le *Vaterland* celui des libéraux.

Les journaux les plus importants sont avant tout des journaux donnant des informations commerciales, maritimes, financières, et faisant peu de politique, de peur d'éloigner une partie de leur clientèle.

Le *Nieuwe Rotterdamsche Courant,* de Rotterdam, et l'*Algemeen Handelsblad,* d'Amsterdam, publient tous les jours deux éditions distinctes. Le premier de ces journaux publie en outre une feuille satirique, la seule qui existe en Hollande.

II. — La législation sur la presse, en Hollande, est des plus libérales. Les journaux et écrits quelconques ne sont soumis ni à l'autorisation préalable, ni au cautionnement. Depuis 1869, le timbre est aboli.

ITALIE

I. — L'Italie n'est pas encore arrivée à un degré de concentration et d'unité comparable à celui de la plupart des États de l'Europe. Il y a donc une presse régionale très puissante, qui correspond aux partis politiques régionaux tels que les Piémontais, les Napolitains, etc. Les journaux qui exercent l'influence la plus considérable sur le peuple sont plutôt à Milan qu'à Rome.

Les gazettes de Rome n'offrent guère d'intérêt qu'au point de vue des débats parlementaires; elles en offrent beaucoup moins au point de vue de la propagande. Il en est tout autrement dans le nord de la péninsule, où l'on se passionne plus qu'ailleurs au sujet des questions politiques.

En Sicile, patrie des deux hommes d'État italiens Crispi et di Rudini, il se publie à peine quatre journaux quotidiens : le *Giornale di Sicilia,* l'*Isola,* la *Gazetta di Messina,* la *Gazetta di Cattania.* Et encore le tirage de ces journaux s'élève-t-il tout au plus à deux ou quatre mille exemplaires.

En Sardaigne, où l'instruction est peu répandue, il y a moins de journaux encore.

Les journalistes italiens appartenant à des partis différents se livrent à des attaques incessantes les uns contre les autres, et leurs polémiques personnelles sont d'une acrimonie peu commune.

Il convient de remarquer cependant que, avec la liberté dont jouit la presse, le principe monarchique est rarement attaqué. On est moins réservé à l'égard du pape, du clergé et du dogme catholique; cependant la presse italienne est bien loin d'atteindre sur ces sujets la violence de la presse française ou même de la presse espagnole.

La droite parlementaire, qui a exercé tant d'influence sur les destinées du pays en contribuant à fonder l'unité italienne, est écartée du pouvoir depuis Depretis. Elle n'en est pas moins représentée par des organes importants : la *Perseveranza*, de Milan, qu'inspire le sénateur Bonghi, très nettement dévoué à une politique d'apaisement et de concorde entre la France et l'Italie ; l'*Opinione*, le *Fanfulla* qui passe pour refléter les vues de certains personnages de la cour ; l'*Italie*, rédigée en français, par M. Cesana dans un sens gouvernemental ; la *Gazetta di Torino*, soucieuse surtout des intérêts locaux du Piémont.

La gauche ministérielle a des organes importants dans la presse : le *Corriere della Sera*, de Milan, qui tire à près de 80,000 exemplaires ; le *Popolo romano*, l'ancienne feuille officieuse de M. Depretis ; la *Tribuna*, qui appartient au prince Colonna.

Tout à côté, nous devons placer les journaux particulièrement dévoués au ministre Crispi : au premier rang se fait remarquer la *Riforma*, toujours prête à fulminer quelque catilinaire contre la France ou contre le pape. Le *Capitan Fracassa* et le *Don Chischiote* sont écrits dans un genre burlesque et satirique.

La presse libérale est celle qui a le plus grand nombre de lecteurs. Elle est, en général, assez sympathique à la France, tout en acceptant la *triple alliance*. Beaucoup de feuilles libérales sont irrédentistes.

Le journal libéral le plus important est, sans contredit, le *Secolo*, de Milan, qui appartient aux frères Sonzogno et tire à deux cent mille exemplaires. Le député bien connu Cavallotti est un des principaux inspirateurs et soutiens de ce journal. Dans la même catégorie se range le *Corriere di Napoli*, d'allures plus modérées. La *Capitale*, fondée à Rome par les frères Sonzogno, ne cache pas ses préférences pour les institutions républicaines. Le *Diritto*, fondé par Mancini, a été longtemps l'organe de l'ancien parti irrédentiste. Il est peu lu aujourd'hui et n'exerce plus guère aucune influence, malgré ses correspondances pleines d'intérêt sur le Trentin et le Tyrol.

Il nous faut mentionner deux journaux militaires officieux, l'*Ezercito italiano*, et l'*Italia militare*, fort répandus dans l'armée.

La presse pontificale est réduite à sa plus simple expression avec l'*Osservatore romano* et le *Moniteur de Rome*, rédigé en français, qui publient l'un et l'autre les encycliques et tous les actes officiels du Vatican. La *Voce della verita* passe pour être l'organe des jésuites.

Très militant sous le pontificat de Pie IX, l'*Osservatore romano* est devenu très pondéré, très diplomate sous Léon XIII.

Il y a dans les principales villes de province des journaux de second ordre, qui exercent une grande influence locale. Il nous suffira de citer : à Turin, la *Gazetta piemontese,* rédigée ou inspirée par les députés de la région; la *Gazetta di Torino*, déjà mentionnée parmi les organes de la droite parlementaire, et la *Gazetta del popolo;* à Milan, l'*Italia,* journal monarchiste libéral, et la *Lombardia,* journal démocratique; à Bologne, la *Gazetta dell' Emilia,* feuille constitutionnelle, et *Il Papagallo* (le Perroquet), bon journal satirique illustré; à Venise, l'*Adriatico*, journal de gauche, la *Gazetta di Venezia* et *Venezia,* deux organes libéraux de nuances diverses; à Florence, l'*Opinione nazionale,* feuille indépendante, et la *Fieramosca,* organe libéral avancé; enfin, à Naples, *Il Piccolo,* organe populaire, qui a été longtemps dévoué à Crispi.

Il se publie dans toute l'Italie jusqu'à dix-huit mille feuilles périodiques.

Parmi les revues, nous en signalerons deux d'une manière particulière, la *Vita Italiana* et la *Nuova Antologia,* inspirée par M. Bonghi et où écrit le philosophe Luigi Ferri.

II. — La loi fondamentale qui régit la presse italienne est celle du 26 mars 1848.

Cette loi ne soumet la presse ni à l'autorisation préalable ni au cautionnement. Elle organise la compétence du jury pour connaître des délits de presse. Ces délits sont soumis à la prescription de trois mois.

La loi punit les offenses publiques envers la personne du roi d'un emprisonnement qui peut s'élever à deux ans et d'une amende de mille à trois mille livres. Elle réprime aussi les offenses publiques envers les Chambres représentatives, l'État, les souverains étrangers et les membres du corps diplomatique.

Toute apologie contre l'inviolabilité du droit de propriété, la sainteté du serment, le respect dû aux lois, toute apologie de faits qualifiés crimes ou délits par la loi pénale, toute provocation à la haine entre les diverses conditions sociales, ou dirigées contre la constitution de la famille, est punie de l'emprisonnement jusqu'à un an et d'une amende qui peut être portée à mille livres.

En cas d'offense contre les dépositaires ou les agents de l'autorité publique, pour des faits relatifs à leurs fonctions, l'auteur de l'écrit incriminé sera admis à prouver les faits par lui imputés.

La preuve de ces faits met l'auteur de l'imputation à l'abri de toute peine, sans préjudice de celles encourues pour les injures qui ne seraient pas nécessairement dépendantes des mêmes faits.

Aux termes de la loi du 20 juin 1858, l'apologie de l'assassinat politique, par la voie de la presse ou par un des autres moyens énoncés dans l'article 1er de la loi du 26 mars 1848, est punie de l'emprisonnement et de l'amende, soit que l'on approuve expressément l'assassinat, soit qu'on cherche seulement à le justifier.

Une loi du 6 mai 1877 [1] interdit la publication par le moyen de la presse des actes de la procédure écrite dans les affaires criminelles, des ordonnances de renvoi et des actes d'accusation jusqu'à ce que le procès soit terminé ou par un débat public ou par une ordonnance de non-lieu.

La même loi interdit également, en quelque temps que ce soit, la publication, par la voie de la presse, des noms des jurés ou des juges, accompagnée ou non de l'indication de leurs votes dans les verdicts ou dans la sentence.

La loi du 13 mai 1871 [2] sur les prérogatives du Souverain-Pontife et du Saint-Siège et sur les relations de l'État avec l'Église punit des mêmes peines que les offenses publiques envers la personne du roi les offenses et injures publiques, commises directement contre la personne du pontife par des discours, des actes ou par les moyens indiqués dans l'artticle 1er de la loi sur la presse.

PORTUGAL

Nous n'insisterons pas longuement sur la presse de Lisbonne et du Portugal, qui a les mêmes caractères généraux que la presse d'Espagne et bien des points particuliers de ressemblance avec elle.

Parmi les principaux journaux, il nous suffira de citer *Correio da Manha* (*Courrier du soir*), *o Dia* (*le Jour*), *a Epoca*, qui paraissent tous les jours.

Un journaliste français plein d'esprit, Louis Ulbach, à la suite d'un voyage en Portugal, lors du centenaire de Camoëns, nous a donné une esquisse du sort de la presse dans ce pays en 1884 [3].

Suivant lui, et son observation était certainement exacte, la presse, la parole, la caricature, le théâtre, tout était libre dans ce beau pays, et libre à un point inconcevable en France. Les caricatures du roi, de la reine, des princes faisaient rire tout le monde sans scandaliser personne. A la cérémonie du centenaire de Camoëns, quelques têtes chaudes se mirent à crier : Vive la république ! en face du roi. Le roi ne s'en émut nullement; il n'y eut aucune arrestation; et l'incident fut vite oublié.

Les procès de presse étaient inconnus, et les scandales de la presse étaient d'ailleurs très rares. Le sort de la presse était entre les mains du jury.

Les journaux discutaient la plupart du temps les questions avec a plus grande modération. Il n'y avait guère qu'aux époques d'agi-

1. *Annuaire de législation étrangère*, 1re année, p. 289.
2. *Revue politique et littéraire* du 17 mai 1884.
3. *Annuaire de législation étrangère*, 7e année, p. 338.

tation électorale que le ton se haussait, que la polémique s'aiguisait et prenait une allure d'animosité personnelle. Des duels signalaient cette période, on vidait entre soi le compte des diffamations et des calomnies; on ne les portait pas devant les tribunaux.

La presse étant en Portugal la pépinière des ministres, les journalistes de la veille, devenus ministres, se trouvaient souvent à la même table que les ministres qu'ils avaient renvoyés à leurs journaux.

Mais cet âge d'or de la presse portugaise n'a pas été de bien longue durée.

Au début de l'année 1890, un grave conflit international s'éleva entre le Portugal et l'Angleterre, au sujet de leurs possessions africaines. Il y eut une grave effervescence à Lisbonne et dans les provinces. On ne voulait pas accepter les arrangements imposés par l'Angleterre.

Le gouvernement portugais ne trouva pas de meilleur moyen, pour se tirer d'embarras et éviter toute discussion dangereuse, que de congédier les Chambres et d'édicter un certain nombre de décrets dictatoriaux, au nombre desquels le décret du 29 mars 1890 sur la presse.

En vertu de ce décret [1], la compétence pour juger les délits de presse a été enlevée aux cours d'assises, pour être restituée aux tribunaux correctionnels. Pour justifier ce changement de compétence le gouvernement a prétexté que la presse avait abusé de la liberté qui lui avait été accordée. On a renvoyé ainsi aux tribunaux correctionnels la connaissance des délits d'injure, d'outrage et de diffamation commis par la voie de la presse contre le roi, les ministres, les membres des deux Chambres, les fonctionnaires publics, les dépositaires ou agents de l'autorité publique, et toutes personnes chargées d'un service ou d'un mandat public, qui étaient auparavant de la compétence du jury.

Sont passibles des peines portées contre les auteurs de délits commis par la voie de la presse les éditeurs et les auteurs; à leur défaut, les propriétaires ou administrateurs de l'imprimerie; à leur défaut, les vendeurs et ceux qui auront concouru à la diffusion de l'écrit ou de la gravure.

Les feuilles périodiques doivent porter l'indication des noms de l'éditeur et de l'imprimeur. Le refus de faire connaître l'auteur de la publication incriminée est considéré comme une désobéissance punissable. Se rendent coupables de faux ceux qui font une fausse déclaration en ce qui concerne l'auteur de la publication.

Les personnes qui se croient visées par une désignation obscure ou ambiguë, ou par l'indication d'initiales dans un écrit délictueux,

1. *Annuaire de législation étrangère*, 20e année, p. 458.

peuvent exiger qu'on leur déclare expressément si cette désignation ou cette indication les concerne.

Il est interdit d'ouvrir publiquement des souscriptions ayant pour objet de faire face aux cautionnements exigés en matière criminelle ou aux frais des poursuites intentées en raison de crimes ou délits commis par la voie de la presse.

ROUMANIE

I. — La presse roumaine est une de celles qui sont faites pour nous inspirer les plus vives sympathies, en raison des liens d'étroite amitié qui ont de tout temps uni la Roumanie à la France.

Cette presse est d'ailleurs en grande partie faite à l'image de la presse française et offre avec elle des traits de ressemblance frappants. Elle a toutes nos qualités et aussi quelques-uns de nos défauts.

La presse joue en Roumanie un rôle politique assez rapproché de celui qu'elle joue en France, avec cette différence qu'elle ne s'adresse guère aux classes populaires, peu instruites. Les journalistes des différents partis entretiennent entre eux des polémiques réglées. Leurs attaques et leurs ripostes sont surtout violentes pendant les périodes électorales.

Le journalisme est une carrière où les hommes d'avenir et les ambitieux trouvent la voie qui mène aux honneurs et au pouvoir. Les nominations aux diverses fonctions publiques sont arrêtées assez souvent dans les couloirs de la Chambre, un peu comme en France ; et ce n'est pas toujours l'intérêt général qui les dicte.

La presse roumaine ne date, à proprement parler, que de 1857, époque à laquelle Rossetti fonda le premier journal quotidien, *Pruncul Roman* (*l'Enfant roumain* ou *le Petit Roumain*), devenu aujourd'hui le *Romanul*.

Les journaux quotidiens sont essentiellement politiques et obligent les chefs des divers partis à consentir en leur faveur de lourds sacrifices pécuniaires, pour les faire vivre. Cela tient à ce que la partie commerciale est peu développée. Aucun journal n'a un tirage supérieur à vingt mille exemplaires. Tous les journaux ont cependant deux ou trois éditions. Une de ces éditions paraît à six heures du soir.

Le lundi, les journaux s'abstiennent de paraître. Trois ou quatre d'entre eux font paraître, ce jour-là, un numéro exclusivement, dont le succès est toujours très vif.

Il existe depuis quelques années une association des membres de la presse roumaine.

Il y a en Roumanie deux grands partis politiques, entre lesquels se partagent la plupart des journaux : ce sont les libéraux et les conservateurs. Mais chacun de ces partis se subdivise en plusieurs groupes, à la tête desquels se placent des personnalités politiques importantes, ce qui multiplie les rivalités.

Le journal le plus important de Roumanie semble être, à cette heure, l'*Indépendance roumaine*, que rédige en français avec un rare talent M. Lahovary. C'est l'organe du parti le plus foncièrement conservateur, à la tête duquel marchent les Sirbey, les Lahovary, les Catargi et les Floresco, tous amis de la France.

Le *Timpul* (le *Temps*) est un autre organe du parti conservateur, ainsi que le *Nationalul* et le *Tzara* (le *Pays*). Le *Constitutionalul* est l'organe du parti jeune-conservateur.

Au premier rang des journaux libéraux, il convient d'inscrire la *Vointa nationala* (la *Volonté nationale*), inspirée et dirigée par les Demètre Bratiano, les Stourdza, les Cantacuzino, etc.

Parmi les journaux radicaux, nous pouvons signaler le *Romanul*, le doyen des journaux roumains, et la *Lupta* (le *Combat*).

L'*Adeverul* (la *Vérité*) est un journal démocrate, nettement anti-dynastique.

La *Lumea Noua* (*Nouveau Monde*) est l'organe quotidien de la démocratie socialiste.

Le journal officiel du pays porte le nom de *Monitorul official*.

Il y a, en Roumanie, des journaux financiers et économiques, tels que le *Curierul Financiar*.

Signalons enfin trois journaux roumains qui paraissent en Transylvanie, la *Tribuna*, la *Foia poporului* et la *Gazeta transilvaniei*, qui revendiquent les droits nationaux des Roumains en Hongrie.

II. — La presse roumaine, soumise autrefois au régime des avertissements et du cautionnement, jouit, depuis 1866, de la plus grande liberté.

Il n'y a pas de législation spéciale sur la liberté de la presse. C'est l'article 24 de la constitution qui assure et garantit cette liberté.

Chacun peut communiquer et publier ses opinions par la parole et par la presse ; mais chacun est responsable de l'abus de la liberté, dans les cas prévus par la loi pénale. Aucune prescription restrictive ou exceptionnelle ne pourra être introduite dans cette partie de la législation, ni censure, ni mesure préventive quelconque.

Aucune autorisation préalable de l'autorité n'est nécessaire pour faire paraître une publication. Aucun cautionnement ne peut être exigé des journalistes, écrivains, éditeurs, typographes ou lithographes. On ne peut ni avertir, ni suspendre, ni supprimer aucune publication.

L'auteur est responsable de ses écrits ; en l'absence de l'auteur, le gérant, et en l'absence de celui-ci, l'éditeur.

Chaque journal doit avoir un gérant responsable, jouissant de ses droits civils et politiques.

Les délits de presse sont déférés au jury, sauf ceux commis contre la personne du roi, la famille royale et les souverains étrangers, qui sont déférés aux tribunaux ordinaires.

Le droit d'arrestation préventive est supprimé en matière de presse.

L'action en dommages-intérêts résultant des délits de presse ne peut être portée que devant le jury, qui statue seul sur le principe et le montant de ces dommages.

RUSSIE

En Russie, la presse est soumise à la censure et à une surveillance assez étroite.

Et cependant, malgré toutes les entraves, elle exerce une grande influence parce qu'elle sait juger et critiquer avec une courageuse indépendance les actes du gouvernement. Il y a des questions réservées auxquelles il est interdit à la presse de toucher : ce sont celles qui se rapportent aux faits et gestes ou aux opinions de la famille impériale. Toute incartade dans cette direction est aussitôt impitoyablement réprimée.

Les écarts ou les excès politiques ne sont guère punis que par un avertissement donné aux journaux coupables d'avoir à modérer leurs critiques, et quelquefois par une interdiction de vente au numéro sur la voie publique.

La suppression, même temporaire, reste à l'état de menace, et se réalise bien rarement. Un seul journal, le *Golos* (*la Voix*), a été supprimé autrefois par le comte Tolstoï, dont il était l'ennemi acharné. Celui-ci ne put résister au désir de se venger des articles injurieux dirigés contre lui.

Le *Novoie Vremia* (le *Nouveau Temps*) a hérité de la plus grande partie de la clientèle du *Golos*, ce qui lui a valu une place de premier ordre dans la presse de Russie. C'est le journal le mieux fait, et aussi le plus lu et le plus commenté. Il jouit de la plus grande considération en Europe et du plus grand respect officiel en Russie.

Le *Journal de Saint-Pétersbourg* est l'organe officiel du ministère des affaires étrangères de Russie. Le comte P. Vasili, dans ses lettres sur la société de Saint-Pétersbourg, en a tracé un portrait aussi fidèle que spirtuel. Le *Journal de Saint-Pétersbourg*, dit-il, a la discrétion, la prudence du vieux diplomate. Il ne s'aventure pas à exprimer quoi que ce soit à la légère. Il ne tient du reste au journalisme que par son nom; car il s'interdit toute discussion, toute polémique pouvant compromettre sa dignité d'homme d'État. Il est rare qu'il se soit jamais laissé entraîner à écrire ce qu'il avait à dire avec irritation ou amertume. Il a conservé les traditions d'autrefois, met des gants avant de frapper ses adversaires, et se distingue des organes officieux des autres pays par son exquise politesse; à l'étranger on attribue beaucoup d'importance au *Journal de Saint-Pétersbourg*. En Russie, personne n'y cherche autre chose que les opinions que croit devoir publier le gouvernement pour l'édification des organes officieux des autres puissances.

Les *Novosti (les Nouvelles)*, dirigées par J. Notovitch, sont une des feuilles les plus importantes, et de nuance libérale.

Le *Gradjdanine* (le *Citoyen*) est une feuille ultra-conservatrice rédigée par le prince Mestchersky. Elle a un grand succès; on vante fort son esprit et sa fine raillerie. Il est plus souvent cité à l'étranger qu'en Russie. Parmi ses compatriotes, le prince Mestchersky ne semble jouir que d'une mince considération et on n'attache aucune importance à ses boutades.

Il ne faut pas oublier que la Russie a, pour ainsi dire, deux capitales. Saint-Pétersbourg est le siège officiel du gouvernement, mais Moscou est le centre et l'âme même du mouvement panslaviste.

C'est à Moscou que se publie en particulier le grand journal conservateur national *Moskovskia Viedomosti* (*Gazette de Moscou*), dirigé aujourd'hui par M. Pétrovsky, le successeur du grand Katkof. L'alliance franco-russe a été longtemps préparée et soutenue par Katkof; et nos lecteurs nous sauront gré de retenir leur attention sur ce journaliste, qui a été un moment l'une des personnalités les plus influentes de l'empire russe.

Katkof était à la tête d'un lycée qui porte son nom, où il formait la jeunesse russe en vue de sa mission future. Sa situation de journaliste faisait de lui en même temps un homme considérable. Il a combattu tout ce qui touchait de près ou de loin au parti allemand et s'est attiré ainsi de puissantes inimitiés.

Il vit d'un coup d'œil sûr et patriotique les dangers que faisait courir à la Russie la prépondérance du parti allemand en Russie et de la puissance allemande en Europe; et il mit tout en œuvre pour s'y opposer. Chef du parti russe, du parti moscovite, comme il s'intitulait lui-même fièrement, il a consacré toute son activité au service d'une politique exclusivement nationale et indépendante du parti allemand.

Doué d'un grand talent, d'un esprit méthodique et réfléchi, très aimé et très écouté de l'empereur Alexandre III, Katkof a jeté les premières bases du rapprochement des deux nations française et russe, dont nous voyons les heureux développements. Nous en devons une grande reconnaissance à sa mémoire.

La *Gazette de Moscou* a une rivale dans la *Rousskia Viedomosti* (*Gazette russe*), organe libéral, qui se publie également à Moscou. Cette feuille est moins acerbe, moins autoritaire dans ses opinions, et se plie plus facilement que la *Gazette de Moscou* aux exigences du régime moderne. Elle est surtout lue par les gens modérés, désireux d'être tenus au courant des événements du jour et en même temps ennemis des polémiques inutiles.

La presse russe compte en totalité environ 900 journaux, dont 200 à Saint-Pétersbourg et 75 à Moscou.

SERBIE

I. — La presse serbe a conquis une importance réelle, grâce à l'influence des personnalités qui s'occupent de la rédaction des journaux, pour la plupart députés, hommes d'État, littérateurs distingués. Il faut constater néanmoins que le ton ordinaire des polémiques est peu mesuré et qu'il s'élève parfois jusqu'à la dernière violence.

Les partis politiques sont nombreux et assez enchevêtrés en Serbie : c'est ce qui entraîne, pour les journalistes, une grande dispersion dans les feuilles nombreuses, mais d'un tirage modeste.

L'*Odie* (*Écho*) est l'organe du parti radical, qui a été longtemps au pouvoir. Il doit son importance à la situation politique de ses collaborateurs habituels, qui ont été investis de hautes fonctions quand le parti radical dirigeait les affaires du pays. On sait qu'en fait de politique extérieure, le parti radical a été et est toujours fidèle à la Russie.

Le *Varodny dnevnik* (*Journal national*), la *Srpzka zastava* (*Drapeau serbe*), la *Narodna Glass* (*Voix de la nation*) sont des journaux du parti libéral.

En Serbie, il convient de juger des aspirations des journaux et de leurs tendances suivant leurs préférences au sujet des alliances extérieures. On est austrophile ou russophile.

Parmi les feuilles austrophiles, on peut distinguer le *Videlo* (*Lumière*), organe du parti progressiste, à la tête duquel se trouve M. Garachanine, très influent depuis la chute récente du parti radical, écrivain de premier ordre et orateur de grand talent. Il s'est fait remarquer par la vigueur de ses attaques contre l'ex-roi Milan et contre la régence, en défendant la cause de l'ex-reine Nathalie.

La *Velika Crbia* (*Grande Serbie*) est un journal russophile et attaque souvent l'Autriche dans les termes les plus violents. C'est l'organe du parti de la grande Serbie, qui revendique la Macédoine, la Bosnie, et veut que la Serbie s'étende jusqu'à l'Adriatique.

II. — Les principes généraux qui régissent aujourd'hui la presse moderne, dans presque tous les États, sont exposés dans l'article 22 de la nouvelle Constitution. Il y est dit que la presse est libre. Toutes les restrictions qui soumettaient la presse à l'arbitraire du pouvoir ont disparu. Autorisation préalable, censure, avertissement administratif, cautionnement, il ne subsiste plus aucune mesure préventive.

Ces principes, clairement établis, font partie du premier chapitre de la nouvelle loi sur la presse, promulguée le 31 mars 1891[1].

Tout journal ou écrit périodique doit avoir un rédacteur responsable. La déclaration, conforme aux conditions requises par la loi, doit en être faite à l'autorité de police locale.

La saisie des journaux et autres imprimés est autorisée dans le cas où ils contiennent des outrages envers le roi et la famille royale, ou envers les souverains étrangers et leurs maisons, ainsi que dans le cas où il s'y trouve une excitation à la rébellion.

L'insertion des rectifications est obligatoire, que la demande provienne d'un dépositaire de l'autorité publique, d'une personne privée ou d'une personne morale. Elle est gratuite, si elle ne dépasse pas une colonne ou la longueur de l'article qui l'a provoquée.

Le ministre de l'intérieur peut interdire la circulation des journaux ou écrits périodiques étrangers.

Sont considérés comme complices les auteurs d'écrits ou de discours qui ont provoqué à des crimes et délits, ou qui y ont donné lieu.

L'offense faite au chef de l'État, aux membres de la maison royale, à la Skouptchina ou aux régents, à la religion, à la morale, aux fonctionnaires, aux personnes faisant fonctions d'un service public, etc., est punie de peines différentes, suivant l'importance et la gravité du délit.

L'offense faite à un chef d'État étranger est punie d'un mois à six mois d'emprisonnement.

Ce sont les tribunaux ordinaires qui sont chargés d'instruire et de juger les affaires de presse.

SUISSE

I. — La Suisse est un des pays de prédilection de la presse et un de ceux qui possèdent proportionnellement le plus de journaux.

1. *Annuaire de législation étrangère*, 20e année, p. 759 et suiv.

Cela tient évidemment aux institutions fédérales qui régissent la nation, aux différences de langues et de religions de ses vingt-deux cantons, où l'on compte à peine trois millions d'habitants.

En 1890, il se publiait en Suisse 785 journaux, dont 211 en langue française, 18 en langue italienne, 3 en langue romande et 553 en langue allemande.

Une petite ville comme Lausanne a plus de vingt journaux, parmi lesquels la *Revue*, la *Gazette de Lausanne*, où Charles Secrétan publie de remarquables articles de philosophie sociale. Il n'est pas rare de voir des paysans abonnés à trois ou quatre feuilles, dont une agricole, une politique, une religieuse.

A Genève paraissent plusieurs grands journaux très répandus dans toute la Suisse et rédigés en français : le *Journal de Genève*, la *Tribune;* la *Gazette des Étrangers*, organe des villes d'eaux et des stations alpestres fréquentées par les touristes, publiant, depuis de longues années, des articles très intéressants de son correspondant parisien, le sympathique M. Louis Macon.

Parmi les journaux de la Suisse allemande, citons : le *Bund,* qui paraît depuis 1849 et sert d'organe à l'autorité fédérale, la *Berner Zeitung*, feuille radicale qui fait une sérieuse concurrence au *Bund*, la *Neue Zürcher Zeitung* (*Nouvelle Gazette de Zurich*), le *Berner Tagblatt*, le *Vaterland,* l'*Ostschweitz*, ces deux derniers catholiques, etc.

Les bureaux de rédaction des journaux suisses, dit très bien M. Dubief [1], ne ressemblent en rien à ceux de nos feuilles parisiennes. C'est beaucoup plus démocratique, ou, si l'on aime mieux, plus provincial. Le rédacteur en chef n'y règne pas en souverain, avec son secrétaire de rédaction comme premier ministre. Souvent même, dans les journaux secondaires, il n'y a pas de rédacteur en chef bien attitré. Tout député, tout homme politique, tout médecin, tout professeur, tout étudiant, tout avocat fait plus ou moins partie du comité de rédaction et fournit une collaboration ordinairement gratuite. L'abonné fait de même pour les informations locales. — Presse modeste et honnête : presque partout on jetterait dehors quiconque proposerait d'insérer, contre argent, une nouvelle politique, littéraire ou religieuse dans le corps du journal.

II. — Aux termes de l'article 55 de la Constitution fédérale du 29 mai 1874, la liberté de la presse est garantie. Toutefois, les lois cantonales statuent sur les mesures nécessaires à la répression des abus; ces lois sont soumises à l'approbation du Conseil fédéral. La Confédération peut aussi édicter des peines pour réprimer les abus dirigés contre elle ou ses autorités.

1. *Le Journalisme*, p. 287. (Hachette et Cie.)

Chaque canton a sa législation spéciale sur la presse. Aucune de ces législations n'impose ni autorisation, ni cautionnement, ni timbre. Les délits de presse sont partout soumis à une courte prescription et déférés au jury.

Nous signalerons seulement quelques dispositions du Code pénal fédéral de 1853 du canton de Genève.

L'article 48 punit la provocation, même demeurée sans effet, lorsqu'il s'agit d'une provocation par paroles ou par écrit ou par dessins et gravures à l'un des actes suivants : entreprise ayant pour but de renverser de vive force la Constitution fédérale ou de chasser ou dissoudre avec violence les autorités fédérales ; attroupements avec violences pour résister à l'autorité fédérale, l'obliger de prendre une décision, ou pour se venger d'un fonctionnaire.

Lorsqu'il s'agit de délits commis par la voie de la presse, l'*auteur* de l'imprimé est responsable en première ligne. Cependant, si la publication et la distribution ont eu lieu à son insu ou contre sa volonté, ou si l'auteur ne peut être facilement découvert, ou s'il se trouve hors de la juridiction fédérale, la responsabilité pèse sur l'*éditeur;* à son défaut, sur le *libraire*, et si celui-ci ne peut être traduit devant les tribunaux, sur *l'imprimeur*.

L'éditeur ou le libraire répond subsidiairement des frais de procès et des dommages-intérêts qui ne peuvent être obtenus de l'auteur. Il peut exercer son recours contre ce dernier.

Le juge peut, en cas de délit de presse, ordonner la publication de la sentence aux frais du condamné.

TURQUIE

La presse a pénétré peu à peu en Turquie, sous l'impulsion des colonies étrangères. Il se publie maintenant à Constantinople et dans les principales villes près de trois cents journaux en toutes sortes de langues, grecs, arméniens, français, allemands, etc. Il y en a même rédigés en turc. On en trouvera l'énumération dans la partie de l'*Annuaire de la Presse* consacrée à la presse étrangère.

Quoique la presse soit soumise à la censure en Turquie, il n'en existe pas moins une loi spéciale : c'est la loi du 9 Djémazul-Ewel 1305 (23 janvier 1888)[1].

Voici l'analyse rapide de cette loi : l'autorisation du gouvernement est nécessaire pour ouvrir une imprimerie ; l'impression est soumise à des règlements. Les étrangers sont soumis aux prescriptions de cette loi, pourvu qu'ils s'engagent, par un écrit légalisé par leur ambassade, à ne rien publier de contraire aux lois ni de nuisible à l'empire, et à renoncer aux privilèges des capitulations.

1. *Annuaire de législation étrangère*, 19e année, p. 871.

Les imprimeries clandestines sont confisquées, outre les pénalités édictées contre les contrevenants.

Aucun imprimeur ne peut imprimer ni éditer un ouvrage quelconque sans l'autorisation de la censure. Avant la mise en circulation de l'ouvrage, l'imprimeur est tenu d'en envoyer deux exemplaires au Ministère de l'Instruction publique, accompagnés d'une déclaration du nombre du tirage. L'autorisation pour l'impression des livres religieux non musulmans ne sera donnée que sur l'avis du chef de la communauté dont s'agit.

Les livres et journaux imprimés à l'étranger ne peuvent circuler dans l'empire que s'ils sont admis par la censure. Un préposé attaché à la douane frappe d'un sceau de permis les imprimés dont la circulation est accordée.

Les libraires sont tenus également de demander l'autorisation préalable pour l'ouverture de librairies. Les crieurs de journaux ne peuvent annoncer que les titres des journaux seulement. A l'exception des lettres de mariage, de décès, des annonces de spectacle, etc., toute affiche sur la voie publique est rigoureusement interdite.

L'UNION INTERNATIONALE DE LA PRESSE

La Commission internationale, élue par le Congrès de la Presse, tenu à Anvers[1] au mois de juillet 1894, s'est réunie à Paris en décembre 1894, sous la présidence de M. Singer, délégué d'Autriche-Hongrie. Elle a voté le projet de constitution du bureau central des Associations de presse.

***

Le Congrès international de la Presse s'est réuni le 14 septembre 1895, à Bordeaux, dans la salle du Dôme de l'Exposition et a terminé ses travaux le 19 du même mois.

Dans une chaleureuse allocution, le président, M. Singer, a vivement remercié la ville de Bordeaux pour sa large hospitalité envers les délégués étrangers; de son côté, M. Taunay a félicité le président de l'Association de la presse belge, M. Goemaere de Kayser, pour l'initiative prise par lui de ces réunions annuelles.

Outre M. Victor Taunay, rédacteur à la *Gazette de France*, M. Adrien Hébrard, sénateur, président du syndicat de la presse parisienne, représente la France dans la Commission internationale permanente, nommée pour préparer le prochain Congrès qui aura lieu à Budapest; tarif international des dépêches, droit de propriété sur les nouvelles, enseignement professionnel du journalisme avec mesures préservatrices, tels sont les points principaux qui seront traités dans cette importante réunion.

1. Voir *Annuaire de la Presse française et du Monde politique* pour 1894 : le Livre d'or de la Presse française, page CCLXXXV.

LA PRESSE AU BRÉSIL

« Il n'est aujourd'hui un seul coin du globe où elle n'ait porté son flambeau de vérité [1]. Le Brésil, ce beau pays auquel le génie d'un Humbold, émerveillé par les luxuriantes splendeurs de la nature tropicale, a prédit le plus grandiose avenir, compte déjà depuis longtemps un grand nombre de journaux dont quelques-uns peuvent rivaliser avec les mieux faits des États-Unis et de l'Europe. Celui que j'ai l'honneur de représenter à ce Congrès : *O Paiz*, n'a que douze années d'existence, mais douze années d'une existence prospère consacrée a la propagande des idées généreuses de la Révolution française. Il a, comme directeur politique, M. le sénateur Quintino Bocayuva, le chef respecté de la démocratie brésilienne. Ce fut M. Bocayuva qui organisa le parti républicain pour la définitive victoire et qui, dans les dernières années de la monarchie de D. Pedro, assuma le rôle des Gambetta et des Jules Ferry en France, sous l'Empire.

« Le *O Paiz* a accompli déjà une œuvre immense. Tous les témoignages contemporains s'accordent à constater l'action prépondérante de ce journal sur l'opinion politique du Brésil. Engagé dans la lutte contre l'Empire, il a su grouper et retenir la masse des citoyens autour du chef du parti républicain, prévenant et combattant les défaillances et entretenant la foi et l'ardeur dans les âmes. Il a été au Brésil la fenêtre ouverte sur les éblouissements de la civilisation de l'Europe et du Nouveau Monde; il s'est toujours placé à côté de tous les batailleurs, et, dernièrement encore, il soutint une campagne sans trêve en faveur de la légalité qui a puissamment contribué au rétablissement de l'ordre et affermi, à jamais, le régime républicain au Brésil.

« Ceci dit, j'ai le devoir de contribuer aux travaux de ce Congrès en vous apportant quelques notes rapides sur la presse brésilienne; — elles pourront servir de base à un travail plus complet.

« La première imprimerie dont on ait connaissance au Brésil est celle qu'établit Isidoro da Fonseca à Rio-de-Janeiro en 1744, elle fut supprimée trois ans après, sur les ordres venus de la métropole, le Brésil étant alors, comme chacun sait, une colonie du Portugal. Mais dès 1808; le Brésil eut une imprimerie royale, la colonie étant devenue le royaume du Brésil à la suite des événements politiques qui bouleversaient l'Europe et avaient conduit la Cour portugaise à s'installer à Rio-de-Janeiro. C'est aussi de l'arrivée de la Cour portugaise que datent les premiers journaux

1. Extrait de l'allocution prononcée par M. Xavier de Carvalho, rédacteur-correspondant du *O Paiz* de Rio-de-Janeiro et du *Seculo* de Lisbonne, au deuxième Congrès international de la presse, à Bordeaux, septembre 1895.

publiés à Rio-de-Janeiro : *A Gazeta do Rio*, journal officiel, et une revue, *O Patriota*. Dans les autres villes, le journal *A Idade de Ouro* (1811 à 1823), publié à Bahia, est le premier en date. Pernambuco eut sa première imprimerie en 1817. Elle n'a imprimé que les proclamations du gouvernement révolutionnaire installé dans la ville de Recife.

« A partir de 1821 commencent à paraître à Rio-de-Janeiro : *O Conciliador*, *O Reverbero*, organe des partisans de l'indépendance immédiate. *O Regulador* et *O Espelho*, attachés à la même idée. *O Correio do Rio*, organe des républicains. Ces journaux disparurent en 1823, la liberté de la presse ayant été supprimée en fait. Mais, dès que cette liberté fut rétablie, parurent *O Tamoyo* et *A Sentinella*. Ces journaux cessèrent de paraître quelque temps après, par suite de la déportation de leurs rédacteurs.

« Dans les provinces, pendant ce temps, on trouve : *A Aurora Pernambucana* à Récife, Pernambuco : *O Analysta*, *O Baluarte*, *O Analysta*, et *O Diario Constitucional* à Bahia ; *O Conciliador* à S. Luiz do Maranhao.

« Un Français, M. Leloy, partisan de la monarchie constitutionnelle, a fondé à Rio, en 1823, *A Estrella Brazileira*, qui sombra au bout de peu de temps, mais dès l'année suivante, 1824, ce même Leloy fait paraître, avec le concours des imprimeurs Plancher Seignot et Seignot Plancher, le journal *O Espectador*, qui devint en 1827 *O Jornal do Commercio*. A partir de ce moment, nous voyons la presse prendre un grand développement au Brésil. A Rio-de-Janeiro paraissent : *A Aurora Fluminense* (1827-35), le *Courrier du Brésil* (1828-30) en français ; *A Luz Brazileira* (1828-31) ; à Saint-Paul, *O Farol* (1826-32), et *O Observador Constitucional* (1827-32) ; à Ouro Preto, *O Universal* (1825-40) ; à San Joao d'El Rey, *O Astro de Minas* (1827-30). A Serro, *O Echo de Serro* (1827-30) ; *O Bahiano* (1828-29), à Bahia, *O Diario de Pernambuco* (1825), qui est devenu le plus grand journal des provinces du Nord.

« Les événements politiques de 1831 donnent un nouvel essor à la presse, et, en cette seule année, 44 nouveaux journaux furent créés à Rio-de-Janeiro : *O Tribuno do Povo*, *O Republico*, *O Exaltado*, *O Jurapeba*, *A Matraca*, *A Trombeta*, *A Sentinella* étaient des organes fédéralistes et républicains. *O Caramuru*, *O Tempo*, *O Paraguassu*, *O Diario do Rio* étaient des journaux réactionnaires, partisans du retour de Dom Pedro Ier. *A Aurora*, *O Independente*, *O Sete de Abril* étaient des modérés, mais très patriotiques.

« A la mort du duc de Bragance, les partisans de son retour ayant fusionné avec les modérés constituaient le parti conservateur en opposition au parti libéral. Ces deux partis, qui furent les partis constitutionnels sous la monarchie, eurent de nombreux organes à Rio et dans les provinces. De son côté, le parti républicain, qui n'a jamais abdiqué, a fait successivement paraître *Correio nacional* (1864 à 1870) de tempo de Abreu et Rangel Pestana, *A Republica* de Quintino Bocayuva (1870 à 1874), *A Gazeta nacional* d'Aristides Lobo (1889), *O Correio do Povo* (1889) de Sampaio Ferraz, Chagas Lobato, Annibal Falcao, *O Grito do Povo* d'Annibal Falcao et Silva Jardim.

« Dans les provinces, on comptait en 1889 soixante-dix journaux républicains, parmi lesquels il convient de citer *A Provincia de S. Paulo* à Saint-Paul, *A Federacão* à Rio-Grande du Sud, *O Diario de Noticias* à Bahia, *O Norte* à S. Luiz do Maranhao, etc. Un mouvement de presse très considérable.

« Je ne puis ici que donner ces quelques indications sommaires que j'emprunte pour la plupart au livre si documenté d'Oscar d'Araujo : *l'Idée républicaine au Brésil.*

« Mais le développement de la vie de la presse républicaine sous la monarchie mériterait un chapitre important dans l'histoire du journalisme brésilien.

« L'Europe ignore encore les grands noms qui ont donné et donnent à la presse brésilienne un vif éclat. Des journalistes comme Quintino, Bocayuva, Ferreira de Araujo, José-Carlos Rodrigues, José do Patrocinio, Alcindo Quanabara, Rangel Pestana, Valentino Magalhaes, Eduardo Salamonde, Jovino Ayres, Roberto de Mesquita, de Saint'Anna Nery, Carlos Laet, Oscar d'Araujo et tant d'autres qui rivalisent avec les plus éminents de l'Europe et des grands centres intellectuels du nouveau monde.

« Aussi ne doit-on pas s'étonner du grand développement que la presse a pris dans tout le Brésil. Toutes les villes, même celles de moindre importance, ont leurs journaux qui défendent les intérêts locaux. Mais c'est à Rio-de-Janeiro que l'on trouve naturellement les feuilles ayant les plus grands tirages et les plus riches. Dans les capitales des États de la fédération, il y a aussi des journaux possédant une grande circulation et jouissant d'une large influence dans leur rayon d'action, tels sont les journaux de Saint-Paul, de Bahia, du Para, etc.

« Répartis sur toute la surface de ce vaste pays, quatorze fois et demie grand comme la France, ils atteignent même les points les plus reculés. Augmentant continuellement comme nombre et comme circulation, mêlés à tous les intérêts et à toutes les passions, affranchis de toute entrave, les journaux exercent au Brésil une influence sans réserves.

« Les gouvernements prêtent la plus grande attention aux avertissements qui leur viennent de la presse. Aujourd'hui, sous la

République, au milieu des agitations parfois terribles qui accompagnent toujours les premières périodes de l'établissement d'un régime nouveau obligé de renverser tant de vieux abus, le gouvernement n'a usé qu'avec une extrême modération de sévérités répressives contre la presse, au contraire de ce que nous voyons parfois en Europe et beaucoup de Républiques de l'Amérique du Sud.

« Les deux grandes sources de recettes des journaux brésiliens sont les annonces et les publications sollicitées (a pedidos). Sous cette rubrique chaque journal réserve une section ouverte à tous ceux qui éprouvent le besoin de se voir imprimés. Chacun y vient émettre son opinion sur les affaires de l'État ou sur les affaires particulières. Les journaux insèrent le tout moyennant finances, pourvu que quelqu'un en prenne la responsabilité légale. Ces sortes de publications sont très nombreuses. Les annonces également, la publicité étant bon marché. Il y a certains journaux qui renferment jusqu'à 6 ou 8 pages d'annonces, à l'instar des journaux anglais et de l'Amérique du Nord.

« Mais, d'un autre côté, les journaux les plus importants, ceux de Rio-de-Janeiro surtout, ne s'épargnent guère les frais. Les dépenses de rédaction y entrent cependant pour une part relativement faible, les frais matériaux étant énormes. Une des plus fortes dépenses est celle que leur occasionne le service des dépêches télégraphiques qui remplissent leurs colonnes. Vient après le service des correspondances. Non seulement les grands journaux ont sur les points principaux du pays des correspondants avec mission d'envoyer des dépêches et des lettres, mais ils en ont aussi en Europe et dans toutes les villes importantes de l'Amérique, comme *O Paiz*, le journal que je représente ici.

« La presse brésilienne contient déjà tous les germes d'un grand mouvement intellectuel. A mesure qu'une prospérité sans exemple augmentera et fortifiera aux États-Unis du Brésil les classes qui peuvent élever leurs idées au-dessus du culte des intérêts matériels, des besoins nouveaux se révéleront, qui trouveront leur satisfaction dans la haute et vive joie de l'esprit. Alors les lettres tiendront dans la vie des Brésiliens la place qui leur revient de droit chez toutes les grandes nations civilisées, et la presse, qui aura rendu possible ce triomphe de l'intelligence, en recueillera sa bonne part. »

MOUVEMENT DES JOURNAUX

EN 1894-1895

Les renseignements précis et tout à fait à jour que nous donnons ci-dessous permettront au lecteur de se faire une idée nette du développement considérable de la Presse française.

Paris.

Au 1er mai 1895, la presse périodique comptait 2,401 organes, au lieu de 2,385, soit 16 seulement de plus qu'en 1894, à pareille date et encore un petit nombre de journaux parus en 1894 et même en 1895 ont-ils pris aussitôt leur rang dans la liste régulière des publications.

Les catégories de journaux dont le nombre d'organes n'a pas varié sont les journaux suivants :

Aérostatique, Ameublement, Chemins de fer, Cuirs, Diplomatie, Économie politique, Franc-Maçonnerie, Géographie, Légion d'honneur, Mariages, Marine, Naissances, Ponts et Chaussées, Religion protestante, Sapeurs-Pompiers, Sauvetage, Statistique, Sténographie, Sucres, Théâtres, Tissus, Vins.

Les catégories dont le chiffre d'organes a augmenté sont :

Agriculture	62	au lieu de	61
Annonces	30	—	28
Associations	106	—	97
Assurances	23	—	20
Beaux-Arts	49	—	43
Bois	7	—	6
Céramique	3	—	2
Établissements thermaux	15	—	14
Gaz, Électricité	24	—	18
Illustrés	104	—	101
Imprimerie	14	—	13

Indicateurs	10	au lieu de	8
Instruction	86	—	84
Médecine	191	—	177
Métallurgie	14	—	13
Meunerie	10	—	6
Mines	8	—	7
Religion catholique	83	—	80
Revues	139	—	123
Sport	58	—	57
Timbres-poste	8	—	7

Pour les catégories suivantes, il y a diminution dans le nombre des organes :

Administration	33	au lieu de	35
Architecture	36	—	38
Bibliographie	41	—	44
Bijouterie	5	—	6
Carrosserie	3	—	4
Chimie	9	—	10
Commerce	64	—	69
Cuisine	5	—	7
Décès	2	—	3
Finance	193	—	196
Héraldique	2	—	3
Humoristiques	3	—	7
Industrie	44	—	48
Jeux	3	—	4
Jurisprudence	84	—	87
Littérature	54	—	59
Magnétisme	12	—	13
Mécanique	4	—	5
Militaires	32	—	34
Modes	107	—	112
Musique	31	—	32
Papeterie	10	—	12
Pharmacie	8	—	9
Photographie	18	—	20
Politique	166	—	174
Postes	5	—	8
Religion israélite	3	—	4
Sciences	82	—	83
Syndicats	35	—	36

Remarquons en passant que les catégories qui ont plus d'organes qu'en 1894 sont inférieures en nombre à celles qui en ont moins, soit 29 en moins et 21 en plus.

Les journaux politiques proprement dits sont au nombre de 166, dont 128 républicains et 38 conservateurs ; dans ce nombre 14 seraient plutôt des journaux d'informations sans avoir une opinion bien caractérisée. Encore cette classification ne peut-elle être d'une exactitude rigoureuse, attendu que certains organes se qualifient d'*indépendant* ou *libéral*, ou de *républicain conservateur* ou de *conservateur libéral,* en sorte qu'il n'est pas possible d'affirmer leur véritable couleur.

Notons que parmi les diverses autres catégories de journaux — non politiques — un certain nombre s'intitulent républicains ou conservateurs, et qu'en outre certains autres ont des tendances marquées sans pouvoir être classés d'une façon absolue.

Au point de vue de la périodicité, les journaux et les revues de Paris se divisent ainsi :

Quotidiens	152	Bimensuels	319
Hebdomadaires	724	Trimensuels	20
Bihebdomadaires	24	Bimestriels	57
Trihebdomadaire	16	Semestriels	8
Mensuels	864	Périodicités diverses	217

Parmi 152 journaux quotidiens, 81, plus de la moitié, comme toujours, du reste, sont des journaux politiques ; le reste est représenté par les rubriques : *Annonces,* 6. — *Commerce,* 6. — *Finance,* 21. — *Jurisprudence,* 4. — *Sport,* 11. — *Théâtres,* 7, etc., etc. Il n'y a qu'un journal politique trihebdomadaire, 1 bihebdomadaire; il y en a 78 qui sont hebdomadaires, 3 sont mensuels, 5 sont bimensuels et 1 est annuel ; c'est le *Premier Mai.*

Les publications mensuelles sont les plus nombreuses et se rapportent plus particulièrement aux catégories suivantes : l'*Administration,* l'*Agriculture,* les *Associations,* les *Beaux-Arts,* l'*Industrie,* l'*Instruction,* la *Littérature,* la *Médecine,* les *Modes,* la *Religion,* les *Sciences.* Les 319 publications bimensuelles se divisent à peu près de même. — Les *Revues* se décomposent en 9 hebdomadaires, 56 mensuelles, 25 bimensuelles, 28 trimestrielles et 15 paraissant 6 fois par an. — Enfin, il y a 65 publications dont la périodicité est irrégulière ou en dehors des périodicités habituelles, réparties dans beaucoup de catégories, mais principalement dans les *Beaux-Arts,* le *Commerce,* la *Finance,* la *Médecine,* les *Modes,* les *Revues scientifiques,* les *Sciences,* etc.

*

Grâce à la vulgarisation des procédés de reproduction, si nombreux aujourd'hui, l'illustration, réservée jusqu'à présent aux périodiques mensuels ou hebdomadaires, est devenue peu à peu l'attrait des journaux quotidiens, même de ceux à

5 centimes. A l'heure qu'il est, il est bien peu de feuilles qui ne donnent à leurs lecteurs, régulièrement ou d'une façon intermittente, le régal de quelques gravures, représentant, soit le fait divers à sensation, soit les hommes du jour, comme le font l'*Éclair,* le *Journal,* le *Figaro,* le *Matin;* rappelons encore les croquis si variés du *Petit Journal,* les feuilletons du dimanche du *Gil Blas,* etc., etc. Voilà une petite révolution pacifique dans le goût public, pendant que deux grands journaux mondains, le *Figaro* et le *Gaulois,* débordés par le flot montant des informations et des renseignements, se transforment, le premier, en numéros quotidiens de six pages, le second, en un format de plus large dimension ; c'est l'introduction dans nos mœurs du système de presse anglo-américain au format gigantesque, au texte compact, aux annonces multiples.

⁂

Depuis l'apparition de l'*Annuaire 1894* à ce jour, il a été déposé à Paris 442 titres de journaux, dont on trouvera les rubriques spéciales sur papier violet, sauf une vingtaine qui, en raison de leur vitalité et des renseignements qu'ils nous ont adressés, ont été mis aussitôt à leur place dans la catégorie à laquelle ils appartiennent. Nous ne trouvons à relever parmi ces organes que trois titres fantaisistes de publications qui, à notre connaissance, n'ont paru qu'une fois : *le Canard boiteux,* littéraire ; *le Flair du général X... ; la Mort,* « organe spécial des refroidis ». Comme on le voit, la moisson est mince et nous n'en parlons que pour être fidèle à notre rôle d'historiographe.

Départements.

Le nombre des journaux français publiés hors Paris, tant dans les départements que dans les colonies, était, en 1894, de 3,878 ; nous n'en relevons cette année que 3,386, diminution anormale qui provient de la suppression dans notre volume : 1° des journaux politiques créés spécialement pour une occasion et ne lui survivant pas ; 2° de beaucoup de publications paraissant irrégulièrement, sans intérêt pour la presse, n'ayant pas répondu à notre questionnaire annuel, et dont l'existence n'a pu, en conséquence, être régulièrement constatée. Nous n'avons que 1,102 journaux républicains, au lieu de 1,251, en 1894, 410 conservateurs au lieu de 450, et 1,874 divers au lieu de 2,177. — Les journaux républicains ou conservateurs supprimés par nous sont ceux qui ont cessé volontairement leur publication, ou qui n'ont pas survécu au motif qui les avait fait naître ; le plus grand nombre étaient des journaux fondés en vue des élections législatives, générales ou partielles.

Voici le classement des journaux des départements sous le rapport de la *périodicité* :

333	quotidiens	au lieu de	352	en moins...	19
157	trihebdomadaires .	—	174	—	17
317	bihebdomadaires..	—	327	—	10
1.440	hebdomadaires ...	—	1.669	—	229
647	mensuels.........	—	678	—	31
155	bimensuels.... ..	—	183	—	28
128	trimestriels	—	138	—	10
41	six fois par an....	—	41	—	»

Et 168 paraissant à des intervalles irréguliers, ou ayant une périodicité peu usitée.

*

Les départements des *Basses-Alpes, Hautes-Alpes, Côtes-du-Nord, Creuse, Indre, Lozère, Maine-et-Loire* et *Savoie* ont le même nombre d'organes qu'en 1894, sauf une légère différence dans la division des nuances.

Les départements sont peu nombreux qui ont plus de journaux qu'en 1894 : l'*Allier,* 46 au lieu de 44, 2 républicains en moins, 4 divers en plus ; l'*Aube,* 25 au lieu de 23, 2 divers en plus ; le *Cantal,* 17 au lieu de 16, 1 conservateur en plus ; le *Cher,* 27 au lieu de 26, 1 républicain en moins, 2 divers en plus ; le *Finistère,* 19 au lieu de 16, 2 républicains et 1 conservateur en plus ; le *Morbihan,* 22 au lieu de 20, 1 républicain en moins, 3 divers en plus ; l'*Orne,* 42 au lieu de 41 ; 1 divers en plus ; le *Pas-de-Calais,* 53 au lieu de 52, 5 républicains en plus, 3 conservateurs et 1 divers en moins; les *Basses-Pyrénées,* 39 au lieu de 36, 1 républicain en plus, 1 conservateur en moins, 3 divers en plus ; le *Haut-Rhin,* 15 au lieu de 13, 2 divers en plus ; la *Vendée,* 23 au lieu de 21, 2 divers en plus ; la *Vienne,* 39 au lieu de 36, 1 républicain, 1 conservateur et 1 divers en plus ; les *Vosges,* 29 au lieu de 26, 3 républicains en plus, 1 conservateur en moins, 1 divers en plus, et les colonies qui ont 71 organes au lieu de 69,

1 républicain en plus, 1 conservateur en moins, 2 divers en plus.

Tous les autres départements ont moins de journaux que l'an passé : l'*Ain,* 35 au lieu de 37, 2 divers en moins ; l'*Aisne,* 34 au lieu de 37, 3 républicains et 5 conservateurs en moins, 5 divers en plus ; les *Alpes-Maritimes,* 71 au lieu de 98, 9 républicains, 1 conservateur, 17 divers en moins ; l'*Ardèche,* 31 au lieu de 34, 2 républicains en plus, 1 conservateur et 4 divers en moins ; les *Ardennes,* 31 au lieu de 35, 2 républicains et 2 divers en moins ; l'*Ariège,* 17 au lieu de 20, 3 républicains en moins ; l'*Aude,* 21 au lieu de 22, 1 républicain en moins ; l'*Aveyron,* 20 au lieu de 23, 1 républicain, 1 conservateur et 1 divers en moins ; les *Bouches-du-Rhône,* 138 au lieu de 182, 14 républicains, 2 conservateurs et 28 divers en moins ; le *Calvados,* 51 au lieu de 53, 2 conservateurs en moins ; la *Charente,* 27 au lieu de 31, 2 républicains et 2 divers en moins ; la *Charente-Inférieure,* 46 au lieu de 48, 1 républicain et 1 divers en moins ; la *Corse,* 11 au lieu de 20, 2 républicains et 7 divers en moins ; la *Côte-d'Or,* 29 au lieu de 38, 4 républicains et 5 divers en moins ; la *Dordogne,* 21 au lieu de 27, 2 républicains en moins, 2 conservateurs en plus, 6 divers en moins ; le *Doubs,* 29 au lieu de 35, 3 républicains et 3 divers en moins ; la *Drôme,* 23 au lieu de 26, 1 conservateur en plus, 4 divers en moins ; l'*Eure,* 49 au lieu de 52, 1 républicain en plus, 1 conservateur et 3 divers en moins ; l'*Eure-et-Loir,* 17 au lieu de 19, 2 divers en moins ; le *Gard,* 55 au lieu de 72, 12 républicains et 5 divers en moins ; la *Haute-Garonne,* 78 au lieu de 91, 2 républicains en plus, 4 conservateurs et 11 divers en moins ; le *Gers,* 19 au lieu de 23, 2 républicains et 2 divers en moins ; la *Gironde,* 125 au lieu de 161, 4 républicains, 1 conservateur et 31 divers en moins ; l'*Hérault,* 68 au lieu de 81, 9 républicains et 4 divers en moins ; l'*Ille-et-Vilaine,* 47 au lieu de 54, 4 républicains et 3 divers en moins ; l'*Indre-et-Loire* 34 au lieu de 40, 2 républicains en moins, 1 conservateur en plus, 5 divers en moins ; l'*Isère,* 49 au lieu de 60, 3 républicains en plus, 4 conservateurs et 10 divers en moins ; le *Jura,* 23 au lieu de 27, 3 républicains et 1 divers en moins ; les *Landes,* 22 au lieu de 25, 2 républicains et 1 conservateur en moins ; le *Loir-et-Cher,* 17 au lieu de 19, 2 républicains, 2 conservateurs en moins, 2 divers en plus ; la *Loire,* 35 au lieu de 40, 2 républicains, 2 conservateurs et 1 divers en moins ; la *Haute-Loire,* 14 au lieu de 16, 1 républicain et 1 divers en moins ; la *Loire-Inférieure,* 47 au lieu de 62, 3 conservateurs et 12 divers en moins ; le *Loiret,* 24 au lieu de 27, 4 républicains et 2 conservateurs en moins, 3 divers en plus ; le *Lot,* 15 au lieu de 19, 2 républicains, 1 conservateur et 1 divers en moins ; le *Lot-et-Garonne,* 25 au lieu de 29, 2 républicains et 2 divers en moins ; la *Manche,* 33 au lieu de 42, 1 républicain en moins, 2 conservateurs en plus, 10 divers en moins ; la *Marne,* 48 au lieu de 58, 3 républicains en moins, 1 conservateur en plus, 8 divers en moins ; la *Haute-Marne,* 30 au lieu de 34, 4 républicains en moins ; la *Mayenne,* 21 au lieu de 22, 1 divers en moins ; la *Meurthe-et-Moselle,* 47 au lieu de 52, 2 républicains, 3 divers en moins ; la *Meuse,* 21 au lieu de 23, 1 républicain en plus, 1 conservateur et 2 divers en moins ; la *Nièvre,* 31 au lieu de 36, 1 républicain, 1 conservateur et 3 divers en moins ; le *Nord,* 143 au lieu de 157, 1 républicain en plus, 6 conservateurs et 9 divers en moins ; l'*Oise,* 40 au lieu de 47, 3 républicains, 1 conservateur et 3 divers en moins ; le *Puy-de-Dôme,* 32 au lieu de 33, 1 républicain en moins ; les *Hautes-Pyrénées,* 20 au lieu de 24, 3 républicains en moins, 1 conservateur en plus, 2 divers en moins ; les *Pyrénées-Orientales,* 20 au lieu de 23, 3 divers en moins ; le *Rhône,* 139 au lieu de 178, 10 républicains en moins, 1 conservateur en plus et 30 divers en moins ; la *Haute-Saône,* 17 au lieu de 18, 1 divers en moins ; la *Saône-et-Loire,* 28 au lieu de 35, 2 républicains, 2 conservateurs et 3 divers en moins ; la *Sarthe,* 35 au lieu de 37, 1 républicain en moins, 1 conservateur en plus, 2 divers en moins ; la *Haute-Savoie,* 19 au lieu de 22, 1 républicain en plus, 1 conservateur et 3 divers en moins ; la *Seine* (banlieue), 49 au lieu de 64, 12 républicains et 3 divers en moins ; la *Seine-Inférieure,* 87 au lieu de 106, 6 républicains en moins, 1 conservateur en plus et 14 divers en moins ; la *Seine-et-Marne,* 33 au lieu de 36, 2 républicains et 1 divers en moins ; la *Seine-et-Oise,* 57 au lieu de 74, 8 républicains, 2 conservateurs et 7 divers en moins ; les *Deux-Sèvres,* 25 au lieu de 27, 1 républicain en plus, 3 divers en moins ; la *Somme,* 61 au lieu de 72, 2 républicains, 2 conservateurs et 7 divers en moins ; le *Tarn,* 24 au lieu de 26, 1 républicain et 1 conservateur en moins ; le *Tarn-et-Garonne,* 16 au lieu de 19, 1 conservateur en plus, 4 divers en moins; le *Var,* 29 au lieu de 37, 3 républicains, 1 conservateur et 4 divers en moins; le *Vaucluse,* 27 au lieu de 29, 1 conservateur en plus et 3 divers en moins; la *Haute-Vienne,* 26 au lieu de 31, 3 républicains, 1 conservateur et 1 divers en moins; l'*Yonne,* 30 au lieu de 32, 1 républicain en plus, 2 conservateurs et 1 divers en moins; enfin l'*Algérie* et la *Tunisie,* 127 au lieu de 150, 2 républicains et 21 divers en moins.

*

En résumé, la Presse française, en dehors de la Presse de Paris, qui fait l'objet d'une notice spéciale, se trouve représentée par :

1,102 organes républicains
410 — conservateurs
et 1,874 publications diverses, parmi lesquelles

357 sont consacrées à l'agriculture et à toutes ses branches; 324 aux annonces; dans ce nombre sont compris les journaux de province qui, sans être ni politiques ni littéraires proprement dits, ne sont autre chose qu'un prétexte à l'insertion des annonces, soit locales, soit données par les agences; 114 s'appliquent au commerce; 20 à la géographie; 76 à l'instruction; 131 à la littérature; 245 à la religion; 47 aux sociétés savantes; 85 aux sciences; 32 aux sports et 17 à la vélocipédie.

*

Quant à la statistique des lecteurs de journaux, le public comprendra de reste qu'il nous est impossible de l'établir, eu égard à la diffusion de certains organes répandus en dehors du lieu de publication et à la vente en province des feuilles parisiennes envoyées aux abonnés ou expédiées par paquets pour la vente au numéro. Nous ne pourrions formuler là-dessus qu'une appréciation encore assez superficielle, même en nous basant sur les chiffres de tirage et sur les résultats des élections; ce serait d'ailleurs nous livrer à un calcul de probabilités qui n'aboutirait à aucun résultat efficace et définitif.

H. Marinoni (Petit Journal)

Adrien Hébrard (Temps)

A. Périvier (Figaro)

F. de Rodays (Figaro)

A. Cazet (Éclair)

Gounouilhou (Gironde)

Henri Rochefort (Intransigeant)

Édouard Drumont (Libre Parole)

Édouard Hervé (Soleil)

Paul de Cassagnac (Autorité)

Yves Guyot (Siècle)

Jules Méline (République française)

Juliette Adam (Nouvelle Revue)

Gaston Calmette (Figaro)

Ranc (Paris)

Séverine

Henry Maret (Radical)

J. Cornély (Gaulois)

Eugène Spuller

E. Lebrain (Éclair)

A. Mézières (Temps)

Louis Ganderax (Revue de Paris)

Jules Lemaitre (Journal des Débats)

Anatole France (Journal)

Philippe Gille (Figaro)

Francisque Sarcey (Temps)

Arsène Alexandre (Éclair)

Georges Montorgueil (Éclair)

Guy Tomel (Figaro)

Eugène Lautier (Temps)

Gustave Isambert

Hector Depasse

Édouard Delpeuch (Petite Gironde)

Alphonse Humbert (Éclair)

Lucien Marc (Illustration)

Adolphe Aderer (Temps)

LUCIEN VICTOR-MEUNIER (Rappel)

JULES CARDANE (Figaro)

EMILE BERR (Figaro)

ARMAND SCHILLER (Temps)

EDOUARD DURRANC (Justice)

GEORGES NIEL

Arthur Meyer (Gaulois)

Fernand Xau (Journal)

Valentin Simond (Écho de Paris)

Maurice de la Fargue (Presse)

Eugène Mayer (Le Supplément)

Lucien Nicot (Jour)

A. Papillaud (Libre Parole)

A. de Boisandré (Libre Parole)

Jacques Daubelle (Soir)

Maurice Barrès (Figaro)

Louis de Gramont (Éclair)

Paul Bluysen (Journal des Débats)

Edmond Théry (L'Économiste Européen)

Ernest Judet (Petit Journal)

Edmond Lepelletier (Écho de Paris)

Armand Silvestre (Journal)

Édouard Lebey (Agence Havas)

Édouard Lockroy (Éclair)

Édouard Siebecker

Paul Ginisty (Petit Parisien)

Émile Gautier (Figaro)

Eugène Pitou (Petit Journal)

Henry Bauer (Écho de Paris)

Camille Le Senne (Siècle)

Jean Dupuy (Petit Parisien)

Jules Franck (Liberté)

Pierre Lefèvre (Rappel)

Pierre Baragnon (Courrier du Soir)

L.-L. Klotz (Français quotidien)

Dubar (Écho du Nord)

CHAPON (Petite Gironde)

SAMAT (Petit Marseillais)

FERROUILLAT (Lyon Républicain)

FERDINAND RÉAL (L'Indépendant Rémois)

THÉODORE HENRY (Petit Marseillais)

A. HUC (Dépêche de Toulouse)

J.-J. Lieutier (Éclair)

Albert Bataille (Figaro)

Adrien Duvand (Gil Blas)

Dr Charlier-Tabur (Temps)

Paul Le Sourd (Moniteur vinicole)

Mairesse (Écho de Paris)

Pierre Robbe

L. Pognon (Agence Havas)

Henri Houssaye (Agence Havas)

Bourguignon (Gazette du Village)

Victor Simond (Radical)

Peigné (Union Libérale de Dinan)

Pierre Véron (Charivari)

Clifford Millage (Daily Chronicle)

Xavier de Carvalho
(O Paiz. — Seculo de Lisbonne)

Rodriguez
(Jornal do Commercio, Brésil)

Quintino Bocayuva (O Paiz, Brésil)

REPRODUCTIONS

DE

PREMIÈRES PAGES

DE

Journaux Français et Étrangers

Frontispice de la GAZETTE DES BEAUX-ARTS.

N° 34 — 16me Année. Samedi 24 Août 1895.

L'ART ET LA MODE

JOURNAL DE LA VIE MONDAINE

PRINCIPAUX COLLABORATEURS

TARIF DES ABONNEMENTS

AVEC GRAVURE COLORIÉE

Un an......	60f »	65f »	72f »
Six mois...	32 »	34 50	38 »
Trois mois.	17 »	18 25	20 »

SANS GRAVURE COLORIÉE

Un an......	50f »	55f »	62f »
Six mois...	26 »	28 50	32 »
Trois mois..	14 »	15 25	17 »

Prix du numéro : 1 franc ; avec gravure coloriée : 1 fr. 25
A l'Etranger, le port en sus.
Un numéro tous les samedis.

On s'abonne aux bureaux de *l'Art et la Mode*, dans tous les bureaux de Poste et dans toutes les grandes librairies de l'Etranger

Les Abonnements partent du 1er de chaque mois

Rue Halévy, n° 8, en face l'Opéra.

23e Année — Un Numéro : Paris et Départements : 50 Centimes — 15 Juin 1895

L'AUDIENCE

Organe spécial de la Magistrature, du Barreau et du Notariat

Paraissant les **5, 15, et 25,** *de chaque mois*

Directeur et Rédacteur en chef : Achille LECOLLE

Les Manuscrits non insérés ne sont pas rendus

L'Abonnement se continue de plein droit, à moins d'avis contraire donné 15 jours avant son expiration

DIRECTION & ADMINISTRATION
100, rue Saint-Lazare
PARIS

ABONNEMENTS
France . . . . . . 12 fr
Etranger . . . . . . 16 fr.

ANNONCES
La Ligne . . . . 1 fr
Réclames . . . . 2 fr
Faits divers . . . . . . 3 fr.

Pour la publicité à l'année, les traités sont faits à forfait. — S'adresser aux bureaux du journal.

SOMMAIRE

CHRONIQUE

No 5695 — Succession; Partage, Créancier opposant; Rapport; Rente sur l'Etat; Faillite; Rente sur l'Etat.

L'article 4 de la loi du 8 nivôse an VI édicte que :

« Il ne sera reçu, à l'avenir, d'opposition sur le tiers consolidé de la dette publique inscrite ou à inscrire. »

M. Vernier, rapporteur de cette loi, s'était exprimé en ces termes :

« Il convenait, non seulement de rendre les rentes à leur première nature, mais encore de priver les créanciers, pour l'avenir, de toute espèce de droit, saisie ou opposition, soit sur le capital, soit sur les arrérages. Les créanciers, prévenus et instruits qu'ils n'auront à compter sur cette ressource pour le paiement et la sûreté de leurs créances, régleront à l'avenir leurs transactions, en conséquence, et se ménageront d'autres sûretés moins sujettes à tromper leur attente. »

D'autre part, la loi du 22 floréal an VII, article 7, contient une disposition analogue à celle précédente.

« Il ne sera plus, à l'avenir, y est-il dit, reçu opposition au paiement des arrérages, à l'exception de celle qui serait formée par le propriétaire de l'inscription. »

Il résulte manifestement de ces textes et citations que les rentes sur l'Etat français sont non seulement affranchies de la saisie-arrêt ou opposition, mais insaisissables dans le sens le plus absolu du mot, c'est-à-dire qu'elles échappent aux actes de poursuite et d'exécution de la part des créanciers du titulaire, qui ne peut en être dépouillé malgré sa volonté.

Bien entendu, d'après l'article 2093 du Code civil, « les biens du débiteur sont le gage commun de ses créanciers ».

Mais, de son côté, l'article 581 du Code de procédure civile, proclame insaisissables « les choses déclarées insaisissables par la loi ».

Et il n'est pas douteux qu'en légiférant ainsi, les auteurs du Code de procédure civile aient eu en vue notamment les rentes sur l'Etat, aussi bien en capital qu'en arrérages.

Dès lors, les prescriptions de l'article 2093 du Code civil ne peuvent faire échec aux lois sus-rappelées de nivôse et de floréal, lesquelles ont mis les rentes sur l'Etat en dehors du droit commun et à l'abri de toute mainmise ou action, directe ou indirecte, de la part des créanciers, pour qu'elles puissent toujours rester intactes entre les mains des titulaires.

Cette règle que les rentes sur l'Etat ne sont à aucun point de vue le gage des créanciers et que la loi a permis à leurs propriétaires ou titulaires, d'en disposer au mépris des droits des créanciers, a déjà été professée par nous, sous le no 390 du *Journal*.

Elle a été appliquée par les décisions suivantes : Paris, 24 août 1811, Conseil d'Etat, 8 janvier 1813; Toulouse, 5 mai 1838, Conseil d'Etat, 19 décembre 1839; Paris, 24 décembre 1848 et 14 avril 1849, Seine, 12 août 1877; Paris, 7 mai 1878; Conseil d'Etat, 2 août 1878; Bordeaux, 1 mars 1880. — *adde* *Journal des notaires et des avocats*, art. 24 110; Daniel de Folleville, *Tr. de la possess. des meubles et des titres au porteur*, no 311, Deloison, *Tr. des val. mob.* 135 et s., Dumesnil et Pallain, *Législation du Trésor public*, 113 et s., Lyon-Caen et Renault, *Précis de Dr comm.* t. 11, no 2072; Ruben de Couder, *Dict. de Dr. Com. Ind. et marit.* Vo *Fonds publics*, no 149, Georges et Bazard, *Manuel des transf. et Mutat. de rentes sur l'Etat*, p. 193; Berthaud et Amiaud, *Manuel des certif. de propriété*, p. 145 — *Contrà* : Paris, 12 novembre 1855 et 13 juin 1856, Seine, 20 novembre 1859; C. Orléans, 9 avril 1878; Seine, 23 février 1879; Paris, 18 janvier 1886; Bordeaux, 11 mars 1887, (no 2703 du *Journal*)

Et elle a été consacrée spécialement :

1o par la loi du 11 juin 1878, créant la dette amortissable, et par celle de 27 avril 1883, autorisant la conversion. V. ég. loi du 13 juin 1878, art. 16.

2o Pour les rentes sur l'Etat appartenant à un failli : Avis conseil d'Etat, 17 thermidor an XI et 20 fructidor an XV, Paris, 20 juillet 1853, et sur pourvoi, cassation, 8 mai 1854, Seine, 9 juillet 1880; Tribunal Soissons, 26 janvier 1881; C. Aix, 31 juillet 1882, C. Rouen, 6 mars 1883 (no 3378 du *Journal*). — *Sic* : Dalloz; *Trésor public*, nos 1157 et 1161, Buchère, *Tr. théor. et pr. des val. mob. et effets publics*, 2e éd. 81, no 154, Massé, *Dr com.* 11, p 322; Deloison, *loc cit.*; — *Contrà* Seine, 12 janvier 1853; Lyon, 24 janvier 1857; C. Lyon, 19 juin 1857, et sur pourvoi, cassation 3 mars 1859, Seine, 20 novembre 1869, Tribunal de commerce d'Orléans, 12 décembre 1877; C. Orléans, 10 juillet 1862; Seine, 26 février 1885 (nos 444 et 854 du *Journal*), Paris (2e ch). 12 janvier 1886 (no 1238 du *Journal*); C. Amiens, 16 janvier 1894 (no 5450 du *Journal*), Alauzet, (*Faillites et Banq.* no 2739; Rolland de Villargues, *Cert. de prop.* nos 50 et s.; De Belleyme, *ord. sur req. et sur référés*, 1, p. 179; Bédarrides, *Tr. des Faill.*, no 776

3o En ce qui concerne les rentes sur l'Etat dépendant d'une succession appréhendée par des héritiers dont quelques-uns ont des créanciers opposants au partage : Paris, 16 Décembre 1848; Seine (2me ch.) 26 juin 1888 (no 3306 du *Journal*); Rennes, 31 janvier 1889; Paris, 21 mars 1882 et 19 décembre 1855, C. Angers, 10 janvier 1893 (no 5163 du *Journal*). — *Contrà* Seine (3me ch.) 16 juin 1888 (no 3305 du *Journal*). — D'où il suit que les créanciers d'un héritier ne sont ni recevables ni fondés à réclamer l'abandonnement à leur profit de la part de rentes sur l'Etat français revenant à cet héritier dans une succession, et que le notaire liquidateur est tenu d'attribuer ladite part soit à l'héritier, soit au cessionnaire de ses droits.

Certains esprits objectent que l'interprétation des lois sur la matière ne peut avoir pour effet d'arriver à un résultat contraire à la morale et aux droits des tiers.

A quoi nous répondrons avec la *Gazette des tribunaux* (no des 15-16 juin 1885).

Quant aux considérations morales si élevées, si puissantes, si éloquentes qu'elles soient, elles ne peuvent suffire pour entraîner la jurisprudence à éluder le principe supérieur d'intérêt public établi par les lois de l'an VI et de l'an VII.

Les tribunaux doivent appliquer les lois, même s'ils n'en approuvent ni le principe ni les dispositions. Il peut leur paraître étrange qu'un individu, propriétaire d'un titre de rente sur l'Etat ait le droit de braver ses créanciers et de ne pas payer ses dettes. Les tribunaux peuvent trouver cela immoral et révoltant. Mais, enfin la loi est ainsi faite, c'est dans un intérêt supérieur, dans l'intérêt du crédit de l'Etat qu'elle a édicté des dispositions conduisant à ce résultat. Oui, pour que les rentes fussent recherchées, elle a voulu donner à ceux qui achèteraient les titres émis par l'Etat, à ceux qui placeraient leur fortune en valeurs publiques, le privilège exhorbitant de ne pouvoir être poursuivis par leurs créanciers ni sur le capital ni sur les arrérages des rentes. Cela est exhorbitant, soit; mais cela est ainsi. Ce n'est pas aux tribunaux à vouloir refaire les lois par leurs arrêts, ou à chercher à en éluder l'application. Il faut donc condamner toutes les tentatives détournées faites contre les dispositions énergiques des lois de l'an VI et VII. Et, il faut nettement décider que jamais, en aucun cas, une inscription de rentes sur l'Etat ne peut être transférée sans le consentement libre du titulaire.

*
* *

Notre étude serait complète s'il ne nous fallait parler de deux décisions rendues, il y a moins d'un an, par la cour de cassation.

Ces décisions qui ont fait beaucoup de bruit méritent, par cela même, de fixer toute l'attention de nos lecteurs.

Les voici :

1o *Arrêt du 2 juillet 1894* (Chambre civile).

La Cour. :

Attendu que l'application des lois spéciales doit être strictement renfermée dans les limites fixées par la teneur même de leurs dispositions.

Attendu que du texte de l'art. 4 de la loi du 8 nivôse an VI et de celui de l'art. 7 de la loi du 22 floréal an VII, il résulte que ces lois, en déclarant insaisissables les rentes sur l'Etat français, n'ont eu seulement pour objet d'interdire les saisies-arrêts de ces rentes pratiquées entre les mains du Trésor public, mais qu'elles n'empêchent pas les créanciers, conformément au principe fondamental écrit dans les art. 2092 et 2093 C. civ., de se faire attribuer par la justice la rente sur l'Etat que leur débiteur est appelé à recueillir dans une succession, du moment que le transfert ne nécessite aucune saisie préalable;

Attendu, en fait, que des constatations de l'arrêt attaqué il ressort, d'une part, que par son testament en date du 20 septembre 1885, le sieur Amouroux, qui ne laissait pas d'héritier à réserve, a institué la dame Abadie sa légataire universelle, qu'il a fait un certain nombre de legs particuliers, et a disposé que la rente de 7.000 francs qu'il avait sur l'Etat français serait vendue et le capital en provenant employé à payer tous ses legs particuliers, et que le surplus serait attribué à l'église de Saint-Etienne de Toulouse pour faire dire des messes à son intention; que, d'autre part, les héritiers naturels d'Amouroux, les consorts de Lapeyre, sont devenus créanciers de la dame Abadie par l'effet d'une convention en date du 17 février 1890, aux termes de laquelle ladite dame s'est engagée à leur abandonner le tiers de ce qui pourrait lui revenir sur le legs fait à la fabrique de Saint-Etienne dans le cas où celle-ci ne serait que partiellement autorisée à recueillir ce legs à la condition qu'ils fussent cause commune avec elle dans son opposition à cette autorisation; que cette condition a été remplie, et que la fabrique n'a été autorisée à recevoir le bénéfice du legs à elle fait que jusqu'à concurrence du quart.

Attendu que, la dame Abadie s'étant refusée à consentir aux transferts de la rente sur l'Etat susénoncée et à la vente nécessaire pour l'exécution tant du testament que de la convention préappelée, les légataires particuliers et les héritiers naturels du de cujus ont assigné ladite dame aux fins d'entendre ordonner que les transferts auraient lieu en vertu de la décision de justice à intervenir, que la rente serait vendue et le produit réparti au prorata des droits des cent deux autres, qu'en accueillant cette demande, alors qu'elle n'avait été précédée d'aucune saisie-arrêt aux mains des agents du Trésor, l'arrêt attaqué, loin de violer les textes précités, n'en a fait qu'une exacte application.

2o Arrêt du 16 juillet 1894 (Chambre des requêtes)

La Cour.

Attendu que du texte de l'article 4 de la loi du 8 nivôse an VI et de celui de l'article 7 de la loi du 22 floréal an VII, il résulte que les lois, en déclarant insaisissables les rentes sur l'Etat français, ont eu seulement pour objet d'interdire les saisies-arrêts pratiquées entre les mains du trésor public, mais qu'elles ne sauraient faire obstacle à l'application des principes généraux de la législation civile et, notamment, de l'article 829 C. civ., qui impose à chaque héritier l'obligation de rapporter à la masse les dons qui lui ont été faits, ni s'opposer au transfert de ces rentes, rendu nécessaire pour arriver à la composition légale de l'actif successoral, lorsque d'ailleurs ce transfert n'exige aucune saisie préalable, attendu que les dames Gabriel et mineurs Autefroy s'étant refusées à consentir au transfert des titres de rente sur l'Etat, mesure qui pouvait seule permettre de mener à bonne fin les opérations du partage, en obligeant les donataires à se libérer envers la succession (ce qu'elles seraient impuissantes à faire si ledit transfert n'avait point lieu), l'arrêt attaqué, lequel est d'ailleurs régulièrement motivé, a pu autoriser le Trésor public, alors qu'aucune saisie-arrêt n'avait été opérée aux mains de ses agents, à passer outre d'office au transfert desdits titres, sans commettre aucun excès de pouvoir et sans violer les textes indiqués.

*
* *

Nous examinerons dans le prochain numéro, si les décisions dont il s'agit ont porté une atteinte quelconque au principe, exposé plus haut, de l'insaisissabilité des rentes sur l'Etat français, particulièrement de celles dépendant d'une succession et revenant pour partie à l'un des héritiers ayant des créanciers opposants.

REVUE DE JURISPRUDENCE

No 5696 — Vente; Rente viagère; Décès du vendeur avant 20 jours; Annulation du contrat; Frais et honoraires.

Lorsqu'une vente d'immeubles a été consentie moyennant une rente viagère créée sur la tête du vendeur, et que celui-ci est décédé dans les vingt jours du contrat des suites de la maladie dont il était atteint au moment des conventions, les frais et honoraires de la résolution du contrat doivent être supportés par l'acquéreur?

Tribunal Rouen (2e ch.) 1er Février 1895

Le Tribunal

Attendu, que suivant acte reçu par Me Thomas, notaire à Rouen, le 25 août 1894, Fléchard a vendu à Damiens une propriété sise à Rouen, route Neuve de Bon-Secours no 11, moyennant une rente annuelle et viagère de 1200 fr.

Attendu que Fléchard étant décédé le 11 septembre suivant, ses héritiers, se fondant sur cette circonstance que leur auteur était déjà atteint, lors du contrat, de la maladie dont il est mort, ainsi que sur les dispositions de l'art. 1975, C. civ., ont, par exploit du 3 décembre, assigné Damiens afin de voir prononcer la résolution pure et simple de la vente.

Attendu que, dans son acte de constitution d'avoué, le défendeur a déclaré être prêt à résoudre le contrat dont la nullité était demandée, sous les plus expresses réserves de répéter, contre les héritiers Fléchard, les droits d'enregistrement et loyaux, coûts par lui déboursés.

Attendu que les héritiers Fléchard, n'ayant pas trouvé ces observances suffisantes, comme ne contenant pas l'offre de payer les frais occasionnés par la résolution, ont poursuivi l'audience et que par leurs conclusions tant principales qu'additionnelles ils demandent que Damiens soit condamné non seulement à leur consentir sous une contrainte l'acte de résolution nécessaire pour réintégrer, au moyen d'une mention en marge de la transcription du contrat annulé, l'immeuble vendu dans leur patrimoine, mais en outre à supporter les frais de cet acte ainsi que ceux de la mention dont s'agit et de la radiation de l'inscription d'office;

Que Damiens, au contraire, interprétant et maintenant ses précédentes réserves dont il demande acte, se déclare prêt à accepter la résolution mais aux frais des héritiers Fléchard.

Attendu en droit que, lorsqu'un contrat de vente moyennant une rente viagère est résolu par l'effet de la condition insérée dans l'art. 1975 C. civ., précité, l'acquéreur est tenu de restituer la chose par lui acquise que désormais il détient indûment.

Qu'il est donc débiteur de cette chose envers les ayants droit du vendeur et qu'à ce titre, par application de l'art. 1248 C. civ., il doit acquitter tous les droits qu'occasionne sa libération lorsque le contrat n'a ni prévu ni réglementé les conséquences de la résolution;

Attendu dans l'espèce que Damiens ayant à la date du 6 septembre 1894 fait transcrire le contrat et étant par suite devenu propriétaire apparent à l'égard des tiers, l'obligation de restituer la chose vendue comportait de toute évidence la remise gratuite entre les mains des représentants du vendeur des actes de résolution et mention en marge de la transcription et de radiation de l'inscription d'office indispensables, aux termes de la loi du 31 Mars 1855, pour que la mutation aussi de produire ses effets légaux.

Que Damiens allègue en vain, pour se soustraire à cette remise, que ne conservant pas l'immeuble il serait contraire à l'équité de lui faire payer le coût de formalités dont il ne retire aucun profit.

Qu'il savait, lorsqu'il s'est rendu acquéreur, que le contrat auquel il participait était par sa nature essentiellement aléatoire et qu'il a par cela même accepté de subir, le cas échéant, le dommage résultant de l'annulation produite par un événement dont il a involontairement occasionné les conséquences, qu'il a d'ailleurs imprudemment aggravées en accomplissant des formalités hypothécaires pendant la période de temps pendant laquelle la validité de la vente était encore incertaine.

Attendu que de ce qui précède il ressort que les observances de Damiens n'étaient pas admissibles puisque même en faisant abstraction de ses réserves, dont il est inutile d'apprécier la légitimité, le débat n'était pas lié à cet égard, l'offre de restitution était insuffisante comme imposant auxdits héritiers l'obligation de payer des frais que ni l'art. 1975 ni les principes généraux ne mettaient à leur charge;

Attendu dès lors que tout en donnant acte à Damiens sans aucune appréciation préjudiciable aux demandeurs, de ses réserves d'exercer ultérieurement s'il s'y croit fondé des répétitions non contraires au présent jugement, il convient d'accorder aux héritiers Fléchard la résolution avec toutes suites et effets de droit;

Qu'il n'y a lieu toutefois d'édicter une contrainte en vue de forcer Damiens à passer des consente-

Cinq centimes — Paris et Départements — Cinq centimes

PAUL DE CASSAGNAC

L'AUTORITÉ

Pour Dieu, pour la France!

PAUL DE CASSAGNAC

LA POSTE LITTÉRAIRE

Paul de Cassagnac.

Echos & Nouvelles

ÉLECTIONS LÉGISLATIVES

PAS-DE-CALAIS

Précisez, S. V. P.

MAGISTRATURE GALANTE

RÉVÉLATION

CORRESPONDANCE

M. Burdeau

2e ÉDITION

DERNIÈRES NOUVELLES

DÉPÊCHES DE LA NUIT

LES JOURNAUX DE CE MATIN

FERNIQUE PH SC

Imprimé sur machines MARINONI

Vingt-Deuxième année — N° 66 | Bureaux : à ARRAS, rue du Lycée, n° 4. | Samedi 19 Mars 1892.

L'AVENIR

D'ARRAS ET DU PAS-DE-CALAIS

L'AVENIR REÇOIT LES ANNONCES LÉGALES ET JUDICIAIRES

PRIX DE L'ABONNEMENT

INSERTIONS

TÉLÉPHONE : N° 5

Le Numéro 10 Centimes | Toutes les communications adressées au Journal doivent être signées | Le Numéro 10 Centimes

RÉFORMES OUVRIÈRES

[illegible]

— DEPASSÉ.

INFORMATIONS

[illegible]

LE 18 MARS

[illegible]

LA DYNAMITE

A PARIS

[illegible]

A BORDEAUX

[illegible]

LA LIGUE DU SACRÉ-CŒUR

[illegible]

CHAMBRE DES DÉPUTÉS

[illegible]

SÉNAT

[illegible]

A TRAVERS LA PRESSE

[illegible]

FIN DE LA GRÈVE D'ANGLETERRE

[illegible]

DERNIÈRES NOUVELLES

(Service télégraphique de l'AVENIR)

LE 18 MARS

[illegible]

LES ANARCHISTES

[illegible]

LES MINEURS ANGLAIS

[illegible]

EX-MINISTRE ATTEINT DE DÉMENCE

[illegible]

UN BOURREAU CONFÉRENCIER

[illegible]

MŒURS BERLINOISES

[illegible]

REGRETTABLE INCIDENT A LA FACULTÉ

[illegible]

LES MINEURS ANGLAIS

[illegible]

LA GRÈVE DE CARMAUX

[illegible]

LA « MALA VITA »

[illegible]

SÉNAT

[illegible]

Imprimé sur machines MARINONI

N° 49 — 9e Année | Prix du Numéro : 15 centimes | Samedi 5 décembre 1891

L'AVENIR DES CHEMINS DE FER

PARAISSANT LE SAMEDI
SE TROUVE DANS TOUTES LES GARES

ABONNEMENT :
Un an : 6 fr — Étranger : 12 fr

PARAISSANT LE SAMEDI
SE TROUVE DANS TOUTES LES GARES

Adresser tout ce qui concerne les annonces et les abonnements à l'Administration.

SOMMAIRE :

RÉDACTION & ADMINISTRATION
Paris — 72, rue Blanche, 72, — Paris

Dixième année-Numéro 558 | INDO-CHINE FRANÇAISE | Samedi 30 Septembre 1893.

L'AVENIR DU TONKIN

• FONDÉ EN 1884 •

paraissant le mercredi et le samedi

Abonnements — Indo-Chine: Un an … $ 12,— ; Six mois … 6,50 ; Le numéro … 0,20. France, Union postale: Un an … fr. [illegible] ; Six mois … [illegible] ; Le numéro … 0,50. Les abonnements partent du premier de chaque mois.

Th. CHESNAY et F. de BOISADAM
DIRECTEURS
Rédaction, Administration et Imprimerie : Rue Paul-Bert, Hanoï
On s'abonne et on trouve le journal : [illegible], à Haïphong et Hanoï ; [illegible], à Hanoï ; CHALLAMEL aîné, à Paris.

Insertions — Indo-Chine: 4e page, la ligne … $ 0,20 ; 3e page … 0,40 ; Intérieur du journal … 1,— ; Annonces légales … 0,10. France et Étranger: 4e page, la ligne … fr. 1,10 ; 3e page … 1,10 ; Intérieur du journal … 3,— . Les annonces et réclames sont payables d'avance.

LE CHEMIN DE FER DE LANG-SON

L'état actuel des Travaux — 10 millions de dépensés

La question du chemin de fer est entrée dans une phase nouvelle, par suite des derniers incidents qui ont marqué le départ du Gouverneur.

On sait que M. de Lanessan était trompé depuis longtemps sur la situation de la région traversée par la ligne : tout a fini par se découvrir et les mesures les plus énergiques ont été immédiatement prises pour étouffer dans l'œuf une sorte de complot dont le but était d'arracher à M. de Lanessan de nouvelles concessions, à l'aide de manœuvres que le public a déjà qualifié de : coup de la dépêche et de l'arrêt des travaux.

Nous ne reviendrons pas sur cette affaire que tout le monde connaît dans ses moindres détails.

Tout est rentré dans l'ordre après quelques exécutions ; les travaux sont repris et leur direction technique est passée dans d'autres mains.

Au moment où commence une ère nouvelle pour le chemin de fer, il nous a semblé intéressant de dire quelques mots de l'état actuel des travaux, de publier une sorte de bilan des dépenses déjà faites.

Quoiqu'il reste encore des travaux assez importants de parachèvement à faire sur la voie déjà en exploitation, on peut considérer aujourd'hui les terrassements comme terminés jusqu'à 4 kilom. 1/2 de Bac-lé ; soit sur une distance de 44 kilom. 1/2 en partant de Phu-lang-Thuong.

Depuis le commencement de l'été la moyenne des ouvriers employés sur les chantiers n'a pas dépassé 300 par jour. Il faut attribuer ce petit nombre à l'état troublé de la région, qu'on se contentait de nier au lieu de prendre des mesures pour y remédier.

D'un autre côté, il faut considérer que pendant la période qui s'écoule entre mai et septembre, il est fort difficile de recruter des travailleurs, le pays étant surtout malsain pendant l'été.

Les Européens résistent difficilement à la fièvre et les Annamites sont encore plus décimés lorsque les fortes chaleurs se font sentir.

La mortalité sur les indigènes est pénible à constater ; aussi sur l'ensemble de la ligne, on enregistre souvent 20 et 25 décès par jour.

Depuis quelques semaines et grâce aux levées de coolies faites par l'intermédiaire des mandarins, le nombre des ouvriers a un peu augmenté.

Il faudra profiter de l'approche de la bonne saison pour faire un sérieux effort, et si pendant l'hiver on arrive à maintenir à un millier le nombre des travailleurs, la ligne pourra atteindre Song-hoa le 1er janvier 1894 et gagner Than-moi vers la fin de mars.

A quelque chose malheur est bon ; car si l'impulsion n'était pas venue d'en haut au bon moment, si l'on avait continué les errements passés, si l'on ne s'était pas décidé à en finir une bonne fois avec les bandes de pillards qui trouvaient une proie facile avec les convois et le personnel du chemin de fer ; si un changement radical n'avait pas eu lieu, on était exposé à perdre une saison complète, et c'était une année de perdue avec la perspective de n'arriver à Song-hoa et Than-moi qu'en 1895 !

Voilà pour la section de Phu-lang-Thuong à Than-moi le résumé d'une enquête individuelle faite sur place et sans aucun parti-pris.

De Lang-son vers Than-moi, la deuxième section commencée en sens inverse, les travaux ont assez bien marché et nous nous plaisons à constater que M. Vola, l'ingénieur chargé de cette partie, a toujours réussi à maintenir les ouvriers sur ses chantiers.

Les terrassements sont faits sur une longueur de 10 à 12 kilom.

Si les travaux d'art ont été un peu négligés jusqu'alors, le temps perdu peut être facilement rattrapé et avec un peu d'activité ils seront très avancés à la fin de l'hiver ; cette section comportant principalement des terrassements.

Vers Lang-giai, l'effort sera plus sérieux, le tracé de la ligne quittant complètement la route, on sera obligé de construire des voies d'accès pour le transport des matériaux et de l'outillage nécessaire pour effectuer les œuvres d'art.

Près de Lang-nac, les travaux sont avancés, bien que les chantiers aient été très éprouvés par la mortalité des coolies.

Si l'on ne pousse pas activement la section de Phu-lang-thuong à Than-moi, la deuxième partie, qui est déjà en avance, sera terminée avant la première.

Nous ne reviendrons pas sur l'exagération des dépenses effectuées jusqu'à ce jour et qui sont énormes. Toutes les critiques à cet égard ayant été faites à maintes reprises et sous toutes les formes.

Nous nous bornerons à les récapituler :

Il faut d'abord tenir compte de l'achat du matériel roulant qui s'élève à	3.500.000 fr.
Les études préliminaires et les travaux effectués en régie ont coûté	800.000
Les dépenses faites au 31 décembre 1890 se sont élevées à	800.000
Les dépenses en 1891 se sont élevées à	1.300.000
Du 1er janvier à la fin de septembre 1893, elles monteront à	1.600.000
Total	8.000.000 fr.

Il y a lieu d'ajouter à ce chiffre : La solde du personnel des travaux publics employé depuis l'étude des premiers tracés, qui s'élève à environ 1.000.000 fr. La construction des postes, l'entretien de la brigade du chemin de fer, les achats de matériel complémentaire etc. En évaluant ces dépenses au chiffre de 1.000.000 fr. nous restons au dessous de la vérité.

On peut donc affirmer que la ligne a coûté en chiffres ronds, à ce jour la somme de 10 millions.

Cet article n'a pas pour but de récriminer, et de chercher à établir la part de responsabilité de chacun dans des gaspillages qu'avec un peu d'esprit pratique et d'ordre on aurait évités.

Nous espérons que le passé servira de leçon, que tout le monde a acquis l'expérience voulue pour pouvoir marcher à nouveau avec ardeur ; nous clôturons donc cette espèce d'inventaire au chiffre indiqué ci-dessus.

Par contre, on peut prendre date et à la fin du prochain exercice, le public pourra récapituler les sommes dépensées et constater les progrès accomplis, depuis la liquidation que nous faisons aujourd'hui sommairement.

ENGINEER.

ELECTIONS

Comme nous l'avons annoncé, un second tour de scrutin aura lieu le 8 octobre prochain, et afin qu'il n'y ait pas de doute possible après tout le bruit que notre confrère de l'*Indépendance* a fait autour de sa candidature, voici, in-extenso, l'arrêté pris par le Gouvernement :

Le Gouverneur général de l'Indo-Chine,

Vu le décret du [illegible] avril 1883 ;
Vu la dépêche ministérielle du [illegible] mai 1889 ;
Vu l'arrêté du 24 juillet 1893 ;
Vu [illegible]
Vu l'arrêté du [illegible] septembre 1893 ;
Considérant qu'aucun des candidats n'a obtenu au premier tour la majorité des voix prévue à l'article [illegible] de l'arrêté du [illegible] septembre.

ARRÊTE

Article premier. — Les collèges électoraux de l'Annam et du Tonkin sont convoqués pour le dimanche 8 octobre, à l'effet de procéder à l'élection d'un délégué au Conseil supérieur des Colonies. Le scrutin sera ouvert de 7 heures 1/2 à 11 heures du matin, à la mairie, dans les villes de Tourane, Hanoï et Haïphong, au chef-lieu de chaque résidence dans les provinces, de chaque cercle dans les territoires militaires et dans chacun des centres importants où il a été créé par arrêté spécial une section de vote.

Art. 2. — Les fonctionnaires, agents [illegible] en déplacement sont autorisés à voter à la mairie, au chef-lieu de la province ou à la section de vote où ils se trouvent momentanément de passage. Sur la présentation de leur carte d'électeur leur nom sera inscrit sur la liste des électeurs dressée à la section de vote où ils se trouvent.

Les bureaux de vote, dans le procès-verbal, devront mentionner les électeurs de passage qui auront voté en vertu de cette disposition.

Art. 3. — Les Résidents supérieurs en Annam et au Tonkin, sont chargés de l'exécution du présent arrêté.

Hanoï, le 28 septembre 1893.

Pour le Gouverneur général
et par délégation spéciale
Le Résident supérieur du Tonkin,
[illegible].

Par le Gouverneur général
Le Résident supérieur du Tonkin
[illegible].

* * *

Dans son bulletin du 19 septembre le *Courrier d'Haiphong* nous accuse de n'avoir songé, en patronnant la candidature de M. Le Myre de Vilers, qu'à jeter un bâton électoral dans les jambes de M. Wehrung.

Pour qui connaît comment la candidature du député de la Cochinchine a pris naissance, non seulement à Hanoï mais à Haiphong et à Saigon, cette appréciation est aussi injuste qu'erronée.

Nous ne nous y arrêterons pas, nous bornant à reproduire la dernière partie de l'article de notre confrère, qui considère le succès de M. Le Myre de Vilers au deuxième tour comme ne faisant aucun doute :

Au deuxième tour, si M. Wehrung, comme on le [illegible], se désiste en faveur de M. Le Myre de Vilers, le succès du député de la Cochinchine est certain.

On votera pour lui en masse : les uns pour que le député de la Cochinchine ait son autorité fortifiée par les suffrages du Tonkin, pour qu'il devienne aussi le défenseur des intérêts du Tonkin — qui ne sont pas, quoiqu'on ait dit, opposés à ceux de la Cochinchine —, les autres pour que le prestige de l'envoyé extraordinaire de la République française en Siam soit encore augmenté par ce témoignage de [illegible] ; [illegible] que les services passés de M. Le Myre de Vilers, de l'ancien gouverneur de la Cochinchine, de l'ancien Résident général à Madagascar sont incontestables, et que le Tonkin aura en lui un digne représentant.

* * *

L'*Indépendance Tonkinoise* annonce que M. Le Myre de Vilers, justement irrité, aurait télégraphié une très énergique dépêche, protestant contre l'abus qu'on aurait fait de son nom.

Nous sommes en mesure de démentir formellement ce bruit et nous mettons M. le Vasseur au défi de, non seulement de nous donner le texte de la dépêche, mais encore de dire le nom de celui qui l'aurait reçue.

Il est probable que ce télégramme sort de l'officine où ont été élaborées les nouvelles concernant les élections de MM. Lacôte, Kleinkans aîné et Lambert, ainsi que d'autres canards.

La candidature de M. Le Myre de Vilers est maintenue plus que jamais pour le 2e tour de scrutin et elle ralliera certainement les voix de M. Wehrung, dont le désistement doit être, en ce moment, un fait accompli.

TÉLÉGRAMMES

Paris, 26 septembre.

Les journaux annoncent la prochaine création d'un ministère des colonies.

Un attentat anarchiste vient de se produire à *Barcelone*, plusieurs généraux ont été blessés.

Paris, 27 septembre.

La brouille qui, depuis près de trois ans, existait entre le jeune empereur d'Allemagne et le prince de Bismarck a pris fin.

Le croiseur russe *Roussalka* a fait naufrage dans la mer Baltique ; il y a à déplorer cent quatre-vingts morts.

Paris, 28 septembre 1893.

Les marins russes resteront sept jours en France. Paris prépare de grandes fêtes en leur honneur.

Le choléra est à Livourne en Italie.

TÉLÉGRAMMES ANGLAIS

Londres, 13 septembre.

La révolution du Brésil a gagné les provinces du Nord. La majeure partie des troupes [illegible] le gouvernement de Rio de Janeiro et les rebelles sont en présence.

Collision en mer. — Un abordage vient encore d'avoir lieu entre le steamer anglais [illegible] de 1,128 tonneaux et le steamer allemand [illegible], jaugeant 2,078 tonneaux, dans les parages des [illegible] ; des hommes de l'équipage du [illegible] ont perdu la vie.

Londres, 15 septembre.

Le choléra a fait sa réapparition à Hambourg.
Les rebelles ont recommencé à bombarder Rio de Janeiro.

Le correspondant à Berlin du *Standard* de Londres lui écrit que la Russie est décidée à établir une station navale en Orient. La France lui aurait offert [illegible], [illegible] ; mais la Russie veut rester libre dans son choix.

Londres, 21 septembre.

Le général Sir Henry [illegible], gouverneur de [illegible], vient de refuser le poste de [illegible] des Indes en donnant pour raison de son refus que c'était là un poste plein de difficultés.

Singapore, 22 septembre.

M. A. H. [illegible], ingénieur des mines de l'entreprise [illegible] et Cie, qui depuis plusieurs années était directeur de la Cie des mines d'or [illegible], vient de se noyer dans le Pahang.

SUR LE MÉKONG

(*Par dépêche.*)

Le 25 septembre a eu lieu à Stung-Treng la fête des Eaux.

C'est à l'occasion de cette fête que les années précédentes, les Siamois faisaient boire l'eau du serment et jurer fidélité aux Laotiens.

Le matin le drapeau français a été hissé solennellement devant le gouverneur de Stung-Treng et le gouverneur de Toule-Répou, réfugié à Khône.

Cinquante-trois Kromokars, des mandarins et chefs de village et plusieurs chefs Moïs, descendus de la Srê-San et de la Srê-Pok étaient venus à Stung-Treng pour prendre part à la fête. Chacun d'eux a offert le tribut traditionnel consistant en fleurs de cire.

Le gouverneur de Stung-treng a exprimé au représentant du gouvernement français, au nom de tous, leur reconnaissance et leur dévouement à la France qui les a délivrés des Siamois.

Dans la journée, il y a eu des régates, des courses et jeux variés, concert par l'orchestre indien, des danses de Moïs ; et enfin le soir, un superbe feu d'artifice a terminé la fête.

Cette cérémonie, à laquelle ont pris part les sous-officiers et soldats du poste et presque toute la population du chef-lieu de Toule-Répou venue pour la circonstance sur la rive gauche.

Cette manifestation a vivement frappé les indigènes ; elle a été pour eux le signe matériel de notre installation définitive.

Les rapports entre la population laotienne et annamite sont excellents.

CHRONIQUE

LA QUESTION DE L'OPIUM

La Chambre des Communes a été invitée à prononcer pour la seconde fois un verdict de condamnation contre le trafic officiel de l'opium dans les Indes anglaises. Elle ne s'y est pas précisément refusée ; en donnant son assentiment à une proposition de M. Gladstone en faveur de la nomination d'une commission chargée de s'enquérir de tout ce qui concerne la manufacture, la vente et la consommation du poison, elle a même ratifié dans une certaine mesure la résolution votée le 10 avril 1891, qui déclarait immoral le système par lequel le gouvernement des Indes [illegible] son budget au grand détriment de la santé de ses sujets ; seulement elle n'a pas voulu suivre le député radical M. Webb, ni le grand chef de la croisade contre l'opium, sir Joseph Pease, jusqu'au terme de leur effort qui ne tendait à rien moins qu'à affirmer dès maintenant le principe de la prohibition totale ; et, comme la résolution de 1891 était restée lettre morte, on peut se demander si celle de 1893 aura des effets pratiques.

Le mal, pourtant, appelle de prompts remèdes. On a vite fait d'en nier la réalité. Elle est attestée, non par seulement par des exemples fortuits, par des dénonciations éparses, mais par un mouvement général d'opinion et jusque dans les rares régions où l'on remarque une décroissance dans la consommation de l'opium de contrebande, elle correspond à une augmentation proportionnelle dans la consommation de l'opium payant des droits. Bien plus, cette consommation « officielle » a doublé, dans la résidence de Bombay, par exemple, en moins de dix années, et dans la basse Birmanie l'abus est tel que le commissaire du gouvernement, sir Alexander Mackenzie, croyait pouvoir, il y a quelque temps, conseiller l'interdiction absolue de la vente aux indigènes.

Dans le cours de la seule session actuelle, plus de neuf cents pétitions, portant ensemble cinquante-neuf mille signatures, ont déjà été présentées au gouvernement en faveur de la suppression du trafic. Ce sont là des faits dont on ne peut révoquer en doute l'importance. Aussi est-on assez surpris de constater l'accueil fait, en maints endroits, à cette campagne.

Quand des administrateurs et des négociants opposent une fin de non-recevoir, tirée de la raison d'État, aux réclamations des adversaires de cette mise en coupe réglée de la santé des populations hindoues, on sait sur quel terrain se placer pour discuter avec eux et on peut leur répondre, avec la *Daily News* : « Vous avez cultivé l'opium par idée de gain, vous l'avez imposé aux Chinois dans le même intérêt égoïste, et le monstre d'un déficit, qui aujourd'hui vous effraye, est purement et simplement de votre création. On prétend que rien ne peut remplacer le revenu de l'opium ; en réalité, on a conseillé toutes sortes d'excellents moyens de substitution. » De même, quand le *Times* commençait un article en ces termes : « L'Angleterre a donné un exemple unique, dans l'histoire universelle, de la manière dont un peuple civilisé et chrétien doit régir une dépendance, » et qu'il concluait ainsi : « Ce n'est pas une petite affaire que de nous priver d'un revenu de quatre millions sterling, » on comprend immédiatement de quoi il s'agit et à qui l'on a affaire.

Ce qui est plus grave, c'est de trouver, parmi les défenseurs du monopole, des missionnaires et des prélats qui haussent les épaules d'un air supérieur lorsqu'on leur parle des préceptes de la religion et des obligations de l'humanité. Ce qui est plus étonnant, c'est de voir des Hindous envoyer aux journaux anglais des articles destinés à prouver en trois points que l'opium, dont nul n'abuse, loin d'intoxiquer leurs compatriotes, stimule ceux d'entre eux qui sont jeunes et prolonge les jours de ceux qui ont déjà beaucoup vécu. Aux premiers on pourra recommander de lire le rapport de M. [illegible], secrétaire général de la mission intérieure chinoise, qui décrit les ravages produits par les opiacés dans les quatorze provinces du Céleste-Empire, où celle-ci a établi des stations. Et à l'avis des seconds on opposera celui du député Naoroji, qui représente au Parlement anglais nominalement quelques milliers d'électeurs londoniens et, en fait, plusieurs millions de sujets hindous.

A. FERNIQUE Ph. Sc.

Imprimé sur machines MARINONI

LIBERTÉ, ÉGALITÉ, FRATERNITÉ.

Dimanche 17 Janvier 189?

LE BON CITOYEN DE TARARE

Journal Républicain hebdomadaire

DE TARARE ET DU RHÔNE

Désigné pour les insertions légales des annonces judiciaires et avis divers dans le département

ÉLECTIONS SÉNATORIALES

Élections Législatives

BULLETIN POLITIQUE

GENEVIÈVE LA BOSSUE

par

Nelly LIEUTHIER

IV

LA BOUTIQUE DE L'ONCLE GARNIER

Imprimé sur machines MARINONI

7e Année 1er Janvier 1895 N° 9

LE CIDRE & LE POIRÉ

Les Prairies et les Herbages

REVUE MENSUELLE DES INTÉRÊTS POMOLOGIQUES

ET DES

ARBRES FRUITIERS DE GRANDE CULTURE

Dans la Région septentrionale

HONORÉE DE NEUF MÉDAILLES

De l'Association pomologique de l'Ouest — de la Société d'Horticulture et de Botanique du centre de la Normandie — de la Société d'horticulture de l'Orne — de la Société d'Horticulture de l'arrondissement de Pont-l'Évêque — des Comices agricoles d'Alençon, Argentan, etc.

Directeur : F. MULLER, à Argentan (Orne)

SOMMAIRE DU PRÉSENT NUMÉRO :

PRIX DE L'ABONNEMENT

Orne, Calvados, Eure, Eure-et-Loir, Sarthe, Mayenne et Manche .... 6 fr.
Paris et les autres départements .... 7 fr.
Étranger .... 10 fr.

L'abonnement est annuel et se paie d'avance.

Toute quittance envoyée par la poste est augmentée de 0,45, montant des frais

ON S'ABONNE ÉGALEMENT

Chez MM. MARCHAL et BILLARD, Éditeurs-Libraires, place Dauphine, 27, PARIS

Cinquante-cinquième année. — N° 129. 10 Centimes Mardi 27 Août 1893.

LE COURRIER DE L'EURE

JOURNAL POLITIQUE, AGRICOLE ET COMMERCIAL

PRIX DE L'ABONNEMENT
Trois mois, 7 » — Six mois, 13 ». — Un an, 20 »
[illegible]
— LE PRIX EN EST EXIGIBLE D'AVANCE —

CE JOURNAL PARAIT LE MARDI, LE JEUDI ET LE SAMEDI
On s'abonne au bureau du journal, rue du Duc-de-Bouillon, 10, à Évreux, dans les bureaux de poste, et chez les libraires.
[illegible]

PRIX DES INSERTIONS
Annonces, 30 c. la ligne. — Réclames, 60 c. — Dans l'intérieur, 1 fr.
[illegible]
— LE PRIX EN EST EXIGIBLE D'AVANCE —

Évreux, 26 août.

[illegible]

Ce mystère, c'est l'affaire des chemins de fer du Sud.

Les bruits les plus étranges courent au sujet du procès, qui devrait être entamé, dit-on, depuis longtemps déjà, et qui vient d'être fixé au 9 septembre.

On raconte que le parquet a eu de grosses hésitations. Est-ce vrai? ou n'est-ce pas vrai?

Il semble, en principe, que la justice doit saisir tous ceux qui lui paraissent coupables, et il est profondément démoralisant de supposer que, dans certains cas, les magistrats peuvent être arrêtés par la main du gouvernement.

Il est impossible pourtant, de ne pas se souvenir de ce qui s'est passé à propos du Panama, dont l'affaire des chemins de fer du Sud n'est que le prolongement.

Le parquet a-t-il toute sa liberté d'action? Il serait difficile de faire admettre par l'opinion publique que des influences multiples n'entravèrent pas l'instruction.

Quantité de gens restent persuadés que beaucoup de coupables furent épargnés de parti pris, afin de sauver l'honneur du Parlement.

Ils se sont persuadés qu'il en sera de même en cette affaire des chemins de fer du Sud.

On ne leur ôtera pas de l'idée que le gouvernement a cherché et cherche encore à « canaliser » le procès, c'est-à-dire à restreindre le nombre des accusés.

Il serait encouragé, ajoute-t-on, par ce qui s'est passé lors du procès de Panama, M. Charles de Lesseps ayant courageusement gardé pour lui toutes les responsabilités et ayant sauvé par son silence tels et tels qui auraient dû prendre place derrière lui.

Le gouvernement espérerait donc que les accusés du procès qui va s'ouvrir le 9 septembre seront aussi discrets que M. Charles de Lesseps, et qu'ils se résigneront à payer pour ceux qu'on désire mettre à l'abri.

Est-il vraiment possible, sous un régime dont on nous vante tous les jours l'honnêteté, qu'il y ait de pareils accommodements entre les coupables et la justice?

Faut-il rappeler qu'on attribua la démission de M. Casimir-Perier à l'opposition acharnée que lui fit son ministère parce que le successeur de M. Carnot voulait le nettoyage complet des écuries d'Augias?

Que faut-il croire? Que les bruits qui se renouvellent sont l'écho d'une déplorable réalité? ou bien qu'ils ne sont pas fondés?

Nous renonçons à éclaircir ce mystère où la politique joue un rôle trop important pour ne pas nous suggérer de tristes réflexions.

La session du conseil général.

La session d'août, qui s'est terminée [illegible], s'est écoulée dans le calme le plus parfait. M. Deverand-Viau a pu se convaincre que, dans notre département, les adversaires politiques, en dehors des luttes électorales, ne demandent pas mieux que de vivre en paix les uns avec les autres, et avec l'administration.

La nomination de M. Millard à la présidence du conseil général a maintenu l'orientation de la politique départementale, et il faut bien constater qu'il a été nommé avec l'appui des conservateurs contre les républicains radicaux.

Cette situation a été, d'ailleurs, marquée très nettement par le rejet de la proposition de M. Gros-Filley demandant que la laïcisation des écoles congréganistes de [illegible] s'opérât immédiatement. M. le préfet et M. Millard s'étaient entendus d'abord pour faire rejeter ce vœu par la commission, et M. Deverand-Viau démontra que ses prédécesseurs n'avaient pas pu laïciser davantage parce que la loi s'y opposait, que le vœu de M. Gros-Filley était donc inutile; qu'il impliquait, en outre, une sorte de blâme à l'adresse de fonctionnaires républicains qui n'avaient pas manqué une occasion de se montrer solidaires.

Cette réponse irréfutable n'empêcha pas les conseillers radicaux, au nombre de [illegible], de se payer le plaisir d'une manifestation illégale. On a été assez surpris de voir figurer parmi ces neuf intransigeants M. Duboille et M. Thorel. — M. Thorel surtout.

Il paraît que les accusations, bien immérités, qu'on a fait circuler sur ses relations avec ses amis politiques lors de la dernière élection sénatoriale, ont fait perdre la tête à M. Thorel. Le député de [illegible] passait pour un homme indépendant, incapable d'aucune compromission, ni à droite, ni à gauche, un vrai libéral et un parfait républicain; mais c'est fini. La peur qu'on ne l'accuse d'être en bonnes relations avec les conservateurs ne lui laisse le principe très bonnes au devant de toutes les menaces de ses adversaires, [illegible] même renier les principes qu'il s'honorait naguère de professer.

Le grand événement de la session a été, comme nous l'avons dit, l'attribution des routes départementales au service vicinal et la dénonciation du service des ponts et chaussées. M. le préfet attachait une importance politique autant qu'administrative à cette fusion, et il a eu gain de cause.

Quelques membres du Parlement auraient préféré que la question posée en ce moment devant les Chambres ne fût pas tranchée [illegible] par le conseil général. M. Camille Fouquet a soutenu cette opinion. Mais, combattu sur ce terrain, le conseil général a donné raison à M. le préfet et à ses bureaux.

Nous voyons bien venir l'augmentation du traitement de M. l'agent-voyer en chef; mais nous ne voyons pas l'avantage que [illegible]

[illegible]

FEUILLETON DU COURRIER DE L'EURE DU 27 AOUT 1893.

LE

COMPAGNON DE CHAINE

PAR

GEORGES PRADEL

[illegible]

[illegible], un regard dans lequel elle disait :

— Patience, courage. Je suis là pour vous. Je veille, vous n'êtes plus seule, vous n'êtes plus abandonnée.

En même temps, elle porta un doigt à ses lèvres et s'enfonça dans les méandres du jardin, suivie de la concessionnaire Lucy, à laquelle tous les détails de cette scène muette avaient échappé.

[illegible]

(La suite au prochain numéro.)

Sixième Année N° 533. TONKIN Dimanche 29 novembre 1891.

LE COURRIER D'HAIPHONG

BI-HEBDOMADAIRE — POLITIQUE — COMMERCIAL — INDUSTRIEL — AGRICOLE

海防捷報新聞

ORGANE DES INTÉRÊTS FRANÇAIS DANS L'INDO-CHINE

DIRECTION REDACTION ADMINISTRATION RUE HARMAND HAIPHONG

Directeur, Rédacteur en chef: DE CUERS DE COGOLIN

ABONNEMENTS [illegible]

INSERTIONS [illegible]

AGENTS [illegible]

LES MANUSCRITS NE SONT PAS RENDUS

Les personnes dont l'abonnement expire le 30 NOVEMBRE sont priées de le renouveler immédiatement afin d'éviter tout retard dans la réception de leur journal.

CAISSE DE SECOURS

M. de Lanessan se préoccupe avec raison de l'avenir des fonctionnaires du Protectorat. Nous tenons de bonne source, qu'une fois débarrassé de ces absorbantes questions d'organisation administrative et de mise en train des travaux de premier établissement, M. le Gouverneur général attachera son nom à une institution d'une utilité incontestable.

A son avis, la retraite après 25 ans de service ne suffit pas ; il importe encore d'assurer aux fonctionnaires qui, pour raison de santé, sont obligés d'abandonner le service du Protectorat avant d'avoir accompli cette si longue, si fatigante période de 25 ans qui donne droit à la retraite, des ressources leur permettant de s'établir en France, et d'y attendre un emploi nouveau.

Aujourd'hui le fonctionnaire pauvre — et vient-on dans l'administration coloniale quand on est bien riche ? — n'a pas d'autre alternative quand, usé avant la retraite, il se voit interdire un plus long séjour aux colonies :

Ou rentrer en France sans le sou, vivre quelques mois d'une solde de congé vite supprimée, et attendre dans la misère une situation nouvelle,

Ou rester aux colonies en dépit de la Faculté, et mourir tristement d'une maladie connue, dont il sent les progrès chaque jour.

M. de Lanessan s'est ému de cette situation ; il songe à créer une sorte de caisse de prévoyance. Non pas une caisse de prévoyance comme celle qui existait autrefois en Cochinchine, donnant à tous les fonctionnaires droit à une somme de.... après tant d'années. — Ce serait aller beaucoup trop loin inutilement. Mais une caisse de prévoyance dont bénéficieront, dans certains cas bien déterminés les fonctionnaires malades, rentrant en France sans esprit de retour après 10, 15, 20 ans passés au service du Protectorat, et aussi sans doute les fonctionnaires arrivant à la retraite.

Les premiers, grâce à cette caisse n'auront pas à craindre la misère immédiate. — Au prorata de leurs versements elle leur donnera une somme assez ronde pour leur assurer des moyens d'existence pendant un an, deux ans, les seconds, en plus de leur retraite, auront entre les mains, en rentrant en France quelques milliers de francs pour payer les dépenses d'installation de ces vieux jours.

C'est une pensée généreuse, — telle que nous l'exposons dans ses grandes lignes.

* *

Aux gradés européens de la garde civile surtout, cette institution sera fort utile. Plus que tous les autres fonctionnaires du Protectorat les inspecteurs et les gardes principaux, qui mènent une vie de fatigues et de dangers incessants, qui marchent et se battent en toutes saisons, sont exposés à s'user vite. Combien pourront arriver à la retraite, même si une balle ne les arrête pas en chemin ?

Aussi voudrions-nous davantage pour ces modestes serviteurs dont la carrière est si fermée.

L'idée est venue à quelques inspecteurs et gardes principaux de créer une « caisse de secours pour les gradés européens de la garde civile », ils nous ont écrit nous demandant de « tâter » le Gouvernement pour savoir si leur projet aurait son approbation. C'est fait, et nous sommes assuré que la bienveillance de M. de Lanessan lui est acquise.

Dans la pensée des fondateurs le but de la caisse de secours ne serait plus du tout le même que celui de la caisse de prévoyance.

La première, résultat de cotisations volontaires, serait une sorte de société de secours mutuel, destinée à venir en aide, en cas de besoin urgent, aux gradés européens et à leur famille.

Après une blessure ou une maladie grave, un inspecteur, un garde principal rentre en France en congé de convalescence. Sa solde de congé est bien maigre. A la caisse de secours il touchera avant le départ une centaine de piastres qui lui seront fort utiles.

Un inspecteur, M. de P. C. est tué. Sa sœur est sans ressources, on fait une souscription, — c'est toujours un triste moyen, bien dur pour ceux qui semblent tendre la main.

Avec la caisse de secours plus de souscription, plus de fausse honte. La société de secours mutuel a bénéficié des versements, elle doit son aide, elle garnit la bourse de la femme éplorée qui veut fuir loin de ce pays où elle a perdu un mari, un frère ; la caisse de secours dépose une couronne sur la tombe du mort, l'entoure de fleurs

Inutile de multiplier les exemples

Les gradés européens n'ont qu'à s'entendre, qu'à se concerter, et organiser eux-mêmes cette société de secours mutuel dont ils ont eu l'idée.

Ils y gagneront de se sentir les coudes, d'être plus unis entre eux, se connaissant davantage.

En M. Laune, le doyen des inspecteurs de la garde civile, n'ont-ils pas un président tout désigné.

Et nous avons tout lieu de croire que M. de Lanessan ne refusera pas la présidence d'honneur d'une institution qui n'a qu'un but

Faire le bien.

de C. C.

LETTRE PARISIENNE

CXL

11 octobre 1891

« Vous pouvez considérer le Delta comme « pacifié et fortement organisé pour la sécurité à l'avenir. » Cette phrase du télégramme envoyé [illegible] au gouvernement par M. de Lanessan, a été vivement commentée. La télégramme [illegible] avant sa [illegible] dans les « sphères gouvernementales, et avant de la livrer à la publicité, M. Etienne a cru devoir consulter le Président du conseil.

M. de Freycinet a pensé qu'il n'y avait pas lieu de retenir la dépêche.

M. de Lanessan, a-t-il dit, doit savoir mieux que personne à quoi s'en tenir, puisqu'il a [illegible] les [illegible] tous les éléments d'appréciation. Il n'est [illegible] que nous pouvons considérer le Delta comme pacifié. Nous n'avons aucune raison pour ne pas le croire et pour ne pas porter cette bonne nouvelle à la connaissance du public.

Les journaux ont donc reproduit la dépêche de votre gouverneur général, quelques uns [illegible], avec des commentaires aigres-doux. Il n'y a cependant pas, à proprement parler, de parti-pris contre M. de Lanessan dans la presse parisienne ; ainsi, la circulaire qu'il a adressée aux commandants des territoires militaires a été généralement approuvée. On l'a même trouvée très-remarquable comme forme.

D'ailleurs, cette organisation de territoires militaires ne pouvait pas être mal accueillie, même par les partisans les plus convaincus du régime civil, puisque la mesure avait déjà été prise, en principe, partiellement avec le [illegible] tenant Servière. La nouvelle organisation n'est donc pas, ainsi qu'on aurait pu le croire à première vue, une innovation ou un retour en arrière, c'est la continuation, dans de plus larges proportions, d'une façon de procéder, dont l'utilité n'a jamais été contestée, mais que des nécessités d'un être [illegible] avaient contraint de n'appliquer que sur certains points.

Donc, en total, la constitution des territoires militaires est bien accueillie et tout le monde semble satisfait de les voir placés sous l'autorité d'hommes tels que MM. Servière, Pennequin, Travitien, etc.

Ce n'est pas, en somme, le moment d'indisposer l'opinion publique contre le Tonkin. La discussion du budget approche et elle réserve de fort désagréables surprises : il y a, cette année un déficit de douze millions environ et on prévoit que l'an prochain ce déficit dépassera vingt-cinq millions. Il faut donc s'attendre à plus d'une séance orageuse à votre sujet. Toute la responsabilité des incidents qui pourront surgir est imputable au manque de franchise des précédents gouvernements généraux et [illegible]. On a toujours marché à l'aveuglette, au petit bonheur, en comptant sur le lendemain pour arranger les difficultés. Il en est résulté chez tous ceux qui ont entre les mains le sort de l'Indo-Chine une ignorance perpétuelle de la situation exacte. Ah ! il eût été tout autrement si, sachant devant eux une Chambre sans parti-pris, à idées larges, les ministres avaient pu lui tenir un langage net, précis et ne pas craindre de lui faire connaître la véritable situation. Mais non ! l'hostilité systématique de quelques parlementaires incorrigibles a toujours forcé la bouche aux ministres du gouvernement. Si la franchise leur a fait défaut, c'est, il faut bien le dire, parce qu'on a [illegible] pour les empêcher d'en avoir.

L'hypothèse de l'évacuation étant depuis longtemps rejetée comme inadmissible, il fallait que les divers ministres et sous-secrétaires d'Etat qui se sont succédé, [illegible] la Chambre en demeure de leur accorder les crédits nécessaires pour [illegible] nos nouvelles possessions. Il fallait qu'ils [illegible] cette demande sans forfanterie et faiblesse.

Peu à peu le Parlement, et par suite le pays, se seraient habitués à ne pas plus s'étonner, quand on leur aurait parlé du Tonkin, que lorsqu'on aurait discuté sur un chemin de fer d'intérêt local. A force de vouloir être caché, on a peut-être tout gâté. Nous sommes assez sérieux, je crois pour qu'on puisse dire nettement : « [illegible] nous maintenir, au Tonkin, pour assurer sa sécurité, pour y développer le commerce, pour en faire enfin une véritable colonie française, il faut tant. Voulez-vous ou ne le donner ? » Au lieu de cela on a continuellement [illegible], si bien que peu à peu tout le monde a perdu le sentiment exact de la situation et maintenant c'est chaque fois le diable pour obtenir seulement le strict nécessaire !

Enfin, espérons que cette fois encore le Tonkin sortira sain et sauf de l'épreuve.

* *

La société d'Encouragement pour le Commerce français d'Exportation, autorisée par arrêtés ministériels des 12 juin 1884 et 23 janvier 1885, vient de publier un bulletin. La situation morale et financière de cette œuvre et ses résultats [illegible] indépendamment [illegible] des boursiers, le nombre des pionniers que la société a envoyés au dehors, s'élève actuellement à 224, dont 19 en Indo-Chine, à Saïgon, Pnom-Penh, Hanoï, Haïphong, Tourane, etc.

La correspondance de tous ces jeunes gens fait foi de leur bonne activité, d'une activité et d'une constance persistantes.

Leurs rapports et les renseignements qu'ils fournissent sont souvent très intéressants ainsi qu'en témoignent les rapports publiés au Bulletin.

C'est ainsi que M. [illegible], à Hongay, a tracé un article détaillé sur l'industrie minière au Tonkin. M. Dazoir, d'Haïphong, a fourni des renseignements détaillés sur le commerce, les produits du sol et les mines. Il a signalé notamment qu'un certain nombre de métiers s'occupaient avec succès de l'industrie des soies grèges. La correspondance de M. Dazoir insiste également sur le grand avenir des mines du Tonkin.

On ne peut qu'engager les patronnes de la société d'Encouragement pour le commerce français d'exportation, à continuer à hâter ceux qui s'intéressent à suivre le courant des progrès de la colonisation. C'est le meilleur moyen de reconnaître l'appui qui leur est donné par les hommes d'expérience placés à la tête de cette société. MM. Conolé, président de la Chambre de commerce de Paris, Poctor, Hillard, Francoover, Gastines, Goerlain, Fre, Pascard etc

M. Emphone, le très distingué député du Rhône, que j'avais consulté au sujet de la liberté de la presse au Tonkin, s'est récusé par la lettre ci-après

Chambre des Députés — Paris 8 octobre 1891.

Mon cher Monsieur de Cuers,

Je viens de trouver en rentrant à Paris la lettre que vous m'avez adressée à la date du 19 septembre.

La question que vous voulez bien m'y poser sur l'application aux colonies de la loi relative à la liberté de la Presse ne paraît être tant intéressante, mais elle [illegible] du respect d'un parlementaire que je ne [illegible].

M. [illegible] de la supposer, la consultation que vous désirez, doit viser la Presse française au Tonkin [illegible] sur la question, il me paraît indispensable que vous la [illegible] d'une autorité juridique, et dès lors, vous reconnaîtrez avec moi que mes conclusions n'affirmeraient pas les garanties que nos amis du Tonkin ont le droit de [illegible].

Veuillez agréer, cher Monsieur de Cuers, l'expression de mes sentiments très cordiaux.

E. [illegible]

Vous êtes trop modeste, mon cher député et votre avis nous eût été précieux !

* *

C'est M. Delcassé député, rapporteur du Budget des colonies, qui présidera le 8 décembre, le deuxième banquet annuel de l'Association tonkinoise

René de Cuers.

LES SOUS-OFFICIERS RENGAGÉS

de la garde civile

Actuellement, dans la garde civile, se trouvent nombre de sous-officiers rengagés, dont les dix années de service sont sur le point d'expirer.

Or, par application du décret du 29 août 1890, l'armée ne peut accepter leur rengagement, que s'ils rentrent au corps.

[illegible] d'assurer le bon [illegible] de la garde civile [illegible] le [illegible] d'idées la rue St Dominique et de la rue Royale. Ne pouvant supprimer la garde civile, les ministères sont [illegible] de la désorganiser en la privant de cadres instruits, connaissant le pays et le genre d'opérations à y conduire.

Beaucoup des ces sous-officiers, gardes principaux qui comptent deux ans, trois ans de séjour dans la garde civile, voudraient continuer à servir au Tonkin, sans cesser de perdre le bénéfice de leur ancienneté.

L'armée ne pourrait-elle pas, dès maintenant accepter les rengagements de ces sous-officiers, qui resteraient dans la garde civile, et seraient incorporés plus tard dans l'armée coloniale, dès sa formation ?

Nous espérons que M. le gouverneur général voudra bien porter son attention sur cette question intéressante, et adopter la solution la plus favorable à ces excellents serviteurs du Protectorat.

NOUVELLES de L'INDO-CHINE

HANOI

M. Champeaux a été nommé secrétaire pendant quelques jours. Notre correspondant d'Hanoi, nous a télégraphié vendredi, que M. le résident supérieur allait beaucoup mieux et quitterait la chambre le lendemain.

PHU-LANG-THUONG

De notre correspondant

Voici de nouveaux renseignements sur l'incident Dufeuillan

M. Dufeuillan passait sur la route, quand des coups de feu sont partis du ravin qui la domine. une balle l'avait raidi, pénétrant au-dessous du sein droit, une autre a atteint la main qui [illegible], tenant les rênes du cheval

Dufeuillan est alors tombé et les bandits, sortant de la brousse, lui ont, pour l'achever, tiré à bout portant un coup de fusil au-dessous de l'oreille droite puis ils lui ont enlevé ses chaussures, son casque, et ont emmené le cheval

Quelle est la cause de cet attentat ?

Tout porte à croire que le crime a eu le vol pour mobile. On croyait que Dufeuillan devait rapporter de Kep, où il était allé le matin avec une sacoche, l'argent de la solde, somme assez forte. La vengeance n'est pas non plus étrangère à l'attentat qui a été commis, tout porte à le supposer, à l'instigation d'une [illegible] de la victime. Ce cai, homme violent, intelligent autant qu'insolent, avec lequel il avait eu une forte discussion le matin à Sui-ganh, en présence de M. Dery, est lié très intimement avec tous les Chinois pirates-travailleurs de Cao-son et Suoi-a-dan. Il est parti derrière Dufeuillan, une 1/2 heure après lui, il est allé au village chinois où il a parlé et bu avec divers Chinois. C'est là que, sans doute, le crime a été décidé d'autant plus aisément qu'on espérait qu'il serait fructueux.

Vers 5 heures 1/2, au moment où le crime a été commis, le cai a été aperçu à 500 mètres de l'endroit où Dufeuillan est tombé.

Depuis qu'il a été arrêté à Kep, le caï-[illegible], cet individu n'a fait que se couper dans toutes ses déclarations, que se contredire ; sa culpabilité paraît évidente, et le tribunal [illegible] le condamnera certainement à mort, mais la cour d'Hanoï trouvera peut-être que la preuve matérielle du crime n'existe pas — peut-elle jamais exister en pareil cas ? — et si elle ne l'acquitte pas, elle lui infligera quelques années de prison ou d'exil, et cela après de longs mois d'instruction et de paperasses. Quel effet moral attendre d'une pareille répression ?

A ce propos il faudrait, nous semble-t-il, placer la ligne du chemin de fer sous une même autorité de Kep à Bac-lê, Song-hoa, autorité armée de pouvoirs discrétionnaires pour juger sommairement et exécuter tout individu qui se permettrait une attitude seulement insolente vis-à-vis des Européens des chantiers. Cette autorité devrait disposer de 250 hommes formant des patrouilles permanentes sur la route entre Kep et Song-hoa, patrouilles semblables à celles que le délégué du résident de Bac-ninh à Phu-lang-thuong fait entre Kep et Cao-son.

Après l'affaire Dufeuillan, l'autorité militaire dont nous avons parlé dans notre dernier numéro, s'est bornée à écrire au délégué pour le prévenir que 100 fusils allaient explorer les abords de la route de Kep à Bac-lê, puis a fait partir ces 100 fusils le 18 pour Bac-lê.

Le détachement qui retardait déjà de cinq jours, n'a pas pris le train pour Kep, ce qui aurait été trop expéditif, mais il a fait son étape à pied le 18 au matin. Le colonel et ses deux chevaux ont seuls pris le train.

Le 18, le colonel et M. [illegible] sont poussé jusqu'à Sui-ganh avec 20 hommes.

Le 19, les 100 fusils sont partis pour Bac-lê, ils sont revenus à Kep le 21, au matin, et à Phu-lang-thuong le 21 au soir.

Et puis.... fini. la route n'est pas plus surveillée qu'auparavant entre Cao-son à Song-hoa, et elle ne voit de fusils que les jours du passage des convois réguliers bien connus des bandes à l'avance

En ce moment, il y a de gros intérêts engagés entre Cao-son et Song-hoa, on y a besoin constamment de l'administration, de la justice de Thai-nguyen. Or Thai-nguyen est trop loin et se désintéresse complètement ; à Sui-ganh il y a seulement un sergent. Pour la mort de Dufeuillan qui intéresse autant Sui-ganh que Kep, — puisque le crime a été commis à moitié route, — aucune enquête sur le crime, aucune préoccupation ni de la recherche des coupables, ni de l'ouverture de la succession.

L'autorité militaire a l'administration, il faut qu'elle s'en occupe au moins pour les Européens.

A propos de l'affaire Rochie, nous apprenons que le crime, ayant été commis sur le territoire de l'ancienne province de Lao-cam, l'instruction en peut-être confiée, et au vice-résident, ou aux résidences de Phu-lang-thuong. Lao-cam dépend actuellement du 1er territoire militaire (? Pesquidoux)

BAC-NINH

Quatre anciens partisans de Thanh-Da, chef de bande récemment capturé, qui depuis ont dû [illegible] [illegible] Tinh, viennent de faire leur soumission au quan-An. Ils ont remis à ce mandarin 1 fusil à répétition, 1 revolver, une soixantaine de cartouches et 3 armes blanches.

HAY-BAY

L'inspecteur Lambert avec le poste de Do-my-hao, a rencontré, le 23, la bande de dé Ban, à Cao-rrai aux confins de l'île de Ba-tanga et du huyen de Thanh-mieng (Haiduong). Cette bande, forte de cent fusils, a perdu 5 tués, plusieurs blessés. On lui a pris 2 culasses mobiles, des armes blanches, et, des cartouches Gras et Lebel.

L'affaire a duré une heure et demie. La bande s'est dispersée en partie dans Hai-duong, en partie dans les tam-dien-cam (Hung-yen)

PREMIÈRE ANNÉE. — N° 2. LE NUMÉRO 10 CENTS MERCREDI, 7 NOVEMBRE 1894

LE COURRIER DE SAIGON

Bi-hebdomadaire — Paraissant le Mercredi et le Samedi

ORGANE DES INTÉRÊTS FRANÇAIS EN COCHINCHINE

ABONNEMENTS — INSERTIONS [illegible]

DIRECTEUR-RÉDACTEUR EN CHEF :

GASTON AMELOT

Direction, Rédaction, Administration : 108, Boulevard Charner

AGENTS [illegible]

Les annonces et réclames sont reçues à Paris par [illegible], Boulevard de Strasbourg, 11

AVIS

Les personnes dont l'abonnement expire le 1er Novembre sont priées de le renouveler immédiatement, afin d'éviter tout retard dans la réception de leur journal.

Le service du journal sera fait gratuitement pendant 15 jours ; après quoi seront considérées comme abonnées les personnes qui n'auraient pas retourné le journal aux Bureaux : 108, boulevard Charner.

CHOSES VUES

UN COLONIAL

La session du Parlement vient de s'ouvrir, depuis quelques jours seulement. L'honorable M. Pontbiquet, député de la Loire-Supérieure, vient de s'installer confortablement dans un des meilleurs fauteuils de son appartement de la rue Royale.

La journée parlementaire a été chaude, le ministre des Colonies en a vu de rudes, et il s'en est fallu de peu qu'il laissât son portefeuille dans la fameuse question des sucres indigènes.

Aussi, très fatigué, c'est avec nonchalance que M. Pontbiquet déplie un immense journal du soir, une feuille ministérielle, bien pensante, d'une rédaction triste comme un soir de novembre et dont les caractères typographiques même ont une allure de vertu et gravité !

Un gros scandale dans lequel se trouvent compromis trois de ses collègues est relégué avec dédain à la dernière page, tout ce qui y a trait est presque illisible et imprimé en sept.

Il est juste de dire que ce scandale a été soulevé par une feuille ordurière, *Le Cocardier*, un journal rédigé avec malveillance par des ennemis du gouvernement. Monsieur Pontbiquet lit avec la plus grande attention les longues colonnes de l'austère organe encombré d'articles du plus haut intérêt : « Une révolte des paysans de l'Oural. » et plus bas « La situation est grave à Sofia ! ... »

Lecture faite de cette prose indigeste, l'honorable député songe à l'interpellation qu'il se propose de faire le lendemain.

Ah ! le ministre a refusé le poste d'employé de douane en Cochinchine au fils de son meilleur agent électorale, sous prétexte qu'il n'avait aucune place vacante et trois mille demandes.

Eh bien, il verra demain s'il est permis de se moquer ainsi d'un homme considérable comme lui. De ce jour, il va lui faire une opposition à outrance.

Le Ministre est libre-échangiste, Monsieur Pontbiquet deviendra protectionniste, il saura bien prouver à tous ses collègues de la Chambre que le seul avantage que procure à une nation l'acquisition des colonies consiste dans les droits perçus par la Métropole.

Certes, Monsieur Pontbiquet, libre-échangiste d'hier, se souvient encore du dernier discours qu'il a fait à l'Académie de géographie agricole et où il disait : « Comme tous les organismes en cours de croissance, les colonies ont besoin d'être ménagées, l'impossibilité d'assimiler les pays neufs à la Métropole a toujours été reconnue.

Il faut, pour multiplier les transactions immobilières, ne pas grever trop durement les successions, abaisser les droits d'enregistrement, réduire les frais de justice.

« Il faut encore, disait en terminant l'honorable député, encourager par des concessions territoriales, la création de comptoirs pour la vente des produits, abaisser le frêt, en un mot appliquer le libre-échange dans toute son étendue, etc., etc. »

Maintenant, le député de la Loire-Supérieure pense tout autrement.

En effet, que dira-t-on dans son département lorsqu'on apprendra que lui qui jusqu'à ce jour a tant distribué de bureaux de tabacs et de places de facteurs, que lui, l'homme influent, n'a pu trouver un emploi pour le fils de son meilleur ami !

Et, enfonçant son bonnet de velours sur sa calvitie, notre honorable rêve à l'interpellation du lendemain et se propose de ne plus jamais lire que le journal de Monsieur Méline.

Puisque le Ministère n'est pas tombé sur la question des sucres indigènes il tombera sur la taxe des piments !

Et, qui se serait douté de cela quelques heures plus tôt ? Monsieur Pontbiquet, membre de toutes les sociétés de colonisation de France et de Navarre, correspondant du *Royal Geographic Institut* de Londres et député libre-échangiste s'endort en murmurant : « A quoi bon les colonies ? .. le libre-échange, mauvaises théories !.... etc., etc. »

Le lendemain soir, l'organe grave enregistrait dans ses longues colonnes la chute du Ministère. Et la France comptait un libre-échangiste !..... de moins.

GASTON AMELOT.

LA POLITIQUE

Nous allons avoir une nouvelle expédition à Madagascar.

Etant donné la situation confuse et dangereuse des deux gouvernements, cela devait arriver.

M. Le Myre de Vilers a échoué dans la mission que lui avait confié notre gouvernement. Il n'a pu réussir, bien à regret sans doute, à résoudre à l'amiable les difficultés pendantes entre les Hovas et nous.

Mais alors, pourquoi a-t-on tant tardé et pourquoi s'est-on décidé si tard à agir énergiquement ? Voilà cependant plus de neuf ans que le gouvernement hova nous manque et compte sur notre faiblesse habituelle.

Ils nous ont vu si souvent hésiter devant leur résistance et nous retirer avec des traités platoniques, que ces souvenirs les entretiennent dans une illusion dangereuse sur nos moyens d'action.

Le moment est arrivé pour nous de maintenir notre dignité et notre prestige à Madagascar. Puis nous avons a obtenir l'exécution des traités, ne serait-ce d'ailleurs que pour nous conformer à l'article 1er de la déclaration du gouvernement anglais du 5 août 1890, « Le gouvernement de Sa Majesté britannique reconnait le protectorat de la France sur Madagascar, avec ses conséquences. »

Il est curieux de connaître comment les Hovas prétendent interpréter le traité de 1885 ; je laisse, pour cela, la parole à leur premier ministre Rainilaiarivony.

« Nous avons, il est vrai, signé un traité en 1885, qui semble impliquer le protectorat. Cependant le mot ne s'y trouve pas, et nous n'avons pas voulu qu'il y figurât. En outre, le traité était accompagné d'une lettre revêtue des signatures françaises de l'amiral Miot et M. Patrimonio qui en commentant le texte et en diminuant singulièrement la portée. D'après ce document, la France ne doit nous servir d'intermédiaire, vis-à-vis des gouvernements étrangers, qu'en ce qui concerne les questions purement politiques. »

A quoi le gouvernement français répond :

« Le traité de 1885 est valable parce qu'il a été ratifié par le gouvernement français. La lettre Miot-Patrimonio — qui d'ailleurs ne détruirait pas le protectorat — ne l'est pas parce qu'elle n'a pas été ratifiée. C'est donc le traité de 1885 seul qui détermine la situation de la France à Madagascar. Peu importe que cette situation se définisse par le mot de protectorat ou par un autre. Ce qui est sûr, c'est que le traité doit être appliqué. Depuis 1890, nous avons même pris vis-à-vis des puissances des obligations qui en comportent nécessairement l'exécution. »

Voilà les deux thèses différentes, il n'y a pas besoin de dire combien la mauvaise foi des Hovas est visible.

Il y a cependant longtemps qu'on aurait dû en finir. Peut-être aurait-on pu s'y prendre plus tôt et éviter ainsi une expédition toujours coûteuse.

Mais personne n'ignore que, jusqu'à l'arrivée de M. Hanotaux aux affaires étrangères le mot d'ordre a toujours été : « Capitulons ! Capitulons encore ! Capitulons toujours ! »

Develle-le-Menteur l'a prouvé lors des évènements du Siam !

G. A.

TÉLÉGRAMMES

Paris, 4 novembre 1894.

Dépêches amicales échangées Perier, Nicolas. Ministres français, Czars. Manifeste Nicolas jure conformer volontés père, développer paix, puissance, gloire, bonheur Russie, annonce mariage Alice. Presse Europe approuve manifeste — Assure Japonais prirent Port-Arthur.

Paris, .. novembre, 3 h. ..

Mission Myre Vilers échoue, retourne Tamatave. Journaux réclament action énergique.

Paris, 5 novembre, 3 h. 15.

Czar remercie Mercier sympathie armée française — Japonais prirent Pinventcheng, 55 canons, munitions, Chinois dispersés.

Paris, le 6 novembre 1894, à 5 h. ..

Alexis répondant Faure affirme sympathie inaltérable marine russe pour marine française. — Chine demande Europe intervenir. Deux armées Japon réunirent bien Talien.

INSTANTANÉ

M. CHAVASSIEUX

Vogue depuis deux jours vers la France et s'arrêtera à Montbrison pour y méditer sur le peu de reconnaissance de ses anciens amis.

A eu cependant quelques fidèles à son départ ; mais si peu qu'on n'ose pas les nommer.

Au physique, a quelque chose de de Mirabeau, ni la taille, ni l'éloquence, ..., mais la laideur.

Diplomate habile, a eu quelques mérites comme successeur provisoire de M. de Lanessan, dont beaucoup n'espéraient pas le retour, en a profité pour manœuvrer de telle sorte que, tout en prenant quelques décisions urgentes, il n'a pu être accusé d'avoir opéré contradictoirement aux idées du Gouverneur général.

Pendant son assez court séjour aux fonctions de Gouverneur a mis à profit ses idées personnelles sans ne rien faire ni défaire de ce qui avait été édifié par M. de Lanessan.

En somme, a montré beaucoup d'habileté et de dignité dans ses fonctions.

Sort du corps féodal des administrateurs qui, trop longtemps, ont voulu gouverner au mieux de leurs intérêts personnels, cela souvent au détriment des colons.

A senti, pendant son court séjour au Gouvernement de l'Indo-Chine, combien devenaient gênants certains de ses anciens collègues dont la devise semble être : « Obstruction complète à toute initiative privée. »

En dira deux mots à M. Delcassé pendant son passage à Paris, ce qui surprendra tout le monde sauf votre dévoué.

THÉO

Echos et Nouvelles

Malgré la très louable démarche faite par M. le lieutenant-gouverneur Fourès auprès de Monseigneur Colombert, aucun service religieux ne sera dit à l'occasion de la mort Czar.

La liturgie romaine s'oppose, paraît-il, à ce qu'il soit dit des prières en commun pour un schismatique décédé.

⁂

Consultation monstre.

Un membre de la famille Impériale de Chine étant tombé malade récemment, les célébrités médicales du Tcheli-Pékin furent convoquées.

Si nous en croyons la *Gazette du Céleste Empire*, le nombre des médecins appelés en consultation a été de quatre cent vingt-trois !

⁂

Le *Tibre* est arrivé à Saïgon avec deux jours de retard causé par la déviation des compas. La mer étant des plus mauvaises, le steamer fut emporté par les courants sur les côtes du Siam et ce ne fut qu'au bout d'un certain temps qu'il put reprendre sa route vers Saïgon.

⁂

Le *Journal Officiel* publie un décret de M. Delcassé, ministre des colonies, instituant dans son département un service de renseignements commerciaux. C'est notre excellent confrère, M. Maurice Ordinaire, qui est mis à la tête de cet important service.

⁂

Plusieurs de nos lecteurs demandent comment il se fait qu'il ait été annoncé la présence d'une *Loïe Fuller* dans la troupe théâtrale et qu'on ne l'ait point encore vue sur la scène ?

Renvoyé à M. Maurel.

⁂

L'explorateur Chaffanjon, qui est originaire de Lyon, vient de s'embarquer à Marseille pour effectuer une mission scientifique à Batoum et dans le Turkestan.

M. Chaffanjon se propose d'hiverner au Turkestan et d'étudier la faune et la géologie de cette région, au printemps, il explorera les monts Célestes et l'Altaï, puis il gagnera la Mongolie, où il compte se livrer à des recherches archéologiques. Il passera en Mongolie le temps nécessaire à ces études spéciales, ainsi qu'à l'étude de la faune et de la flore, il gagnera ensuite la région du fleuve Amour qu'il visitera jusqu'à son embouchure.

M. Chaffanjon est accompagné dans sa mission par deux Lyonnais, M. Gay, qui se chargera spécialement de la botanique, et M. Mangini, qui s'occupera de la zoologie.

Les trois explorateurs se proposent de revenir par l'Inde Chine.

⁂

Le tour d'inspection était des plus animés hier soir.

Côté officiel : M. de Lanessan, marchant à côté de sa voiture en compagnie de MM. Joveux et Lagarde.

Côté des artistes : la charmante Delaunay, babillant avec M. X. . . . ! la *Loïe Fuller* qui arbore un nouveau chapeau tous les jours, M. et Madame Leclerc-Dornay, etc., etc.

⁂

Un des principaux négociants de notre ville, M. Joseph Hubert, parti malade à bord du *Natal*, est mort dans la traversée de la mer Rouge.

M. Hubert, qui ne comptait que des amis à Saïgon, a succombé à une maladie de cœur dont il souffrait depuis longtemps.

Nous adressons à sa famille et aux amis du défunt nos sincères compliments de condoléance.

⁂

Un nouveau bâtiment de guerre est entré hier dans notre port, l'*Alger* arrivant de France. — Une salve de coups de canons a salué, par trois reprises différentes, l'arrivée du nouveau navire.

⁂

Nouvelle à la main.

Lors d'un discours funèbre, l'orateur dit :

Le défunt a été enlevé subitement, laissant une jeune veuve âgée de vingt-quatre ans.

La jeune veuve murmure d'une voix émue :

Pardon, vingt-deux.

Passe-partout.

AVIS

Nous insérons toujours sans aucun commentaires les lettres de nos collaborateurs et de nos correspondants. — Le Courrier de Saïgon étant ouvert à toutes les bonnes volontés et à tous ceux qui, comme nous, placent les intérêts de la colonie au-dessus de tout ; les articles insérés ne sauraient engager aucunement la ligne politique du journal.

Lettre du Tonkin

Hanoï, 27 octobre 1894.

Il n'est question ici que du retour de M. de Lanessan et je vous assure que beaucoup ont dû être bien désagréablement surpris par la dépêche du 23 octobre qui nous annonçait que M. Delcassé avait démontré devant la commission du budget la nécessité de maintenir tous les pouvoirs au Gouverneur général.

On ne saurait se figurer tous les moyens qu'ont employés ses adversaires et il n'était question ici que des folles illusions et des ambitieux projets de celui qu'on appelait *le fantoche d'Ecourin*.

N'en déplaise à M. Ch. Courrel, qui a fondé l'*Extrême-Orient* pour le combattre, le succès final, sera le couronnement de l'œuvre entreprise par notre Gouverneur. Nul plus que lui n'a con-

[illegible] — N° [illegible]

LE NUMÉRO : CINQ CENTIMES

[illegible] Décembre 189[illegible]

A. DESSOYE
Rédacteur en chef

BUREAUX
29, RUE DE LA RAMPE, BREST
Champ-de-Bataille

ABONNEMENTS
Finistère et dép. 1 an [illegible] 6 m. [illegible] 3 m. [illegible]
[illegible] — [illegible] — [illegible] — [illegible]
[illegible] — [illegible] — [illegible] — [illegible]

Les abonnements partent des 1er et 16
et sont payables d'avance

La Dépêche
DE BREST

JOURNAL RÉPUBLICAIN
Quotidien du matin

BUREAUX
29, RUE DE LA RAMPE, BREST
Champ-de-Bataille

INSERTIONS
Annonces [illegible]
Réclames [illegible]
Faits divers [illegible]

Tarif [illegible]

Deux morts

BURDEAU — JEAN MACÉ

Les jours se suivent et les morts aussi. Avant-hier matin, s'éteignait M. Burdeau ; hier matin, Jean Macé. Le premier disparaît à un âge où d'ordinaire les hommes se regardent encore comme en pleine jeunesse, à 43 ans. Jean Macé aurait eu, le 22 avril prochain, 80 ans. Et quelle belle et verte vieillesse! De nul plus que lui on ne pouvait dire qu'il était resté jeune par l'esprit et par le cœur.

Tous deux, Burdeau et Jean Macé, étaient sortis des entrailles de cette démocratie à laquelle toute leur vie ne fut qu'un long dévouement et qu'ils honorent grandement. Le père de Burdeau était un petit employé à l'école vétérinaire de Lyon, celui de Jean Macé était camionneur. Ce vrai fils du peuple le rappelait de temps à autre, non sans une légitime fierté, et c'était pour lui l'occasion de faire entendre à ceux qui l'écoutaient quelque parole de virile exhortation à l'accomplissement du devoir : « N'écoutez pas, disait-il à Nantes, en août dernier, à la séance de clôture du congrès de la Ligue de l'Enseignement, ceux qui vous parleront du danger des déclassés. Notre société est pleine de déclassés qui font sa force pour leur bonne part, d'hommes qui sont montés, soit le fils, soit le père, en récompense d'un effort utile. Ce n'est pas l'instruction qui fait le déclassé dangereux, c'est la courtisane, l'oubli du devoir et de la dignité personnelle. Pas n'est besoin d'en savoir bien long pour cela. Vous me pardonnerez ce que je vais dire, mais je suis bien forcé de revendiquer le droit des enfants du peuple à sortir des rangs où ils sont nés, moi, le fils d'un camionneur, [illegible] » Il ajoutait : « Le déclassement suprême a été fait le jour où le bulletin de vote a été mis aux mains de tous, où notre nation tout entière n'a plus compté que des souverains. Il n'y a pas à revenir sur celui-là, auprès duquel les autres, qui ne se font pas tous par l'instruction, ne sont rien. Il ne reste plus qu'à relever la fonction en relevant celui sur lequel elle est tombée. Le relèvement universel ne peut se faire que par l'effort universel. » Et il nous y conviait tous, avec quelle force et quelle chaleur de conviction! Ç'avait été la grande pensée de toute sa vie.

Tous les journaux donnent de longs détails biographiques sur M. Burdeau, sur son existence laborieuse depuis ses toutes jeunes années, alors que, tout en suivant les cours du lycée de Lyon, il trouvait le moyen, en donnant des leçons à des enfants encore plus jeunes que lui, de venir en aide à sa mère, à ses frères, à sa sœur. Admis à l'école normale supérieure en 1870, il s'engage après la déclaration de guerre, fait la campagne de l'Est dans l'armée de Bourbaki, puis, prisonnier et emmené en Prusse, s'évade. A son retour en France, il est décoré. Nommé professeur de philosophie successivement à Saint-Étienne, à Nancy, enfin au lycée Louis-le-Grand, à Paris, il se révèle comme un des maîtres les plus méritants de la jeunesse universitaire ; à la formation du ministère Gambetta, Paul Bert le prend pour chef de son cabinet. Quatre ans après, Lyon l'élisait député, et bientôt, dans ce Parlement [illegible]

[illegible]

que nous voulions consigner avant tout, c'est la France »

Voilà le citoyen. Le patriote l'portait toujours au cœur, aussi vive qu'au premier jour, la plaie que lui avait faite la perte de l'Alsace. Vendredi, il prenait la parole au Sénat pour expliquer son vote sur les crédits de Madagascar, et, en termes émouvants, il motivait son refus des crédits en rappelant « le couteau » que nous avons « planté dans le corps ».

Il meurt à près de 80 ans, comme nous espérions encore pour lui de longs jours. Ses amis ont célébré souvent sa verte vieillesse, qui était comme une jeunesse nouvelle, et il était demeuré jeune, en effet, par l'esprit et par le cœur. En le voyant toujours si vert, actif, infatigable, et plein de verve, on eut pu croire qu'il défierait les ans. Et il n'est plus! Pauvre cher grand cœur, que n'oublieront jamais ceux qui l'ont connu, ceux qui l'ont aimé! Sa vie fut celle d'un vaillant et d'un sage, dévoué à son idée, à son œuvre, à son pays. Honorons-le comme un saint laïque et gardons son esprit.

D.

NOS TÉLÉGRAMMES
Par Fil spécial

Paris, le 1[illegible] décembre, 9 h. 1/2 soir.

AU CONSEIL DES MINISTRES

Les ministres réunis ce matin, sous la présidence de M. Dupuy, ont décidé que le gouvernement déposerait aujourd'hui un projet de loi ouvrant un crédit de 20.000 fr. pour les obsèques de M. Burdeau et adopté le principe d'un projet attribuant une pension de 12.000 fr. à Mme Burdeau avec réversibilité sur ses enfants, mais il ne sera définitivement statué sur cette question qu'après les obsèques.

Les médecins ont prescrit à M. Hanotaux, atteint d'influenza, le repos le plus complet au lit.

La mort de M. Burdeau

AVANT LES FUNÉRAILLES

Au conseil des ministres. — Les dispositions prises. — Le programme de la cérémonie. — L'exposition du corps.

Le conseil des ministres, comme nous l'avions annoncé [illegible]

[illegible]

LA BRÈCHE D'ENFER

PREMIÈRE PARTIE

I

[illegible]

Imprimé sur machines MARINONI

La Dépêche de l'Est

10me Année. — N° 3308 | Journal Républicain Régional | Vendredi 6 Janvier 1893

ABONNEMENTS | Le Numéro : 5 Centimes | INSERTIONS & ANNONCES

ADMINISTRATION & RÉDACTION : REIMS. — 40, Rue de Talleyrand, 40. — REIMS

DERNIÈRES NOUVELLES

Service télégraphique spécial

BOURSE DE PARIS

MARCHÉS DE PARIS

LA TEMPÉRATURE

LE MONDE OFFICIEL

Conseil de Cabinet

NOUVELLES DIVERSES

Solidarité

Mort d'un évêque

NOUVELLES DE L'ÉTRANGER

Nouvelle poudre sans fumée

FAITS DIVERS

Double Suicide

PORTRAIT DU JOUR

M. Albert DELPIT

Tirages du Crédit Foncier

FIN DES DÉPÊCHES DE LA 1re ÉDITION

Reims, le 5 Janvier 1893

Prenez mon Ours !

L'AFFAIRE DU PANAMA

AFFAIRES MILITAIRES

PETITES NOUVELLES

CHRONIQUE DÉPARTEMENTALE

REIMS

Les Rues de Reims.

Imprimé sur machines MARINONI

ÉDITIONS RÉGIONALES

Le Numéro 5 Centimes

LA DÉPÊCHE

Journal de la Démocratie

RÉDACTION ET ADMINISTRATION : TOULOUSE, 57, RUE BAYARD

Bureaux à Paris : 24, Rue Feydeau

ÉDITIONS RÉGIONALES

26e Année — MARDI 16 AVRIL 1895 — N° 0736

« La Dépêche » à Madagascar

LA POLITIQUE

DÉPENSES PRODUCTIVES

LEMASSON.

La DÉPÊCHE publiera demain un article de M. JEAN JAURÈS

PROFILS

M. PEYTRAL

CHRONIQUE

LA SEMAINE SAINTE

G. CLEMENCEAU.

La DÉPÊCHE publiera demain un article de BOBOSKI

ACTUALITÉ

LA JEUNESSE ROYALISTE

PIERRE ET PAUL.

Nos Télégrammes

Par Fil Spécial

CES PAUVRES CONGRÉGATIONS !

LE NOUVEAU SÉRUM

Paris, 15 avril.

Cinq Centimes — Cinq Centimes

L'ÉCHO DE PARIS

JOURNAL LITTÉRAIRE ET POLITIQUE DU MATIN

RÉDACTION ET ADMINISTRATION 2, RUE TAITBOUT

Les Bureaux de l'„ Écho de Paris "

2, RUE TAITBOUT

CHRONIQUE

ÉCHOS

VILLES D'EAUX

Autour de l'Explosion

NOUVELLE A LA MAIN

BATAILLE DE FLEURS

CHARLES FOLEY

Imprimé sur machines MARINONI

1re Année. — N° 4. Le Numéro 30 centimes. Dimanche 6 Juillet 1895.

L'ÉCHO DES MINISTÈRES

JOURNAL HEBDOMADAIRE (PARAISSANT LE DIMANCHE)

Organe des Ministères, Ambassades, Préfectures, Postes, Télégraphes et Téléphones, Officiers publics et Ministériels, Artistes, Compagnies de Chemins de fer et de Navigation, Compagnies Industrielles et Commerciales Assurances, Théâtres, Sociétés Financières, et autres grandes Administrations.

Directeur-Administrateur : Georges CHAZEAUD

Rédaction et Administration : 152, rue Montmartre, Paris

ABONNEMENTS : Paris et les Départements, Un an 10 Fr. — ANNONCES : 1 Fr. la ligne. — RÉCLAMES : 3 Fr.

On ne reçoit pas d'abonnement pour une durée de moins d'un an.

L'ÉCHO DES MINISTÈRES publie les **Nominations, Promotions, Mouvements de fonctionnaires et employés.**

Il insère leurs désiderata : amélioration de leur situation, demandes de mutation, permutation, etc.

L'ÉCHO DES MINISTÈRES tient ses lecteurs au courant des concours des administrations et leur fournit les renseignements utiles pour qu'ils puissent y prendre part.

Il leur donne en outre la liste des principaux emplois vacants.

L'ÉCHO DES MINISTÈRES paraîtra prochainement avec huit pages de texte.

L'ENSEIGNEMENT LIBRE

Nous avons très attentivement étudié, ces temps derniers, la question de l'enseignement libre qui a déjà fait l'objet, il y a quelques années, de tant de discussions et de polémiques. Les uns, on le sait, sont partisans des lycées et collèges, les autres leur préfèrent de beaucoup les institutions. Lycées et institutions ont obtenu de beaux et même de magnifiques succès. Ils ont fourni et fournissent encore chaque jour des jeunes gens occupant les plus brillantes carrières. Dans les concours leurs élèves se suivent de très près. Il est donc difficile de se prononcer sur la supériorité de l'un ou de l'autre. Il nous a semblé cependant que la méthode des lycées et collèges était bien inférieure à celle des établissements libres. Les congés sont trop nombreux, les récréations trop multipliées, presque toujours on néglige l'instruction de l'ensemble de la classe pour ne s'occuper que de quelques-uns et notamment de ceux dont le succès est assuré d'avance. Les professeurs poussent de préférence ces derniers espérant ainsi obtenir pour eux-mêmes de bonnes notes et l'avancement auquel ils aspirent.

Dans les maisons d'éducation, au contraire, on soigne l'élève en retard. On lui donne des répétitions particulières; on l'encourage au lieu de le punir, on excite son amour-propre au lieu de le délaisser. On lui accorde des faveurs en rapport avec ses goûts, on le veille, on l'étudie et on parvient ainsi à en faire un candidat ayant parfois plus de fond que le premier de la classe. Aussi le succès est-il plus rapide dans les institutions que dans les lycées. Est-il besoin de rappeler que bien des lycéens doivent redoubler chaque année leur classe alors que leurs camarades des autres pensions en sautent souvent plusieurs? Nous devons constater cependant une amélioration réalisée ces temps derniers, grâce à l'initiative de l'honorable M. Poincaré, le très jeune et très sympathique Ministre de l'Instruction Publique. Mais où l'enseignement libre l'emporte surtout, c'est dans la préparation définitive aux examens. En une année, en quelques mois même, quelques-unes de ces maisons préparent les jeunes gens à subir leurs baccalauréats. Et cela par des méthodes pratiques, simples et ne réclamant des enfants aucun effort surhumain. C'est ce qui nous explique pourquoi les familles s'adressent de préférence à ces institutions dès que leurs fils arrivent en rhétorique ou en philosophie.

L.

RÉDUCTIONS BUDGÉTAIRES

Nous sommes heureux de constater que, comme nous le faisions prévoir dans un précédent article, on se préoccupe enfin de la question des réformes utiles et pratiques, depuis si longtemps sollicitées par les membres avancés des deux Chambres. Chaque rapporteur du budget a reçu mission de réaliser dès maintenant le plus d'économies possibles, non seulement dans les divers services de chaque ministère, mais encore dans l'administration centrale elle-même. Et l'on sait que jusqu'à ce jour, elle avait pu échapper aux investigations de MM. les rapporteurs.

Il nous a paru intéressant de faire connaître les moyens usités d'ordinaire pour obtenir les réductions demandées par la Commission.

Le rapporteur spécial se rend auprès du ministre dont il a à examiner le budget et lui fait part de la mission dont il est investi.

Il indique le chiffre global des économies demandées, et le ministre lui fait connaître les chapitres où elles peuvent porter de préférence. Ces dernières, étudiées d'avance par les hauts fonctionnaires, portent naturellement en premier sur le petit personnel, celui par conséquent dont les émoluments sont le plus modestes.

Et l'on supprime ainsi les petits emplois, croyant avoir réalisé une véritable réforme tandis qu'il serait si facile et si avantageux pour le Trésor de fusionner divers services et de réduire par cela même le nombre des chefs, dont les mensualités sont toujours assez fortes.

On peut constater en ouvrant le règlement des Administrations de l'Etat, que, dans certains Ministères, on compte un chef pour deux employés. N'y a-t-il point là des suppressions à faire surtout parmi les gros appointements qui produiraient à coup sûr et permettraient de réaliser d'importants bénéfices, et sans que le service ait à en souffrir le moins du monde ?

D.

L'ÉTUDE DES LANGUES VIVANTES

Nous avons précédemment indiqué les conditions dans lesquelles les jeunes gens doivent se trouver au moment de faire choix d'une carrière. Nous les avons alors mis en garde contre la passion des emplois de bureaucrates et de fonctionnaires. Nous devons leur indiquer aujourd'hui la voie qu'ils doivent suivre s'ils sont intelligents ambitieux et actifs, et s'ils désirent

L'ÉCONOMISTE EUROPÉEN

ABONNEMENTS
à partir du 1er de chaque mois
France et Algérie : Un an... 25 fr.
— — Six mois. 14 fr.
Étranger (U.-P.) : Un an.... 32 fr.
— — Six mois. 18 fr.

Paraissant le Samedi
Redacteur en chef : **Edmond THÉRY**
PRIX DU NUMÉRO .
France . **0 fr. 60**; Étranger : **0 fr. 75**

INSERTIONS
Ligne anglaise de 5 centimètres
Annonces en 7 points........ **2 fr.**
Réclames en 8 points........ **4 »**
Ce tarif ne s'applique pas aux annonces et réclames d'émission.

N° 188. — 8e volume. (7) | BUREAUX : 11, RUE MONSIGNY, PARIS | Samedi 17 août 1895.

SOMMAIRE DU N° 188

SITUATION HEBDOMADAIRE

des Banques d'émission de l'Europe (en millions de fr.)

Dates	Encaisse métallique			Circulation	Rapport de l'encaisse à la circul.	Taux de l'escompte
	Or	Argent	Total			
FRANCE. — Banque de France						
1894 16 août.	1.893.3	1.268.2	3.161.5	3.364 7	94	2½
1895 1er août.	2.048.9	1.260.4	3.309.3	3.473.3	95	2
1895 8 août.	2.050.3	1.259.5	3.309.8	3.402 4	97	2
1895 16 août.	2.049.1	1.259.3	3.308.4	3.377 5	98	2
ALLEMAGNE. — Banque Impériale						
1894 8 août.	731.4	429.5	1.160.9	1.225.4	94	3
1895 23 juill.	927.7	360.8	1.288.5	1.346.0	95	3
1895 31 juill.	916.2	356.3	1.272 5	1.366.9	94	3
1895 8 août.	916.2	356.3	1.272.5	1.345.2	95	3
ANGLETERRE — Banque d'Angleterre						
1894 16 août.	970.1	»	970.1	649.0	140	2
1895 1er août.	953.3	»	953.3	670 8	143	2
1895 8 août.	952 4	»	952.4	669.2	143	2
1895 15 août.	975.9	»	975.9	660 9	148	2
ANGLETERRE. — Banques d'Ecosse						
1894 16 juin.	117.5	17.5	135.0	177.5	71	»
1895 20 avril	98.2	22.7	120.9	158.0	76	»
1895 18 mai.	117.1	19.1	136.2	165.1	83	»
1895 15 juin.	123.3	20.2	143.5	178.4	80	»
ANGLETERRE. — Banques d'Irlande						
1894 16 juin.	65.0	10.0	75.0	150.0	50	»
1895 20 avril	69.6	9.0	78.6	157.4	50	»
1895 18 mai.	71 5	11.0	82.5	166.7	49	»
1895 15 juin.	72.6	10.8	83.4	166.7	50	»
AUTRICHE. — Banque d'Autriche-Hongrie						
1894 7 août.	265.0	334.5	599.5	955.9	62	4
1895 23 juill.	432.4	281.4	713.8	1.080.1	67	4
1895 31 juill.	430 9	279.9	710.8	1.122.0	63	4
1895 7 août.	429 7	279.8	709.0	1.119.9	63	4
BELGIQUE. — Banque Nationale						
1894 9 août.	74.0	34.8	108.8	418.9	26	3
1895 25 juill.	78.0	20.8	98.8	442.7	23	2½
1895 1er août.	82 2	21.9	104.1	445.2	23	2½
1895 8 août.	82.3	21.9	104.2	438.2	24	2½
BULGARIE. — Banque Nationale						
1894 7 juin.	»	»	»	»	»	»
1895 14 mai.	2.7	6.0	8.7	1.6	537	8
1895 22 mai.	2.3	5.6	7.9	1.7	465	8
1895 7 juin.	1.6	3.8	5.4	1.8	300	8
DANEMARK. — Banque Nationale						
1894 31 juill.	70.0	»	70.0	102.3	68	4
1895 31 mai.	85.5	»	85.5	108.2	79	3½
1895 30 juin.	100.8	»	100.8	121.5	83	3½
1895 31 juill.	77.8	»	77.8	116.2	66	3½
ESPAGNE. — Banque d'Espagne						
1894 11 août.	198.6	229.4	428.0	941 8	45	5
1895 27 juill.	200.1	305.5	505.6	956 9	53	4½
1895 3 août.	200.1	303 0	503.1	963 2	52	4½
1895 10 août.	200.1	301.0	501.1	968.3	52	4½
GRÈCE. — Banque Nationale						
1894 30 juin.	2.0	»	2.0	107 9	2	6½
1895 30 avril	1.9	»	1.9	107.2	2	6½
1895 31 mai.	1.9	»	1.9	105.3	2	6½
1895 30 juin.	1.9	»	1.9	105.1	2	6½
HOLLANDE. — Banque des Pays-Bas						
1894 11 août.	114.0	173.9	287.9	424.6	67	2½
1895 27 juill.	107.9	176.2	284.1	446.9	62	2½
1895 3 août.	107.9	175.4	283.3	440 8	64	2½
1895 10 août.	107.9	174.8	282.7	433.4	65	2½
ITALIE. — Banque d'Italie						
1894 31 juill.	305.3	55 9	361.2	856.6	42	5
1895 10 juill.	301.9	57.4	359.3	801.7	45	5
1895 20 juill.	302.1	57.8	359.9	789.5	46	5
1895 31 juill.	302.4	58.5	360.9	796.2	45	5
ITALIE. — Banque de Naples						
1894 31 juill.	93.8	10.4	104.2	247.3	42	6
1895 10 juill.	105.6	10.4	116.0	253.2	45	5
1895 20 juill.	105.6	10.4	116.0	246.5	47	5
1895 31 juill.	105.6	10.5	116.1	241.9	48	5
ITALIE. — Banque de Sicile						
1894 31 juill.	35.2	1.5	36.7	56.5	62	6
1895 10 juill.	35.2	1.5	36.7	52.2	71	5
1895 20 juill.	35.2	1.5	36.7	53.4	69	5
1895 31 juill.	35.2	1.5	36.7	53.0	69	5
NORVÈGE. — Banque de Norvège						
1894 30 juin.	32.2	»	32.2	71.7	45	4½
1895 30 avril	30.7	»	30.7	70.4	43	4
1895 31 mai.	30.3	»	30.3	68.0	45	4
1895 30 juin.	30.8	»	30.8	74.0	40	4
PORTUGAL. — Banque de Portugal						
1894 8 août.	16.8	37.7	54.5	289.5	18	6
1895 24 juill.	26.6	40.9	67.5	305.4	22	6
1895 31 juill.	26.6	40.9	67.5	306.1	22	6
1895 7 août.	26.7	41.5	68.2	305.2	22	6
ROUMANIE. — Banque Nationale						
1894 4 août.	48.4	2.4	50.8	118.4	43	6
1895 20 juill.	56.9	5.6	62.5	120.0	52	5
1895 27 juill.	56.9	5.5	62.4	122.4	51	5
1895 3 août.	56.8	5.5	62.3	123.4	50	5

LE NUMÉRO CINQ CENTIMES

2e ÉDITION
Voir à la 2e page
LES DERNIÈRES DÉPÊCHES
de la nuit

L'Éclair

2e ÉDITION
Voir à la 2e page
LA REVUE DES JOURNAUX
de ce matin

JOURNAL DE PARIS, POLITIQUE QUOTIDIEN, ABSOLUMENT INDÉPENDANT

ABONNEMENTS POUR PARIS ET LES DÉPARTEMENTS
5 centimes par numéro

RÉDACTION & ADMINISTRATION : 21, RUE CROIX-DES-PETITS-CHAMPS

OPINIONS

LE BUDGET

UNE PROPOSITION DE LOI DE M. DOUMER

L'ACTUALITÉ

Depuis le 1er AVRIL les annonces sont reçues directement aux bureaux du journal, 21, rue Croix-des-Petits-Champs.

LA POLITIQUE

L'EXPÉDITION DE MADAGASCAR

LES CORRESPONDANCES TÉLÉGRAPHIQUES

LE GRAND PRIX DE ROME

Imprimé sur machines MARINONI

Paris et Départements — Le numéro : CINQ CENTIMES — Paris et Départements

Direction BUREAUX 10, Boulevard des Italiens, Paris

L'ÉVÉNEMENT

Administration BUREAUX 10, Boulevard des Italiens, Paris — ANNONCES ET RÉCLAMES

Supplément Illustré de L'ÉVÉNEMENT

Seize Pages pour CINQ Centimes

CHAINE BRISÉE

Par Edouard DELPIT

SOMMAIRE

A NOS LECTEURS

LA DIRECTION

Fabriques Littéraires

Jules Chancel

NOTES PARISIENNES

LE MONSIEUR

LA POLITIQUE

Paul Dollfus

L'É.

ÉCHOS

LA TEMPÉRATURE

LE MONDE ET LA VILLE

Imprimé sur machines MARINONI

Lundi 8 Avril 1895

41e Année — 3e Série — N° 98

F. DE RODAYS - A. PÉRIVIER
Directeurs - Gérants

H. DE VILLEMESSANT
Fondateur

LE FIGARO

UN PRÉSIDENT

L'ABBÉ MARIÉ

Échos

La Température

Les Courses

AU JOUR LE JOUR

LES PRÉDICATEURS DU CARÊME

LE P. DU LAC

A Travers Paris

Hors Paris

Nouvelles à la Main

LES ALLIANCES DE 1870

ENCORE LES NAVIRES AFFRÉTÉS

Imprimé sur machines MARINONI

Mercredi, 24 Février 189[illegible]. [illegible] [illegible] Année

LE FIGARO

SUPPLÉMENT ILLUSTRÉ

UN DRAME MIMÉ

A L'OPÉRA-COMIQUE

Mlle LAUS, de l'Opéra

M. [illegible] ROSSI

A. FERNIQUE PH. SC.

LA FRANCE

PARIS ET DÉPARTEMENTS

MARDI 8 MARS 1892

ABONNEMENTS : 144, RUE MONTMARTRE, PARIS

PARIS ET DÉPARTEMENTS

DERNIÈRES NOUVELLES

AU JAPON

A LONDRES

EN ALGÉRIE

Les Conférences de l'Hôtel de Ville

TOUT POUR LES GUEUX

INFORMATIONS

BULLETIN FINANCIER

SOMMAIRE

LES ENGAGEMENTS VOLONTAIRES

LA CRISE HELLÉNIQUE

ÉCHOS

CHRONIQUE

CONTRE L'ALCOOLISME

FERNIQUE PH SC

Imprimé sur machines MARINONI

LA FRANCE MILITAIRE

RÉDACTION A PARIS, 11, PLACE ST-ANDRÉ-DES-ARTS
ADMINISTRATION A LIMOGES
On reçoit les annonces à Paris [illegible]

ABONNEMENTS
FRANCE, CORSE, ALGÉRIE
Trois mois........ 5 fr.
Six mois........ 9 fr.
Un an........ 18 fr.

JOURNAL QUOTIDIEN
10 Centimes

ABONNEMENTS
COLONIES ET ÉTRANGER
Six mois........ 12 fr.
Un an........ 24 fr.

Les demandes de changement d'adresse doivent être accompagnées d'une bande d'adresse et de 60 centimes en timbres-poste.

QUINZIÈME ANNÉE — N° 3001

MARDI 10 AVRIL 1894

LA FRONTIÈRE

Ce n'est pas d'aujourd'hui que datent les discussions relatives à la garde de nos frontières de l'Est.

Déjà, lorsque le général Séré de Rivière élaborait le tracé de ses fortifications, la question s'agitait de savoir s'il convenait d'immobiliser dans les fortifications de nombreux effectifs qui pourraient peut-être être plus utiles en rase campagne.

Ce qui rallia les esprits au système des forteresses frontières fut principalement la considération qu'il était nécessaire de protéger la mobilisation et la concentration de nos armées contre d'audacieuses entreprises de la part de l'ennemi.

On se mit donc à l'œuvre dans cette voie, et nous avons eu personnellement l'honneur de prendre part aux études du conseil de défense à ce propos.

Il y avait, dans ce conseil de défense, de hautes personnalités militaires, telles que le maréchal Canrobert et le général Chanzy, qui n'étaient pas toujours d'accord sur le sujet.

Le premier représentait la prudence dans les résolutions; le second défendait les principes de l'audace contenue dans de sages limites.

Du choc de tels jouteurs devait naître et naquit en effet la lumière. De sages résolutions furent adoptées, et notre système défensif, s'il n'est pas parfait, présente, à notre avis, des avantages considérables au point de vue des premières opérations d'une campagne.

Les forts, qu'il a été de mode de dédaigner, nous rendront le grand service de relier, de soutenir, d'approvisionner nos troupes de couverture, de garder nos grandes voies de communication, en un mot, ils protégeront notre mobilisation et la concentration de nos armées.

Certains d'entre eux défient, par leur situation exceptionnelle, les engins destructeurs de la moderne artillerie. Ceux-là peuvent être défendus par de faibles garnisons.

Malheureusement, la plupart de nos forteresses ne pourront plus se maintenir qu'à l'aide d'un système de défense extérieure dont elles constitueront le réduit.

De là, la nécessité d'y entretenir des effectifs assez élevés; c'est un mal inévitable.

Il convenait de fixer au chiffre minimum ces effectifs perdus pour les armées d'opération; ce fut l'objet des travaux d'une grande commission dont nous avons eu l'honneur de faire partie et que présida le général Gresley.

Cette commission s'acquitta de sa tâche avec un zèle louable. On peut même dire qu'aucun détail n'échappa à ses investigations et que pas un homme ne fut accordé par elle au service des forts sans que la nécessité lui en eût été surabondamment démontrée.

On voit que ce n'est point à la légère que furent fixées les conditions dans lesquelles doit s'exercer l'action de nos forteresses.

Les partisans du système d'une frontière ouverte défendue par les seules poitrines françaises ne se sont pas rencontrés parmi les hommes chargés de rechercher le meilleur procédé de protection contre de soudaines invasions.

C'est que, en effet, la véritable solution de la question n'était pas, alors plus qu'aujourd'hui, de risquer à la frontière, dès le début, avant la concentration des armées, des batailles prématurées, engagées par de faibles détachements et poursuivies au moyen de renforts péniblement réunis et dirigés successivement sur le théâtre de la lutte. Cette conception eût été désastreuse.

Le but qu'il fallait, qu'il faut atteindre, c'est d'arrêter à la frontière toute tentative d'invasion de notre territoire de quelque nature qu'elle soit et de permettre ainsi à nos armées de se concentrer sur des points déterminés.

De la sorte, on obtiendra le triple résultat de maintenir la confiance de la nation en sa puissance militaire, de réunir facilement, promptement, les éléments constitutifs de nos armées, et de disposer ces armées en vue d'une action commune, simultanée, formidable, bien concertée et bien préparée.

Or, pour obtenir ces résultats, il fallait non seulement construire des forts d'arrêt, mais, en outre, organiser des troupes de couverture. Il fallait assigner à ces troupes des effectifs convenables, des garnisons judicieusement placées.

En ce qui concerne les effectifs, on a longtemps tâtonné, et l'on n'est pas encore bien fixé. D'une part, on veut avec raison entretenir de ce côté de la frontière des forces égales à celles qui sont stationnées de l'autre côté; d'autre part, on ne voudrait pas affaiblir outre mesure l'ensemble de l'armée au profit des corps de l'Est.

Il y a, en ceci, une juste mesure à garder; c'est affaire au conseil supérieur de la guerre d'examiner de près cette grave question, et l'on sait qu'il s'en occupe à l'heure actuelle.

Pour notre part, nous croyons qu'il faut, avant tout, éviter des échecs, même sans grande importance, au début de la guerre.

Le Français est nerveux, impressionnable à l'excès; la presse est parfois terrible dans ses exagérations. Nous estimons qu'une mauvaise nouvelle répandue dans le pays, grossie par les imaginations surexcitées des populations, exercerait la plus fatale influence sur l'état moral de la nation armée.

Ce n'est point là une injure pour notre pays, mais une appréciation que nous croyons juste et qui ne nous est pas d'ailleurs personnelle.

Ne craignons donc pas de garnir convenablement notre frontière. Nos portes bien gardées contre des surprises qui, ne l'oublions pas, pourraient avoir les plus graves conséquences, nous aurions pleine liberté des mouvements pour nous préparer à l'acte décisif.

Général Tricoche.

Le colonel Delanne

M. le colonel DELANNE (Alfred-Léon-Aimé) est né le 13 juin 1844, à Rom[illegible] (Saône-et-Loire).

Il suivit les cours de l'École polytechnique, puis ceux de l'École d'application de l'artillerie et du génie à Metz, et lors de sa promotion au grade de lieutenant, le 1er octobre 1866, fut maintenu dans cette ville, au titre du 2e régiment du génie.

Détaché en 1868 à la brigade topographique de Langres, le jeune officier reçut les épaulettes de capitaine le 24 décembre 1869 et s'embarqua à Marseille le 25 janvier suivant, pour être employé à Mascara.

Rappelé en France par les malheureux événements de la guerre franco-allemande, M. Delanne fit partie de l'état-major du génie du 17e corps (3 novembre 1870), puis de l'état-major de la 2e armée de la Loire (24 décembre 1870). Il assista aux combats de Villepion le 2 décembre, de Patay le 3 décembre, de Josnes, de Cernay, d'Azay, les 8, 9 et 10 du même mois; au combat de Vendôme le 14 décembre et à la bataille du Mans les 11 et 12 janvier 1871.

Chevalier de la Légion d'honneur le 5 mai 1871, M. Delanne fit successivement partie du génie de Grenoble et de Paris (sud-est); il coopéra ensuite aux travaux de défense de la capitale.

En 1880, nous le trouvons, en qualité d'adjoint, auprès du colonel Dhombres, directeur supérieur du génie des 13e et 14e corps d'armée. Le colonel Dhombres ayant reçu les étoiles de brigadier, M. Delanne devint son officier d'ordonnance.

Il ne quitta cet officier général que dans le commencement de l'année 1883, pour venir professer le cours d'art militaire, d'administration et de législation à l'École d'application de l'artillerie et du génie, à Fontainebleau. C'est dans cette position que le Ministre le nomma chef de bataillon, le 21 mai 1883.

Le zèle et la réelle compétence dont M. Delanne ne cessa pas de faire preuve à l'École de Fontainebleau le firent proposer plusieurs fois pour les palmes académiques. Elles lui furent conférées par arrêté du 13 juillet 1883.

M. le commandant Delanne était alors, depuis deux ans environ, au 3e bureau de l'état-major général (opérations militaires et instruction générale de l'armée).

Lieutenant-colonel le 15 avril 1890 et maintenu au 3e bureau de l'état-major, M. Delanne prit la direction de ce bureau lorsque le colonel Renouard devint général de brigade.

Le 11 juillet 1891, M. Delanne a reçu la rosette d'officier de la Légion d'honneur et, le 26 mars dernier, il a été nommé colonel du 3e régiment du génie.

Cet officier supérieur a obtenu le brevet d'état-major lorsqu'il était professeur à l'École de Fontainebleau.

ÉQUITATION

Nous recevons la lettre suivante :

Monsieur le directeur,

Dans votre numéro du 3 avril, vous publiez un article intitulé « Équitation », dans lequel vous déplorez avec raison l'ignorance des capitaines et des lieutenants de la territoriale en ce qui concerne le cheval.

Évidemment, c'est très fâcheux que nous ne soyons pas meilleurs cavaliers et même que nous ne le soyons pas du tout. Mais, franchement, pourquoi dépenserions-nous notre argent et notre temps pour apprendre un art que nous n'aurons jamais l'occasion d'appliquer! Depuis quinze ans que j'appartiens à un régiment territorial, je n'y ai jamais vu un capitaine monté. Vers 1887 ou 1888, notre colonel et nos chefs de bataillon ont reçu des chevaux des capitaines actifs; mais, en 1892, ces chevaux leur ont été refusés, et j'ai eu l'occasion de voir cette chose extraordinaire que notre colonel, vieux soldat d'Afrique, officier de la Légion d'honneur, ancien lieutenant-colonel de l'armée active, était obligé de faire à pied, à la tête de son régiment, les marches et les manœuvres prescrites par le programme des exercices. C'était navrant!

Vous devez dès lors comprendre que, quand nous constatons, avec un sentiment d'humiliation bien naturel, qu'on force notre colonel et nos officiers supérieurs à marcher à pied, alors que les capitaines actifs qui manœuvraient contre nous étaient tous à cheval, nous en arrivons à nous demander à quoi peut servir que nous apprenions à monter à cheval.

Le jour où le Ministre de la guerre décidera que des chevaux seront fournis à tous les officiers territoriaux appelés à être montés en cas de guerre, ce jour-là, vous pouvez être assuré que nous apprendrons tous à monter à cheval. Mais, jusqu'à ce jour-là, nous continuerons à dire : « A quoi bon! »

On objecte qu'il est matériellement impossible d'envoyer dans les garnisons dépourvues de cavalerie ou d'artillerie les chevaux nécessaires; eh bien, laissez-moi vous dire que cette impossibilité matérielle est une simple plaisanterie, à preuve que, en 1893, il y a six mois, tous les capitaines et lieutenants adjudants-majors des régiments de réserve réunis dans les villes mêmes où vont se réunir les régiments territoriaux ont reçu des chevaux venus des garnisons de cavalerie à proximité.

Par conséquent, il n'y a pas d'impossibilité, il n'y a que de la mauvaise volonté à l'endroit de l'armée territoriale.

Quant à moi, qui ne sais pas monter à cheval, je ne suis pas autrement contrarié de faire mon service à pied; mais j'estime que, si l'on continue cette année encore à refuser des chevaux aux lieutenants-colonels et aux chefs de bataillon, on portera une grave atteinte au prestige du commandement.

Veuillez, etc.

Un capitaine territorial.

ARRESTATION A TERRE

On nous demande si les agents de la marine ont le droit d'arrêter à terre le marin embarqué sur un navire étranger.

Le marin dans cette situation peut légalement être arrêté et poursuivi lorsque le bâtiment auquel il appartient se trouve actuellement dans le port. On ne saurait prétendre que le marin ne navigue pas sur un bâtiment par cela seul qu'il est momentanément descendu à terre : il vient de quitter le navire, et, selon toutes prévisions, il va le rejoindre; il est donc en plein dans l'exercice de la navigation illégale et, par conséquent, dans le cas prévu par l'article 67 du décret-loi du 24 mars 1852, qui punit des peines applicables à la désertion tout inscrit maritime trouvé sur un navire étranger s'il ne peut présenter une autorisation d'une autorité française ou prouver que son embarquement est le résultat d'un cas de force majeure.

Il en serait autrement si le marin était rencontré à terre n'ayant plus aucun lien avec le navire étranger, il serait bien sans nouvel doute, commis le délit de navigation à l'étranger, mais il ne pourrait être poursuivi pour ce fait, parce que le code disciplinaire et pénal ne prévoit, dans l'espèce, que le cas de flagrant délit.

ACTUALITÉS

L'ARMÉE ITALIENNE

Conversation avec le rapporteur du budget de la guerre italien

Un de nos confrères italiens a eu une intéressante conversation avec il signor Pais, député, rapporteur du budget de la guerre italien pour l'exercice 1894-1895. Nous en recevons l'analyse par télégraphe. Il semble quelques propos commentés par un de nos confrères politiques.

Voici comment s'est exprimé l'honorable député :

— L'ancien Ministre de la guerre Pelloux avait ainsi prévu son budget, dit-il : 230 millions 642,000 francs pour le budget ordinaire, 3 millions 180,000 francs pour le budget extraordinaire, soit un total 233 millions 822,000 francs. Sur ces chiffres, le Ministre cherchait une économie de 12 millions 233,000 francs. Mais le 23 novembre 1893, le même Ministre Pelloux présentait une demande de crédit supplémentaire de 12 millions 233,000 francs pour fabrication de fusils, approvisionnements de mobilisation, travaux de chemins de fer, fortifications, armement des forteresses et achat de matériel. Les dépenses étaient ainsi rétablies au chiffre de 246 millions. C'est sur ce nombre qu'on a cherché de nouvelles réductions.

Le général Mocenni, successeur du général Pelloux, a proposé une première économie de 13 millions. Le budget se trouvait ainsi réduit à 233 millions.

Je n'admets pas, dit le rapporteur Pais, ce chiffre en bloc dans lequel figure le budget ordinaire et l'extraordinaire. Le premier comporte des dépenses prévues, précises et vérifiées. Le second ne comprend que des dépenses aléatoires.

En effet, si tout était terminé en ce qui concerne les fortifications, l'armement et la mobilisation, on pourrait tabler sur des chiffres certains; mais cela n'est pas, car les travaux de défense des vallées alpines sur le versant occidental ne sont même pas commencés sur les points les plus importants; la défense de la Maddalena, de Tarente, de la Sicile, n'existe pour ainsi dire que sur le papier; mais pour achever les travaux à peine esquissés, il nous faudra un chiffre de millions qu'on ne peut pas estimer d'une façon même approximative.

Et encore je ne tiens pas compte de la frontière orientale que les accords internationaux nous permettent de mettre en seconde ligne.

— Et l'armement de l'Italie ?

— Notre artillerie laisse beaucoup à désirer. Nos pièces de 7 centimètres 1/2 en bronze, depuis l'adoption de la nouvelle poudre blanche, et après un certain nombre de coups, ne paraissent plus remplir les conditions techniques nécessaires pour un bon service. Il est hors de doute que la nouvelle poudre, trop brisante, les a détériorées. Il va falloir se décider à munir les batteries de campagne de bouches à feu d'acier.

En ce qui concerne les fusils, je répéterai ce que j'ai déjà dit l'année dernière. Nous ne pouvons actuellement avoir que cent mille exemplaires par an du nouveau modèle. Cet état de choses ne peut durer. Notre infanterie ne peut rester au-dessous des autres puissances. Il va falloir absolument régler la fabrication du nouveau fusil de manière qu'on mette toute notre armée de première ligne en état d'armes dans le plus bref délai.

Il nous faut pourvoir aussi sans aucun retard au complément des bouches à feu nécessaires pour armer les forts. Nous avons de vieux canons qui feraient bien mieux dans un musée que sur les barbettes de nos forteresses. Ce sera encore là [illegible]

1894 FEUILLETON DU [illegible] AVRIL N° 68

MŒURS MILITAIRES SOUS LE PREMIER EMPIRE

LA Cigale Andalouse

PAR

Camille LEYMARIE

(Suite)

Une tentation devenait irrésistible pour lui, celle de voir l'Andalouse; il savait où elle demeurait : pourquoi n'irait-il pas se poster devant sa maison, d'où il la verrait une fois entrer ou sortir? Il ne la verrait qu'une fois, la dernière.

La dernière?

Eh oui! la dernière; il devait bien comprendre que tout espoir était perdu pour lui... combien elle le méprisait... Dès lors, rien ne le retenait plus à la vie... Qu'y faisait-il dans la vie, à quoi serait-il bon?... Soldat, il s'était déshonoré pour quitter son régiment, pour déserter; mais, pour déserter sans danger, lâchement, il était descendu à employer une ruse de comédien... Il avait menti, menti indignement... Carély avait compris... Et, plein de honte, le malheureux se souvenait du regard de froid mépris dont le commandant l'avait enveloppé...

Méprisé de tous, il n'avait qu'à mourir!

Il la verrait encore une fois et puis..

Manuella avait loué un petit appartement rue Charlot, là, elle vivait très modestement avec une veuve, qui lui servait à la fois de servante et de dame de compagnie; c'était une brave femme qui lui avait été procurée par Mme Rupal.

Un soir, Gentil Montagnac rasant les murs, suivit la rue Charlot; il s'arrêta un instant devant la maison où habitait l'Andalouse. Tout justement en face, il y avait une grande porte cochère depuis longtemps condamnée; cette porte était formée d'une grande arcade faisant niche, où un carreleur de souliers s'était établi dans une misérable baraque de planches et de toile. L'ancien chasseur se blottit près de cette humble installation, et il attendit..

Peut-être allait-il la voir..

Mais ce soir-là il attendit vainement. Manuella ne sortit pas. Montagnac fut plus heureux le lendemain; il n'était que depuis quelques instants à son poste d'observation lorsqu'il vit sortir l'Andalouse, suivie de la vieille dame veuve dont nous avons parlé et qui l'accompagnait toujours.

Montagnac laissa prendre quelque distance aux deux femmes, puis il se mit à les suivre.

Les deux femmes se rendirent dans un hôtel de la rue Saint-Antoine. La compagne de Manuella quitta celle-ci au moment où elle entrait. Gentil Montagnac se précipita sur la porte que l'Andalouse fermait et put ainsi pénétrer dans l'hôtel à sa suite

Ils se trouvèrent alors face à face au milieu d'une grande cour, au fond de laquelle on apercevait un vestibule éclairé, où de grands laquais se tenaient droits et immobiles dans leur livrée; Manuella restait silencieuse, un peu émue en se retrouvant en présence de Montagnac.

Celui-ci contemplait douloureusement la femme qu'il aimait si ardemment; son sort allait se décider, et il sentait que tout était fini pour lui; l'Andalouse n'avait pas pardonné...

— Manuella, dit bien humblement le soldat, — Manuella vous avez lu ma lettre.

— L'Andalouse fit simplement un signe d'affirmation

— Eh bien, puis-je espérer que...

— Non, non, dit l'Andalouse, vous avez été sans pitié, vous m'avez frappée... et elle se sauva vers le vestibule.

Mais, arrivée au milieu de la cour, elle s'arrêta; sa colère venait de tomber brusquement; elle se retourna prête à tendre la main au malheureux Gentil Montagnac; mais celui-ci venait de disparaître.

Alors Manuella courut vers la porte; elle sortit dans la rue, personne. Affolée, pressentant un malheur, elle fit quelques pas du côté de la Bastille, et, comme elle ne vit pas le soldat, elle se mit à courir dans la direction opposée. Encore personne..

Elle se décida alors à rentrer dans l'hôtel, essayant de se donner de bonnes raisons pour se rassurer; elle n'y parvint qu'à demi

Elle eut, ce soir-là, un grand succès, mais ce fut en vain que son auditoire voulut lui faire bisser la vieille cantilène andalouse qu'elle chanta, en s'accompagnant, avec une singulière maestria; la vieille dame qui l'accompagnait étant revenue, elle quitta immédiatement l'hôtel de la rue Saint-Antoine pour revenir à son modeste domicile.

A l'époque où se passent les scènes que nous racontons, les artistes ne connaissaient pas ces formidables appointements, ces cachets invraisemblables qu'ils ont su se faire attribuer par la suite. Cependant, dès lors, le bon public savait les payer largement; aussi, dans Paris, ces messieurs et ces dames ne voyageaient-ils guère qu'en carrosse.. Ces choses-là sont bien connues, les personnes les plus étrangères à la question les pressentent d'ailleurs, en sorte que le lecteur est peut-être un peu étonné de voir notre « Cigale andalouse » — on l'appelait maintenant ainsi couramment — se rendre à pied dans un hôtel aristocratique, où elle devait avoir le plus brillant succès, puis revenir chez elle par un procédé de locomotion aussi élémentaire. Mais Manuella ne possédait pas de coupé à elle, et, quant aux voitures de louage, elle en avait une horreur profonde... Il lui semblait qu'elles n'étaient pas de la plus extrême propreté... Il y a bien longtemps de cela, hâtons-nous de le dire, car nous ne voulons pas nous mettre une mauvaise affaire sur les bras, et nous savons que les cochers de fiacre sont d'humeur peu endurante.

(A suivre.)

A. FERNIQUE PH. SC

Imprimé sur machines MARINONI

CINQUIÈME ANNÉE. — N° 37 PARIS, LE 18 SEPTEMBRE 189.

LA FRATERNITÉ

JOURNAL HEBDOMADAIRE

ORGANE DES INTÉRÊTS D'HAÏTI & DE LA RACE NOIRE

UN NUMÉRO.. | France...... 15 Centimes | Étranger. 20

Directeur-Fondateur. BENITO SYLVAIN

Rédaction et Administration 26, Rue des Saints-Pères, 26 — Paris

ABONNEMENTS | Paris.

SOMMAIRE

ÉCHOS D'HAITI

LES IDÉES DE M. GASTON JOLLIVET sur la Liberté des Noirs

Benito Sylvain.

Un officier noir de la marine française

PAILLES ET POUTRES

OUVRIERS & PATRONS

AU HASARD DE LA SEMAINE

LE "ROYAL NIGER COMPANY"

NÉCROLOGIE

Imprimé sur machines MARINONI

Le Gaulois

LE PLUS GRAND JOURNAL DU MATIN — LITTÉRAIRE & POLITIQUE

32e Année. — N° 30

28 Juillet 1895

GAZETTE DU VILLAGE

JOURNAL RÉPUBLICAIN

POLITIQUE ET AGRICOLE

Paraissant tous les Dimanches

Directeur L. BOURGUIGNON. — Rédacteur en chef : A. LESNE

PRIX DE L'ABONNEMENT

Pour la France, un an......... 6 fr. »
— — six mois....... 3 fr. 50
— — trois mois..... 2 fr. »

Pour l'étranger les abonnements ne sont reçus que pour un an : 8 fr., et ne partent que du 1er janvier

Prix du Numéro

Paris........ 10 c. | Départements. 15 c

Il est indispensable de joindre à toute demande de changement d'adresse la dernière bande d'adresse du journal et 30 centimes pour frais de nouvelles bandes.

La *Gazette du Village* n'autorise la reproduction de ses articles qu'à la condition expresse d'indiquer que l'article reproduit a été extrait de la *Gazette du Village*

BUREAUX DU JOURNAL : RUE JACOB, 26, PARIS

Les abonnements partent du 1er de chaque mois et sont payables d'avance. Toute demande d'abonnement doit donc être accompagnée du prix de l'abonnement. (Le mode de payement le plus simple est l'envoi d'un mandat-poste.)

Donner *très lisiblement*, en s'abonnant, son nom et son adresse exacte, *avec l'indication du bureau de poste*; et, s'il s'agit d'une continuation d'abonnement, joindre au renouvellement la dernière bande d'adresse du journal.

Adresser les *Abonnements* au *Directeur de la Gazette du Village*, 26, rue Jacob, à Paris.

Pour les *Annonces* à insérer, s'adresser à M. Jules Vérité, 26, rue Jacob, à Paris.

Sommaire

CAUSERIE POLITIQUE

LES ÉLECTIONS DÉPARTEMENTALES DU 28 JUILLET

Sans remonter aux premiers temps de notre troisième République, à ces époques de luttes acharnées, où l'on combattait pour la forme du gouvernement, où l'on attendait avec anxiété le résultat des élections, et où, par conséquent, toute consultation du suffrage universel faisait naître dans les cœurs l'espérance ou la crainte, vous n'avez pas oublié avec quelle attention on suivait encore, il n'y a pas plus de cinq ou six ans, toutes les campagnes électorales

Comme tout cela est changé aujourd'hui ! Quelques jours seulement nous séparent du renouvellement par moitié des Conseils généraux, et c'est à peine si les journaux en parlent, et je ne suis pas bien sûr que les intéressés eux-mêmes s'en occupent beaucoup.

La raison n'en est pas difficile à trouver, et nous la comprenons à merveille : on est si sûr du résultat ! On a si peu de craintes d'une surprise quelconque ! La réaction est si bien abattue qu'elle ne saurait plus nous porter ombrage. On est bien certain que presque partout, les républicains l'emporteront ; et on pourrait même dire *partout*, car nous ne savons pas s'il y aura quelque part des candidats qui ne se proclameront pas républicains

∴

Nous aurions peut-être bien quelque chose à répondre, et vous prévoyez qu'à ce propos on pourrait toucher deux mots des ralliés. Vous savez que ce sont des gens que nous n'aimons pas beaucoup, et à qui nous ne donnerions pas notre confiance. Je reconnais cependant qu'ils feront moins de mal dans les conseils généraux qu'ils n'en feraient au Parlement.

Nous n'avons pas d'ailleurs à nous mêler de vos affaires départementales, que vous connaissez mieux que nous, et nous comptons assez sur le bon sens et le patriotisme des électeurs pour faire la part du bon et du mauvais grain.

Mais il est une recommandation que nous avons le devoir de vous adresser, c'est celle d'user du bulletin de vote que la loi vous met entre les mains. N'oubliez pas, mes amis, que l'abstention est la pire des choses, et que le vote doit être considéré par vous non pas seulement comme un droit dont la conquête nous a coûté bien cher, mais aussi et surtout comme un devoir dont l'oubli entraînerait un jour ou l'autre les plus funestes conséquences.

Si nous vous en parlons, c'est qu'il y a là une maladie, qui a été déjà souvent constatée, et qui paraît se développer, précisément à cause même de la sécurité que paraissent désormais offrir les consultations du suffrage universel.

Depuis que la République n'est plus contestée, depuis qu'on n'a plus à se battre pour elle, depuis qu'on n'a plus à choisir qu'entre des gens qui tous se disent républicains, depuis qu'on se figure ne plus avoir à juger que des questions de personnes au lieu des questions de principes, on vote de moins en moins ; et on pourrait citer comme exemple telle élection où le candidat a été élu avec un nombre de votes véritablement dérisoire.

Vous savez qu'en mécanique, tout organe qui ne fonctionne pas, se rouille ; en physiologie, toute articulation qu'on immobilise, s'ankylose. Il en est de même en économie politique : ne pas user du droit de vote, c'est en préparer la suppression à brève échéance.

Ce n'est pas là ce que vous voulez, n'est-ce pas, et les libertés coûtent trop cher à conquérir, pour qu'on les laisse disparaître, sauf à recommencer la dépense pour les ravoir

∴

Nous savons qu'on est quelquefois embarrassé, que souvent on n'a pas beaucoup d'entrain pour aucun des candidats ; et, à ce point de vue, il nous semble qu'on aurait pu depuis longtemps donner, tout au moins pour le premier tour, une valeur au bulletin blanc. Mais puisqu'il n'en est pas ainsi, puisque le bulletin blanc n'est jusqu'à présent qu'une forme de l'abstention, n'usez pas plus du bulletin blanc que de l'abstention pure et simple. Il y aura toujours bien quelque chose qui vous fera préférer un candidat à un autre ; et pour bien vous montrer que les proverbes sont aussi souvent faux que vrais, je vous dirai qu'en fait d'élection, même dans le doute, il ne faut pas s'abstenir.

Ce n'est pas à vous, d'ailleurs, qu'il est nécessaire d'expliquer toute l'importance des élections de dimanche prochain.

Ce n'est pas à vous qu'il est besoin de

Un Numéro à Paris, 15 cent. — Départements, 20 cent.

GIL BLAS

SOMMAIRE

GIL BLAS DE DEMAIN

L'ÉCHAFAUD

MAURICE LEBLANC

INSTANTANÉS

Nouvelles & Echos

LE DIABLE BOITEUX

PETIT BILLET DU MATIN

CHRONIQUE

Feuilleton du GIL BLAS

L'AIMÉ

PAR

JEAN RICHEPIN

PREMIÈRE PARTIE

VI

VII

VIII

(A suivre.)

A. FERNIQUE, PH. SC.

Imprimé sur machines MARINONI

13e Année. — N° 15. DIX CENTIMES LE NUMÉRO 29 Avril 1898.

L'HYGIÈNE PRATIQUE

Journal Hebdomadaire

HYGIÈNE • MÉDECINE • SCIENCES NATURELLES • SPORTS • VARIÉTÉS

ABONNEMENT
3 f. PAR AN PARIS PROVINCE PAR AN 3 f.

Pour tout ce qui concerne le Journal, s'adresser à
M. J. GOBIN, [illegible]
PARIS - 47, rue Laffitte, 47 - PARIS
(Le matin, de 9 heures à 11 heures)

ADMINISTRATION, RÉDACTION ET PUBLICITÉ :
47 — RUE LAFFITTE — 47
PARIS

Nous publierons prochainement en Feuilleton

LE TOUR DU MONDE EN 80 JOURS

ROMAN SCIENTIFIQUE

Par JULES VERNE

Couronné par l'Académie

PRIME GRATUITE

UN PORTRAIT à L'HUILE

D'après Photographie

(Voir à la 4e page)

AVIS

Le prix de l'abonnement pour *MM. les Instituteurs, Membres du Clergé et Employés des administrations de l'État* est réduit à 2 francs par an.

SOMMAIRE

PETITES ANNONCES

Chronique de la Semaine

Combien j'avais raison d'écrire dans ma précédente chronique que la question des microbes est encore en pleine obscurité scientifique! Le microbe de la fièvre typhoïde, ce bacille d'Eberth dont l'état civil paraissait si bien établi ; ce germe typhique qui, transporté par l'eau, pénétrait dans l'organisme, y pullulait pour provoquer la maladie et finalement, expulsé par les selles, devenait un agent de contamination et de propagation de l'épidémie ;

Ce maudit animal,
Ce pelé, ce galeux, d'où venait tout le mal.

Eh bien ! il semble que les bactériologistes l'aient jusqu'ici diffamé : en réalité, il ne serait pour rien dans la fièvre typhoïde. Le docteur Malvoz vient en effet de faire, à la Société médico-chirurgicale de Liège, une conférence sur les *Variations des microbes dans l'organisme*, d'après laquelle « il résulte des recherches nombreuses de M. Wathelet, préparateur au laboratoire du professeur Firket, de Liège, qui s'est astreint à examiner les selles des typhiques de deux en deux jours pendant toute la durée de la maladie, que *pas une fois pendant le cours du mal chez la plupart des sujets observés, on ne peut trouver le bacille d'Eberth Gaffky* ».

Ces expériences, très commentées font en ce moment le tour de la presse médicale et, il faut le reconnaître, le bacille a « une mauvaise presse ». Le *Journal des Connaissances Médicales* (Cornil et Galippe), après avoir reproduit cette conférence du Dr Malvoz, conclut ainsi :

« Il y aurait plus d'un rapprochement intéressant à faire entre le bacille typhique et le vibrion cholérique. Si la spécificité de ce dernier semble établie, il n'en est pas moins vrai qu'on peut impunément en absorber des cultures pures sans en être incommodé, et des recherches récentes ont démontré la présence de ce vibrion dans un grand nombre d'eaux potables, sans qu'il en résulte pour les populations qui les boivent, la moindre atteinte de choléra.

« De même le bacille coli est absorbé tous les jours en grande quantité par de l'eau de boisson dans des localités indemnes de la fièvre typhoïde.

« Mais que l'organisme qui les reçoit se trouve modifié sous l'influence de causes encore inconnues, peut-être simplement par le développement d'un microbe non isolé encore, et voilà le vibrion de Koch et le bacille-coli qui deviennent virulents, et qui provoquent d'un côté des attaques de choléra asiatique, de l'autre, la fièvre typhoïde.

« Quant au bacille d'Eberth Gaffky, *il semble que son importance décroît au fur et à mesure qu'on arrive à le mieux connaître*. Si l'on a signalé autrefois sa présence dans les eaux des localités où régnait la fièvre typhoïde, c'est peut-être parce qu'on ne connaissait pas encore le bacille-coli, et qu'en tous cas on ne savait pas encore le distinguer de ce dernier. Depuis que la chimie biologique est venue faire cette distinction d'une manière précise et pour ainsi dire mathématique, on ne rencontre plus le bacille typhique dans les eaux suspectes et cette dernière constatation est tout en faveur des idées soutenues par M. Malvoz ».

Cela est fort bien, mais ce n'en est pas moins au nom de ce bacille intrigant que l'on voulait, hier encore, condamner toute la population parisienne à ne boire que de l'eau bouillie!

Va-t-on également nous condamner à ne plus porter que du linge antiseptique? La découverte est de M. Schlumberger, un de nos chimistes les plus ingénieux, les plus *trouveurs* que nous possédions. C'est à lui que nous devons la première usine de fabrication en grand de l'acide salicylique en France, lui encore qui a trouvé le moyen de rendre impossible la fraude des timbres-poste et, dit-on, celui de rendre inimitables les billets de banque (on n'a pas oublié ses démêlés mémorables avec la Banque de France). Toujours est-il que M. Schlumberger a présenté à la Société française d'Hygiène toute une collection de tissus, du linge et jusqu'à de la flanelle qu'il a réussi à rendre antiseptiques, en les imprégnant de salicylate de bismuth. Il a choisi ce dernier corps, à cause de sa couleur, qui est blanche, tandis que les oxydes de manganèse qu'il avait d'abord essayés, donnaient au linge une couleur grisâtre (*isabelle*) qui n'avait rien d'engageant ni d'agréable à l'œil.

La flanelle, le coton, ou tout autre tissu, ainsi imprégnés, conservent les propriétés absorbantes de l'oxyde de bismuth, comme aussi de l'acide salicylique qui joue le rôle d'antiseptique par excellence. Ces caractères intéressants se maintiennent même après des lavages prolongés dans une eau de savon, comme aussi sous l'influence de la chaleur dans des étuves à désinfection chauffées à 120 degrés.

Comme les sels de bismuth noircissent au contact des gaz sulfureux, M. Schlumberger a remplacé le salicylate de bismuth, pour le linge de corps et de literie, par du benzoate d'alumine. Si nous ne nous trompons, ce dernier sel doit avoir la propriété de rendre également le linge incombustible, d'où une application nouvelle à laquelle l'inventeur ne semble pas avoir songé. Du linge à la fois incombustible et antiseptique, à l'abri des microbes et du feu! N'est-ce pas la réalisation du rêve utilitaire de notre époque?

Toutes ces inventions gagneraient, ce nous semble, à rester dans leur milieu. Que l'on use de linge antiseptique, de draps antiseptiques, de charpie antiseptique, dans les hôpitaux : nous applaudissons de grand cœur. Mais est-il bien utile de les transporter dans la vie ordinaire? Vivrons-nous plus vieux dans la flanelle au salicylate de bismuth et n'aurons-nous plus de rhumes de cerveau avec la batiste au benzoate d'alumine? Je ne sais, mais je crains que nos gilets, nos chemises et nos mouchoirs ne retrouvent pas en antisepsie l'équivalent de ce qu'ils perdront en douceur et en souplesse ; quant au rhume de cerveau, j'ai plus de confiance dans la coryzine Demourgues que dans le mouchoir Schlumberger. Est-ce à dire que je ne crois pas à l'antisepsie? A Dieu ne plaise! Il faut n'avoir pas vu les miracles chirurgicaux accomplis journellement grâce à l'*asepsie*, pour rester fidèles aux anciens « pansements sales » tant reprochés à M. Desprès. Mais autant j'approuve le chirurgien de prendre toutes les précautions contre l'infection microbienne, et de flamber ses instruments avant d'opérer ; autant je trouve ridicules les duellistes qui *flambent* leurs épées, sur le terrain, avant de se mettre en garde, pour les rendre aseptiques! — Ne riez pas, il est certain que la chose s'est vue et se voit encore tous les jours.

L'acide phénique, l'acide thymique, l'acide salicylique et tous leurs dérivés en *ique* de la série aromatique, sont comme autant de têtes de Turc, sur lesquelles chaque hygiéniste assène, en passant, un vigoureux coup de maillet qui fait monter le curseur toujours plus haut, c'est-à-dire l'efficacité apparente et la vente de ces produits. Les hygiénistes y trouvent leur compte, les pharmaciens aussi : trouverais-je jamais plus belle occasion de placer une fois de plus l'aphorisme, que Voltaire a si bien attaché à mon nom et que je traîne, depuis, comme une casserole à la queue d'un chien :

Tout est pour le mieux dans le meilleur des mondes.

Dr PANGLOSS.

A. FERNIQUE, ph. éd.

Hygiène de la Beauté

HYGIÈNE DU VISAGE

Tycho Brahé était bouleversé par la vue d'une femme vieille et laide. Le divin Platon affirmait qu'un beau visage était le spectacle le plus intéressant de l'univers ; nul ne saurait démentir cette assertion. Or, qu'est-ce qu'un beau visage? Nous ne rentrerons point dans les considérations générales que nous avons exposées au cours des précédents articles, d'autant plus que les divergences sont extrêmement marquées selon les peuples et selon les individualités : comparez le Jupiter grec et le Bouddha des Indiens! Et la dérision (dans ces matières de goût) va plus loin encore lorsque l'amour s'en mêle : « Le beau pour le crapaud, c'est sa crapaude. » (Voltaire.)

Si l'hygiène ne peut rien, d'une manière absolue, pour la beauté, presque essentiellement congénitale, de la physionomie, elle peut tout, en revanche, pour perfectionner l'allure et les expressions de cette partie, mobile, *sensible et délicate au premier chef*, de l'organisme humain. Pour posséder la beauté du visage, il faut nécessairement avoir déjà la beauté de l'esprit et celle du cœur, jointe à une parfaite santé physique. Voyez comme les souffrances organiques contractent les traits de la face, rougissent ou pâlissent le teint! Voyez comment la haine, comment les pensées mauvaises d'une âme vile enlèvent, peu à peu, au visage, sa riante sérénité, sa franchise ouverte, sa sympathique fraîcheur!

Le teint est l'élément, fragile par excellence, de la beauté faciale ; l'hygiéniste doit donc, tout d'abord, dicter les conseils capables de lui conserver sa douceur vermeille, son poli, sa carnation pure. Il faut, pour ménager le teint, éviter le froid et la chaleur exagérés, ainsi que les alternatives de température ; du reste, l'air chaud semble nuisible surtout aux blondes et l'air froid aux brunes. Rien ne hâle et ne plombe le teint comme la brise fraîche de l'air ou l'action de marcher contre le vent.

Les émotions réitérées ont, chacun le sait, une puissance altérante singulière sur le visage. Eh bien! c'est d'abord le teint qui en est la première victime. La mauvaise digestion, la trop bonne chère, l'abus des viandes fortes, des condiments, des épices, des liqueurs et des vins vieux, les écarts de régime, etc., etc., voilà encore, voilà pour le teint d'irréconciliables ennemis! Les corsets et vêtements trop serrés, par la congestion permanente qu'ils entraînent sur le visage, rougissent les joues ; les fatigues et les veilles les pâlissent, au contraire ; le teint s'altère ainsi, à la longue.

« Le corps, dit Hippocrate, n'est que l'effigie de l'homme. »

* *

Pour conserver, pour acquérir au visage un [illegible], il faut une vie sobre et régulière, un régime peu animalisé, l'usage habituel des eaux minérales naturelles digestives. Il faut éviter les préparations [illegible] de fer et de quinquina, dont on abuse tant aujourd'hui, et préférer les eaux en solutions alcalines ou [illegible], entretenir la liberté du ventre, favoriser le cours de la bile par des lavements froids répétés, éviter les excès de sommeil et d'exercice actif en plein air. Une pratique très défavorable au teint est celle qui consiste à se débarbouiller à grande eau, à faire subir au visage des ablutions trop abondantes et trop fréquentes.

L'usage habituel du savon est également très mauvais. Pour ne pas flétrir le teint, pour ne pas irriter la peau du visage, il faut se laver doucement, soir et matin, à l'aide d'une serviette de toile fine, légèrement mouillée d'eau chaude pendant l'été et d'eau fraîche pendant l'hiver. Les peaux grasses emploieront avec avantage une eau alcaline, naturelle ou artificielle, ou mélangeront à leur eau quelques gouttes d'un alcoolat ou d'un vinaigre aromatique de bonne qualité. Les peaux sèches pourront employer la glycérine pure ou un peu de la crème d'un savon bien neutre et incapable d'altérer la fleur si sensible de l'épiderme.

La peau des joues est mobile et délicate. La chaleur la bouffit, l'abus du baiser rend sa coloration terne. Quant à *la peau du front*, pour lui conserver son poli et sa teinte blanche, il faut résister le plus possible aux émotions, aux préoccupations, éviter les travaux et les lectures prolongés. Les rides (on l'a de tout temps remarqué) viennent de bonne heure aux personnes nerveuses, sujettes à la migraine, aux individus qui vivent par la pensée et dans la méditation, aux visages [illegible] dans l'attention, la réflexion, la tristesse.

Pour éviter les rides, il faut fuir également les passions tristes et les passions gaies. L'éclat du rire est nuisible au même titre que celui des larmes, car on prend toujours le pli de son expression. Voyez, par exemple, les rides des libertins et des débauchés!... N'abusons donc pas de la mobilité musculaire du visage, toute grimace laisse après elle un sillon : contemplez les comédiens et leurs rides précoces! Il faut ménager les traits et renfermer les expressions faciales dans les sages limites de la moyenne ; éviter le soleil, éviter de maigrir. Ce dernier précepte est très important : nous avons fait disparaître les rides chez une dame de quarante ans, par le traitement curatif de la maigreur. Quant aux substances grasses et aux fards, qui sont censés adoucir ou effacer les outrages du temps, leur action (est-il besoin de le dire?) est aussi illusoire pour les rides que pour les cicatrices de la variole ou autres. L'électrisation bien conduite peut, dans certains cas très limités, rendre quelques services.

Dr E. MONIN.

L'ART CULINAIRE

Cette *Physiologie du goût*, dont ce journal a l'heureuse idée d'entreprendre aujourd'hui la reproduction, m'a toujours charmé. Ce livre est bien une des œuvres les plus remarquables, sinon la plus originale, du début

L'ILLUSTRATION

52e ANNÉE	BUREAUX : 13, rue Saint-Georges	ABONNEMENTS : 36 francs par an.

LES ÉVÉNEMENTS DE BULGARIE

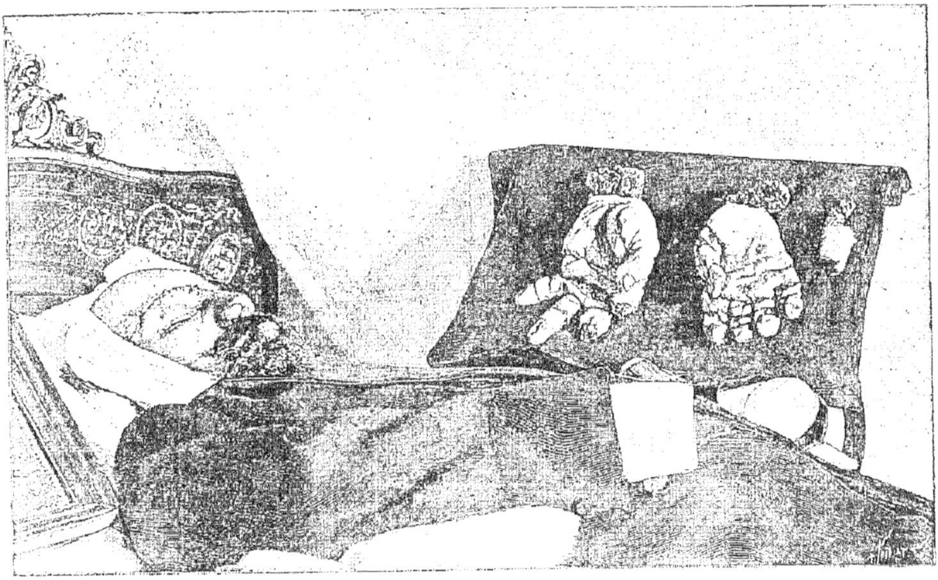

STAMBOULOFF SUR SON LIT DE MORT.

Vingt-Huitième Année N° 263 — PRIX 5 CENTIMES — Vendredi 23 Août 1895

L'INDÉPENDANT
DES BASSES-PYRÉNÉES

Paraissant tous les Jours excepté le Dimanche

ABONNEMENTS — 3 mois, 6 mois, 1 an — Pau, départem. et limitrophes 6 fr., 10 fr., 20 fr. — Autres départements 8 50, 18, 34 — Maires et Instituteurs des B.-Pyr. 8, 16 — ÉTRANGER PRIX DU DÉPARTEMENT ET PORT EN SUS

Rédaction et Administration, 11, rue des Cordeliers, 11, — PAU
Rédacteur en chef : OCTAVE AUBERT
Tout ce qui concerne les Abonnements et les Annonces doit être adressé à Pau, à M. BAYEUX, Administrateur-comptable ; à Paris, aux diverses agences pour les annonces.

ANNONCES — Annonces Judiciaires 20c la ligne — Annonces Ordinaires 25 — Réclames 40 — Chronique locale ou faits divers 60 — A FORFAIT POUR LES ANNONCES DE DURÉE

BOURSE de PARIS, au comptant

[illegible]

TÉLÉGRAMMES

Service spécial de L'INDÉPENDANT

Dépêches de la Nuit

[illegible]

Dépêches du Matin

[illegible]

Dépêches du Soir

[illegible]

— SONG-KONG. — La populace armée a détruit une mission américaine à Fout-chéou ; quatre élèves indigènes ont été blessés.

Pau, le 23 août 1895

LE RESPECT DE LA LOI

Les cléricaux ont une singulière façon de comprendre le respect de la loi. Ils veulent bien s'incliner devant celles qui leur plaisent. Mais si quelqu'une les gêne, ils la tiennent pour abrogée. Nous n'exagérons pas. Voyez plutôt ce qu'écrit l'*Univers* sous ce titre « la liberté des processions » : « La municipalité de Triguères, dans le Loiret, a cru intelligent et libéral d'interdire les processions. M. l'abbé Cunin, curé de Triguères, a tranquillement bravé la défense des ridicules tyranneaux jacobins de cette commune. Il a organisé une belle procession en l'honneur de sainte Alpais vierge, patronne du pays. Le succès de cette procession a été complet, et l'effet produit sur la population très grand et très heureux. »

Ne dirait-on pas que la feuille cléricale nous conte là un haut fait, digne d'admiration, un exploit héroïque ?

Naturellement, le curé a été poursuivi pour infraction à un arrêté municipal. Devant le tribunal, il a prononcé une longue défense, qu'il a terminé en disant : « Vive Jésus-Christ ! qui a le droit d'être honoré publiquement. Vive sainte Alpais ! notre concitoyenne et notre patronne, qui a le droit de parcourir nos rues. Vive la liberté du beau et du bien ! Vive la République chrétienne ! »

L'*Univers* ne remarque pas ce qu'il y a de ridicule dans cette exagération d'attitude, dans cette affectation d'héroïsme lorsque le supplice qui vous menace est simplement une frane d'amende. Les matadores espagnols qu'on condamne à la même peine montrent du moins plus de simplicité.

« Nous nous permettons, dit le journal clérical, de féliciter vivement M. le curé de Triguères du bel exemple qu'il a donné. »

Nous ne féliciterons, quant à nous, en cette occasion, ni le curé de Triguères ni l'*Univers*. Un prêtre devrait moins que tout autre citoyen se mettre en état de rébellion à l'égard de l'autorité civile. Que le maire ait eu tort ou raison d'interdire les processions, peu importe ! Il a pris son arrêté en vertu des lois existantes, dans la plénitude de ses droits. Il n'y avait dès lors qu'à s'incliner. Par un heureux hasard, l'ordre n'a pas été troublé à Triguères durant le défilé de la procession ; mais il aurait pu se produire des incidents très fâcheux comme à Roubaix. Si des libres penseurs intolérants s'étaient avisés de siffler le cortège ou avaient fait entendre des railleries sur son passage, qu'auraient fait les cléricaux ? Ils auraient assurément répliqué, et des coups, vraisemblablement, auraient été échangés. Or, qui eût été responsable de ces désordres, sinon le curé qui fait sortir la procession malgré l'arrêté du maire ?

Nous ne conseillerions pas au clergé catholique de suivre le « bel exemple » du curé de Triguères, malgré les exhortations de l'*Univers*. Il pourrait y perdre plus qu'on ne pense. Puis, la loi est égale pour tous. Et les prêtres qui réclament si volontiers son appui à tout propos — et parfois hors de propos — doivent être les premiers à la respecter.

Nous comptons, d'ailleurs, sur la fermeté des pouvoirs publics pour rappeler à leurs devoirs ceux qui seraient tentés de les oublier.

LA POPULARITÉ

Voici la conclusion d'un article paru sous ce titre dans le *Matin* :

Lorsque M. Thiers se battit comme un lion, en 1872, précisément pour faire repousser une loi militaire qu'il jugeait, avec raison — populaire peut-être — mais destructive de l'armée et mortelle pour la patrie ; lorsqu'il fit repousser l'impôt sur le revenu, en le montrant comme un instrument de guerre sociale et en se déclarant prêt à quitter le pouvoir plutôt qu'à en accepter le vote, il donna assurément l'exemple de l'homme d'État plus soucieux de son devoir que de ses oripeaux.

Et plus d'une fois, depuis, cet exemple fut suivi.

Mais combien plus fréquent, hélas ! le spectacle contraire.

Que de ministères, après avoir pris, en conseil, des résolutions inébranlables, se sont retournés comme un gant, à la Chambre des députés ! Que de présidents du conseil se sont précipités à la tribune pour accepter avec enthousiasme ce qu'ils avaient juré, le matin, de combattre, ou pour repousser avec horreur ce qu'ils avaient, le matin, couvert de larmes de tendresse !

Les électeurs, les terribles électeurs étaient là ! Ils étaient là avec leurs bulletins, leurs petits cartons blancs, projectiles mortels, et, ma foi, tant pis pour la raison, tant pis pour le bons sens, tant pis pour la justice, tant pis pour la vérité !

Avant tout, il faut rester ministre !

Et, avant tout, il faut rester député !

Et trop souvent, sur les bancs drapés de rouge et rangés en amphithéâtre, on songe, avant de voter, aux concurrents, qui sont restés là-bas, au *Café du Commerce*, épiant, interprétant, discutant, dénaturant, exploitant tous les scrutins ; aux comités, aux orateurs de cabaret, aux journaux du chef-lieu, à toute la peine qu'il faudra se donner pour démontrer ce qui est raisonnable, pour prouver les inconvénients et les dangers de telle mesure, à toute la faveur bruyante des sots, des ignorants, des passionnés, qu'on obtiendra si aisément en se laissant aller à une bêtise, à une lâcheté, à un acte de charlatanisme dont, après tout, on n'a point pris l'initiative — bien plus, que le Gouvernement lui-même ne combat que mollement — qu'il accepte même, parfois ! Et on vote !

Mélancoliquement, d'une main incertaine, fermant l'oreille aux reproches intérieurs que murmure la raison révoltée, on remet à l'huissier le bulletin stupide.

Que diable ! On ne peut pas risquer, sous prétexte d'avoir raison, de perdre son mandat !

Ah, oui ! Belle perte, en vérité, que celle de ce fameux mandat ! Belle perte que celle du portefeuille de ministre !

Si l'un ou l'autre ont quelque prix, n'est-ce pas uniquement qu'ils permettent de servir avec plus de force la raison, la vérité, le bien public ; et ne deviennent-ils pas souverainement méprisables si, pour les conserver, il faut sacrifier la cause qu'ils devraient faire triompher !

Jules Roche.

ALSACE-LORRAINE

Le *Matin* a eu la singulière idée de s'adresser à quelques personnages d'Alsace pour faire connaître à la France quelles espérances elle peut fonder sur les sympathies de l'Alsace-Lorraine, après vingt ans de séparation.

Or le *Matin*, avec un flair de reporter, s'est justement adressé à trois personnages ou allemands ou renégats qualifiés qui ont répondu que la France devait faire son deuil des provinces perdues.

Le *Matin* s'est adressé aussi à deux abbés, l'abbé Collin et l'abbé Guerber, qui passent tous deux pour protestataires.

On verra ce que ces deux catholiques entendent par la protestation.

L'abbé Collin estime que l'Alsace doit appartenir à l'Allemagne jusqu'à la fin des siècles.

L'abbé Guerber est plus explicite encore :

Nous nous bornerons, pour l'édification de tous, à citer l'interview de son collègue en religion, M. l'abbé Guerber, député au Reichstag, qu'on s'était plu à regarder jusqu'à présent comme un des plus fermes partisans de la protestation en Alsace.

« Le fait accompli, dit-il, nous l'acceptons sans autre arrière-pensée. Protestataires, à quoi bon ? Qui donc nourrit encore l'espoir d'un retour à la France de l'Alsace-Lorraine ?... Aujourd'hui, on ne connaît pas encore l'Allemagne à Paris. Elle est plus puissante que jamais. Son industrie est pleine d'activité. Sur les marchés du monde, elle a battu la France et disputé la prépondérance à l'Angleterre. Dans l'Allemagne du Sud, elle tient le premier rang. Son armée a encore fait des progrès. *Vienne une guerre, vous serez battus, anéantis*, je vous l'assure.

« Dans ces conditions, que pouvons-nous et pourquoi nous entêterions-nous ? *Allemands nous sommes, Allemands nous resterons !* »

Cet abbé là a été député comme protestataire ; mais sa patrie désormais est l'endroit où il se trouve bien.

L'*Estafette* dit à ce sujet :

Décidément Jacot a fait école. Mais comme nous venons de le dire, s'il y a eu erreur de la part du *Matin*, en nous donnant pour besogne patriotique les interviews du baron de Kramer, des Pétri et Zorn de Bulach, du moins a-t-il heureusement dessillé les yeux des Alsaciens-Lorrains en leur montrant sous leur vrai jour ces membres du clergé, qui les avaient jusqu'à présent payés de bonnes paroles pour endormir leur confiance, et tirer de cet état de somnolence les plus clairs bénéfices dans tous les ordres d'idées.

Avec ces interviews, la légende des sentiments français du clergé d'Alsace-Lorraine nous paraît avoir pris fin, et quelque regret qu'on puisse en avoir en France, mieux vaut, en réalité, savoir à quoi s'en tenir à cet égard que de vivre d'illusions décevantes sur son compte.

La consolation est mince. Il nous plaisait de penser que ceux qui vivent en rapport intime avec le peuple d'Alsace entretenaient pieusement en lui le *feu sacré du souvenir*. Il n'en est rien. Et ceci n'est point à la louange du clergé de là-bas. — O. A.

NOUVELLES DIVERSES

— *Le Havre.* — Ce matin est venue devant le tribunal maritime du Havre l'affaire du capitaine Créquer, commandant le *Dom-Pedro*.

[illegible]

Samedi 19 Février 1887 — Un Numéro (à Reims) : 5 Centimes. — 19e Année — N° 6790.

L'INDÉPENDANT RÉMOIS

Journal Républicain Quotidien

ABONNEMENTS — RÉDACTION & ADMINISTRATION — ANNONCES

Dernière Heure

DÉPÊCHES DE LA NUIT

Informations

L'EXPOSITION DE 1889

NOUVELLES DE L'ÉTRANGER

LA PRESSE ÉTRANGÈRE À PARIS

Imprimé sur machines MARINONI

L'INDUSTRIE FRANÇAISE
ORGANE DES ENTREPRISES INDUSTRIELLES.
Fondée en 1876
DIRECTION, ADMINISTRATION
ET REDACTION
BUREAU DES ANNONCES
ET VENTE AU NUMERO

CINQ Centimes — Paris et Départements — CINQ Centimes

L'INTRANSIGEANT

Rédacteur en chef : HENRI ROCHEFORT

LE PRIX DE LA COURSE

L'INTRANSIGEANT ILLUSTRÉ

Huit pages : 5 Centimes

CHANSON

GRAVURES

NOUVELLES DE MINUIT

FONCTIONNAIRE EXPLOSIF

Le Nouveau ministère anglais

PIANISSIMO

Prix fixe

L'Intransigeant illustré

SACRÉE TUNIQUE

Au Venezuela

LA GUERRE AU DAHOMEY

RICHARD, MAIS PAS GÉNÉRAUX

Les précautions inutiles

Note policière

L'AGITATION AU MAROC

Charlatanisme de M. Pasteur

Imprimé sur machines MARINONI

2e ÉDITION **LE JOUR** 2e ÉDITION

RÉDACTION & ADMINISTRATION : De 9 heures à 6 heures — 18, RUE DU CROISSANT | 5 C. le Numéro | VENDREDI 27 SEPTEMBRE 1895 — Abonnements : [illegible] | 5 C. le Numéro | ANNONCES : [illegible]

TRANSFORMATION

[illegible] — [illegible] — [illegible]

A partir de Mardi prochain, 1er Octobre

LE JOUR

QUOTIDIEN, POLITIQUE, LITTÉRAIRE, ARTISTIQUE

Rédacteur en chef : ANDRÉ VERVOORT

[illegible] Journal donnant, à trois heures, les Nouvelles les plus étendues et les Dernières dépêches sur tout ce qui se passe dans le monde entier.

[illegible]

TROIS ARTICLES POLITIQUES

COURRIER DE L'ÉTRANGER (Correspondants dans toutes les capitales du monde entier)

Chroniques littéraires et artistiques, dues aux écrivains les plus appréciés du public

[illegible] — [illegible] — [illegible]

[illegible] MILITAIRES, BIOGRAPHIES, ÉCHOS DE L'ARMÉE ET DE LA MARINE

DERNIÈRES NOUVELLES DE LA CHAMBRE ET DU SÉNAT

Échos inédits — Actualités — Tribunaux — Critique dramatique et musicale — Soirées parisiennes — Nouvelles spéciales sur les Théâtres et Concerts — Réunions et Conférences.

QUESTIONS MUNICIPALES

[illegible]

Chronique de la Banlieue

GRAND REPORTAGE DE LA DERNIÈRE HEURE

Interviews. — Faits divers de la matinée et de l'après-midi.

[illegible] particuliers, Pronostics, Cotes sur les courses de chevaux ET SUR TOUS LES SPORTS

[illegible]

ROMANS FEUILLETONS INÉDITS

LE 1er OCTOBRE
"LE JOUR"
Publiera
LE DOSSIER DE MADAGASCAR
Par G. GALLI, auteur des *Dessous Diplomatiques*

LE 15 OCTOBRE
"LE JOUR"
Commencera la publication des
MÉMOIRES DE HENRI ROCHEFORT

Tout le monde voudra lire :

LES AVENTURES DE MA VIE
Par HENRI ROCHEFORT

[illegible]

SECRÉTAIRE DE LA RÉDACTION : LUCIEN NICOT

LE MEILLEUR PAPIER DE TOUS LES JOURNAUX — FORMAT AGRANDI

10 CENTIMES LE NUMÉRO, PARIS & DÉPARTEMENTS

A partir du 1er octobre, les bureaux du *Jour* seront transférés : 144, RUE MONTMARTRE

DERNIÈRES NOUVELLES

Un drame passionnel

[illegible]

L'INTERROGATOIRE

[illegible]

INCIDENT

[illegible]

PARIS, 26 SEPTEMBRE 1895

UNE NOUVELLE

[illegible]

L'ÉLECTION DE DREUX

[illegible]

CUBA

[illegible]

Les Français d'Alsace-Lorraine

[illegible]

PARIS SANS EAU

A la direction générale des eaux. — Un cri d'alarme

[illegible]

Les idées de M. Humblot

[illegible]

LE MONDE DES JOURNAUX EN 1895

RÉDACTEURS DU « JOURNAL »

LE MONDE DES JOURNAUX EN 1895

RÉDACTEURS DU « JOURNAL »

DEUXIÈME ANNÉE — N° 212

Cinq Centimes — Paris et Départements — Cinq Centimes

FERNAND XAU
Directeur

RÉDACTION

Prix des Abonnements

LE JOURNAL

Quotidien, Littéraire, Artistique et Politique

FERNAND XAU
Directeur

ADMINISTRATION

LA JAMBE

UN
Discours à la Jeunesse

FRANÇOIS COPPÉE

NOS ÉCHOS

PETITES CAUSES DU JOUR

NOUVELLES A LA MAIN

BOU-BOU

UN DOMINO ROSE

HUGUES LE ROUX

SŒURS ET EMPEREUR
Par JEAN DE BONNEFON

Imprimé sur machines MARINONI

N° 1894 (47e année). Prix du numéro : 35 centimes. Pour les Départements : 40 centimes. 17 Novembre 1894.

22, Rue de Châteaudun. LE Rue de Châteaudun, 22.

JOURNAL AMUSANT

JOURNAL ILLUSTRÉ.

Journal d'images, journal comique, critique, satirique, etc.

Paraît le Samedi de chaque semaine.

PARISIENNERIES. — par MARS.

— Mon cher, j' sais pas si j' vois double, mais i' m' semble que les femmes sont rudement étoffées d' partout depuis quéqu' temps!
— Dame, tout a augmenté!

Le Journal illustré

TRENTE ET UNIÈME ANNÉE — N° 46

DIMANCHE 18 NOVEMBRE 189[illegible]

PRIX DU NUMÉRO 15 CENTIMES

GRAVURES

[illegible] Nicolas II. — [illegible] Tofani [illegible] Blessé au cœur [illegible] Saint-Pétersbourg, par Toussaint

Le Journal illustré est mis en vente dès le vendredi matin.

ABONNEMENTS	UN AN	SIX MOIS
Paris	6 50	3 50
Départements	7 50	4 »
Étranger	9 »	5 »

Administration et Rédaction à Paris, hôtel du Petit Journal, rue [illegible], 61

TEXTE

Chronique de la semaine, par Alfred Barbou. — [illegible] Charles Darcours [illegible] Ménalque. — [illegible] Léon Kerst. — [illegible] par Julien Berr de Turique. — [illegible] A. Fremontaux.

LES ABONNEMENTS SONT REÇUS AUX BUREAUX DU JOURNAL, [illegible] LAFAYETTE

ET [illegible] GRANGE-BATELIÈRE

L'EMPEREUR NICOLAS II

Photographie [illegible]. — Gravure de NAVELLIER. — Voir l'article, page [illegible]

Vingt-sixième année. — N° 298. Le N° : 15 cent. Vendredi 2 et Samedi 3 Novembre 1894.

JOURNAL OFFICIEL
DE LA RÉPUBLIQUE FRANÇAISE

Paris et Départem^{ts} : Un an, 40 fr.; 6 mois, 20 fr.; 3 mois, 10 fr. Les abonnements partent des 1er et 16 de chaque mois.

On s'abonne : 1° à l'administration du journal par lettres affranchies; 2° aux bureaux de poste. — Le prix doit parvenir net à la caisse.

JOINDRE LA DERNIÈRE BANDE aux renouvellements et réclamations

DIRECTION, RÉDACTION ET ADMINISTRATION A PARIS, QUAI VOLTAIRE, N° 31

POUR LES CHANGEMENTS D'ADRESSE AJOUTER *soixante* CENTIMES

Le JOURNAL OFFICIEL (Loi du 28 décembre 1880) *comprend cinq parties formant des fascicules séparés, chacun avec pagination spéciale.* — 1° Journal officiel *proprement dit : Actes officiels, Communications ministérielles, Résumé des séances du Parlement, Comptes rendus des Académies et Corps savants, Avis d'adjudication des Administrations publiques, Cours authentique de la Bourse.* — 2° *Compte rendu* in extenso *des séances du Sénat.* — 3° *Annexes du Sénat : Projets de loi et Rapports des Commissions.* — 4° *Compte rendu* in extenso *des séances de la Chambre.* — 5° *Annexes de la Chambre : Projets de loi et Rapports des Commissions.*

Paris, 2 novembre 1894

Le ministre des affaires étrangères a reçu, jeudi 1er novembre à 6 heures 30 du soir, un télégramme de l'ambassade de France à Saint-Pétersbourg annonçant la mort de S. M. l'empereur Alexandre III, décédé à Livadia à 2 heures 20 de l'après-midi.

Il a aussitôt communiqué cette dépêche à M. le Président de la République et à M. le président du conseil.

M. le Président de la République a adressé immédiatement les télégrammes suivants à S. A. I. le grand-duc héritier et à S. M. l'Impératrice :

Paris, 1er novembre 1894, 7 h. 20 soir.

Le Président de la République française à S. A. I. le grand-duc héritier Nicolas Alexandrovitch, Livadia.

C'est sous le coup de la plus pénible émotion que j'adresse à Votre Altesse Impériale mes sincères condoléances. S. M. l'empereur Alexandre avait conquis le respect universel. La France avait pour lui plus encore que du respect. Du fond de son cœur, le Président de la République française s'associe à votre douleur et au deuil de la nation russe.

CASIMIR-PERIER.

Paris, 1er novembre 1894, 7 h.

Le Président de la République française à S. M. l'impératrice de Russie, Livadia.

J'ai depuis bien des jours pris part aux cruelles angoisses de Votre Majesté, et je lui adresse respectueusement l'expression de ma profonde douleur.

CASIMIR-PERIER.

A sept heures, le commandant Germinet, officier d'ordonnance du Président de la République, s'est présenté à l'ambassade de Russie pour informer S. Exc. M. le baron de Mohrenheim de l'intention de M. Casimir-Perier d'aller exprimer en personne à l'ambassadeur les sentiments douloureux que la mort de l'empereur de Russie lui faisait éprouver.

A neuf heures, M. le Président de la République a fait la visite annoncée.

S. M. l'empereur Nicolas II a fait part à M. le Président de la République de la mort de S. M. l'empereur Alexandre III par le télégramme suivant, parvenu aujourd'hui dans la matinée à Paris :

Livadia, le 1er novembre 1894, 10. h soir.

Paris. — Le Président de la République.

J'ai la douleur de vous faire part de la perte cruelle que moi et la Russie venons de faire dans la personne de mon père bien-aimé l'empereur Alexandre, décédé aujourd'hui.

Je suis certain de la vive part que toute la nation française prend à notre deuil national.

NICOLAS.

M. le Président de la République a adressé, en réponse, à S. M. l'empereur Nicolas II, le télégramme suivant :

Paris, le 2 novembre 1894, 5 h. soir.

Le Président de la République française à S. M. Nicolas II, empereur de toutes les Russies, Livadia.

En m'annonçant la perte cruelle qu'Elle vient d'éprouver, Votre Majesté associe la nation française au deuil national de la Russie. Les deux grands peuples se souviennent que S. M. l'empereur Alexandre III adressait, il y a eu hier un an, au Président Carnot un télégramme qui resserrait encore les liens entre les deux pays. Je suis certain de parler au nom de la France en affirmant les sentiments de respect et de douleur qui animent tous les cœurs. Je tiens aussi à renouveler à Votre Majesté et à la famille impériale l'assurance que je prends vivement part au deuil qui les frappe.

CASIMIR-PERIER.

Jeudi à sept heures du soir, M. le président du conseil et M. le ministre des affaires étrangères se sont rendus auprès de S. Exc. M. le baron de Mohrenheim pour lui exprimer les condoléances du Gouvernement de la République.

Dans la soirée, MM. les ministres se sont inscrits personnellement à l'ambassade.

M. le président du conseil a adressé à S. Exc. M. de Giers le télégramme suivant :

Imprimé sur machines MARINONI

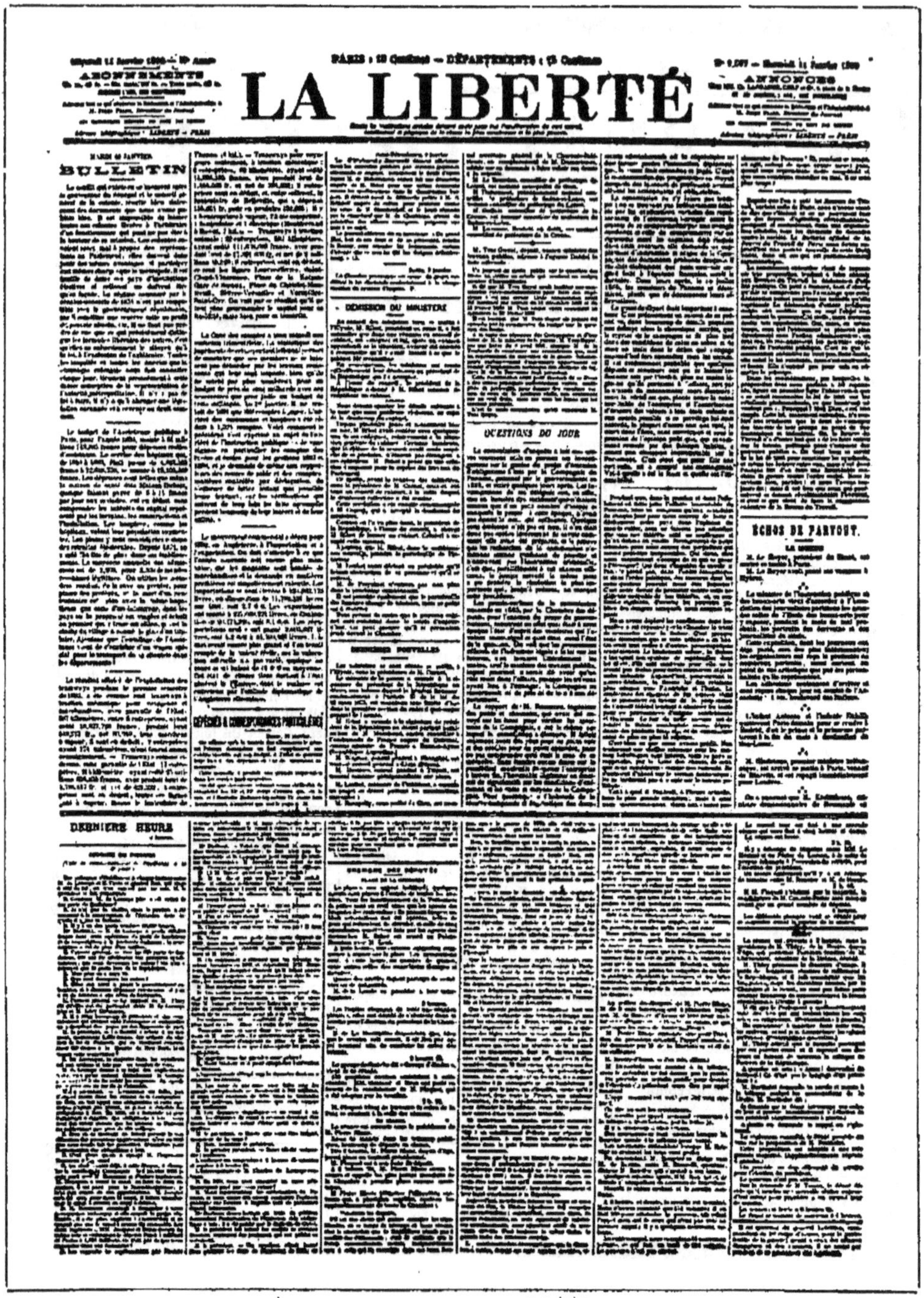

PARIS : 10 Centimes — DÉPARTEMENTS : 15 Centimes

LA LIBERTÉ

ABONNEMENTS

ANNONCES

BULLETIN

DÉMISSION DU MINISTÈRE

QUESTIONS DU JOUR

DÉPÊCHES & CORRESPONDANCES PARTICULIÈRES

ÉCHOS DE PARTOUT

DERNIÈRE HEURE

Imprimé sur machines MARINONI

Première Année. — N° 120 — CINQ Centimes — Paris et Départements — CINQ Centimes — Mardi 22 Août 1893

LA LIBRE PAROLE

La France aux Français !

RÉDACTION : 14, Boulevard Montmartre

Directeur : EDOUARD DRUMONT

ADMINISTRATION : 14, Boulevard Montmartre

Ceux qui s'en vont

EDOUARD DRUMONT

LE FAIT DU JOUR

LE DÉPART DES RÉSERVISTES

LA POLITIQUE

ÉCHOS

A PARIS

HORS PARIS

NOUVELLES A LA MAIN

LES FUTURS BARONS

Le loup du Mans

FERNIQUE, Imp. Sc.

Jeudi 26 Novembre 1885 — CINQ CENTIMES — Huitième Année. — 2707

LYON RÉPUBLICAIN

ADMINISTRATION

34, rue Ferrandière, 34

RÉDACTION

Lucien JANTET, rédacteur en chef

LA COMMISSION DU TONKIN

DÉPÊCHES DE NUIT

Journée Parlementaire

Tristes Comédies

LES CRÉDITS DU TONKIN

LA COMMISSION DES 33

LA MORT DU ROI D'ESPAGNE

Crimes de Peyrebeille

L'AUBERGE DE L'ARDÈCHE

LYON-RÉPUBLICAIN
LYON RÉPUBLICAIN
CINQ CENTIMES
LYON
RÉPUBLICAIN
Grand
FORMAT
5c
Le Numéro
TIRAGE 165,000 EXEMPLAIRES

10 CENTIMES — Jeudi 11 Janvier 1894

Le Matin

DERNIERS TÉLÉGRAMMES DE LA NUIT

SEUL JOURNAL FRANÇAIS RECEVANT PAR FILS ET SERVICES SPÉCIAUX LES DERNIÈRES NOUVELLES DU MONDE ENTIER

DEUX ARMÉES

CONDAMNÉ A MORT

L'AFFAIRE VAILLANT DEVANT LA COUR D'ASSISES

PHYSIONOMIE DE L'AUDIENCE

Les mesures d'ordre — Interrogatoire de l'accusé — Son attitude — Un factum anarchiste — Les dépositions des témoins — Le réquisitoire et la défense — Courte délibération du jury — Pas de circonstances atténuantes — Derniers incidents — Sur la place Dauphine.

Imprimé sur machines MARINONI

51me Année. — N° 240 | 5 Centimes | Mercredi 28 Août 1895

MÉMORIAL DE LA LOIRE

Journal politique quotidien

ABONNEMENTS — Loire et Départements limitrophes ... 3 mois 5 fr. 6 mois 10 fr. un an 20 fr. — Autres Départements ... 7 fr. 14 fr. 28 fr. — Étranger ... (Le port en sus). Les abonnements sont reçus à partir du 1er et du 16 de chaque mois. A l'expiration de l'abonnement, les personnes qui n'ont pas l'intention de le renouveler, doivent refuser le journal. — On peut s'abonner, sans frais, dans tous les bureaux de poste.

RÉDACTION — SAINT-ÉTIENNE, rue Gérentet, 12. De 3 heures du soir à 1 heure du matin. Les manuscrits non insérés ne sont pas rendus. Adresser lettres et correspondances à M. [illegible], directeur du Mémorial de la Loire.

ADMINISTRATION — Rue Gérentet, 12, SAINT-ÉTIENNE. Bureaux ouverts de 8 heures du matin à midi et de 2 heures à 7 heures du soir. Les lettres ou envois d'argent non affranchis ne sont pas reçus.

ANNONCES — Publication légale de toutes les Annonces Judiciaires et des Actes de Société. Annonces ... — Réclames ... — Faits divers ... — Chronique ... Les annonces sont reçues au bureau du journal et par correspondance.

Grandes manœuvres de l'Est

— Les grandes manœuvres commenceront le 8 septembre, la revue finale aura lieu le 19 et la dislocation des troupes le lendemain.

L'attentat contre M. de Rothschild

— Les recherches de la police sont restées infructueuses. L'état du blessé serait moins satisfaisant.

Accident de chemin de fer

— En gare de Bordeaux, une machine isolée a pris en écharpe un train de pèlerins se rendant à Lourdes. Un homme d'équipe a été tué, un ecclésiastique blessé.

LE CONGRÈS MUTUALISTE

Le congrès, en ce moment réuni à Saint-Étienne, aura particulièrement un grand intérêt d'actualité, car il étudiera particulièrement la loi qui est en préparation à la Chambre des députés et qui y a fait récemment l'objet d'un double rapport de M. Audiffred, au nom de la commission d'assurance et de prévoyance sociales.

Le Sénat a statué sur ce projet après de longues discussions, et c'est sur le texte définitivement voté au Luxembourg que la Chambre aura à se prononcer.

La question est, d'ailleurs, déjà très ancienne. C'est en 1881 que, pour la première fois, le gouvernement en a saisi le Parlement par la présentation du projet qui arrive maintenant à terme. Le projet a, depuis ce temps, fait la navette entre les deux Assemblées, discuté péniblement et consciencieusement sous tous ses aspects, et ce n'est qu'en 1895 que le Sénat l'a définitivement voté.

La commission du Palais-Bourbon, bien qu'elle conserve encore des doutes sur plus d'un point, conclut à l'adoption pure et simple du projet sénatorial ; mais c'est, comme elle le dit, pour en finir et faire aboutir, en principe, une réforme destinée à stimuler les initiatives individuelles au point de vue du développement de la mutualité par l'épargne et le concours commun.

En revanche, les Sociétés de secours mutuels ne se montrent pas satisfaites des solutions adoptées. Celles de la Seine ont tenu, mercredi dernier, dans ce but, une grande assemblée. On y a discuté un rapport émanant d'une commission mixte des principaux groupes mutualistes de Paris, pour être soumis au Congrès de Saint-Étienne et servir de base aux critiques dont le projet de loi y sera l'objet.

Ce rapport fait ressortir l'importance du rôle des Sociétés de secours mutuels dans le mouvement général de l'assistance et de la prévoyance sociales. Il est du plus haut intérêt de développer, dans l'individu, non seulement le sentiment de son initiative et de sa responsabilité personnelles, mais de lui donner conscience des immenses et féconds résultats que l'association des forces et des épargnes individuelles peut produire dans toutes les conditions de la vie. La mutualité intelligemment pratiquée est indubitablement la solution du problème social. Elle seule peut assurer, par la communauté des efforts, le bien-être du présent et la sécurité de l'avenir. C'est à en étendre le système et les bienfaits, que doivent concourir à l'envi tous les pouvoirs publics et tous ceux que préoccupe l'amélioration du sort du plus grand nombre.

La première condition dans ce but, c'est d'élargir le champ d'activité de ces Sociétés fraternelles. Elles n'avaient guère jusqu'ici que le soin des malades et des vieillards ; le rapport dont nous parlons demande qu'elles comprennent, sans exception, tous les genres d'assurances en cas de vie, en cas de mort, en cas d'accidents, toutes les combinaisons qui peuvent procurer, par l'épargne, des ressources nécessaires pour tous les risques humains.

Le législateur s'est jusqu'ici montré défiant. Il a tenu à restreindre plutôt qu'à agrandir la sphère d'action des Sociétés de ce genre, leur interdisant le droit de posséder des immeubles, et limitant même leur capacité de recevoir des dons et des legs. Pourquoi ces restrictions jalouses ? Que peut-on risquer de voir s'accroître la fortune de ces institutions, qui appartient toute à leurs membres associés et qui est toute consacrée à augmenter leur bien-être ? N'ont-elles pas, d'ailleurs, des administrations élues et responsables et pourquoi ne pas s'en rapporter au contrôle permanent de leurs intéressés ?

L'unité est aussi vivement réclamée, au lieu de la division en trois catégories que propose la loi projetée : Sociétés libres, Sociétés approuvées, Sociétés reconnues comme établissements d'utilité publique. Il est en effet à craindre, et il arrive fréquemment que l'administration réserve de préférence ses faveurs aux associations qu'elle a spécialement autorisées. Les subventions, par lesquelles elle a pour but de seconder et de stimuler l'épargne individuelle, ne vont guère aux Sociétés libres et celles-ci se plaignent de leur infériorité. Il y a là une question très sérieuse à approfondir. Peut-être, au contraire, vaudrait-il mieux, tout en généralisant, par raison d'égalité, le principe des subventions, ne pas en faire une règle essentielle et ne l'appliquer que suivant la situation et le mérite de chaque Société postulante.

On est trop porté à compter sur l'État et à recourir à ses largesses. Cette confiance abusive nuit à la fois au progrès de l'épargne et à la générosité des donateurs. Il est bon que les mutualistes s'habituent à ne compter que sur eux-mêmes et qu'ils soient, autant que possible, les seuls artisans de leur propre bien-être.

Quoi qu'il en soit, à ces deux points de vue, qui sont les principaux éléments de la discussion qui vient de s'ouvrir à Saint-Étienne, on voit que la question posée présente un très grand intérêt. Elle sera la préface et la lumière de celle qui ne tardera pas à s'ouvrir à la Chambre sur l'organisation définitive de la mutualité.

LA REVANCHE DU TAUREAU

La ville de Dax, sous la présidence de son maire et député, M. Th. Denis, s'est donné dimanche le spectacle d'une course de taureaux. La foule accourue à ce spectacle était considérable. Il y a eu mort de taureaux, mort de toreros, devrions-nous dire pour parler plus exactement, puisque six taureaux ont été tués par la cuadrille des Sévillans, sous la direction de Minuto, dans les règles voulues.

Avant de se laisser occire, le sixième taureau a essayé de se sauver. Dans sa fugue, il a rencontré sur son chemin le commissaire spécial de Mont-de-Marsan, descendu dans les arènes pour en expulser les toréadors et verbaliser. Il l'a encorné fort irrespectueusement, comme s'il s'était agi d'un simple picador.

Certains journaux, la *Justice* notamment, crient au scandale. La mort des six taureaux a ému leur sensibilité. Après avoir versé leurs meilleures larmes sur le sort fatal de ces infortunés animaux, il leur en reste encore quelques-unes à donner à cet infortuné commissaire spécial. Avec le *Moniteur*, nous nous associons bien volontiers et sans réserve aux regrets qu'ils expriment du douloureux accident dont M. le commissaire spécial de Mont-de-Marsan a été victime. Nous irons même, si on le veut, jusqu'à trouver déplacés les applaudissements du public qui ont accueilli la chute du commissaire projeté en l'air par le taureau et retombant blessé sur les gradins de l'arène.

Mais il nous sera bien permis cependant de présenter une observation. Pourquoi ce commissaire spécial était-il à Dax ? Si nous avons bonne mémoire, il a été nommé à Mont-de-Marsan, poste nouvellement créé, à la suite de la promulgation, sous le ministère Casimir-Perier, de la loi contre les anarchistes.

Un commissaire spécial destiné aux anarchistes et encorné par un taureau, voilà une aventure à laquelle le public, on en conviendra, n'avait pas le droit de s'attendre.

On s'abonne sans frais au MÉMORIAL DE LA LOIRE, *dans tous les bureaux de poste ; il suffit de verser le montant de l'abonnement, que le bureau de poste se charge de faire parvenir à l'Administration du journal avec toutes les conditions nécessaires.*

Service Télégraphique

DU MÉMORIAL DE LA LOIRE

NOUVELLES DU JOUR

Paris, 27 août.

M. Félix Faure

M. Félix Faure vient de modifier ses projets primitifs de retour à Paris. Il arrivera à l'Élysée le vendredi 5 septembre pour recevoir, le lendemain samedi, le lord-maire de Londres. Toutes les réceptions auront lieu également le même jour. La date du voyage à Fontainebleau n'est pas encore fixée.

Le voyage du président dans les Vosges est définitivement arrêté. M. Félix Faure quittera Fontainebleau le 18 au matin. Il sera à Mirecourt à 5 heures du soir. Il en repartira le 19, immédiatement après la revue.

Russes et Français

Le général Saussier a reçu hier le télégramme suivant :

Moscou, 25 août.

Me rappelant votre accueil gracieux aux manœuvres de Gonesse, je porte aujourd'hui, en présence du général Cardot et du capitaine Boucaud, un toast cordial au général Saussier, véritable ami de l'alliance franco-russe.

Général Berdiaeff,
Commandant le 17e corps.

Le général Saussier a répondu :

Je vous remercie de votre cordial souvenir et vous prie d'agréer mes meilleures amitiés.

Le cas de M. Magnier

La chambre des mises en accusation vient de décider que dans le cas de M. Magnier, il y avait une irrégularité de procédure. Cette procédure a donc été renvoyée au procureur général, afin de se pourvoir auprès de qui de droit.

Il s'agirait, dans l'espèce, d'un oubli de formalités auprès de l'administration du Sénat, auquel appartient M. Magnier.

Plainte contre un sénateur

De *l'Intransigeant* :

Une plainte vient d'être déposée contre un sénateur qui a déjà eu beaucoup de démêlés avec le parquet.

Ce sénateur aurait mis en circulation des traites qu'il a signées du nom de tiers. Une décision interviendra au Sénat avant 48 heures.

Traité italo-tunisien

Malgré les démentis d'une feuille officieuse, il paraît certain que plusieurs ministres ont déclaré formellement à M. Crispi qu'ils ne voulaient pas le suivre, si le ton de la communication qui sera faite au bey de Tunis par l'intermédiaire de la France était tel qu'il pût provoquer des difficultés.

Ces mêmes ministres ont donné l'avis au président du conseil d'avoir une attitude plutôt conciliante comme étant plus propre à sauvegarder les intérêts italiens d'ici à l'échéance du traité. La ligne de conduite à suivre sera discutée en Conseil des ministres de septembre.

Les grandes manœuvres de l'Est

Paris, 27 août.

Voici le programme des grandes manœuvres :

Première partie (manœuvres de la première armée contre la deuxième).

Le 6 septembre : débarquement des troupes ou achèvement des mouvements de concentration par voie de terre. La première armée rassemblée vers Langres ; la deuxième, vers Neufchâteau.

Le 7 septembre, repos.

Les 8, 9 et 10 : le 6e dans la première armée, le 7e corps manœuvrera contre le 8e ; le service d'éclaireurs de cette armée sera assuré ce jour-là par la brigade de cavalerie de Dôle. Le général Saussier assistera à cette manœuvre. A cet effet, il quittera Paris le 7 septembre pour se rendre à Mézières ; son premier quartier général est à une vingtaine de kilomètres de Langres, sur la ligne de Vesoul.

Les manœuvres du 7e corps contre le 8e auront lieu dans les environs de Vaye-Bilot.

A la fin de la journée du 10, la première et la deuxième armée seront groupées sous les ordres du général Saussier et concentrées vers Bourbonne, en vue de la manœuvre des groupes d'armée contre l'ennemi figuré. Concentration le même jour vers Charmes et Bayon.

Deuxième partie (Manœuvres de groupes d'armée contre un ennemi figuré) :

Le 11 septembre, repos ; les 12, 13 et 14, manœuvres ; le 15 septembre, repos ; les 16 et 17, manœuvres ; les 18 et 19, repos, près de Mirecourt ; le 20, embarquement des troupes, et commencement des mouvements de dislocation par voie de terre.

* *

Le prince Nicolas de Grèce, qui suivra les manœuvres, marchera dans la période des opérations d'armée contre armée avec le quartier général du 6e corps.

Pour la période d'opérations des groupes d'armée contre un ennemi figuré, le prince marchera avec le quartier général du général Jamont.

Deuxième armée : les officiers étrangers et tous les attachés militaires suivront ces manœuvres de tous les groupes d'armée. Le groupe des officiers étrangers sera conduit par le commandant d'Amerg et le capitaine Derrien, de l'état-major de l'armée ; le général Dauhégny, commandant le 9e corps d'armée, aura pour adjoint le colonel Soyer, chef d'état-major de la place de Paris.

Pendant les manœuvres, une voiture télégraphique sera mise par les soins de l'administration à la disposition de la presse. Cette voiture se trouvera le 7 septembre au soir, à Vaye-Bilot et y restera une partie de la journée du 8, pendant laquelle doivent avoir lieu les manœuvres du 7e corps contre le 8e.

L'EXPÉDITION DE MADAGASCAR

Cherbourg, 27 août.

Les ouvriers des constructions navales de Cherbourg, qui avaient été envoyés à Madagascar pour le montage des canonnières sont arrivés ce matin à Cherbourg au nombre de 49.

Une foule nombreuse de parents et d'amis les a reçus à la gare. Tous paraissaient en bonne santé.

Paris, 27 août.

Le lieutenant de vaisseau Crespin est nommé directeur du port de Majunga, en remplacement du lieutenant de vaisseau Delsoux, rapatrié.

L'attentat de la rue Laffitte

L'ENQUÊTE

Paris, 27 août.

La situation reste toujours la même. Aucun indice sérieux n'a été encore découvert, on a photographié les fragments portant les traces d'écriture qui ont été trouvés rue Laffitte.

M. Rempler, juge d'instruction, a entendu une dizaine de témoins, parmi lesquels M. de Rothschild.

M. André, commissaire de police, chef de la brigade de recherches, s'est rendu au Raincy pour des recherches à la poste de cette localité. La lettre de l'enveloppe n'appartient pas à ce bureau.

Il faut, d'autre part, relater un détail nouveau : M. Morange, employé de la maison Rothschild, a gardé pendant 5 heures, avant de la remettre à M. Jodkowitz, la lettre explosive ; il a remarqué, en la lui présentant, qu'elle ne portait aucun timbre au verso. Ce serait une preuve certaine qu'elle a été déposée dans un bureau de poste de Paris, car si la lettre était partie d'un département voisin, elle porterait au verso le cachet de son timbre. Or, M. Morange est très affirmatif, il n'y avait aucun cachet.

En réponse à une circulaire adressée à tous les receveurs de poste de province, la préfecture a reçu hier six lettres de différents départements, indiquant que des plis au nom de M. de Rothschild ont été expédiés jeudi soir ou vendredi matin par ces bureaux.

On s'occupe en ce moment à rechercher dans le courrier parvenu rue Laffitte les lettres provenant de ces départements, mais on est convaincu dès maintenant que le pli contenant le fulminate de mercure a été expédié par un bureau de poste de Paris.

Au cours des nouvelles perquisitions faites hier dans le cabinet de M. Jodkowitz, M. Girard a retrouvé en effet un nouveau fragment de l'enveloppe explosive auquel adhère un morceau de timbre-poste revêtu d'un cachet sur lequel on lit assez distinctement les trois lettres RIS.

En résumé, l'arrestation de l'anarchiste Bort, opérée à Vic-sur-Cère, n'a fait faire aucun pas à l'instruction. Bort a nié énergiquement avoir envoyé une lettre à M. de Rothschild.

En somme, on ne sait encore absolument rien, et la préfecture ne cache pas que l'espoir de découvrir le coupable est bien faible.

L'ÉTAT DE M. JODKOWITZ

M. Jodkowitz a passé une bonne nuit et ce matin son état paraissait légèrement amélioré. Cependant les médecins se montrent toujours fort inquiets et ne répondent pas encore de la conservation de l'œil ; ils craignent en effet, que l'inflammation persistante ne s'étende jusqu'à la membrane cérébrale ou nerf optique.

De nombreux amis du blessé viennent chaque jour s'inscrire sur le registre déposé à cet effet dans la loge du concierge.

Le baron Alphonse et le baron Edmond de Rothschild ont fait prendre ce matin des nouvelles du blessé.

EN ALLEMAGNE

Paris, 27 août.

Un rédacteur du *Figaro*, qui est allé en Allemagne pour s'enquérir des sentiments que professent les Allemands à l'égard de la France, en a rapporté, paraît-il, l'impression suivante :

Mon opinion est que, depuis les fêtes de Kiel, les sentiments du peuple allemand à l'égard du peuple français se sont beaucoup modifiés. Et qu'est-ce qui a provoqué ce changement ? C'est notre participation aux fêtes de Kiel. Quand les Allemands ont vu qu'à Kiel, où nous allions cérémonieusement, nous restions froids, nous bornant strictement aux actes de présence, ils ont compris bien que nous ne voulions prendre part à aucune démonstration de joie, ils ont compris et ont été fort irrités.

En somme, on ne peut pas dire que l'Allemagne nous soit redevenue hostile, mais on peut affirmer que le courant de sympathie (?) qui s'y était récemment manifesté n'existe plus.

UN DISCOURS DE M. BASLY

Dans une réunion tenue à Hénin-Liétard à laquelle assistaient un millier de personnes, le député Basly a fait des déclarations importantes. A noter spécialement celle répudiant les révolutionnaires et les collectivistes et faisant l'éloge du ministère actuel.

M. Basly a dit :

Je ne me suis jamais présenté à mes électeurs ni comme révolutionnaire, ni comme collectiviste, mais aujourd'hui, des gens poussent la malveillance jusqu'à me dire ennemi de la propriété et partisan des mesures violentes ; cette manœuvre ne saurait être prise au sérieux par mes électeurs qui connaissent mes votes dans les questions économiques.

M. Basly nie ses votes et parle de ses sentiments patriotiques, puis, revenant sur les questions sociales, il déclare énergiquement ne pas être révolutionnaire ni davantage partisan des doctrines collectivistes, et conseillant purement et simplement de réintégrer le retour à l'État, des chemins de fer, des mines et de la Banque de France.

Ces monopoles très productifs revenant à l'État pourront ramener en peu de temps une ère de prospérité dans notre chère France et affermir davantage encore le gouvernement de la République.

Ce langage auquel ses électeurs et surtout les ouvriers mineurs sont peu habitués a produit une vive impression sur l'auditoire qui a vigoureusement applaudi.

M. Basly aborde ensuite les questions politiques. M. Basly rappelle son attitude à l'égard des ministères Casimir-Perier et Dupuy.

J'étais hostile à ceux-ci pour l'unique raison que leur manière de gouvernement tendait de se rapprocher de la réaction.

Parlant de M. Ribot, le député de Lens rend hommage à l'attitude courtoise du président du conseil des ministres.

Les déclarations de M. Basly font dans la circonscription l'objet de toutes les conversations.

LES SOUS-OFFICIERS RENGAGÉS

Paris, 27 août.

On vient encore, cette année, de constater une diminution dans le nombre des sous-officiers rengagés présents sous les drapeaux, avec les chiffres de l'an dernier, et surtout avec ceux des années précédentes. Au 1er avril 1892, on comptait dans ce rang 24.143 sous-officiers rengagés ; au 1er avril 1893, 22.361 ; au 1er avril 1894, 20.154 ; enfin, au 1er avril 1895, 19.511, soit 4.632 de moins qu'à la date correspondante de 1892, et 8.223 de moins que le chiffre autorisé par la loi sur le rengagement des sous-officiers.

Nous sommes loin, comme on le voit, des 78.000 gefreite et unteroffiziers de l'armée allemande.

On prétend que la raison principale de cette constante diminution vient de la difficulté, pour nos sous-officiers rengagés, d'obtenir à leur libération définitive des emplois civils en rapport avec leur instruction et leur éducation : les trois quarts des places qu'on leur attribue sont, en effet, des places d'agents secondaires, assez pauvrement rétribuées, sans grande considération et sans avenir.

On comprend que, dans ces conditions peu engageantes, les jeunes gens de la petite bourgeoisie, qui venaient principalement tirer le lot des sous-officiers, employés avant leur incorporation dans le commerce ou dans l'industrie, préfèrent retrouver leur ancienne situation que rester dans le service actif.

Cette raison d'abstention, dans les rengagements des sous-officiers, est donc des plus plausibles ; mais, d'après l'*Écho de l'Armée*, il faudrait aussi l'attribuer à la diminution progressive des primes annuelles qui leur étaient jadis octroyées, et que M. de Freycinet, dans un but d'économie, leur a fait rogner par une commission parlementaire. Ajoutons que ce mal et ses causes seront signalés à la commission du budget dès la reprise de ses travaux, et donnera certainement lieu à un débat important.

L'INSURRECTION CUBAINE

Une interview.

Paris, 27 août.

Le général Lluberes, ministre de l'intérieur de Saint-Domingue, étant de passage à Paris, un rédacteur de l'*Agence Nationale* a pu obtenir de ce personnage son opinion sur la situation à Cuba et surtout sur le rôle que la république de Saint-Domingue aurait joué dans la préparation du mouvement insurrectionnel.

Le général a tout d'abord exprimé ses sympathies pour l'Espagne, ainsi que celle du président Heureaux et de son gouvernement qui, depuis longtemps avait signalé au Conseil espagnol les agissements des cubains réfugiés sur le territoire dominicain. Plusieurs conférences avaient eu lieu entre Maximo Gomez et Marti ; mais le gouvernement dominicain ne pouvait les en empêcher ; plus tard, la police découvrit un dépôt de fusils et de munitions et, à partir de ce moment, un service spécial de surveillance avait été organisé et avait empêché à plusieurs reprises l'envoi d'hommes et de munitions à Cuba.

Le général Lluberes reconnaît qu'aujourd'hui l'insurrection est formidable, mais il ne doute pas que l'Espagne n'arrive à l'étouffer au prix de sacrifices énormes d'hommes et d'argent. « C'est là, a-t-il dit, une guerre tout à fait spéciale et dans laquelle les espagnols doivent lutter, non seulement contre les insurgés, mais aussi contre un ennemi plus terrible encore : les insectes et les maladies ».

Il trouve invraisemblable les bruits qui se sont répandus ces jours derniers de l'arrivée à Saint-Domingue de Maximo Gomez, afin de préparer une expédition. « En premier lieu, dit le général Lluberes, chez nous, il n'y a pas de partisans des cubains, et Gomez n'est pas un homme à méconnaître que, en quittant aujourd'hui l'île de Cuba, il laisserait voir que l'insurrection a subi un échec terrible. Il est plus vraisemblable de croire que Gomez, comme il l'a déjà fait autrefois, s'est approché de Puerto-Principe pour y recruter des adhérents ; mais il lui sera très difficile de réussir, car les chefs de la dernière insurrection se sont refusé à prendre de nouveau les armes contre les espagnols ».

Questionné sur la provenance des subsides, il croit (suivant en cela l'avis des gens qui connaissent bien les États-Unis) que les planteurs de cannes à sucre de l'Amérique du Nord sont les plus intéressés à ce que l'insurrection dure longtemps, peut-être ne serait-il pas étonnant que, de ce côté, vînt une partie de l'argent nécessaire pour soutenir l'insurrection.

Le général Lluberes a fait ensuite des éloges sur la rapidité avec laquelle l'Espagne a mis sur pied de guerre une très importante armée, mais, à son avis, il eût été utile de retarder jusqu'au mois d'octobre le départ des renforts qui s'embarquent maintenant pour Cuba, afin d'éviter les maladies qui sont mortelles pendant la saison actuelle. Il est à craindre qu'au moment où vont commencer les opérations projetées par le général Martinez Campos, une partie de ses troupes ne se trouve décimée par la maladie.

Le général Lluberes a terminé en exprimant toute la reconnaissance qu'il avait ainsi que son gouvernement pour le service que leur avait rendu M. Leon y Castillo, ambassadeur d'Espagne à Paris, en aplanissant le différend entre la France et la République de Saint-Domingue.

DÉPÊCHES DE L'ÉTRANGER

La répression du brigandage

Rome, 27 août.

Le président du conseil a déclaré qu'il allait s'occuper personnellement des mesures à prendre pour la répression du brigandage, dont les progrès deviennent, de jour en jour, plus inquiétants.

A Djeddah

Djeddah, 27 août.

Les Turcs n'ont encore rien fait pour réparer l'agression dont plusieurs navires étrangers ont été l'objet le 27 juillet. Des Bédouins armés infestent les environs de la ville et s'opposent à tout mouvement des troupes ottomanes.

Les brigands en Arménie

Tiflis, 27 août.

On mande de Bayazid qu'une bande de brigands a attaqué le cloître arménien de Saint-Jean et ont maltraité les pèlerins qui s'y trouvaient.

Les journaux de Tiflis publient des appels adressés par les évêques arméniens de Bitlis et de Mouch aux arméniens de Russie pour leur demander de porter secours à leurs coreligionnaires de l'Arménie turque dont la misère est effroyable.

Informations diverses

Déraillement.

Paris, 27 août. — Un train transportant 780 pèlerins venant de Poitiers et se rendant à Lourdes a été pris en écharpe cette nuit à minuit à la gare de Saint-Jean-Bordeaux par une machine qui effectuait une manœuvre. L'homme d'équipe Jules Bergeonnet qui dirigeait cette locomotive a été broyé entre la machine et le train de pèlerins. Parmi les blessés M. l'abbé Hippolyte Marin, curé de [illegible] (Vendée), a été blessé au côté droit de la tête ; l'affolement produit chez les voyageurs a été indescriptible.

Le convoi est reparti avec une heure de retard ; la responsabilité de cet accident est attribuée à une erreur d'aiguillage.

Violent incendie — Huit blessés.

Brest, 27 août. — Un violent incendie

LE MESSAGER DE PARIS

JOURNAL QUOTIDIEN, FINANCIER, ÉCONOMIQUE, POLITIQUE & COMMERCIAL

Sommaire du 17 décembre 1894

BOURSE DE PARIS

MARCHÉ OFFICIEL

MARCHÉ EN BANQUE

INFORMATIONS FINANCIÈRES

DERNIÈRES NOUVELLES

CHAMBRE DES DÉPUTÉS

SÉNAT

La Situation Budgétaire

Imprimé sur machines MARINONI

Publication considérable, donnant par an plus de 1,500 gravures et des articles de fond sur toutes les questions, — le tout inédit et de premier ordre.

N° 3 (Avec Patrons). TRENTE-SIXIÈME ANNÉE Dimanche 20 janvier 1895.

Le numéro, vendu séparément 25 centimes. avec une planche de patrons : 50 centimes.

PARAISSANT CHAQUE DIMANCHE
Rédaction et Administration : 56, rue Jacob, Paris

Le numéro seul avec une gravure coloriée, 50 centimes. avec une planche de patrons : 75 centimes.

CONTENANT LES DESSINS DE MODES LES PLUS ÉLÉGANTS, ET DES MODÈLES DE TRAVAUX D'AIGUILLE, ETC. — BEAUX-ARTS — NOUVELLES — CHRONIQUES — LITTÉRATURE, ETC.

Toute demande non accompagnée d'un bon sur la poste ou d'un mandat à vue sur Paris, à l'ordre de MM. Firmin-Didot et Cie, sera considérée comme non avenue. — On s'abonne également chez tous les Libraires de France et de l'Étranger. (*Pour l'Étranger, le port en sus.*) LONDRES : ASHER & Co, 13, Bedford Street, Covent Garden, C. W. —

Guéridon

COUVERT DE BRODERIE

(Patron de la tablette du guéridon fig. 36, recto.)

La tablette de ce guéridon, faite en bois, est posée sur des pieds dorés, ayant 70 centimètres de hauteur, on la recouvre avec un morceau de tissu java brun clair, orné d'une broderie au point plat, point de croix et point renaissance; on garnit le guéridon avec une frange nouée ayant 11 centimètres de hauteur, de mêmes couleurs que celles de la broderie et clouée sur la tablette. La fig. 36 représente le patron de la tablette. La broderie est exécutée d'après les indications du dessin représentant le quart de la broderie, avec des laines de différentes couleurs, au point de croix; chaque point est fait sur deux brins de hauteur et de largeur, ou bien au point plat comme sur notre modèle. Pour la broderie au point plat, les points au milieu du dessin doivent être entrelacés l'un dans l'autre en biais, en tra-

Robe garnie de passementerie. Robe de maison.

Numéro [illegible] Avril 190[illegible] (avec Patron)

LE NUMÉRO ET SES 2 SUPPLÉMENTS (12 PAGES) 25 CENTIMES

La Mode Pratique

Revue de la Famille, publiée sous la direction de Madame C. de BROUTELLES.
PARIS · LIBRAIRIE HACHETTE ET Cie, 79, Bd SAINT-GERMAIN.

La Mode

COSTUME D'AMAZONE

O[illegible]

[illegible] de demi-saison pour sortie de théâtre en velours [illegible] doublé de satin [illegible] Le toquet, en broderie argent, est garni de [illegible]

LE MONDE ILLUSTRÉ

JOURNAL HEBDOMADAIRE

ABONNEMENT POUR PARIS ET LES DÉPARTEMENTS
Un an, 24 fr.; — Six mois, 13 fr.; — Trois mois, 7 fr.;— Un numéro 50 c.
Le volume semestriel, 12 fr. broché. 17 fr. relié et doré sur tranche.
Étranger (Union postale) :
Un an, 27 fr.; — Six mois, 14 fr.; Trois mois, 7 fr. 50.

38e Année. — N° 1961.
27 Octobre 1894.

Directeur :
M. ÉDOUARD DESFOSSÉS

DIRECTION ET ADMINISTRATION, 13, Quai Voltaire
Toute demande d'abonnement non accompagnée d'un bon sur Paris ou sur la poste, toute demande de numéro à laquelle ne sera pas joint le montant en timbres-postes, seront considérées comme non avenues. — On ne répond pas des manuscrits et des dessins envoyés.

S. M. NICOLAS II, tzar de Russie.

Quarantième Année. N° 240 — Le Numéro 5 Centimes — Mercredi 28 Août

LE MONITEUR DU PUY-DE-DOME

JOURNAL DES DÉPARTEMENTS DU CENTRE

Ouvriers et Patrons

[illegible]

SERVICE SPÉCIAL

Dépêches Télégraphiques

[illegible]

CHRONIQUE LOCALE

Conseil municipal de Clermont

[illegible]

A LA PRÉFECTURE

[illegible]

N° 61. — Mardi 8 Août 1893. QUARANTIÈME ANNÉE N° 61. — Mardi 8 Août 1893.

ABONNEMENTS
FRANCE ..... 13 fr. 25 fr.
[illegible] 16 fr. 24 fr. 60
Le numéro : 30 centimes.

LE MONITEUR VINICOLE

ORGANE DE LA PRODUCTION ET DU COMMERCE DES VINS ET DES SPIRITUEUX

Directeur : PAUL LE SOURD

Rédaction et Administration : 6, rue de Beaune. — Paris

ANNONCES (corps 7)
AVIS DIVERS
LE MONITEUR VINICOLE paraît deux fois par semaine LE MARDI ET LE VENDREDI
Les paiements doivent être adressés en Mandats de Poste, Traite sur Paris ou Chèque à vue à l'ordre du directeur

[illegible]

PÉTITIONNEMENT GÉNÉRAL

Deux mois sont écoulés aujourd'hui depuis notre pétitionnement, dont nous n'avons pour ainsi dire plus à nous occuper, car il marche tout seul [illegible]. Quand nous voyons le nombre de pétitions [illegible] de signatures qui nous sont déjà parvenues, le nombre que nous recevons [illegible] de toutes parts, et les chambres syndicales, et nos lecteurs, quand nous songeons au temps qui nous reste pour mener à bien cette grande œuvre, puisque le Sénat ne rentrera pas avant le 15 ou 20 octobre, nous constatons que le mouvement atteindra nécessairement d'immenses proportions.

De précieuses adhésions nous sont encore parvenues. [illegible]

[illegible]

SITUATION VINICOLE

[illegible]

BERCY-ENTREPÔT

[illegible]

REVUE DES ALCOOLS

[illegible]

SUCRES ET GLUCOSES

[illegible]

Courrier d'Algérie

[illegible]

Courrier d'Auvergne

[illegible]

Courrier du Béarn

[illegible]

Courrier du Beaujolais

[illegible]

Courrier du Bordelais

[illegible]

Courrier du Centre

[illegible]

Courrier de Lorraine

[illegible]

Courrier du Midi

[illegible]

Courrier de Dalmatie

[illegible]

Courrier de l'Espagne

[illegible]

Courrier du Portugal

[illegible]

Courrier de Roumanie

[illegible]

Courrier de Palestine

[illegible]

LE PROJET CLAUDIUS [illegible]

[illegible]

LES LEVURES SÉLECTIONNÉES

[illegible]

MUSÉE DES ENFANTS

NEUVIÈME ANNÉE. Numéro 9. 1er Septembre 1895.

Société Saint-Augustin,

DESCLÉE, DE BROUWER ET Cie

LILLE, rue du Metz, 41. | PARIS, rue St-Sulpice, 30.

Le Nouvelliste
DE BORDEAUX
JOURNAL POLITIQUE QUOTIDIEN

LE NUMÉRO 5 CENTIMES

ÉDITION DU MATIN

BOURSE DE PARIS

La journée financière

LES CHAMBELLANS

UN BON FRANÇAIS

LES BEAUTÉS DE L'ARBITRAGE

AU FEU!

NOS DÉPÊCHES

POIGNÉE DE NOUVELLES

CRIQUETTE

par Ludovic HALÉVY

Imprimé sur machines MARINONI

Seizième année — N° 169 | Administration et Rédaction : 37, place Bellecour | Lundi 18 Juin 1894

Le Nouvelliste DE LYON

LE NUMÉRO 5 CENTIMES — JOURNAL POLITIQUE QUOTIDIEN — LE NUMÉRO 5 CENTIMES

LES ANNONCES SONT REÇUES EXCLUSIVEMENT A LYON : à l'agence V. FOURNIER, rue Confort, 14. [illegible] A PARIS : à l'Agence HAVAS, 8, place de la Bourse.

AGENCE SPÉCIALE TÉLÉGRAPHIQUE DU *NOUVELLISTE DE LYON* — 28, Rue Notre-Dame-des-Victoires, PARIS.

ABONNEMENTS — Lyon et départements limitrophes... [illegible] Pour les autres départements... [illegible] Les abonnements partent du 1er et du 16 de chaque mois.

LA JOURNÉE

Le Grand-Prix de Paris a été gagné par « Dolma Baghtché », cheval français appartenant au baron de Schickler.

Les journaux allemands prétendent méchamment que c'est Crispi qui a organisé contre lui l'attentat manqué de samedi.

Les journaux russes engagent le prince Ferdinand de Bulgarie à poser de nouveau devant le pays sa candidature.

Le ministre de l'agriculture, M. Viger, a prononcé à Cahors un discours purement agricole.

Des correspondances d'Hanoï montrent sous un jour inquiétant la situation dans l'Annam.

Le nouveau sultan du Maroc a été proclamé à Fez sans incidents.

Lire plus loin les détails et les nouvelles de la dernière heure

PROCHAINEMENT

Le Nouvelliste commencera la publication

D'UN NOUVEAU FEUILLETON

LES MEDERSAS

Connaissez-vous les medersas ? A la dernière séance du Sénat on en a [illegible] parlé. Elles étaient représentées dans les tribunes par trois [illegible] Arabes, puis au banc des [illegible] par M. Jules Cambon, gouverneur général de l'Algérie, enfin à la tribune par M. Combes, qui a [illegible] à leur sujet deux heures durant.

[illegible] Elles sont, à l'enseignement de l'Algérie, ce que sont les Facultés [illegible] Facultés officielles s'entend, car il y a [illegible] en Algérie des facultés libres [illegible], dont les professeurs ont d'ailleurs le tort d'être hostiles à l'influence française et de [illegible]

Le rêve de M. Combes, rêve qu'il a développé en long et en large, serait de [illegible] aux medersas une Université musulmane, établie à Alger, qui formerait les cadis d'une part, les muftis et les imams de l'autre, dont l'Algérie a besoin pour son organisation judiciaire et pour ses services religieux.

[illegible] le recteur de l'académie d'Alger est engagé à une [illegible] de réforme, et, comme la commission est d'avis qu'il en faut rien brusquer, [illegible] les medersas d'Alger, de Tlemcen et de Constantine, que M. Combes connaît le Sénat, d'accord avec M. Cambon.

A cet effet, il [illegible] dans le programme des cours la théologie musulmane, le droit [illegible], la littérature arabe, [illegible] musulmane, la littérature française, l'histoire et la géographie, l'arithmétique, les éléments du droit français et des sciences physiques et naturelles.

Comme condition d'admission aux medersas, on exigera le certificat d'études primaires [illegible]

[illegible]

Avec M. Combes, nous avons [illegible]

[illegible] quelques-unes des idées de M. Combes :

« Après la conquête matérielle de l'Algérie, il nous faut en faire la conquête morale. Il faut que nous [illegible] des idées et des [illegible] des indigènes en donnant pour guides à leurs croyances et à leurs destinées des fonctionnaires instruits dans nos écoles.

« Cette [illegible] sera féconde en résultats moraux de tous genres ; elle réveillera l'activité intellectuelle de cette race, qui alluma le flambeau de la civilisation au seuil du moyen âge, et qui aujourd'hui sommeille ; elle dirigera vers les arts de la paix cette humeur farouche qui sait si brillamment se dépenser dans la guerre.

« A cette heure, une Algérie musulmane qui nous détesterait serait un danger immense, tandis qu'une Algérie qui nous aimera sera pour notre pays un réservoir de forces inépuisables.

« Sachons donc former dans les médersas des fonctionnaires attachés à la cause française et se distinguant par l'ascendant que leur assurera la supériorité de leur esprit. Appliquons-nous à dégager le plus [illegible] de ce qu'il a d'intolérant, lorsqu'il est étroitement compris, et tâchons d'inspirer aux élèves des médersas des pensées humaines et sages, qui feront d'eux les apôtres de la civilisation. Nous marcherons ainsi dans la voie du rapprochement des esprits et [illegible] cette union en associant le culte des grands souvenirs de la littérature arabe à celui de la civilisation et de la science françaises. »

Est-ce bien à cet idéal, plus que restreint, que bornaient leurs aspirations tous ceux qui ont contribué à établir l'influence française dans l'Afrique du Nord, depuis Charles X jusqu'au cardinal Lavigerie ? On peut se le demander. Mais le plus piquant, par ce temps de persécution à l'intérieur, est d'avoir entendu M. Combes faire, sans soulever de murmures, cette déclaration :

« Nous voulons conserver aux médersas leur caractère de séminaires. »

Le temps vient, où le voit, où les séminaires français pourront demander la parité de traitement avec les pépinières de marabouts !

NOS DÉPÊCHES

PAR FIL SPÉCIAL

INFORMATIONS

Paris, 17 juin.

[illegible]

UNE AFFAIRE [illegible]

[illegible]

L'ÉCOLE DES MOUSSES

[illegible]

LES CARTES DE LÉGITIMATION

[illegible]

[illegible]

[illegible] de divers membres du cabinet par des amis dévoués qui auraient [illegible] la promesse d'un très prochain [illegible] est de l'unique conception du [illegible]

GASTON DRAL.

Situation inquiétante dans l'Annam

Paris, 17 juin.

Voici un extrait d'une correspondance d'Hanoï, adressée au *Journal des Débats* :

La situation dans les provinces du nord de l'Annam [illegible] Tonkin un foyer de rébellion.

Un mandarin, Phan-Dinh-Phung, [illegible] et, comme la configuration du terrain est très favorable à la guerre de partisans, il nous a été impossible jusqu'à présent de [illegible] D'ailleurs la connivence des villages servent ses intérêts.

Il est à craindre que le mouvement s'étende sur le Thanh-Hoa. Là l'insurrection avait été [illegible] dans les montagnes et ne paraissait plus inquiétante, mais son chef [illegible] qui avait fait sa soumission entre les mains de M. de Lanessan, a repris les armes et, d'accord avec les rebelles du Nghe-An, il se préparait dernièrement à courir de nouvelles aventures.

En résumé, nous avons perdu du terrain dans le nord de l'Annam au lieu d'en gagner, et cela surtout à cause de l'incohérence de notre politique.

ÉVÉNEMENTS DU MAROC

Tanger, 17 juin.

Le courrier anglais annonce que le nouveau sultan, Mouley-Abd-el-Aziz, a été proclamé à Fez le 14 juin. La proclamation est bien accueillie à Fez. L'ordre est parfait.

Malte, 17 juin.

Les cuirassés anglais [illegible] et le croiseur *Spartan* ont reçu l'ordre de se rendre à Tétouan.

Tanger, 17 juin.

Le nouvel empereur du Maroc, Mouley-Abd-el-Aziz a [illegible] à Tanger [illegible] Le représentant français lui a transmis ses félicitations, mais la reconnaissance ne pourra avoir lieu qu'à Rabat, [illegible]

Maroc, 17 juin.

Mouley-Abd-el-Aziz a assisté en personne aux funérailles de son père. Il n'a consenti à faire usage des insignes impériaux, le [illegible] et le cheval blanc, qu'après l'enterrement de Hassan.

On dit que Mouley-Abd-el-Aziz est très affecté de la mort de son père. Il a fait [illegible]

[illegible]

M. VIGER A CAHORS

[illegible]

[illegible] applicables à la culture de nos champs. »

Le ministre dit que son but est de [illegible] dans les campagnes l'esprit d'association.

« Mais, a ajouté le ministre, cette œuvre a besoin [illegible] de la paix à l'intérieur, du calme nécessaire à la discussion sérieuse et approfondie des affaires du pays. »

Partout où il, le ministre demande qu'on ne substitue pas au raisonnement, [illegible] le [illegible] des [illegible] parlementaires.

LES ANARCHISTES

Bruxelles, 17 juin.

Eléonie Marchal, l'amie de celui qui s'est fait passer pendant si longtemps pour le baron Ernest Ungern Sternberg, a fait, sous l'instruction [illegible], de très intéressantes révélations au sujet des derniers attentats liégeois.

Exaspérée d'avoir su [illegible] aventurier, elle s'est laissée aller à diverses confidences, dont la justice aura à apprécier la valeur.

Eléonie Marchal a déclaré que le faux baron lui avait avoué être l'auteur de l'attentat du 23 avril contre le théâtre royal de Liège. L'engin avait été placé sur le rebord de l'[illegible]

Par contre, Jabotkowsky, puisque c'est le nom qu'on lui suppose actuellement, a nié être l'auteur de l'attentat commis chez M. Léon Gérard. Il savait toutefois que les engins employés en [illegible]

Dans la nuit du 26 au 27 avril, Jabotkowsky, qui s'était fait couper la barbe, parut très préoccupé. Il annonça à Eléonie Marchal son départ pour Paris et lui parla du succès qu'il comptait être [illegible] il était arrêté.

Le 28, il se rendit avec elle et Martin dans un cabaret, puis laissant là Eléonie Marchal, il sortit avec son compagnon. Quelques instants après avait lieu l'explosion de la bombe de l'église Saint-Jacques.

Eléonie Marchal ne l'a plus revu depuis. Toutefois elle lui a écrit en Hollande une lettre à laquelle il a répondu, puis à Anvers aux initiales A. P., puis [illegible] à l'adresse [illegible]. Le 3 juin elle a reçu de Jabotkowsky une lettre d'Anvers et tout récemment encore le 11 juin, une autre lettre de la même ville.

LES NIHILISTES A VARSOVIE

Berlin, 17 juin.

Une dépêche de Varsovie annonce que la police a découvert une imprimerie clandestine.

Trois étudiants nihilistes ont été tués, sept ont été arrêtés, deux agents ont été blessés.

L'attentat contre M. Crispi

[illegible]

PRESSE MONARCHIQUE

[illegible]

MM. Arson, de [illegible], Duval, [illegible], Paul Taillies [illegible] MM. de [illegible]

Après la réunion, un dîner intime a réuni les [illegible] principaux. Plusieurs toasts ont été portés.

LA RUSSIE ET LA BULGARIE

Saint-Pétersbourg, 17 juin.

Le *Swet* [illegible] à Saint-Pétersbourg, avant de se rendre en Bulgarie, et la Russie [illegible] que la Russie n'avait rien [illegible] les traités internationaux devaient être observés.

Le journal [illegible] le prince à se [illegible] légale et déclare que c'est le seul moyen de [illegible] les libérateurs de la Bulgarie, dont les [illegible] ont été [illegible]

LE TRAITÉ ANGLO-CONGOLAIS

Berlin, 17 juin.

L'annonce de la concentration importante de forces militaires congolaises dans l'Oubangui a produit en Allemagne une [illegible] impression qu'en France.

La *Gazette nationale* dit que si le Congo ne fait pas droit aux réclamations de l'Allemagne au sujet de la bande de terrain, il se pourrait que l'Allemagne ne reconnût plus la neutralité du Congo.

LE LIEUTENANT SCHIFFMACHER

Paris, 17 juin.

Les obsèques

Les obsèques du lieutenant Schiffmacher auront lieu [illegible] dans la chapelle du Val-de-Grâce.

Après la cérémonie religieuse, à laquelle assisteront le personnel militaire [illegible] de la guerre et du gouvernement de Paris, les honneurs militaires seront rendus. Puis le corps sera transporté à la gare [illegible]

Causes de la mort

[illegible]

Interrogatoire « in extremis »

[illegible]

Chez le général Edon

[illegible]

Le conseil de guerre

[illegible]

Le général [illegible]

LETTRE PARISIENNE

« Le roi du Maroc est mort. » — Jeu d'enfant et jeux de princes. — L'enquête du Gospodar. — Autour d'un crack. — Précautions inquiétantes. — La fille du caporal. — Quand on a tout perdu. — La vue du Grand-Prix. — L'accident de Charenton. — Mort du lieutenant Schiffmacher. — Une imprudence inexcusable. — Leçon à retenir.

Paris, 16 juin.

[illegible]

— Le roi du Maroc est mort !
— [illegible]
— [illegible]

[illegible]

PAUL BONNARD

Ancien élève de l'École Normale Supérieure, Agrégé de Philosophie

Avocat à la Cour d'Appel

Imprimé sur machines MARINONI

Le Petit Journal

ADMINISTRATION, RÉDACTION ET ANNONCES
61, rue Lafayette, 61
A PARIS

UN NUMÉRO : 5 CENTIMES

TRENTE-DEUXIÈME ANNÉE

DERNIÈRE ÉDITION

LES BLEUS

DEUX VISITES DU PRÉSIDENT DE LA RÉPUBLIQUE

LE MONUMENT DE DUBAN

LE GÉNÉRAL DUCHESNE

Échos de partout

Le match d'échecs

L'Exposition de 1900 et l'initiative privée

LA MORT D'ALEXANDRE III

EN RUSSIE

A PARIS

BLESSÉE AU CŒUR

LE DROIT DE TUER

Imprimé sur machines MARINONI

Le Petit Journal

Le Petit Journal
CHAQUE JOUR 5 CENTIMES
Le Supplément illustré
CHAQUE SEMAINE 5 CENTIMES

SUPPLÉMENT ILLUSTRÉ

Huit pages : CINQ centimes

ABONNEMENTS
[illegible]

Cinquième année — DIMANCHE 2 DÉCEMBRE 1894 — Numéro 211

LE GÉNÉRAL DUCHESNE
Commandant le corps expéditionnaire de Madagascar

HUIT GRANDES PAGES
Dont deux imprimées en couleurs
Le numéro : 5 centimes

Imprimé sur machines MARINONI

LE MONDE DES JOURNAUX EN 1895

ÉDITION DU SOIR

LA PRESSE

LE DRAME DE COURBEVOIE

CINQ CENTIMES

LA NATION

LE DRAME DE LA PLACE VOLTAIRE

L'Etendard

JOURNAL DU SOIR

BULLETIN

LE FERMIER

GRAINS-FARINES

GAZETTE DES TRIBUNAUX

JOURNAL DE JURISPRUDENCE ET DES DÉBATS JUDICIAIRES

LE DROIT

JOURNAL DES TRIBUNAUX

LA LOI

JOURNAL JUDICIAIRE DU SOIR

GAZETTE DU PALAIS

Journal du Soir Judiciaire Quotidien

LE CHARIVARI

LES TEMPS NOUVEAUX

ADMINISTRATION : 140, Rue Mouffetard, 140, PARIS

Le Rire

L'EXPORTATION FRANÇAISE

MARYE

Jules Robin & Cie

COGNAC

EAUX-DE-VIE FINES

ES CARTOUCHES

MÉTALLURGIE

ET LA CONSTRUCTION MÉCANIQUE

LE

GÉNIE CIVIL

LE COURRIER DU SOIR

Chronique

LE SOIR

Journal d'informations

LE MONITEUR UNIVERSEL

Gazette Nationale fondée en 1789.

LE MONDE

LE PAYS

RÉPUBLICAIN

RÉDACTION

ADMINISTRATION

LA QUESTION

LE BULLETIN

DES HALLES, BOURSES ET MARCHÉS

Bulletin du Jour

L'ÉCHO AGRICOLE

Bulletin du Jour

LE BULLETIN DES TRAVAUX

JOURNAL DES ENTREPRENEURS DE TRAVAUX & FOURNITURES

Seul Journal spécial paraissant TROIS FOIS par semaine

Le numéro : 5 centimes

VENDREDI 2 NOVEMBRE 1894

Le Petit Parisien

ABONNEMENTS

PARIS et DÉPARTEMENTS

Direction : 18, Rue d'Enghien. — PARIS

TOUS LES JEUDIS

Supplément Littéraire illustré (Huit Pages) : 5 Centimes.

ANNONCES

LA MORT DU TSAR

Dernière Édition

Livadia, 1er novembre, 3 h.

L'Empereur Alexandre III est mort cet après-midi, à deux heures et demie.

LE DEUIL NATIONAL

ALEXANDRE III

LE TSAREWITCH

Un Crime de Haute Trahison

ROCHENOIRE

Cinquième Année. — N° 246. Huit pages CINQ centimes Dimanche 22 Octobre 1893.

Le Petit Parisien

TOUS LES JOURS
Le Petit Parisien
5 CENTIMES

SUPPLÉMENT LITTÉRAIRE ILLUSTRÉ

DIRECTION : 18, rue d'Enghien, PARIS

TOUS LES SAMEDIS
SUPPLÉMENT LITTÉRAIRE
5 CENTIMES

A. FERNIQUE, PH Sc.

AMIS !

N° 6.3[illegible] — DIX-NEUVIÈME ANNÉE — Cinq Centimes le Numéro — SAMEDI 1er DÉCEMBRE 1894

LE PETIT PROVENÇAL

JOURNAL POLITIQUE QUOTIDIEN

ABONNEMENTS [illegible]

ADMINISTRATION ET RÉDACTION
43-44, Rue Grignan, 43-44. — Marseille
LES MANUSCRITS NON INSÉRÉS NE SONT PAS RENDUS

ANNONCES [illegible]

L'Entreprise Opportuniste

[illegible]

A. Millerand.

La Convention avec les Messageries Maritimes

LE RAPPORT DE M. ANTIDE BOYER

[illegible]

L'INTERPELLATION HABERT

[illegible]

La Journée Parlementaire

SÉNAT

[illegible]

LA SÉANCE

[illegible]

Physionomie de la Séance

[illegible]

La Revanche de la Liberté

[illegible]

L'ÉLECTION SÉNATORIALE

Circulaire de M. Benjamin Abram

[illegible]

Femme et Maîtresse

VII

La famille

[illegible]

Pierre Sales.

(La suite à demain.)

Imprimé sur machines MARINONI

Le Petit Troyen

JOURNAL QUOTIDIEN RÉPUBLICAIN. DÉMOCRATIQUE RÉGIONAL

Samedi 24 Février 1894

ABONNEMENTS

Le Numéro : 5 Centimes

Administration & Rédaction : Rue Thiers, 126 TROYES

Directeur politique : GASTON ARBOUIN

INSERTIONS

DIANE LA PALE

DIANE LA PALE

DIANE LA PALE

LES SYNDICATS

A LA ROQUETTE

Service Télégraphique

BULLETIN MÉTÉOROLOGIQUE

PRÉPARATIFS DE GUERRE

SÉNAT

INFORMATIONS DIVERSES

UNE POUDRERIE QUI SAUTE

L'INCIDENT DUPUY-DUCRET

LÉAUTHIER

LE PETIT JACQUES

PREMIÈRE PARTIE

LE PETIT VAR

Le Numéro 5 Cent — JOURNAL RÉPUBLICAIN QUOTIDIEN — Le Numéro 5 Cent

ABONNEMENTS — HENRI DUTASTA, Fondateur — TOULON — ANNONCES

Les Idées de Guillaume

A CUBA

LOGIQUE ET POLITIQUE

LA QUESTION D'ÉGYPTE

L'ADMISSION TEMPORAIRE

LE " BRINCKBURN "

NOUVELLES DE LA NUIT

DÉPÊCHES DU JOUR PAR FIL SPÉCIAL

CHINE ET JAPON

L'AGITATION EN BELGIQUE

M. CHAUTEMPS EN ALGÉRIE

LES FILLES DE BRONZE

Imprimé sur machines **MARINONI**

Le Numéro : 5 Centimes

LA PRESSE

Rédaction : 12, rue du Croissant, 12

Administration : 12, rue du Croissant

GRAVE ACCIDENT AU TRAIN DE LOURDES

BOURSE DES VALEURS

Bourse de Commerce

DERNIÈRES NOUVELLES

LE PORTRAIT DU JOUR

M. JULES DANBÉ

Né à Caen, le 16 novembre 1840, M. Danbé, élève de MM. Girard et Savart, fut quatre fois lauréat et organisa, au Grand-Hôtel, les concerts qui portèrent son nom.

Chef d'orchestre en premier au théâtre lyrique de la Gaîté, il y monta : *Dimitri*, *Paul et Virginie*, etc.

Nommé au même titre à la direction de l'orchestre de l'Opéra-Comique, par décision ministérielle du 1 juin 1877, il prit possession du fauteuil le 1er septembre, et monta tous les ouvrages donnés depuis cette époque.

Chevalier de la Légion d'honneur et officier de l'Instruction publique, M. Danbé est décoré en outre de nombreux ordres étrangers.

GRAVE ACCIDENT

UN TRAIN DE PÈLERINS PRIS EN ÉCHARPE

Sur la ligne du Midi. — Un mort. — Nombreux blessés. — Affolement général.

FEUILLES DE VIGNE

Au moment même où l'opinion publique est douloureusement émue par une série de scandales financiers qui rappellent ceux de Panama, le tribunal correctionnel de la Seine fait preuve d'une rigueur insolite envers de pauvres diables coupables d'avoir volé..... des feuilles de vigne.

Non pas les feuilles de vigne que l'on peut admirer sur les statues de nos jardins publics et que nous devons à la pudibonderie de M. Sosthène de La Rochefoucauld, cet ancien directeur des Beaux-Arts, qui poussa le culte de la feuille de vigne jusqu'à en couvrir les marbres du Louvre, mais de vraies feuilles de vigne, qui poussent au hasard, dans les haies, sur les grandes routes.

Hier encore, trois pauvres diables, deux hommes et une femme, ont été successivement condamnés à quinze jours et un mois de prison pour avoir cueilli des feuilles de vigne destinées à être vendues aux restaurateurs parisiens.

L'interrogatoire de ces malheureux a été navrant.

— Je suis, dit Alfred Bourse, cuiseur de [illegible]. Mais, pour l'instant, je n'ai pas de travail. Alors, je fais ce que je peux. [illegible]

Le tribunal condamne Bourse à quinze jours de prison.

Écoutez maintenant Sylvain Paturens, garçon limonadier, surpris le 13 août, à Colombes, cueillant des feuilles de vigne le long d'une haie :

— Je suis bien malheureux... Je n'ai pas de travail, [illegible] Tenez, les voici !

Quinze jours de prison, telle est la réponse du tribunal.

Quant à la femme poursuivie, une dame Devaux, elle a été arrêtée le 17 août par le garde champêtre de Montreuil-sous-Bois, cueillant aussi des feuilles de vigne.

A l'audience, cette pauvre femme s'exprime ainsi :

— J'ai cueilli les feuilles de vigne dans les haies. [illegible]

Le tribunal, peu galant, a condamné Mme Devaux à un mois de prison.

Tout en reconnaissant que la justice est tenue à certaines rigueurs, l'opinion publique déplorera, avec nous, que de pauvres diables soient aussi sévèrement punis pour avoir pris des feuilles de vigne sur les grands chemins.

Les banquiers escrocs, les boursicotiers véreux, les syndicataires habiles sont moins traités par les tribunaux. — M. F.

LA GRÈVE DE CARMAUX

POUR LES BLESSÉS ET MADAGASCAR

Le cas de M. Magnier

LES GRANDES MANŒUVRES

NOMINATIONS

Anniversaire de l'Année sanglante

VALEURS DE TOUT REPOS

Revue de la Presse

LES JOURNAUX DE CE SOIR

Imprimé sur machines MARINONI

Première Année. — N° 1. CINQ CENTIMES — Paris et Départements — CINQ CENTIMES Lundi 2 Septembre 1895.

RÉDACTION

Prix des Abonnements

Annonces aux Bureaux du Journal

La Poste

ADMINISTRATION

Prix des Abonnements

Annonces aux Bureaux du Journal

[illegible]

Annonces à 2 fr. 50 la ligne

[illegible]

La Poste

[illegible]

L'INTÉRIM

[illegible]

L'INTÉRIM

[illegible]

L'INTÉRIM

[illegible]

LA JOURNÉE
du 2 Septembre

LE TEMPS

[illegible]

ÉCHOS

[illegible]

PARIS

[illegible]

DÉPARTEMENTS

[illegible]

COLONIES

[illegible]

ÉTRANGER

[illegible]

THÉATRES

[illegible]

VÉLOCIPÉDIE

[illegible]

COURSES

COURSES A VINCENNES

[illegible]

LE PROGRÈS AGRICOLE

ORGANE AGRICOLE & HORTICOLE DE LA RÉGION DU NORD

Paraissant le Dimanche

Directeur : G. RAQUET

ABONNEMENTS	Rédaction et Administration	ABONNEMENTS
UN AN : SIX FRANCS	A AMIENS 4, rue Gaulthier de Rumilly	UN AN : SIX FRANCS

Les manuscrits non insérés ne sont pas rendus. — Joindre aux réclamations la dernière bande imprimée.

La reproduction des articles est rigoureusement interdite.

6e Année, N° 232. Dimanche 27 Décembre 1891

SOMMAIRE

—

RAPPORTS ENTRE CULTIVATEURS ET FABRICANTS DE SUCRE

On le sait, la question des rapports entre cultivateurs et fabricants de sucre nous préoccupe beaucoup au *Progrès Agricole*, et nous avons déjà essayé, à plusieurs reprises, mes dévoués Collaborateurs et moi, d'apporter un peu du nôtre à l'œuvre de concorde à laquelle trop peu de monde se dévoue.

Nous avons tous, dans ce journal, l'habitude de prendre le taureau par les cornes, — ce qui n'est pas toujours commode ni sans danger, — et, au risque de m'attirer quelques inimitiés, d'ailleurs passagères, je l'espère, je vais revenir aujourd'hui sur cette brûlante question à laquelle les récentes livraisons de betteraves donnent un cachet indiscutable d'actualité.

Et tout d'abord, il faut bien le dire, dans les deux camps, on part d'une idée fausse : les cultivateurs sont persuadés que tous les fabricants de sucre sont des voleurs et, de leur côté, les fabricants de sucre — ne voulant pas être en reste d'amabilité, — sont intimement convaincus que pas un cultivateur ne vaut la corde pour le pendre.

Ceci est tellement vrai que, causant un jour avec un fabricant de sucre auquel je reprochais certaines irrégularités de sa bascule et de son densimètre, mon interlocuteur, sans même songer à nier, me répondit froidement :

— Je sais que mes fournisseurs m'accusent d'être un voleur, mais vous pouvez être certain qu'il faudrait que je le sois rudement pour l'être autant qu'eux !

Allez, après cela, essayer de faire vivre en paix des gens qui professent les uns pour les autres une si haute estime !

Et pourtant, je suis intimement convaincu que la vie en dépend pour les intéressés. Si, l'année dernière, M. Rouvier avait trouvé cultivateurs et fabricants de sucre étroitement unis, soyez bien persuadé que nous n'aurions pas eu à subir une nouvelle mutilation de la loi de 1884, et qu'à l'heure qu'il est le Ministre des finances et son projet seraient au fin fond de la Cannebière.

Il n'en a malheureusement pas été ainsi, et je crois inutile d'insister sur les résultats déplorables de la campagne betteravière qui se termine. Je me contenterai de citer trois chiffres que j'ai pris, il y a quelque temps, chez un de mes amis, excellent cultivateur des environs de Péronne : après avoir fait 2,000 francs de betteraves à l'hectare en 1889, il n'a plus eu que 1,200 francs à peine en 1890 et le rendement s'est abaissé à 650 francs, cette année. Et notez bien qu'il s'agit là d'une culture faite dans des conditions exceptionnellement favorables, au point de vue des engrais, des travaux, etc.

Je pourrais citer de bonnes petites cultures où le rendement est tombé, cette année, à 400 francs de l'hectare. A moins d'être ministre de l'agriculture ou bien encore ministre des finances, il est impossible de soutenir, dans ces conditions, que l'agriculture est très prospère : il fut un temps où elle ne manquait que de bras ; aujourd'hui, elle manque surtout d'argent, parce qu'on n'en gagne pas, n'en déplaise aux inventeurs de formules en $Az + PhO^5 - KO \pm CaO =$ zéro, et à tous les grands pontifs de l'agriculture en chambre.

Donc, la culture de la betterave à sucre,

LE RADICAL

M. Victor SIMOND

Rédacteur en chef : Henry MARET

HEUREUX ESSAI

HENRY MARET.

Royalistes et Gillystes

LES CATHOLIQUES S'EMBÊTENT

HOMMES ET CHOSES

LES BATAILLONS SCOLAIRES

L'agonie du prince Napoléon

LE MAGE

LE ROMAN D'UN JEUNE HOMME PAUVRE

Octave Feuillet

Imprimé sur machines MARINONI

PARAISSANT LE DIMANCHE

Directeur : Jules Domergue

SOMMAIRE DU N° 2

RÉDACTION ET ADMINISTRATION

6, RUE DE TOURNON, 6

PARIS

LA RÉPUBLIQUE FRANÇAISE

JULES MÉLINE

LÉON GAMBETTA

JOURNAL DU SOIR

RÉDACTION ET ADMINISTRATION
10, Rue du Faubourg-Montmartre, Paris

SOMMAIRE

LA POLITIQUE

LA CRISE

LE REMÈDE

LA GRÈVE DE ROANNE

LE MANIFESTE

UN ANNIVERSAIRE

ÉCHOS DE PARTOUT

CHRONIQUE

Imprimé sur machines MARINONI

La Petite République

JOURNAL SOCIALISTE

Rédacteur en Chef: A. MILLERAND

Principaux rédacteurs:

E. Baudin. — E. Chauvière. — Jules Guesde. — Clovis Hugues
Jean Jaurès. — Camille Pelletan.
Gustave Rouanet. — Marcel Sembat. — Thierry-Cazes.
E. Vaillant. — René Viviani, députés.

Paul Brousse. — Pierre Baudin. — Emile Dubois.
E. Fournière, conseillers municipaux de Paris

J. Allemane. — Henri Brissac. — E. de la Bully.
Maurice Charnay. — M. Daumesnil. — E. Degay.
Louis Dubreuilh — Maurice Gaussorgues. — Gérault-Richard.
Albert Goullé — V. Jaclard. — P. Lafargue. — G. Laporte.
André Lefèvre. — H. Lencou. — Paule Minck.
Henri Pellier. — Georges Renard — A. Tabarant. — Henri Turot.
H. Touroude. — Servanine, etc., etc.

Secrétaire de la Rédaction: Jules LEJEUNE.

A NOS AMIS

Les dernières élections ont marqué un grand pas en avant pour le Parti socialiste en France. Son action a dominé et dirigé tous les débats parlementaires depuis six mois.

La *Petite République* est fière d'avoir contribué à ces succès.

Millerand, en prenant la direction politique de la *Petite République*, en a fait la tribune libre du Socialisme.

Dans ce journal, pas de chapelles, pas de coteries; tous les Socialistes, à quelque nuance qu'ils appartiennent, peuvent y affirmer hautement leurs doctrines sous la responsabilité de leurs signatures.

C'est ainsi que la *Petite République* est devenue l'organe quotidien unique du Parti socialiste.

Elle tiendra à honneur de justifier chaque jour davantage l'estime et la confiance du grand public.

La *Petite République*, qui est, à tous les points de vue, le journal le mieux et le plus rapidement informé — personne n'a oublié la publication du rapport Chenest, du décret sur la Bourse du travail, etc. — publie chaque jour, à côté des articles politiques, des articles de grand reportage, des chroniques et trois romans de nos auteurs les plus populaires.

LE NUMÉRO **5c.** EN VENTE PARTOUT

RÉDACTION ET ADMINISTRATION
149, RUE MONTMARTRE, 149
PARIS

LE NUMÉRO **5c.** EN VENTE PARTOUT

A. FERNIQUE, PH. Sc.

Paris. — Imprimerie de la PETITE RÉPUBLIQUE, 149, rue Montmartre.

Imprimé sur machines MARINONI

16e ANNÉE — N° 4343 JOURNAL QUOTIDIEN DIMANCHE 30 JUIN 1895

LA RÉPUBLIQUE DE L'OISE

L'OISE RÉPUBLICAINE & LE PATRIOTE DE L'OISE réunis

ABONNEMENTS
Un an . . . . 20 fr. »
Six mois . . . . 11 »
Trois mois . . . . 6 »
Les abonnements se paient d'avance et datent du 1er ou du 15 de chaque mois

Fondateur : Eugène LAFFINEUR — 5 centimes — Directeur Politique : Ernest LEBLANC

Bureaux : — 10, PLACE ERNEST GÉRARD — BEAUVAIS

PUBLICITÉ
Annonces, la ligne . . . . 0 fr. 25
Réclames 0 50
Faits . . . . 1 »
Adresser toutes les lettres et mandats à M. l'Administrateur

VEILLE D'ASSAUT

L'exemple d'Achille, le bouillant fils de Thétis et de Pélée, a du bon. Entre deux batailles électorales, il n'est pas mauvais, pour le philosophe, de se retirer quelques jours sous sa tente.

La politique générale, comme la politique locale, et ceux qui la font, sont mieux jugés, avec plus de détachement et de clairvoyance, dès qu'on s'éloigne et que, comme le photographe braque l'objectif, nous prenons nos distances pour embrasser dans leur ensemble les hommes et leurs gestes.

Combien nous saisissons mieux alors le désaccord que l'insincérité établit entre la parole et le visage ! Que de gaucheries inconscientes et de faussetés intéressées qui de près échappent au regard et qui, à l'angle voulu, blessent à la fois l'œil et la conscience !

Mais aussi, comme les braves cœurs, les hommes droits, les bons citoyens apparaissent plus braves, plus droits et meilleurs !

Il est donc reposant et salutaire de se recueillir.

N'est-ce pas d'une saine hygiène morale ? Quel moyen plus efficace de reprendre haleine et forces et recommencer allègrement la lutte pour nos idées, en faveur de nos amis ?

Cette lutte, la voici ouverte. Une fois encore, il nous faudra mettre l'électeur en garde contre les ennemis déclarés de la République et plus encore contre les adversaires déguisés, masqués, du régime démocratique et de toutes les réformes qui tendent à l'équité sociale.

Entre les ennemis d'hostilité loyale, dont le drapeau est en opposition réelle avec le nôtre, et entre ces adversaires qui essaient de dissimuler leurs ambitions, leur programme de réaction, d'autocratie et d'égoïsme sous les couleurs mêmes du drapeau républicain, les plus dangereux, vous le savez, ce sont les faux amis.

L'hypocrisie ainsi est partout, toujours, plus redoutable que l'ennemi loyal.

Il est plus méprisable aussi. Mais le mépris dont il est digne, loin de nous inspirer la dédaigneuse indifférence, nous doit, au contraire, encourager à la résistance énergique.

Ne nous laissons plus tromper par ces masques dont le tricolore est du plus mauvais teint !

Avec le mérite des hommes qui vont briguer vos suffrages pour le renouvellement partiel du Conseil général, ayez soin de peser le nombre et l'importance des services rendus. Examinez de même leur désintéressement, leur générosité, leur cordialité.

Rappelez-vous si la courtoisie empressée du candidat n'a pas fait place trop promptement, trop cyniquement à la morgue de l'élu.

C'est à cette épreuve que se distinguent les sincères des fourbes, les valeureux vulgaires des serviteurs dévoués de la démocratie progressiste, dont nous sommes tous.

Pour tous nos amis de l'Oise, ceux des cantons lointains de Compiègne, de Senlis, de Clermont, comme pour ceux des cantons plus rapprochés de Beauvais, je n'ai qu'un souvenir à évoquer :

La plus éclatante victoire que le parti républicain, — le véritable parti de Gouvernement pour la République et par la République — a été remportée il y a deux mois par notre vaillant et cher député Max Lesage.

Cette victoire est due à la valeur de l'homme. Mais cette valeur, ne l'oublions pas, est doublée par la sincérité, la loyauté, la fermeté, le désintéressement de l'homme politique.

Cette sincérité, cette loyauté, cette fermeté, ce désintéressement nous devons les exiger de tous ceux qui se mettent sur les rangs pour représenter les vrais républicains au Conseil général.

Soyez circonspects dans vos choix, électeurs amis. Vos choix faits, vos candidats adoptés, soutenez-les, défendez-les et dès maintenant commencez autour de vous la plus efficace des campagnes et des propagandes, celle de votre influence personnelle et cordiale.

Une fois encore, nous vaincrons !

ERNEST LEBLANC.

LE RETOUR DE KIEL

La deuxième division de l'escadre du Nord, nous l'avons déjà dit, est entrée en rade de Cherbourg jeudi à deux heures de l'après-midi, revenant de Kiel.

Partis de ce port samedi dernier à quatre heures du matin, les trois navires, qui sont le cuirassé *Hoche* et les croiseurs *Dupuy-de-Lôme* et *Surcouf*, ont fait route sur Cherbourg à une allure très modérée ; en effet, ces bâtiments ne filaient pas plus de six nœuds à l'heure, voulant ménager leur approvisionnement de charbon de façon à ne pas avoir à se ravitailler dans les ports étrangers. Malheureusement, ils ont rencontré dans leur route un temps contraire, sur les côtes de Hollande, qui les a obligés à ralentir davantage ; ce temps les a contrariés pendant quarante-huit heures.

L'amiral Ménard interrogé sur ses impressions personnelles au sujet de la réception qui lui aurait été faite à Kiel, a répondu :

Que, quant à la froideur qui lui aurait été manifestée par l'empereur d'Allemagne au bal de l'Académie de la Marine, Guillaume II n'avait adressé la parole qu'à l'amiral anglais et au-dessus de celui-ci, qui est diplomate, mais en revanche, l'amiral Ménard a été reçu par l'impératrice et s'est entretenu avec elle pendant vingt minutes.

Quant aux autres réceptions, l'amiral Ménard dit qu'elles ont été très courtoises et que les Allemands ont montré dans cette circonstance une correction et une politesse exagérées vis-à-vis des officiers français ; ils ont fait toutes les avances possibles, mais les Français les ont accueillies froidement et avec la même correction ; en résumé, dans toutes les réceptions, bals et dîners, les Allemands ont fait toutes les avances.

Dans le dîner qu'a offert l'amiral Ménard, à bord du *Hoche*, aux états-majors étrangers, il y a lieu de déclarer que, lors qu'on l'avise, pas un seul des officiers allemands n'y a assisté.

Comme conclusion, notre présence aux fêtes de Kiel a été d'une correction parfaite, et, tant au point de vue français qu'au point de vue allemand, les officiers et marins ont rempli un rôle passif, obéissant à un ordre donné et se conformant à la discipline.

D'autre part, les premiers marins descendus à terre ont déclaré unanimement que tous le monde a pensé les hurrahs réglementaires, car on leur avait bien recommandé de ne pas nous faire remarquer par trop d'abstention.

Pendant leur séjour à Kiel, personne n'est descendu à terre, sauf les cuisiniers de l'amiral et de l'état-major.

FRANCE ET RUSSIE

Depuis quelques jours le bruit court que tout ou partie des conventions qui peuvent exister entre la France et la Russie vont être publiées.

Ce bruit a pris naissance le jour même où M. Le Senne a manifesté l'intention d'interpeller M. Hanotaux sur la politique étrangère. Cette interpellation devait porter précisément sur l'importante question des relations de la France et de la Russie. M. Hanotaux ayant prié M. Le Senne de différer sa question, on en a conclu qu'aussitôt après les fêtes de Kiel une communication officielle ou officieuse ferait connaître les termes ou les bases de ce traité.

Rien n'est moins exact, paraît-il. Les informations que dès la première heure nous avons recueillies à ce sujet nous permettent d'affirmer que le traité existe, mais qu'il ne sera jamais publié même en partie, au moins tant que le ministère actuel demeurera au pouvoir.

On estime en effet que de même que le traité qui unit l'Allemagne, l'Autriche et l'Italie, n'a pas été publié, de même le traité qui unit la France et la Russie doit demeurer secret.

Échos et Nouvelles

Mme Félix Faure, présidente d'honneur de l'Association des Dames Françaises, posera aujourd'hui à cinq heures, la première pierre de l'hôpital de cette Association, 3, rue Michel-Ange, à Auteuil.

Le ministre de l'agriculture et Mme Gadaud ont offert hier un déjeuner aux membres de la Conférence internationale pour la protection des oiseaux utiles.

Le déjeuner a été suivi, à trois heures, d'une brillante réception, dans le jardin de l'hôtel de la rue de Varenne.

La Conférence internationale pour la protection des oiseaux utiles clôt ses travaux aujourd'hui. La liste des oiseaux auxquels s'applique la convention élaborée par l'assemblée est arrêtée, mais cette convention devra être soumise à l'approbation de chacun des gouvernements contractants.

Un délai de trois ans est accordé aux différents pays d'Europe pour mettre leur législation en harmonie avec les principes adoptés par la commission internationale.

Le Conseil académique, réuni hier matin sous la présidence de M. Gréard, vice-recteur de l'Académie de Paris, a fixé la date de la distribution des prix dans les lycées et collèges du ressort au 31 juillet, l'ouverture des vacances au 1er août et la rentrée des classes au 1er octobre prochain.

D'anciens combattants de la campagne 1870-1871 avaient demandé par voie de pétition à la Chambre la création d'une médaille commémorative de la guerre franco-allemande.

La Commission des pétitions a conclu au renvoi au ministre de la guerre de cette demande qui lui paraît très justifiée, puisque pour des expéditions plus récentes et de moindre importance d'autres médailles ont été frappées.

La diversité de nos coiffures militaires s'accroît encore par l'adoption de la toque russe, que porteront désormais les vélocipédistes militaires, affectés à chaque état-major et à chaque corps de troupe.

Le numéro du corps d'armée et celui du régiment seront brodés en drap de couleur distinctive sur le devant de la toque. Pour les spécialités de certains services, la coiffure des vélocipédistes comporte en outre des insignes caractéristiques : grenades, canons, étoiles et nœuds hongrois, empruntés aux anciens uniformes des hussards.

Le dernier mot sur les gardes champêtres.

Les gardes champêtres communaux appartenant à la réserve de l'armée active qui justifient de six mois au moins de service dans leur emploi sont dispensés des périodes d'instruction imposées aux hommes de leur classe.

Ceux qui appartiennent à la territoriale et qui produisent la même justification sont dispensés de la période d'exercices du temps de paix.

Le recrutement a interprété la loi de diverses façons. La circulaire du ministre a pour but de régler cette question qui soulève des contestations chaque année.

A la suite de l'article de M. Laurent Tailhade, paru mercredi dans l'*Écho de Paris* et qui a amené de la part des étudiants des manifestations bruyantes, deux duels sont décidés.

Aujourd'hui, à cinq heures et demie, rencontre à l'épée dans les environs de Paris.

Demain autre rencontre dans les environs de Paris, mais cette fois au pistolet.

Allez ! Messieurs.

Une lettre encadrée de noir qui nous est adressée de Livourne (Italie), nous informe que le 1er juillet, dans la matinée, au Campo Santo de la Misericordia aura lieu l'inauguration d'un buste érigé à la mémoire de Giuseppe Bandi, qui, il y a un an, a péri de la main du plus lâche et du plus vil assassin.

Nous remercions le docteur Bandi, représentant de la famille et les rédacteurs de la *Gazette de Livourne* et du *Télégraphe* d'avoir eu la pensée d'associer leurs confrères de France à leur douloureuse et funèbre manifestation.

Nous nous joignons à eux pour flétrir une fois de plus les assassins de Giuseppe Bandi.

Giuseppe Bandi fut un de ceux qui para de sa vie la haine furieuse et aveugle dont sont animés contre la presse tous les Lélans qu'elle offusque par la liberté de son allure, qu'elle gêne et qu'elle dénonce quand quelque exécution décisive lui paraît nécessaire.

Honneur donc à Giuseppe Bandi.

— Oh ! mon Dieu ! monsieur, pardon. Je me suis assise sur votre chapeau.

— Il n'y a pas de mal, fait galamment le monsieur. Il en a vu bien d'autres !

ARRESTATION DE FRANÇAIS
A la Frontière italienne

Le commissaire spécial de Saint-Martin-Vésubie a apporté hier, à la préfecture de Nice, des détails sur des arrestations opérées à la frontière par des autorités italiennes.

Un habitant de Saint-Martin, nommé Gingo, qui était allé dans la direction de Valdieri pour herboriser, a été arrêté par les carabiniers italiens qui n'ont rien trouvé de suspect sur lui, mais l'ont maintenu en arrestation parce qu'il avait déjà été arrêté au même endroit l'année dernière et relâché.

Le frère de Gingo, ne le voyant pas revenir, alla à sa recherche. Il fut arrêté aussi.

Tous deux sont prisonniers à Coni.

Un Niçois, M. Cassole, était parti du village Saint-Sauveur pour faire une excursion également à Valdieri. Il fut arrêté sur Cima ... par les carabiniers ou les alpins italiens, puis mené par les carabiniers jusqu'à sa rentrée en France. Il y avait sur lui une carte de membre du Club alpin italien et fut reconnu comme rentier niçois, bien qu'on le prît d'abord pour un officier français.

INFORMATIONS POLITIQUES

FRANCE

LA SITUATION FINANCIÈRE DU TONKIN

Le projet de loi ayant pour objet de porter à 15 millions le fonds de roulement de l'Annam et du Tonkin a été approuvé hier par la commission du budget.

En outre, sur les propositions de M. Doumer, la commission a voté une motion invitant le gouvernement à déposer avant la fin de l'année 1895 un projet de loi portant liquidation complète de la situation financière du Tonkin.

M. Doumer a été chargé de présenter à la Chambre un rapport dans le sens de ces conclusions.

ÉTRANGER

ANGLETERRE

Londres, 28 juin. — Le premier engagement a eu lieu, hier, à la Chambre des lords, entre lord Salisbury et son prédécesseur, lord Rosebery. Au début de la séance, lord Salisbury annonce qu'il ne veut pas expliquer sa ligne politique actuelle. Le moment n'est pas encore venu. D'ailleurs, une seule chose qui se recommande à son parti, c'est la dissolution du Parlement aussitôt que possible. Il fera de son mieux pour hâter la décision que doit porter le pays : elle seule tracera la ligne politique à suivre.

ITALIE

Rome, 28 juin. — M. Cavalotti écrit au *Don Chisciotte* qu'il portera devant les tribunaux l'affaire soulevée par ses révélations. Toutefois la justice ne peut poursuivre le pro...

DÉPÊCHES TÉLÉPHONIQUES

Paris, 4 heures.

Conseil des ministres

Les ministres se sont réunis ce matin en conseil à l'Élysée, sous la présidence de M. Félix Faure.

Le ministre de la guerre a rendu compte à ses collègues de l'entrevue qu'il a eue hier avec la commission de l'armée, au sujet du service de deux ans.

Le conseil s'est ensuite entretenu du projet de loi des quatre contributions, qui sera prochainement déposé sur le bureau de la Chambre.

Le ministre des affaires étrangères a fait connaître les conditions de l'amendement déposé à la Chambre relatif à la discussion concernant l'arrangement commercial entre la France et la Suisse.

Le garde des sceaux a fait signer par le président de la République un décret.

Nous y relevons ce qui concerne notre département.

M. Champion, juge de paix à Attichy, est nommé juge de paix à Guiscard, en remplacement de M. Leroule, nommé juge de paix à Attichy.

Démission du ministre de l'agriculture

M. Gadaud a donné ce matin sa démission de ministre de l'agriculture afin de posséder son entière liberté d'action pour régler une affaire d'honneur.

On se souvient des incidents qui se sont produits à Reims au cours du récent voyage que le ministre a fait dans cette ville.

M. Mirman se considérant comme offensé par les paroles prononcées par M. Gadaud, lui a envoyé ses témoins.

Le duel a lieu ce soir à cinq heures.

L'arme choisie est l'épée de combat.

Congrès pénitentiaire international

Le Président de la République assistera demain à la séance solennelle d'ouverture du premier congrès pénitentiaire international. Cette réunion aura lieu dans le grand amphithéâtre de la Sorbonne, sous la présidence du ministre de l'intérieur.

La commission des douanes

La commission des douanes a examiné le projet déposé par le gouvernement modifiant certains articles du projet d'entente commerciale avec la Suisse.

Après discussion de MM. Develle, Méline, Georges Berger, de Chevalier, il a été décidé que la commission entendrait mardi le gouvernement.

A Madagascar

Majunga. — Une dépêche annonce l'arrivée, hier soir, de l'affrété *Fowia*. Tout va bien à bord.

Instruction publique

Dans une circulaire que le ministre de l'instruction publique vient d'adresser aux recteurs il est décidé :

« Les inspecteurs primaires et les directeurs des écoles normales qui auront atteint l'âge de 60 ans au cours de l'exercice 1896 seront admis à faire valoir leurs droits à une pension de retraite, à partir du 1er janvier prochain. »

Terrible accident

Genève. — Un terrible accident vient de se produire sur le lac Majeur.

Dix jeunes filles, travaillant dans une fabrique d'Intra, avaient pris un canot pour rentrer chez elles, dans un village voisin de la côte.

Pendant la traversée, l'embarcation fut surprise par un grain qui la fit chavirer.

Les dix jeunes filles, dont quatre sœurs, disparurent sous les flots.

Le batelier qui se trouvait dans la barque a également été noyé.

La mission Flatters

Paris. — L'ex-interprète Djebari annonce dans un journal qu'il publiera sous peu une brochure. Elle sera intitulée : « Les survivants de la mission Flatters ».

Il y sera démontré que quatre membres de cette mission sont encore vivants et sont prisonniers des Touaregs.

La Russie et l'Angleterre

Saint-Pétersbourg, 28 juin.

La chute du ministère libéral en Angleterre et l'avènement d'un cabinet tory n'ont produit aucune impression sur notre monde politique. Le cabinet Salisbury bien que franchement hostile à la Russie ne saurait l'être plus que le ministère Rosebery.

Malgré ses protestations d'amitié et les prétendues avances qu'il faisait à notre gouvernement, le cabinet libéral n'a fait que continuer la politique du ministère précédent, qui consistait à ourdir de continuelles intrigues contre la Russie.

Danemark

Copenhague, 28 juin.

Le traité de commerce conclu le 13 juin entre le Danemark et la Belgique a été publié hier officiellement.

Le traité est fait pour une durée de dix années et accorde aux deux pays réciproquement le bénéfice de la nation la plus favorisée.

Chine

Londres, 28 juin.

On mande de Hong-Kong au *Times* que les Japonais concentrent des troupes à Makung et se préparent à attaquer les Pavillons-Noirs.

Le général chinois a demandé à plusieurs reprises au commandant naval anglais de faire rembarquer ses troupes et il a même fait braquer une pièce de canon sur le quartier européen. Le commandant anglais a pris alors ses dispositions de combat, et en présence de cette attitude le canon a été retiré.

BOURSE DE PARIS

Cours du 29 juin 1895.

VALEURS	Cours précédent	Cours du jour
3 0/0	[illegible]	[illegible]
3 0/0 amortissable	[illegible]	[illegible]
3 1/2 0/0	[illegible]	[illegible]

BOURSE DE COMMERCE DE PARIS

Paris, 29 juin.

Colza	[illegible]	Blé	[illegible]
Avoine	[illegible]	Farine	[illegible]
Seigle	[illegible]	New-York	[illegible]

Marchés de Beauvais

Samedi 29 Juin 1895

Froment	[illegible]	Orge	[illegible]
Seigle	[illegible]	Avoine	[illegible]
Froment	[illegible]	Seigle	[illegible]
Méteil	[illegible]	Orge	[illegible]
Méteil	[illegible]	Avoine	[illegible]

Farines, les 100 kilog. [illegible]

Pois [illegible] — Raisins [illegible] — Trèfle [illegible] — Luzerne [illegible]

Pommes de terre, [illegible] — Œufs, [illegible] le quarteron — Beurre, [illegible] le demi-kilog.

Veaux gras, amenés [illegible], vendus [illegible], prix moyen [illegible]. Veaux maigres, amenés [illegible], vendus [illegible], prix moyen [illegible].

Méru. — Marché du 28 Juin 1895.

Les 100 kil. — Blé, [illegible] — Seigle, [illegible] — Orge, [illegible] — Avoine, [illegible] — Beurre, [illegible] — Œufs, [illegible] — Pain, [illegible]

Gournay. — Marché du 25 Juin 1895.

Blé, [illegible] — Seigle, [illegible] — Orge, [illegible] — Avoine, [illegible] — Pommes de terre, [illegible] — Beurre, [illegible] — Œufs, [illegible] — Pain, [illegible]

Imprimé sur machines MARINONI

LE MONDE DES JOURNAUX EN 1895

N° 10. — Deuxième année. Avril 1895

REVUE
Politique et Parlementaire

QUESTIONS POLITIQUES, SOCIALES ET LÉGISLATIVES

DIRECTEUR : **Marcel FOURNIER**
AGRÉGÉ DES FACULTÉS DE DROIT, LAURÉAT DE L'INSTITUT

Secrétaires de la Rédaction :

M. Félix ROUSSEL
Docteur en droit,
Avocat à la Cour de Paris.

M. DU VIVIER DE STREEL
Avocat, Ancien élève
de l'École des Sciences politiques.

RÉDACTION ; RUE DE L'UNIVERSITÉ, 110

La Revue Politique et Parlementaire publie chaque mois des articles critiques et documentés sur les projets et propositions de loi émanant ou pouvant émaner de l'initiative gouvernementale ou parlementaire. Ces articles sont l'œuvre de membres du Parlement, de membres de l'Institut, professeurs, fonctionnaires, publicistes, etc., possédant tous une compétence spéciale en la matière.

La Revue Politique et Parlementaire publie des « Variétés » sur les questions politiques, historiques, économiques, etc., à l'ordre du jour, en France et à l'Etranger.

La Revue Politique et Parlementaire donne un tableau complet de la vie politique et parlementaire en France et à l'Etranger. Chaque fascicule contiendra, à partir de 1895, une chronique de la politique intérieure et une chronique de la politique extérieure.

La Revue Politique et Parlementaire donnera dans le courant de l'année, et à tour de rôle, des chroniques étrangères : 1° sur tous les pays d'Europe : Allemagne, Angleterre, Autriche-Hongrie, Belgique, Bulgarie, Danemark, Espagne, Finlande, Grèce, Italie, Luxembourg, Norvége, Pays-Bas, Portugal, Roumanie, Russie, Serbie, Suède, Suisse, Turquie; 2° sur les principaux pays d'Amérique, Etats-Unis, Brésil, Chili, République Argentine, etc.; 3° sur l'Egypte et certains pays d'Afrique; 4° sur l'Australie; 5° sur le Japon, la Chine et l'Inde et certains états de l'Asie. — Ces chroniques seront rédigées par des hommes politiques ou des publicistes étrangers.

La Revue Politique et Parlementaire espère aussi pouvoir créer un élément précieux d'information en confiant à des collaborateurs spécialement compétents des Revues des principales branches de questions politiques et sociales : Revue des questions ouvrières. — Revue des questions agricoles. — Revue des questions administratives. — Revue des questions monétaires et financières. — Revue des questions d'assistance et de prévoyance. — Revue des faits sociaux. — Revue des questions industrielles. — Revue des questions coloniales. — Revue des questions algériennes et africaines. — Revue des questions commerciales.

La Revue Politique et Parlementaire contient enfin dans chaque numéro : 1° un État des travaux parlementaires en France et à l'étranger, avec renvoi aux textes officiels; 2° des Informations et des Statistiques; 3° une Bibliographie complète des questions politiques et sociales.

PARIS

ARMAND COLIN ET Cie, ÉDITEURS
Libraires de la Société des Gens de Lettres
5, rue de Mézières, 5

La *Revue Politique et Parlementaire* paraît le 5 de chaque mois.
Abonnement annuel : France, **20** fr.; Colonies et étranger, **25** fr.

VINGT-SEPTIÈME ANNÉE, N° 9,405

DIMANCHE 23 DÉCEMBRE 1894

LA SARTHE

JOURNAL QUOTIDIEN

LE LIBÉRAL DE L'OUEST

A. HAENTJENS, Fondateur

G. FOURNIER-CARVILLE

G. HECQUET

G. BLANCHET

UN TRAITRE

LE PASSÉ DE DREYFUS

CONSEIL DE GUERRE DE PARIS

L'AFFAIRE DREYFUS

LES FRAUDES DE TOULOUSE

A MADAGASCAR

EXCELLENCE!

L'INDEMNITÉ D'AIGUESMORTES

BULLETIN FINANCIER

BULLETIN du Département et de l'Ouest

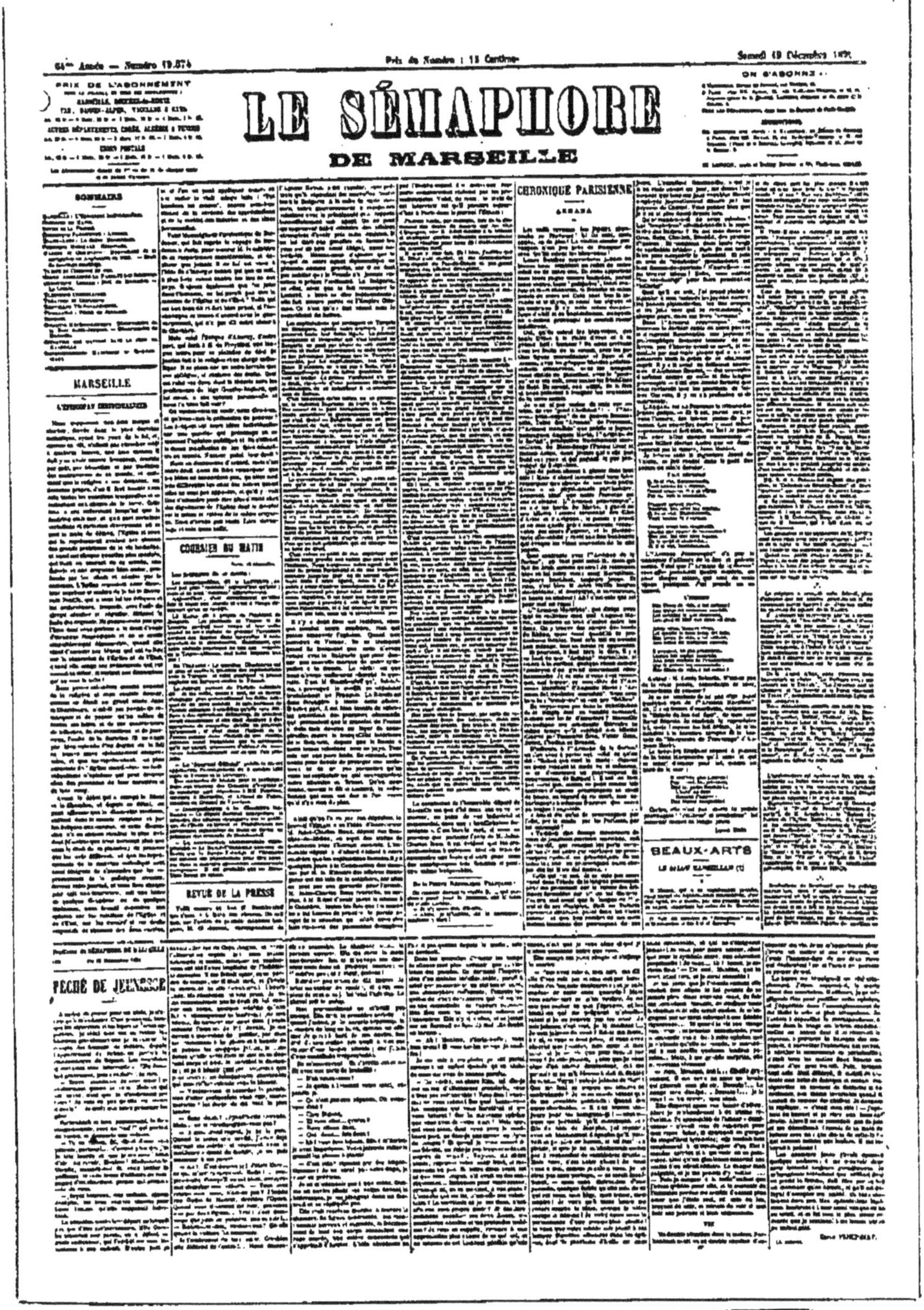

Imprimé sur machines **MARINONI**

13e Année. — N° 9,286. Un numéro : Paris et Départements, 15 centimes. ★ Vendredi 25 Janvier 1895.

PRIX DE L'ABONNEMENT

PRIX DE LA PUBLICITÉ

LE SOIR

Journal d'Informations

Donnant à 8 heures les dernières nouvelles de la journée et le compte rendu complet des Chambres

2e ÉDITION

LIRE

A LA QUATRIÈME PAGE :

BOURSE DE PARIS

BOURSES ÉTRANGÈRES

Bourse commerciale de Paris

La Crise Ministérielle

LA COMBINAISON BOURGEOIS

A l'Élysée

A la Chambre

ENCORE UN SUICIDE

DERNIÈRE HEURE

NOS TÉLÉGRAMMES

NOUVELLES DIVERSES

LES SCANDALES

LES AFFAIRES DE CHANTAGE

Le cas de M. Merry

NOTES EXTÉRIEURES

LE SOUDAN ÉGYPTIEN

Le numéro CINQ CENTIMES

LE SOLEIL

MERCREDI 17 AVRIL 1895

DÉFENSE DES PRÉVENUS

JAPON ET CHINE

ÉCHOS

L'EXPÉDITION DE MADAGASCAR

NOUVELLES DE L'ÉTRANGER

LA GUERRE EN CHINE

M. Félix Faure en Normandie

Imprimé sur machines MARINONI

Deuxième Année — N° 934

[illegible]

5 cent. le N°

15, rue Richer — PARIS

Le Supplément

GRAND JOURNAL LITTÉRAIRE ILLUSTRÉ

Paraissant trois fois par semaine : les MARDIS, JEUDIS et SAMEDIS

15 Août 1895

[illegible]

le N° cent. 5

SOMMAIRE

[illegible]

CAUSERIE

[illegible]

L'INCENDIAIRE

[illegible]

[illegible]

ECHOS

[illegible]

UN SUICIDE

Par MAURICE LEBLANC

[illegible]

[illegible]

René Maizeroy

SONNET D'AMOUR

[illegible]

COURS DE CHANT POUR CHANTS DE COURS par *Two Vavass' Sisters*

[illegible]

Le Temps

PRIX DE L'ABONNEMENT

PARIS, 9 FÉVRIER

BULLETIN DU JOUR

ITALIE

AFFAIRES COLONIALES

DÉPÊCHES TÉLÉGRAPHIQUES

MAXIME DU CAMP

FEUILLETON DU *Temps*

FIDELKA

FERNIQUE, Ph. Sc.

Imprimé sur machines MARINONI

5 CENTIMES

Le Petit Temps

5 CENTIMES

Supplément au Journal le Temps du 28 JANVIER 1894 (Gratuit pour les abonnés du Journal)

DERNIÈRES DÉPÊCHES DE LA CHAMBRE

SUITE DE LA SÉANCE

5 h. 30

L'interpellation Clovis Hugues

M. Clovis Hugues examine les résultats des perquisitions faites chez un certain nombre de personnes, plus spécialement en province.

Il cite les perquisitions faites chez un citoyen de Troyes, au domicile duquel on a découvert des allumettes de contrebande. Mais ce citoyen a fait la preuve que celles de la régie ne prenaient pas

On a arrêté d'honnêtes citoyens, uniquement parce qu'ils étaient les amis de la famille Reclus.

On a dissous des réunions publiques parfaitement régulières.

L'orateur dit qu'aucun texte n'autorise le gouvernement à saisir un journal avant qu'il ait paru, pas plus qu'à saisir la correspondance des journaux comme il l'a fait à Lyon pour le *Chambard*, et comme il a saisi des numéros non poursuivis du *Père Peinard* et de la *Révolte*. (Interruptions.)

En poursuivant le *Catéchisme du soldat*, on poursuit l'œuvre de tous les poètes, et il faut chasser le souvenir de Victor Hugo et de Michelet.

M. Clovis Hugues conclut. Naguère, dit-il, on reprochait au parti socialiste son petit nombre. Patience, répondions-nous, nous ferons des petits; aujourd'hui les petits sont là. Que le gouvernement continue sa politique de persécution qui vaut mieux pour l'idée que toutes les propagandes, et bientôt nous pourrons ouvrir les États généraux du nouveau 89.

M. Raynal répond. Le discours de M. Clovis Hugues, dit le ministre de l'intérieur, peut se résumer en deux mots : M. Clovis Hugues fait grief au gouvernement d'avoir appliqué les lois votées récemment par les Chambres. Adversaire de ces lois, M. Clovis Hugues eût préféré qu'on laissât aux anarchistes la liberté du laboratoire. (Applaudissements.)

Ces lois, il n'est pas vrai que le gouvernement les ait arrachées à la Chambre en un moment de terreur; le péril existait depuis longtemps.

Il y avait eu les explosions de Paris, de Barcelone, de Chicago.

Le gouvernement, après avoir obtenu ces lois, les a appliquées avec sang-froid. Il a fait des perquisitions. Elles ont eu des effets directs et des effets indirects.

Elles ont permis de fixer l'effectif anarchiste.

Leur résultat, très probablement, indiquera l'existence d'une association de malfaiteurs.

On a trouvé chez un anarchiste du Havre des titres volés; il est bon que l'on sache qu'il y a parmi les anarchistes des voleurs

L'effet a été de répandre parmi les anarchistes une terreur salutaire. (Bruit à l'extrême gauche.)

Les perquisitions s'étendant partout devaient s'étendre aux pontifes de l'anarchie comme M. Elisée Reclus.

M. le ministre constate que, dans l'interpellation, on n'a pas parlé de Paul Reclus, qui s'est dérobé par la fuite

M. Raynal examine les doctrines d'Elisée Reclus. Il donne lecture de quelques passages de la brochure *A mon frère paysan*, contre l'héritage et contre la propriété individuelle.

M. Raynal rend compte du résultat de quelques-unes des perquisitions faites. Les documents dont il se sert n'appartiennent pas, explique-t-il, à des dossiers judiciaires, pas plus que la pièce lue l'autre jour concernant Cohen et qui était une pièce purement administrative.

Il indique ce qui a été trouvé d'engins explosifs.

Parlant d'une perquisition opérée à Marseille, il y avait, dit-il, de quoi faire sauter toute la Cannebière. (On rit.)

Le ministre emprunte quelques citations à l'almanach du *Père Peinard* qui, dans ses éphémérides, célèbre des voleurs et des assassins et qui, ailleurs, imprime qu'il n'est pas de patrie pour tout citoyen digne de ce nom.

Il cite cette phrase d'un journal : « La marmite de Vaillant, à l'aquarium, a secoué les puces à la racaille du gouvernement. » (Cris : assez ! assez !)

Le droit de réunion n'a pas été violé.

On a dissous une réunion où le bureau invitait l'assistance à déclarer que Vaillant n'était pas coupable.

Peut-on, dans de pareilles circonstances, faire à la République l'injure de l'assimiler à l'empire. (Applaudissements.)

M. Raynal invite la Chambre à dire si elle veut que les lois soient appliquées ou qu'elles sommeillent.

La République, dit-il en terminant, n'a pas démérité. S'il lui reste beaucoup à faire, elle a beaucoup fait.

Les membres du gouvernement qui sont du peuple et qui représentent le peuple, aussi bien que M. Clovis Hugues, continueront à se préoccuper des moyens d'améliorer le sort des travailleurs. Ils s'en occuperont avec lui ou sans lui. (Vifs applaudissements.)

M. Viviani répondant au ministre lui reproche d'avoir violé la loi en faisant saisir des correspondances adressées à des personnes qui n'étaient comprises dans aucune information judiciaire.

Il cite l'exemple d'une lettre adressée à un correspondant du *Chambard*, saisie à la poste de Montluçon

Le gouvernement a établi des confusions perfides entre les anarchistes et les socialistes.

M. Chaudey, fils de l'ancien adjoint au maire de Paris, fusillé par la Commune, montant ensuite à la tribune constate que M. Jules Guesde s'est, dans un journal, posé en revancheur de la Commune. (Interruptions violentes.)

MM Thivrier, Clovis Hugues et divers autres à l'extrême gauche. — Vive la Commune ! (Tumulte.)

M. le président. — Je propose en vertu de l'article 121 du règlement d'appliquer la censure avec exclusion temporaire à l'auteur de ce cri odieux ! (La censure ! la censure !)

M. Thivrier demande à s'expliquer sur ce cri qu'il a proféré et dit : « Je le maintiens »

La Chambre, consultée, prononce contre M. Thivrier la censure avec exclusion temporaire.

M. Thivrier, refusant de sortir de l'enceinte, le président suspend la séance pour une demi-heure.

L'expulsion de M. Thivrier

Immédiatement après la suspension de la séance prononcée par le président, on a fait évacuer les tribunes du public et de la presse.

La plupart des députés sont sortis de la salle

M. Thivrier est assis à son banc, entouré d'un petit bataillon d'une trentaine de socialistes, parmi lesquels MM. Baudin, Sembat, Avez, Groussier, Couturier, etc.

Il semble avec ses amis décidé à résister à l'invitation de quitter la salle.

5 h. 40

M. Thivrier reste à son banc, entouré de ses amis socialistes, tandis que le reste de l'enceinte se vide

Force est de faire appel au piquet du garde et au commandant militaire du Palais-Bourbon

5 h. 45

Les députés, une fois sortis de la salle, n'ont pu y rentrer. L'accès leur en a été interdit en vertu du règlement.

On a alors fait entrer le piquet des gardes républicains de service au palais dans la salle des séances pour en expulser M. Thivrier et ses amis socialistes restés avec lui à leur siège

6 heures

Le colonel commandant militaire du palais, assisté de M. Guillemet, l'un des trois questeurs, précédant le détachement de gardes républicains qui était resté dans l'hémicycle, s'est avancé vers M. Thivrier et l'a invité, en vertu de la décision de la Chambre, à quitter la salle.

M. Thivrier a répondu : « Je suis ici pour siéger et non pour sortir. » Le colonel ayant répondu qu'il serait alors obligé de faire appel à la force

— Faites, a dit le député de l'Allier.

Le colonel a alors fait avancer les soldats, qui ont entouré M. Thivrier pendant que ses amis socialistes assistaient sans rien dire à la scène

M. Thivrier, s'adressant alors aux soldats, leur a dit : « Mes enfants, vous êtes des enfants du peuple, je ne vous en veux pas, mais on vous fait faire une sale besogne. »

Puis M. Thivrier est sorti en criant : « Vive la Commune ! » cri qui a été répété par tous les socialistes présents.

M. Thivrier a quitté le palais d'où il est exclu pour quinze séances.

Il est en outre privé de moitié de l'indemnité pendant deux mois consécutifs.

6 h. 30

Reprise de la séance

L'incident terminé, le président a rouvert la séance.

M. Vaillant déclare que ses amis socialistes et lui se considèrent comme solidaires de M. Thivrier

L'orateur demande à défendre la Commune contre les attaques dirigées. (A la question ! à la question !)

La Commune a été un grand mouvement social. (Assez ! assez !)

Le bruit des couteaux à papier et des couvercles de pupitre couvre la voix de l'orateur

Les ordres du jour

Deux ordres du jour sont présentés, l'un de M. Viviani, ainsi conçu

La Chambre, réprouvant les atteintes portées à la liberté individuelle et les poursuites illégales dirigées contre les associations syndicales et contre l'idée socialiste, passe à l'ordre du jour

L'autre, de M. Jumel, est conçu en ces termes

La Chambre, approuvant le gouvernement et convaincue qu'il continuera à assurer l'ordre et la sécurité publiques en appliquant les lois récemment votées, passe à l'ordre du jour.

La priorité est donnée à l'ordre du jour Viviani qui est repoussé par 441 voix contre 73.

M. d'Hulst demande à expliquer son vote, ses amis ont voté les lois récentes, mais n'ont pas entendu donner un blanc-seing au gouvernement. Ils voteront l'ordre du jour pur et simple.

M. Casimir-Perier demande le vote de l'ordre du jour Jumel

L'ordre du jour pur et simple est repoussé par 404 voix contre 114

L'ordre du jour de M. Jumel est adopté par 408 voix contre 64.

La Chambre s'ajourne à mardi pour l'interpellation de M. Lockroy et fixe au lundi 12 février les interpellations de MM. Turrel et Brousse

La séance est levée à 8 h. 30

AU PALAIS

Le « Catéchisme du soldat »

Me Paul Morel, défenseur de M. Maurice Charnay, a développé cette thèse que son client n'avait voulu faire qu'une sorte de psychologie du métier actuel du soldat, s'adressant à tout le monde.

Si on y a vu autre chose, c'est qu'il a été mal compris.

M. Maurice Charnay s'est borné à ajouter ces quelques mots :

« Je m'en remets à la sagesse de Messieurs les jurés. Je suis un homme de travail et de sincérité. »

Après une courte délibération, le jury a rendu un verdict de culpabilité sans atténuation

M. Maurice Charnay a été condamné en conséquence à six mois de prison et 100 fr. d'amende.

C'est le maximum de la peine applicable en vertu de l'ancien article 25 de la loi sur la presse, sous lequel tombait la publication effectuée avant la promulgation des modifications aggravantes récemment votées par le Parlement.

DERNIÈRES DÉPÊCHES DU SÉNAT

Crédit agricole

La commission chargée de l'examen du projet de crédit agricole a adopté, en principe, l'article 1er des dispositions arrêtées par la commission interparlementaire.

On sait que cet article dispose que seuls les syndicats agricoles ou des membres de ces syndicats auront la facilité de faire fonctionner parallèlement à ces syndicats des établissements de crédit agricole.

La propriété foncière en Algérie

La commission sénatoriale de l'Algérie s'est réunie aujourd'hui, pour examiner 15 amendements déposés par MM. Jacques et Lesueur relativement à la proposition de loi dont M. Franck Chauveau est le rapporteur sur le régime de la propriété foncière en Algérie.

La commission a pris ensuite connaissance du rapport de M. Combes sur l'enseignement supérieur des indigènes algériens et la réorganisation des medersas.

Voici les conclusions du rapport de M. Combes :

La commission émet le vœu :

1° Que les medersas soient réorganisées sur les bases proposées par le recteur d'Alger et approuvées par le gouvernement.

2° Qu'elles continuent à fonctionner comme écoles spéciales et préparatoires aux fonctions publiques musulmanes; mais qu'elles soient rendues accessibles, quant à leur enseignement, à tous les jeunes indigènes qui en feront la demande, sous réserve de condition d'aptitude à déterminer.

3° Que le programme d'études embrasse, pour la partie musulmane et pour la partie française, des cours de

A. FERNIQUE, PH. SC.

Quatre-vingt-quatrième année — N° 131 · Paraissant les Mardi, Jeudi et Samedi · Mardi 17 Novembre 1914

LES TABLETTES DES DEUX CHARENTES

JOURNAL POLITIQUE

Le Numéro 10 c. · Le Numéro : 15 c.

Rochefort, 16 Novembre

FEUILLETON DES TABLETTES

NORINE

par

Ferdinand FABRE

Imprimé sur machines MARINONI

Quatrième Année. — N° 954 · 5 Centimes · Dimanche 11 Août 1895

LE VÉLO

JOURNAL QUOTIDIEN DE LA VÉLOCIPÉDIE

La vélocipédie est autre chose qu'un sport : c'est un facteur social. — Pierre Giffard.

RÉDACTION ET ADMINISTRATION
43, rue Vivienne, 43, Paris
ABONNEMENTS :
PARIS ET DÉPARTEMENTS
Un an .... 20 fr.
Six mois .... 10 »

Directeur-Gérant : PAUL ROUSSEAU
Continuateur du VÉLOCE-SPORT hebdomadaire
TÉLÉPHONE. — Adresse télégraphique : VÉLO-PARIS
Le VÉLO est mis en vente à Paris tous les matins.
Le VÉLO est expédié dans les Départements par les premiers courriers du matin.

PUBLICITÉ, ANNONCES
43, rue Vivienne, 43, Paris
ABONNEMENTS :
ÉTRANGER
Un an .... 30 fr.
Six mois .... 15 »

ZIM A PARIS

Zimmerman est de retour parmi nous !

Le célèbre Yankee volant est arrivé hier soir à 7 h. 1/2 à la gare du Nord.

Se souvenant, sans doute, qu'un collaborateur du *Vélo* avait été le seul à lui souhaiter la bienvenue déjà l'an dernier, quand il avait mis pour la première fois le pied sur le sol parisien, Zim avait eu l'amabilité de nous faire savoir par dépêche l'heure exacte à laquelle il arriverait. Nous avons donc eu, cette fois encore, le plaisir d'aller à sa rencontre sur le quai du chemin de fer.

A 7 1/2 (à 7 h. 33, si l'on veut de la précision), un sifflement retentit et le train de Londres fait bruyamment son entrée dans le vaste hall de la gare. Une tête se montre à la portière d'un compartiment de première : c'est lui, c'est Zim !

Le Yankee volant descend de wagon et, dès qu'il nous aperçoit, vient à nous les mains tendues. Il y a un an que nous ne nous sommes vus, mais il nous aborde avec un *How are you, old chap?* (comment va, mon vieux ?) aussi calme, aussi posé que si nous nous étions quittés la veille. O admirable flegme yankee !...

Mais Zim n'est pas seul, il est accompagné de sa jeune femme à laquelle il nous présente et qui, très élégante dans son costume de voyage gros bleu, en vraie Américaine, nous donne un vigoureux shake-hands.

« Ce n'est pas la première fois que je viens à Paris, me dit-elle, et je suis bien contente oh ! oui, bien contente de revenir dans cette ville avec mon mari. Quel beau voyage de noces il me fait faire !... »

Un détail amusant : Mme Zimmerman n'a jamais mis le pied sur une pédale de bicyclette ; elle compte apprendre, il est vrai, avec son mari comme professeur, bien entendu.

Après l'inévitable visite des douaniers qui, pas confiants, font ouvrir les trois malles de Zimmie pour s'assurer qu'il n'a pas caché de cigares dans les toilettes de sa femme, le « roi » des coureurs s'est rendu à l'hôtel Normandy où, après avoir dîné, il nous a fait part de ses projets.

« Je compte, nous a-t-il dit, rester deux ou trois semaines à Paris, cependant cela dépendra de ce que décidera mon ami Walford qui doit m'accompagner en Australie.

« A l'heure qu'il est, je ne suis certainement pas en complète condition, car la traversée m'a quelque peu fatigué et il me faudra bien une huitaine de jours de « travail » à Buffalo pour retrouver ma forme. Toutefois, je ne dis pas que je ne participerai à aucune course en France et, dès demain dimanche, je m'entraînerai sur la coquette piste de Neuilly dont j'ai gardé le meilleur souvenir. L'après-midi, j'irai, en compagnie de ma femme, assister à la course de six heures et donner le bonjour à mes camarades français. »

Zim sera donc aujourd'hui à Buffalo.

Un des rares visiteurs qu'il ait reçus hier dans la soirée a été M. Baduel qui, toujours confiant dans la valeur du *Flying Yankee*, est encore disposé à le matcher pour un enjeu de 25.000 à 100.000 francs contre n'importe quel coureur.

Paul Hamsbury.

SUR LA ROUTE DE PARIS-ROYAN

(Lettre de notre envoyé spécial)

Angers, 9 août.

En organisant la grande course Paris-Royan et surtout en lui faisant suivre un itinéraire autre que le parcours classique, le *Vélo* pourra se flatter d'avoir fait de bonne besogne pour la vélocipédie.

Des villes aussi cyclistes que le Mans et Angers, c'est-à-dire de véritables centres vélocipédiques, n'avaient jamais été traversées par les grandes épreuves sur route qui, presque toutes, passaient dans ces régions sous les Landes. Aussi c'est un véritable événement, l'annonce de la course excite un intérêt considérable et de toutes parts, on va se mettre en frais pour recevoir les coureurs.

Partout où j'ai installé des contrôles, et même dans les petits bourgs, où les concurrents brûleront à « trente à l'heure », on m'a accablé de questions. « A quelle heure passeront-ils ? Combien sont-ils ? Que va gagner ? », etc. et l'on s'est mis à mon entière disposition pour tous les détails.

La route dans son ensemble est splendide et l'on ne pourrait y rencontrer une vitesse remarquable ; elle est médiocre seulement entre Rambouillet et Chartres, mais magnifique ensuite, avec deux ou trois traversées de vallées [illegible].

A Chartres, ce sont ce qu'est un contrôle, [illegible] Bordeaux-Paris [illegible] (1891-1892-1893), et c'est un plaisir pour les cyclistes chartrains que de revoir cette animation si spéciale.

A Nogent-le-Rotrou (1,300 m. de pavés) on est content, parce que — c'est du nouveau —, jamais aucune course n'est venue là.

Chose curieuse aussi, malgré ses 11,000 habitants, cette localité ne possède ni société vélocipédique, ni conseil de [illegible] et j'ai dû m'adresser à un ou deux cyclistes dévoués pour organiser le contrôle.

Au Mans, c'est autre chose, et la société l'Union Vélocipédique de la Sarthe va organiser un contrôle superbe sur la grande place de la République où la population se pressera. J'ai vu le dévoué président de l'U.V.S., M. [illegible], qui ne ménagera ni son temps, ni ses peines. Leur [illegible], M. Bollée, très connu dans le monde de l'automobilisme, puisqu'il a pris part à la course Paris-Bordeaux et retour avec sa voiture à vapeur, m'a fait visiter ses ateliers et m'a montré un nouveau [illegible] à vapeur en construction qui, je crois, fera parler de lui. Avant de quitter le Mans, je dois noter ce fait que l'U.V.S. compte 450 membres actifs, ce qui me paraît un record ; cette société a son local, et son bulletin officiel spécial, intitulé *l'Étoile Cycliste* est fort gentiment rédigé.

Le Mans, d'ailleurs, a toujours été une ville très vélocipédique et qui a produit quelques célébrités de la piste ne serait-ce que Fourbier et Lamonnerie.

A la Flèche où je suis allé ensuite, j'ai constaté le même état d'esprit qu'à Nogent : 10,000 habitants, 200 cyclistes et pas de club ! Fort heureusement, grâce à l'aimable correspondant du *Vélo*, M. [illegible], j'ai rapidement organisé un contrôle qui fonctionnera parfaitement sous sa surveillance.

J'ai gagné Angers par une route idéale, quoique légèrement ondulée. Mais comme sol, un vrai billard !

La capitale de l'Anjou est en fête actuellement, par suite de l'Exposition installée sur la place du Champ-de-Mars, ce qui fait que les [illegible] forcés de prendre un petit détour dans Angers, détour dont les détails seront publiés en temps utile.

C'est avec enthousiasme que le Véloce-Club Angevin, d'accord avec le correspondant du *Vélo*, M. Lecoulier, a accepté d'organiser le contrôle qui sera installé chez nous. Il se tiendra à l'hôtel d'Anjou, c'est-à-dire au siège même du V. C. A.

M. Gelineau, l'aimable président, y est assuré le concours de tout son club, et ce n'est pas peu dire, car le V. C. A., une des plus vieilles sociétés de France (fondée en 1873) compte 400 membres actifs. Son histoire est liée avec celle de la vélocipédie française et il suffit de rappeler les noms de Cottereau, Charron, Béconnais, Chéreau, d'Arbeval, tous originaires d'Angers, pour s'en convaincre.

Voilà donc la grande moitié de l'itinéraire (Paris-Angers) toute prête. La route s'annonce tout aussi bien.

Victor Breyer.

P. S. — Rappelons que les engagements pour Paris-Royan seront clos demain lundi à midi.

Résultat douteux

La course de six heures à Buffalo, qui était primitivement fixée au 18 août, s'est trouvée avancée de huit jours par suite de l'indisposition de Houben qui ne peut courir aujourd'hui son match avec Morin.

On aurait pu craindre que ce changement de date nuisît à la course en prenant quelques concurrents un peu au dépourvu, mais il n'en a rien été, la plupart des compétiteurs se trouvant actuellement dans leur meilleure forme.

Les principaux spécialistes du demi-fond vont donc se retrouver en présence, sauf Michael, qu'une campagne très fournie a un peu fatigué, et qui ne se sent pas tout à fait en condition pour une course qui promet d'être très disputée et qui comporte la plus longue distance qu'il ait jamais fournie.

Le jeune coureur anglais préfère avec [illegible] plutôt que de risquer de se faire battre de cette façon ; mais l'absence de Michael est peut-être un attrait de plus en laissant à la course un [illegible] qu'elle n'avait pas sans cela.

Le champ de tantôt va être un des plus plus beaux qu'on ait vus dans une course de six heures, tant par le nombre que par la qualité des compétiteurs. En effet, les engagements sont au nombre de dix-sept. La course va se trouver être un véritable match franco-anglais par équipes.

Le camp anglais se présentera formidable avec Arthur et Tom Linton, Lumsden, Lewis et Rosser.

Le camp français sera également solidement représenté, entre autres par Lesna, Thé, Ez et Garin.

Du côté des Anglais, le meilleur semble être Arthur Linton. L'excellent coureur, si brillant l'année dernière, avait par suite de santé, fait cette année un commencement de saison assez médiocre qui pouvait faire craindre qu'il ne retrouvât pas son ancienne forme. Il a fait depuis quelque temps de très rapides progrès, et a retrouvé presque complètement son beau style d'autrefois, que son grand courage l'aidera puissamment.

Une des principales surprises de la course sera la rentrée de Lumsden. Le vieux coureur est un homme à surprises ; il a fait, à tour de rôle, des courses pitoyables et d'autres, très brillantes, s'il est dans un de ses bons jours, il peut donner du fil à retordre aux meilleurs de ses rivaux.

Tom Linton et Lewis ont une bonne qualité, mais cependant pas assez pour aspirer à la première place. Quant à Rosser, qui fait ses débuts en France, il a gagné cette année une course de 24 heures en Angleterre. Vu la médiocre valeur des coureurs de fond anglais actuels, cet exploit n'est pas suffisant pour le désigner comme un concurrent redoutable.

Parmi les Français, on distingue tout d'abord Lesna et Thé, qui semblent destinés à jouer les frères Siamois de la piste, tant ils ont l'habitude de se retrouver dans les mêmes épreuves.

Jusqu'ici, Lesna a eu le dessus sur Thé, mais d'après le résultat de sa dernière course de 100 kil., il semble que celui-ci devra cette fois prendre sa revanche, car il marche magnifiquement et la distance lui convient mieux qu'à Lesna, qui la trouvera sans doute un peu longue.

Ez est un bon coureur du Midi qui a fini second derrière Thé dans la course du *Petit-Var*. Il fera sans doute une bonne course. Garin marche honorablement, mais la distance est trop courte pour qu'il puisse en retirer tous ses avantages.

En résumé, les deux coureurs qui semblent devoir se disputer la première place sont Thé et Arthur Linton. La qualité indiquerait peut-être le second, mais la forme actuelle doit faire préférer le premier. Toutefois Lesna et Lumsden, s'ils se trouvent bien, sont tous deux de taille à modifier ces appréciations.

Aussi, bien audacieux serait le pronostiqueur qui oserait formuler un avis catégorique. Cette incertitude même du résultat est d'ailleurs un élément d'intérêt de premier ordre qu'apprécieront fort les amateurs d'inconnu.

E. Housset.

MEMORANDUM

Des chiffres qu'un expert aux gages de l'ex-Comité directeur de l'U. V. F. a lui-même indiqués, il appert (voir le *Vélo* du 9 août) qu'en fin d'exercice, le résultat de l'administration des sept usurpés qui détiennent illégitimement le pouvoir en ce moment se solde par les chiffres suivants :

Dépenses	110 271 20
Recettes	104 959 »
Déficit	5 312 20

Bien entendu que c'est un minimum car, outre ce déficit, l'U. V. F. est engagée dans une dépense de Guides Larousse, de 12,000 fr., sur laquelle dépense 2,000 fr ont été versés à ce jour.

Voilà la situation qui se dégage du rapport de l'expert lui-même, en acceptant ses prévisions optimistes.

La péril serait autrement grave si on liquidait au 30 septembre prochain, on se trouverait en face, ainsi que nous l'avons prouvé, d'un passif de 14,000 francs.

∴

Devant pareille situation, devant la nouvelle preuve d'estime donnée à M. d'Iriart d'Etchepare par la majorité plébiscitaire, nous croyons devoir répéter encore la note que voici :

Il n'y a qu'un pouvoir depuis, actuellement, à la tête de l'Union Vélocipédique de France, dans la personne de M. d'Iriart d'Etchepare, son dévoué président.

L'adresse personnelle de M. d'Iriart d'Etchepare est 8, rue Jeanne-d'Albret, à Pau (Basses-Pyrénées), où toutes les communications intéressant l'Union peuvent lui être adressées par les consuls, présidents de sociétés, directeurs de vélodromes, etc., etc.

Aucune pièce, comptable ou autre, n'est valable que si elle porte sa signature.

En faisant soigneusement le vide autour des sept compagnons, dont le rôle devient chaque jour plus attristant et la responsabilité plus grave, les vrais Unionistes assureront le salut de l'Union, s'il en est temps encore.

Le Vélo.

BARDEN-MICHAEL

Encore un grand match en perspective.

Barden et Michael courront le 25 de ce mois, à Buffalo, un match sur 50 kilomètres avec entraîneurs.

Si l'on songe au train formidable que vont soutenir Barden, si l'on se rappelle, d'autre part, les merveilleuses performances de [illegible] prodige, et ses huit brillantes victoires de cette saison, on devine ce que sera la lutte entre deux coureurs de telle force.

Pour peu que le temps s'y prête ce jour-là, je crois, une jolie dégringolade de records ce jour-là.

Chanteloup.

Échos de la journée

Aujourd'hui a mode course de 6 heures au vélodrome Buffalo.

A Roubaix, championnat de vitesse de la fédération du Nord et réunion importante à laquelle prendront part Bourrillon et Barden.

—

Un champion aux enchères !

Morin, qui s'est révélé ces temps derniers comme un des meilleurs coureurs français, a fait, hier, une excellente journée.

Comme tous les coureurs en renom, il était appointé par une maison de cycles ; il avait 250 francs par mois d'une fabrique française, mais son traité impliquait un dédit de 1,000 fr. s'il venait à monter une autre marque.

Or, des offres avantageuses lui ayant été faites vendredi par une marque anglaise, Morin les a acceptées. Il a signé un nouveau traité qui lui garantissait 500 francs par mois, mais avec un dédit de 2,500 francs.

L'affaire était conclue et l'on s'attendait déjà dans le monde des coureurs à voir Morin sur sa nouvelle machine.

Or, lorsque le jeune Breton est allé, hier, payer son premier dédit de 1,000 francs, ses anciens patrons ont refusé de le laisser partir. Séance tenante, un nouveau traité a été rédigé et signé.

Morin aura désormais 750 francs par mois, de plus, on lui a donné les 2,500 francs de son dédit avec la maison anglaise... qui n'a pas [illegible].

—

La fête du Touring-Club, qui avait été organisée pour le 21 juillet dans le bois de la Grange, avait, on s'en souvient, été empêchée par le mauvais temps persistant qui, pendant plus de trois semaines, a contrarié courses et excursions.

La partie a été remise au jeudi 15 août, si le temps veut bien le permettre.

Rendez-vous à 8 heures, au pont de Champigny, d'où sera donné le départ. Des contrôles seront placés à Boissy-Saint-Léger, Limeil, du passage à niveau dans les bois de la Grange et à la descente de l'Abbaye.

L'arrivée se fera au bout de l'avenue de la Grange.

Après le jeu, distribution des prix aux gagnants. Des prix spéciaux seront réservés aux dames.

Des courses de bagues, de serpentins et autres jeux, pour lesquels des souvenirs seront offerts, seront données dans l'après-midi.

Les sociétaires peuvent adresser leurs adhésions au siège social ou à M. Savoure, délégué, rue Saint-Pierre, à Charenton.

—

La réclame à vélo.

Nous sommes loin aujourd'hui des traditionnels hommes-sandwiches qui arpentaient les boulevards *pedibus cum jambis*, nous avons maintenant la femme-sandwich à bicyclette.

Hier, la cycliste qui a inauguré cet original système de réclame est venue nous rendre visite au *Vélo*. Coiffée d'un sombrero à la Cody dont le ruban porte le nom d'un magasin d'habillements de sports, elle a sur la poitrine l'annonce d'une marque de cycles, et dans le dos celle d'un reconstituant énergique. Elle nous a conté avec enjouement qu'elle avait eu encore d'autres annonces pour le col et les poignets de sa chemisette.

Pour le moment elle se promenait... en fiacre, son pneumatique étant en réparation ; mais dès demain elle réenfourchera sa bécane et parcourra aux bonnes heures de l'encombrement quatre ou cinq fois les boulevards et deux ou trois fois la rue de Rivoli.

Elle paraissait enchantée d'adopter ce métier de son idée, non pour se faire voir, dit-elle, mais pour gagner sa vie.

Le moyen est original et, à tout prendre, en vaut bien un autre.

—

Un écho amusant de la crise de l'U.V.F. :

Un des sept révoltés a l'habitude tous les ans de quitter Paris le 15 juillet pour aller passer six semaines aux bains de mer.

Or, comme la crise a commencé le 16 juillet et qu'elle n'a pas l'air de toucher à sa fin, ledit révolté n'ose quitter Paris et abandonner le local de la rue Saint-Ferdinand !

Cela ne fait pas l'affaire de toute la famille du révolté qui, épouse en tête, proteste énergiquement en prenant le ciel de [illegible] état de choses.

—

Un ballet intitulé *Venus* doit figurer prochainement sur les affiches de la Scala, de Milan.

Dans la principale scène, un grand nombre de dames cyclistes paraîtront en costume rationnel et danseront un pas spécial très enlevé et, paraît-il, très... cyclique, bien que je ne voie pas au juste ce qui peut rendre cycliques ou non les variations d'une danseuse.

C'est égal, la bicyclette dans un ballet mythologique !

—

On va s'arrêter le nombre des véhicules qui circulent dans Paris !

On se souvient de la bicyclette qui a été une des curiosités du Salon du Cycle et qu'on a baptisée, à cause de son ossature cadre « bicyclette l'Eiffel ». Or voici qu'elle circule journellement dans Paris, montée par un cycliste qui se trouve perché à la hauteur d'un entresol et qui paraît aussi à l'aise que sur une bicyclette ordinaire. Il lâche les mains et évolue au milieu des voitures avec une aisance sans pareille. Hier, nous l'avons rencontré dans tout le plan de l'Opéra, s'avançant avec calme et ne paraissant pas s'apercevoir de la stupéfaction générale qu'il provoquait sur son passage.

—

Décidément le vent est aux grands voyages.

Après de Perrodil, Ph. Dubois (Valentine), c'est au tour de notre confrère Alexandre Maïs, de la *Bicyclette*, qui en compagnie de son beau-frère Raphaël Coissonne, va accomplir la petite... promenade de Milan-Paris-Milan, une bagatelle de 2,000 kilomètres.

L'itinéraire est, pour l'aller : Gênes, Marseille, Lyon, Paris, pour le retour : Mâcon, Chambéry, Modane et Turin.

Bonne chance aux hardis voyageurs !

—

Bien amusant chaque soir l'aspect de la place de la Concorde ; sur la partie située entre l'Obélisque et la grille des Tuileries, des néophytes des deux sexes viennent, après leur dîner, apprendre à monter à vélo.

Les professeurs improvisés, parents ou amis des élèves, s'essoufflent de leur mieux à faire conserver l'équilibre aux nouveaux cyclistes dont les chutes sont suivies, chaque soir, par une foule toujours gaie et qui souligne de ses lazzis les différentes manœuvres de ces leçons.

—

A l'exemple de ce qui existe dans l'armée française, le gouvernement anglais vient de créer un corps d'éclaireurs cyclistes.

Ils doivent être en état de fournir des renseignements sur les points suivants :

Routes empierrées ou non. — Longueur de la portion empierrée. Etat de la chaussée. Donner des détails sur les points où la route est accidentée, sur ceux où elle traverse un village. Genre des clôtures qui la bordent.

Ponts. — Description complète, gués dans le voisinage des ponts.

Villes et villages. — Nature des maisons, inflammables ou non. Force défensive de la position.

Chemins de fer. — Largeur de la voie, double ou simple. Détails sur le matériel roulant.

Rivières. — Profondeur, largeur, rapidité. Moyens de passage, bateaux, etc. Nature des rives et du fond.

De ces derniers mots il est permis de conclure que si le corps fameux des plongeurs à cheval est demeuré une chimère, celui des plongeurs à bicyclette est devenu une réalité. Il est vrai que l'Angleterre est un pays essentiellement maritime.

Mais, aux vertus qu'on exige des cyclistes, combien de généraux seraient dignes d'être éclaireurs ?

Robert de Vétheuge.

Une piste permanente à Madrid

(Dépêche de notre correspondant)

Madrid, 10 août.

On confirme de plus en plus le bruit qui s'est couru ici de la construction d'une piste permanente à Madrid.

Nous avons eu, hier, la visite de M. Henri Desgrange, le sympathique directeur du vélodrome de Mandelaire, à Bordeaux, qui est venu à Madrid, appelé en consultation par quelques cyclistes madrilènes qui se sont mis à la tête d'un groupe qui prendrait en main la construction de cette piste.

M. Henri Desgrange repart demain pour Bordeaux où il sera lundi matin.

Alsina.

LES CYCLISTES DE LA BELLE JARDINIÈRE

La date de la grande épreuve de 50 kilomètres, qui sera courue sur la route de Versailles à Choisy-le-Roi, entre les cyclistes de la Belle Jardinière, est fixée définitivement au dimanche 22 septembre prochain.

Cette course comprendra trois séries de coureurs, savoir : 1° les coureurs de première série, qui comprendront les 8 premiers arrivés dans la course de juin dernier ; 2° les coureurs de 2e série, qui comprendront tous ceux qui n'ont pas été classés dans cette première épreuve ; 3° enfin, les routiers ou coureurs n'ayant pas pris part à la course de juin dernier.

En l'absence de M. Damel, président des Cyclistes de la Belle Jardinière, les engagements doivent être adressés à M. Castel.

G. Heyman.

CHEZ NOS AMATEURS

La course Paris-Pontoise, organisée par l'Union Athlétique Parisienne, qui n'avait pu être courue dimanche dernier à cause du mauvais temps, sera disputée aujourd'hui... si toutefois le temps ne la fait pas reporter encore à une autre date.

Le rendez-vous est fixé au café Valette, 74 avenue de la Grande-Armée, à 7 heures du matin ; le départ sera donné en face du café Gillet, entre 7 h. 1/2 et 8 heures.

— Dans sa dernière réunion, la Commission de vélocipédie de l'U. S. F. S. A. a disqualifié à vie M. [illegible], de l'A. V. A., pour avoir pris part à une course de professionnels.

La Commission invite les coureurs non engagés dans le [illegible] à s'adresser

MARCELIN, Fondateur. — 33e Année. — SAMEDI 1er Décembre 1894.

LA VIE PARISIENNE

MŒURS ÉLÉGANTES

CHOSES DU JOUR — FANTAISIES — VOYAGES

THÉÂTRES — MUSIQUE

MODES

ARMAND BAUDOUIN

DIRECTEUR

UN NUMÉRO TOUS LES SAMEDIS

PARIS ET DÉPARTEMENTS

Un an, 30 fr. — Six mois, 16 fr. — Trois mois, 8 fr. 50

Angleterre, Allemagne, Espagne, États-Unis, Russie, Italie

et tous les pays de l'Union postale. Un an, 35 f. 20; six mois, 18 f. 60, trois mois, 9 f. 80

Paris, Départements et Gares de chemin de fer : 60 centimes

— Les abonnements partent du 1er de chaque mois.

BUREAUX : RUE FAVART, 8

Vente au numéro, chez LACAZE, 3, rue du Croissant.

LONDRES. COWIE, et Cie, Gresham Street.

1. Ausgabe. Morgenblatt.

Berliner Lokal-Anzeiger.

Expedition. Telephon: Amt I No. 4173
Central-Organ für die Reichshauptstadt.
Redaction. Telephon: Amt I No. 2697

Amtliches Publikations-Organ des Magistrats von Berlin.

Nummer 413. Berlin, Donnerstag, 5. September 1895. 13. Jahrgang.

Politische Rundschau.

Deutschland.

○ In Berlin sind gestern die aus Anlaß des Sedanfestes einberufenen socialdemokratischen Versammlungen, in denen Vorträge über die Stellung der Socialdemokratie zum Sedantage gehalten werden sollten, in letzter Stunde von der Polizei verboten worden. Auch in München wurde, wie uns von dort telegraphisch gemeldet wird, eine solche bereits eröffnete Versammlung nach kurzer Dauer polizeilich aufgelöst.

\+ Ueber das Befinden des Großherzogs von Mecklenburg-Schwerin wird uns aus Homburg telegraphisch gemeldet, daß die Zahl der asthmatischen Anfälle neuerdings geringer geworden, deren Stärke indessen unverändert geblieben, sodaß nur eine geringe Besserung vorhanden ist.

Das Reichsversicherungsamt hat den Vorständen der Invaliditäts- und Altersversicherungs-Anstalten das Ergebniß der Rentenvertheilung für das Jahr 1894 zugestellt. Danach betrugen die Invalidenrenten in dem genannten Jahre schon etwa 29 pCt. der Rentenzahlungen überhaupt. Es wurden insgesammt 34,6 Millionen an Renten gezahlt, wovon 24,4 auf die Alters- und 10,2 Millionen auf die Invalidenrenten entfielen. Von den Altersrentenzahlungen wurden vom Reiche 9,6, von den Versicherungsanstalten 14,8 Millionen, von den Invalidenrenten vom Reiche 4,2, von den Versicherungsanstalten 6 Millionen erstattet.

= Wie wir schon berichteten, hat der Inhaber der Firma Krupp in Essen aus Anlaß der nationalen Gedenktage der Pensionskasse der dortigen Gußstahlfabrik eine Million Mark geschenkt. Am gestrigen Sedantage hat Herr F. A. Krupp noch jedem seiner Arbeiter, der am Kriege von 1870/71 theilgenommen hat, hundert Mark als Ehrengabe nebst einem Schreiben zugestellt. Als Kombattanten sind auf den Kruppschen Werken in und außerhalb Essen 1602 Mann ermittelt worden.

Ausland.

** Wir haben bereits gemeldet, daß der russische General Dragomirow den französischen Herbstmanövern im Hauptquartier des Oberbefehlshabers Generals Saussier beiwohnen wird. General Dragomirow, der militärische Führer des Panslawismus, spielt in den jetzigen russisch-französischen Beziehungen eine so tonangebende Rolle, er ist eine so ausgesprochen russische Erscheinung, heiter und ernst zu nehmen, daß es sich wohl lohnt, näher auf ihn einzugehen, umsomehr als der im Kriegsfall zum Führer gegen Oesterreich bestimmte 64jährige Oberbefehlshaber in Kiew heute noch den glühendsten Wunsch hegt, seine Truppen mit den französischen in Wien zu vereinigen. Er machte den Krieg 1866 im preußischen Hauptquartier mit und glaubt immer noch die Oesterreicher von damals vor sich zu haben. Aber auch die preußische Armee unterschätzt er, und merkwürdigerweise gerade aus den Erfahrungen dieses Krieges her, ganz gewaltig, wozu natürlich sein Deutschenhaß, sein Widerwille gegen den deutschen Charakter viel beiträgt. Wie General Dragomirow sich als Soldat gezeigt hat, im Krieg und Frieden, hat er seinen Platz im rein militärischen Sinne vortrefflich ausgefüllt. Als Befehlshaber der 14. Infanterie-Division im türkischen Kriege bewerkstelligte er den Donauübergang und that sich dann in den blutigen Schipkakämpfen durch Tapferkeit und umsichtige Führung hervor. Eine dort erhaltene schwere Verwundung nöthigte ihn, den Kriegsschauplatz zu verlassen. Als Direktor der Generalstabsakademie hat er Bedeutendes geleistet, sowohl was die höhere Bildung der Generalstabsoffiziere, namentlich aber auch, was ihre näheren Beziehungen zur Truppe, zum praktischen Dienst betrifft. Aber in anderer Beziehung steht General Dragomirow auf nicht so hoher Stufe. Namentlich ist er derart dem Trunk ergeben und haben sich mit ihm in diesem Zustande schon so unglaubliche Dinge ereignet, wenigstens für deutsche militärische Begriffe, daß man geradezu staunen muß, ihn noch im Dienst zu sehen. Seine zahlreichen Besichtigungen kosten den betreffenden Regiments-Kommandeuren, bei denen er sich nach der Besichtigung als Gast einlegt, ein schweres Geld. Französischer Champagner muß für ihn und sein zahlreiches Gefolge in Strömen fließen, und es kommt ihm nicht darauf an, an einem Tage eine Flasche Cognac zu 30 Rubel zu trinken. Dem Kommandeur eines Dragoner-Regiments kostete seine vorjährige Besichtigung 900 Rubel. Sowie nach dem Essen die richtige Stimmung vorhanden, setzt sich General Dragomirow zu den jüngsten Lieutenants, macht zunächst unter je dreimaligem Kuß und Leeren eines großen Glases mit jedem Brüderschaft und befindet sich bald mit den jungen Leuten in anregender Unterhaltung, bei der die jungen Offiziere ihm über ihre Vorgesetzten erzählen mußten. Je mehr sie schimpften, desto besser. Bei einem Petersburger Garde-Regiment eingeladen, wandte er sich in seiner Tischrede an die Jugend und verspottete derart den Parade-Enthusiasmus des anwesenden Regiments-Commandeurs, daß dieser mit Mühe durch einen neben ihm sitzenden Großfürsten abgehalten werden konnte, irgend einen unangenehmen Auftritt herbeizuführen. Bei solchen Gelegenheiten ist natürlich viel von dem erlebten Kriege gegen Oesterreich und Deutschland die Rede, auch von Politik, und die Offiziere werden von ihrem obersten Befehlshaber zum Panslawismus und Deutschenhaß geschürt. Man kann sich vorstellen, wie der General in französischen Offizierskreisen gefeiert werden wird, und es liegt nicht außer dem Bereich der Möglichkeit, daß es zu Auftritten kommt, denen eine politische Bedeutung nicht abzusprechen wäre.

\# Ein in London eingetroffenes Telegramm aus Tschitral meldet, daß Generalarzt Robertson im Auftrage der englischen Regierung den Shuja ul Mulk als Mehtar von Tschitral installirte und formell die Politik der Regierung dahin formulirte. Dieselbe werde die Minister ernennen, welche während der Minderjährigkeit des Shuja die Regierung leiten sollen. Die Sklaverei wird strengstens verboten, Wege und Brücken werden verbessert. Damit hat also England faktisch von Tschitral Besitz genommen, obwohl sich das vorige Kabinet Rosebery entschieden dagegen ausgesprochen hatte. Am 4. Mai d. J. sprach sich der Vicekönig von Indien, Lord Elgin, über die Frage der Besitzergreifung oder Aufgebung von Tschitral wie folgt aus: „Wir stehen vor zwei Lösungen: Wir müssen entweder unsere Stellung in Tschitral bewahren oder unsere Politik umkehren und den Versuch aufgeben, die auswärtigen Angelegenheiten dieses Staates zu beherrschen. Uns scheint es von der größten Wichtigkeit, unseren Einfluß dort zu erhalten, denn wir können uns nicht der Gefahr einer fremden Besetzung von Tschitral aussetzen, das Land Afghanistan übergeben, würde keinen Schutz für Indien bieten, würde die Grenzschwierigkeiten mit dem Emir vermehren, und außerdem müssen wir unseren Verpflichtungen gegen Kaschmir eingedenk bleiben." Die vom Vicekönig darauf von Sir Henry Fowler, dem damaligen Staatssecretair für Indien, erhaltene Antwort läßt an Bündigkeit nichts zu wünschen übrig, indem er ihm mittheilte, die Regierung habe beschlossen, Tschitral weder militairisch zu besetzen noch zu befestigen oder von Peschawur dahin eine Fahrstraße zu erbauen, ja, daß nicht einmal ein englischer Agent dort eingesetzt werden solle und die englische Besatzungsexpedition sobald als möglich zurückzuziehen sei. Ebenso kurz und bündig ist das Telegramm des Vicekönigs: „Ich bedauere tief Ihren Entschluß, nehme ihn aber pflichtgemäß an." Da plötzlich wandte sich das Blatt, indem der Vicekönig von Lord George Hamilton, dem neuen conservativen Staatssecretair für Indien, die telegraphische Mittheilung erhielt, die neue Regierung müsse die Frage der Besetzung oder Aufgebung von Tschitral niemals erwägen. Dann folgten weitere Verhandlungen mit dem Vicekönig und dem Oberbefehlshaber der indischen Truppen, deren Endergebniß die Besitznahme des Landes war.

Der Lokal-Reporter.

\# Vom Hofe. Der Kaiser kam heute früh, wie uns telegraphisch gemeldet wird, in Prittel bei Oels an. In seinem Gefolge befanden sich Lord Lonsdale, General der Infanterie von Hahnke und der General-Lieutenant v. Plessen. Der Kaiser begrüßte den dort anwesenden Finanzminister Miquel huldvollst und ritt sodann unter dem Hurrah der versammelten Bevölkerung nach dem Exercierplatz. Das Wetter ist prachtvoll.

— Der König von Württemberg wird heute Berlin verlassen und nach Stuttgart zurückreisen.

\# Bei der Durchführung von Anlagen zur Beleuchtung von Straßen und Häusern mit elektrischem Lichte ist zur Vermeidung von Störungen und Gefahren darauf zu achten, daß die betreffenden Beleuchtungsleitungen von den für den Telegraphenbetrieb bestehenden Leitungen hinreichend entfernt gehalten werden, um ein Ueberspringen des elektrischen Stromes aus den ersteren in die letzteren Leitungen unmöglich zu machen. Für Bemessung der zu diesem Behufe einzuhaltenden Entfernungen kommt die größere oder geringere Spannung der zum Betriebe der Beleuchtungsanlagen erforderlichen elektrischen Ströme, die Richtung der Drahtzüge, sowie auch die Beschaffenheit der Stützvorrichtungen in Betracht. Die preußischen Minister des Innern und der öffentlichen Arbeiten haben daher in einer gemeinsamen Verfügung die Polizeibehörden angewiesen lassen, diesem Gegenstande ihre Aufmerksamkeit zu widmen und insbesondere die zu oberund unterirdischer Durchführung von Leitungen der bezeichneten Art durch öffentliche Straßen, Wege und Plätze erforderliche straßenbau- bezw. verkehrspolizeiliche Erlaubniß fernerhin nicht zu ertheilen, ohne wegen der den jedesmaligen Umständen nach im Interesse der Reichstelegraphenverwaltung zu stellenden besonderen Bedingungen mit der betheiligten kaiserlichen Oberpostdirection in Verbindung getreten zu sein.

= Das räthselhafte Verschwinden eines jungen Ehepaares aus dem Hotel „Bayerischer Hof" in der Friedrichstraße 161 beschäftigt augenblicklich die Criminalpolizei. Es handelt sich um den 23jährigen Kaufmann Lombertus van Nemmel-Wagner aus dem Haag und seine 20 bis 22 Jahre alte Gattin. Am 23. v. M. erschien in dem Hotel, in dem das Ehepaar erst wenige Tage wohnte, ein Criminalschutzmann, um sich nach einem Nemmel-Frank zu erkundigen. Da der junge Kaufmann, der aus sehr guter Familie stammt, sich als Nemmel-Wagner auswies, so wurde er nicht weiter behelligt. Am Nachmittage desselben Tages ging das Ehepaar unter Zurücklassung seiner Sachen aus und ist seitdem verschwunden.

\# Von einer unglaublichen Inschrift auf einem Reliefbilde in der Kaiser Wilhelm-Gedächtnißkirche weiß das hiesige socialistische Partei-Organ zu berichten. Die Inschrift, in der Hauptsache einem gegen die Stadtverordneten Berlins gelegentlich der Zurückweisung der Bismarck-Ehrung gerichteten Spottgedicht entnommen, soll sich auf dem Reliefbilde befinden, welches Ziaul und Rebella, ihre Kamele tränkend, darstellt. Wir haben von dieser peinlichen Angelegenheit, um nicht einen störenden Mißklang in die Festesfreude zu bringen, in unserer gestrigen Nummer keine Notiz genommen. Die Wahrheit der gemeldeten Thatsache vermochten wir auch trotz aller Anstrengungen nicht festzustellen, weil die Kirche geschlossen ist. Da uns jedoch die Meldung von verschiedenen Seiten bestätigt wurde, wollten wir sie heute trotz der Zweifel, die wir selbst immer noch hegen, zum Mindesten andeutungsweise wiedergeben.

** An dem Hafenbau am Urban ist die Arbeitsthätigkeit jetzt wieder ganz besonders stark aufgenommen worden. Der Bau der etwa 36 m hohen Esse am Maschinenhause ist bis auf ein paar krönende Steinlagen fertig. Die Brücke, welche die Lade-Insel mit der Ladestraße verbindet, ruht bereits auf den Uferpfeilern. Sie war in zwei getrennten Längstheilen montirt und ist jetzt bereits zu einem Ganzen vernietet worden. In unmittelbarer Nähe der Brücke sind die vier beweglichen Krähne, welche der Hafen erhalten wird, auf provisorischen Lagerungen zusammengesetzt worden, um dann, sobald die betreffenden Geleise auf der Lade-Insel und der Ladestraße fertiggestellt sind, auf ihre Bestimmungsorte geschafft zu werden. Die Ladestraße wird mit drei beweglichen Krähnen, die Lade-Insel mit einem solchen versehen werden. Jeder dieser beweglichen Krähne hat das respectable Gewicht von ca. 1000 Centnern. Das Schienengeleise auf der Lade-Insel ist nahezu fertig, dasjenige auf der Ladestraße ist jetzt in Angriff genommen. An der Westseite der Lade-Insel hat man ferner mit der Errichtung eines der beiden feststehenden Krähne, welche zur Hebung sehr schwerer Frachtstücke bestimmt sind, begonnen. Der zweite der feststehenden Krähne wird seinen Platz an der Ostseite der Lade-Insel erhalten. An der über 300 Meter langen Front der Lade-Insel sind die Anlegestellen, deren die Lade-Insel bekanntlich 50 erhalten wird, durch 25 etwa einen Meter hohe Sandsteinsäulen abgegrenzt, so daß zwischen zwei dieser Sandsteinsäulen sich stets zwei Anlegestellen befinden, welche mit fortlaufenden Nummern versehen sind. An der Front der Lade-Insel legen, wie wir schon früher mitgetheilt haben, die Fahrzeuge mit der Spitze an, in dem die Lade-Insel umgebenden Kanal jedoch längsseits. Diese Bestimmung wird schon jetzt seitens der Fahrzeuge, welche Materialien nach dem Hafenterrain bringen, strenge eingehalten. Bemerkt sei noch, daß die sämmtlichen Krähne, sowohl die feststehenden, wie die beweglichen, nur für die Anlegestellen an dem die Lade-Insel umgebenden Kanal bestimmt sind. Die Entladung der an der Front der Lade-Insel anlegenden Fahrzeuge, welche voraussichtlich in weitaus überwiegender Zahl dem Transport von Mauersteinen dienstbar sein werden, wird in altüblicher Weise durch Auskarren bewerkstelligt werden. Im Ganzen macht der Hafenbau schon jetzt einen sehr stattlichen Eindruck. Die Befürchtung, daß die Betriebseröffnung des wichtigen Verkehrsmittels sich über das Frühjahr 1896 hinausschieben könnte, gilt jetzt als absolut ausgeschlossen.

\# In einen Brunnen gestürzt ist heute Mittag gegen 7 Uhr eine Bewohnerin des Hauses Bergstraße 100, als sie den Hofraum desselben überschritt. Die Steine, mit welchen der jetzt nicht mehr in Gebrauch befindliche Brunnen zugedeckt war, gaben unter den Füßen der Frau plötzlich nach, und die Unglückliche stürzte unter lauten Hilferufen in die Tiefe. Die sofort herbeigerufene Polizei sorgte dafür, daß die der Unfallstelle Nahenden nicht von derselben Gefahr betroffen wurden und sie ließ nur zu, daß man der Verunglückten ein Seil hinabwarf, an welchem sie denn auch fast eine halbe Stunde lang bis zum Eintreffen der Feuerwehr festgehalten wurde. Einer von den Feuerwehrleuten erklärte sich bereit, der Frau in den Brunnen zu folgen, um sie aus ihrer schrecklichen Lage zu befreien. Der kühne Versuch glückte auch dem Braven, der selbst bis an die Schultern im Sande und Wasser versank, ehe er den Aufstieg mit der Frau beginnen konnte. Die Frau kam noch lebend wieder aus dem Brunnen heraus und wurde sofort in ihre Wohnung geschafft. — Wie uns noch in später Nachmittagsstunde berichtet wird, ist die Verunglückte eine Frau Nagel. Ihr Zustand ist bedenklich.

Neues aus aller Welt.

** Eine Geschichte mit unerwartetem Ausgang hat sich nach den Dresdener Nachrichten in den letzten Tagen in der Hofoper zu Dresden abgespielt. Mit der dickleibigen Partitur einer neuen Oper war ein Componist in Dresden eingetroffen in der felsenfesten Ueberzeugung, daß neue Opern von unbekannten Autoren zu den unabweisbaren Bedürfnissen der königlichen Hofoper zu zählen sind. Als kraftmildernder Grund solcher leichtsinnigen Voraussetzungen konnte hier nur die Unkenntniß gelten, daß auf der königlichen Generaldirection einige launig Partituren seit langem den Schlaf der gerechten und ungerechten Musikdramen schlafen, in der unerschütterlichen Erwartung, früher oder später die Heimreise zu ihren Urhebern anzutreten. Genug, der Componist der letzten Tage, ein Epigone Richard Wagner's, also ein Mann, dem es nicht darauf ankommt, zu den stärksten Mitteln des modernen Effects zu greifen, verbündet sich mit einem ihm befreundeten Tenoristen, und mit diesem, und seiner Partitur bewaffnet, rückt er der General-Intendanz so nahe, als die conventionelle Höflichkeit eine Annäherung überhaupt zuläßt. Im Hinblick auf die strategische Meisterschaft dieser Beiden sieht sich das Regie-Collegium in die unumgängliche Nothwendigkeit versetzt, die neue Oper sich vorspielen zu lassen. Der Componist erscheint im Verein mit dem Tenoristen am Clavier, und Beide beginnen die Vorführung des neuen sensationellen Werkes — der Meister Clavier spielend, der Tenorist die hervorragendsten Gesangsstellen markirend. Schon nach dem Anhören der ersten Seiten der Partitur senkt sich über das Regie-Collegium jene wohlthätige Gleichgültigkeit, jener unbeschreiblich köstliche Zustand, den der Profane mit dem prosaischen Worte „Schlaf" bezeichnet, und bereits ging Alles den gewöhnlichen Gang, den derartige Audienzen zu nehmen pflegen, als plötzlich Alles zu stehen beginnt und neues Leben in die Mienen zieht. Der Componist nimmt diese Aufmerksamkeit als ein Zeichen des Wohlgefallens seines Werkes hin, und spielt mit einer Energie, die einer besseren Sache würdig wäre, die Partitur zu Ende. Endlich ist der letzte Ton verklungen und der Meister harrt bewegten Herzens des Orakelspruches. Dieser lautete: „Die Oper nehmen wir nicht an, aber der Tenorist gefällt uns und den engagiren wir!" So ist Dresden um eine Oper ärmer und um einen Tenoristen reicher geworden.

\# Für Briefmarkensammler. Ungarn rüstet zu einer Ausstellung anläßlich seines tausendjährigen Bestehens. Aus Anlaß dieser Millenniums-Ausstellung bringt die ungarische Regierung für das Ausland eine neue Briefmarke in den Verkehr. Das Mittelfeld derselben zeigt die Schildhebung Arpád's. Deutsche, englische und französische Aufschriften, die als Randverzierungen die historische Gruppe gleichsam einrahmen, verweisen auf die Millenniums-Ausstellung, die am Kopf des Bildes für das Jahr 1896 in Budapest angekündigt wird.

** Ein Bismarck-Denkmal, welches Commerzienrath Gelpe gestiftet hat, ist zu Altena i. W. unter Theilnahme Tausender in Gegenwart der königlichen und städtischen Behörden, sowie der Schulen und militairischen Vereine enthüllt worden. Auf gewaltiger, von schlanker Balustrade umschlossener Terrasse erhebt sich auf einfach profilirtem, von wuchtigen Sandsteinquadern gebildetem Sockel, das Bronze-Standbild des Altreichskanzlers in anderthalbfacher Lebensgröße. — Der Fürst ist barhäuptig im Interimsrock seiner Kürassiere dargestellt, in der einen Hand die kaiserliche Botschaft haltend, während die andere auf den Pallasch gestützt ist. Das Standbild wurde nach dem Modell des Berliner Bildhauers Arnold Künne, eines geborenen Altenaers, gegossen.

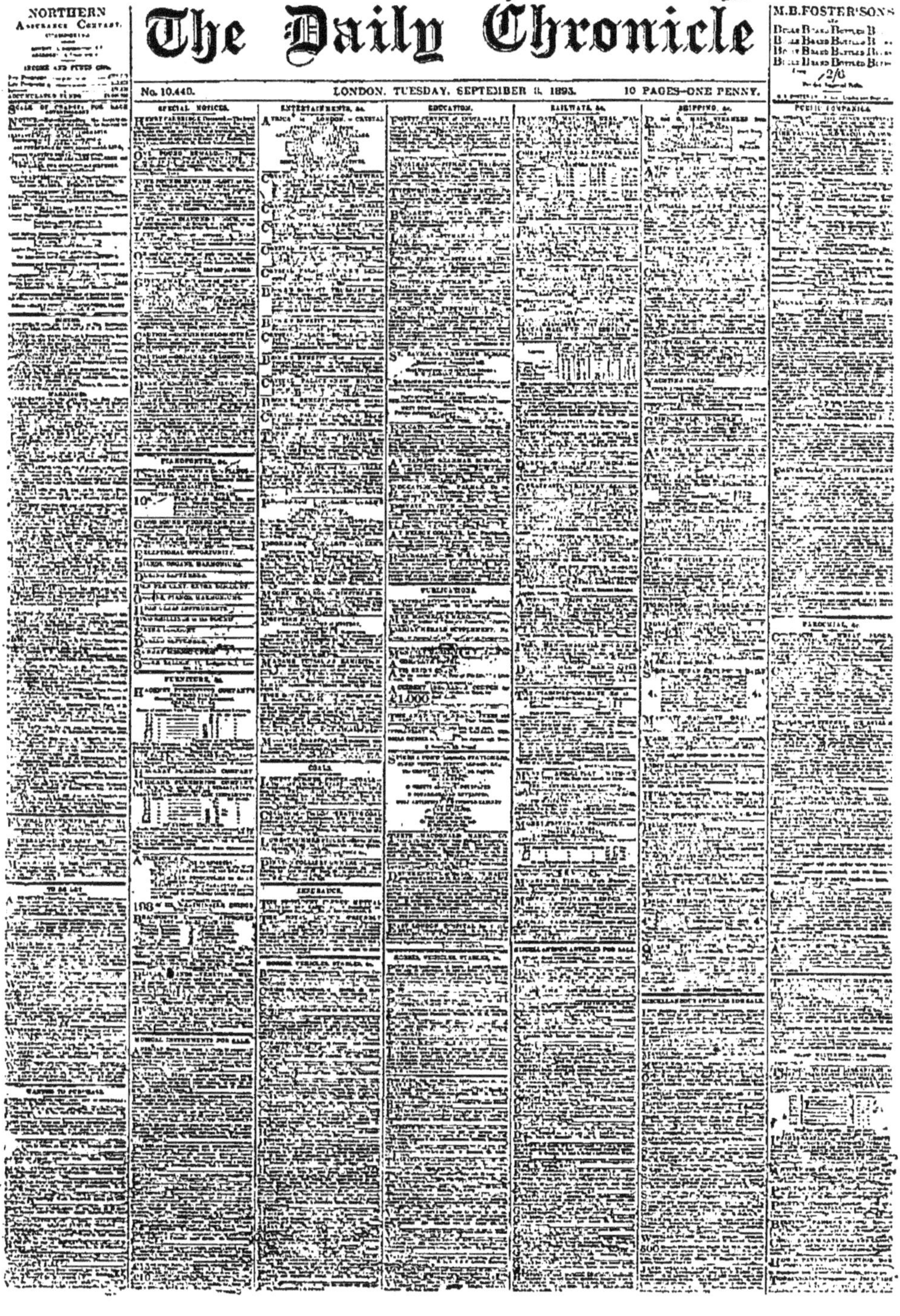
NORTHERN ASSURANCE COMPANY

The Daily Chronicle

M.B. FOSTER'S SONS

No. 10,440. LONDON, TUESDAY, SEPTEMBER 3, 1895. 10 PAGES—ONE PENNY.

SPECIAL NOTICES. ENTERTAINMENTS, &c. EDUCATION. RAILWAYS, &c. SHIPPING, &c. PUBLIC COMPANIES.

VIIIe ANNÉE. Un numéro 50 centimes. 9 février 1895. — N° 6.

L'ÉCONOMISTE INTERNATIONAL

Économie politique, Commerce, Industrie, Finances, Transports

PRIX DE L'ABONNEMENT :

France & Belgique,		Union postale,	
Un an	20 francs.	Un an	25 francs.
6 mois	12 —	6 mois	15 —

Adresser les lettres et mandats à M. l'Administrateur.

Directeur : Liévin COPPIN.

RÉDACTION ET ADMINISTRATION :

PARIS : Rue Richelieu, 97 | BRUXELLES : Rue Saint-Christophe, 6

ANNONCES & INSERTIONS :

Annonces, pour une insertion . . fr. 1 50 la ligne
— légales et judiciaires — 5 00 —
Pour les annonces d'une certaine durée, et insertions d'emprunts, d'émissions et de bilans . . à forfait

1re ÉDITION

SOMMAIRE.

LE BASSIN HOUILLER DU DONETZ.

La question est toute d'actualité ; en ce moment, en effet, la vogue est aux affaires russes, qui absorbent presque toute l'attention. Cependant, notre but n'est point de les examiner ici au point de vue financier ; qu'il nous suffise de faire l'historique de cette contrée si peu connue du Donetz, vers laquelle cependant se portent de préférence les capitaux et les intelligences, de dire ses richesses, son avenir en nous appuyant pour cela sur les notes et les mémoires des ingénieurs les plus renommés et notamment de M. Brull.

Le bassin houiller du Donetz est situé sur la rive droite du Donetz et sur le versant nord de la mer d'Azov ; il s'étend sur 270 kilomètres environ de longueur, et a une surface de 24,000 à 25,000 kilomètres carrés, plus grande que celle d'aucun bassin houiller d'Europe, car l'étendue totale du bassin houiller du Nord et du Pas-de-Calais n'est que de 1,250 kilomètres carrés, celle du bassin de la Ruhr de 2,700 et, enfin, la superficie de la formation carbonifère de la Grande-Bretagne atteint 18,000 kilomètres carrés.

Les principales villes du district houiller du Donetz sont : Bakmouth, Lougane, Yousovo.

Le sol est généralement au pouvoir de la Couronne ou des grands propriétaires ; les mines appartiennent aux propriétaires de la surface.

Le Donetz, par sa flore, tient à la zone moyenne de la seconde phase de la période permo-carbonifère ; c'est à cette même zone que se rattache la partie principale des bassins houillers du Nord, du Pas-de-Calais et du Hainaut.

Le terrain houiller affleure sur les hauteurs dénuées d'alluvion et dans les parties ravinées ; il est formé de couches alternantes de calcaire, de schiste, de grès et de houille.

Les couches d'anthracite sont minces et restent généralement au-dessous de 1 mètre de puissance ; celle des veines de houille varie de 0m40 à 1m40. Les entre deux varient en général de 30 à 120 mètres. Les couches sont assez régulières, leur direction ordinaire va de l'ouest-nord-ouest à l'est-sud-est ; dans certaines parties du bassin, on peut les suivre sur d'énormes longueurs allant jusqu'à 40 kilomètres, sans y trouver aucun dérangement.

Le bassin présente toute l'échelle des variétés de charbon depuis l'anthracite jusqu'aux houilles à coke et à gaz, houilles maigres, demi-grasses et grasses.

Le minerai de fer se trouve en abondance dans le terrain houiller, dans le crétacé et dans les alluvions du Donetz.

Le sel gemme s'exploite depuis plus de deux siècles dans le terrain permien du Nord, à Bakmouth à Slavlansk. Il y a, entre autres, une couche de 35 mètres de puissance. Les gisements sont si riches que les mines de Bakmouth seules peuvent facilement extraire 500,000 tonnes par an et que le sel se vend à 8 ou 9 francs la tonne, c'est-à-dire au prix de la houille.

On trouve aussi en certains points des gisements métalliques (plomb, zinc, cuivre, antimoine, mercure) ainsi que du graphite, du kaolin, de l'albâtre, du marbre, etc., etc.

Dès le commencement du XVIIIe siècle, Pierre le Grand avait entrevu l'importance des richesses minérales du Donetz ; en 1784, on découvrait de riches gisements de houille sur le territoire du Don ; en 1827, M. Kovalsky décrivit 25 couches de houille.

Les premières forges, celles de Lougane, eurent bien des vicissitudes, elles n'en furent pas moins le départ de l'industrie minière et métallurgique de la Russie méridionale.

En 1837, l'ingénieur français Le Play fut chargé d'étudier les richesses minérales de la contrée ; l'extraction totale à cette époque était insignifiante et n'atteignait pas 16,000 tonnes pour l'année 1839 ; cependant les explorateurs purent étudier 225 gisements de houille.

Il était difficile alors de prévoir les merveilleuses ressources que pouvaient fournir les chemins de fer pour l'utilisation des produits d'un territoire si étendu.

En 1849, l'extraction atteignait 56,000 tonnes : les moyens restaient fort primitifs et ne fournissaient guère qu'un mélange de charbon menu et de terre.

De 1857 à 1860, le nombre des concessions d'anthracite à Grouchevka passe de 57 à 400 et de plus 125 concessions furent données dans d'autres localités.

Pendant ce temps, le réseau des voies ferrées rayonnant de Moscou s'allongeait vers les villes de Toula, Orel, Koursk, Kharkov, Odessa, Voronèje ; le bois employé d'abord cédait peu à peu la place à la houille ; la navigation à vapeur se développant ; des sucreries s'établissaient dans la vallée du Dnieper. De 1869 à 1871 furent ouverts deux chemins de fer d'une grande importance : l'un continuant la ligne Moscou-Kharkov jusqu'à Taganrog, l'autre, prolongeant la ligne Moscou-Voronèje, jusqu'à Rostov. Ces deux voies donnèrent à l'exploitation une très vive impulsion. Le charbon se vendait très cher à cette époque, soit 13 à 20 kopecks le poud (1). On extrayait 213,000 tonnes d'anthracite et seulement 49,000 tonnes de houille. Mais les méthodes se perfectionnent et l'extraction atteint 590,000 tonnes en 1874 ; le prix du charbon baisse de moitié.

De 1876 à 1878, on construit le chemin de fer du Donetz qui dessert par ses embranchements le centre du bassin.

En 1884, les exploitants comptaient 6,242 ouvriers au fond et 1,190 au jour, en 1888, ils en comptaient 16,240 et 4,050.

D'autre part, les expéditions par chemins de fer, dans les dernières années écoulées, se sont très rapidement élevées, puisque la production totale du bassin du Donetz a atteint en 1884 une production de près de 5 millions de tonnes.

Il y a, dans le bassin du Donetz, beaucoup d'exploitations personnelles ou de groupes, les grandes propriétés sont exploitées soit en régie, soit par des amodiataires à redevance ; enfin des sociétés minières ont acheté ou pris à bail de grands domaines pour de longues périodes avec faculté d'achat.

La Société minière et industrielle de Paris a créé vers 1874 la mine de Kourakovka et plus tard la houillère de Routchenko.

Dans la même région du Kalmious, se trouve le charbonnage de Makieevka de 176,000 h., appartenant à M. Ivan Gregorowitch Ilovaiski et vendu dernièrement à une société russo-belge. Il est relié à la station de Karziskaia du chemin de fer de Taganrog et à la station de Jasinovataia, où la ligne Catherine s'embranche sur le chemin de fer du Donetz.

(1) Le kopeck est le 100e du rouble ; le poud vaut 16.38 kilogrammes.

Anno 1892 — Mercoledì-Giovedì, 17-18 Febbraio — Anno XXVII - N. 9294

IL SECOLO

GAZZETTA DI MILANO

Milano, 17 febbraio.

I PROTEZIONISTI ITALIANI

QUEL CHE SUCCEDE IN AFRICA

DAL VATICANO

Servizio telegrafico particolare del SECOLO

Incompatibilità parlamentari.

La ripresa dei negoziati colla Svizzera?

Movimento di prefetti.

L'agitazione degli studenti.

Leggi sociali.

Notizie parlamentari.

I CRISTIANI TRUCIDATI IN CINA

L'ASSASSINO DEL GIOIELLIERE

Le ricerche della polizia.

Appendice del SECOLO 17-18 Febbraio

SAVERIO DI MONTÉPIN

Tre milioni di dote

Imprimé sur machines MARINONI

IL SECOLO

GAZZETTA DI MILANO

DEL MATTINO

HAASENSTEIN & VOGLER

LA DIREZIONE GENERALE DELLA BANCA D'ITALIA

LA SITUAZIONE IN SICILIA

LE NOTIZIE DAI PAESI

L'ESPOSIZIONE DI S. FRANCISCO

DOCUMENTI DEL DE FELICE

SERVIZIO TELEGRAFICO PARTICOLARE del SECOLO

PAOLO D'AICREMONT

MADRE E MARTIRE

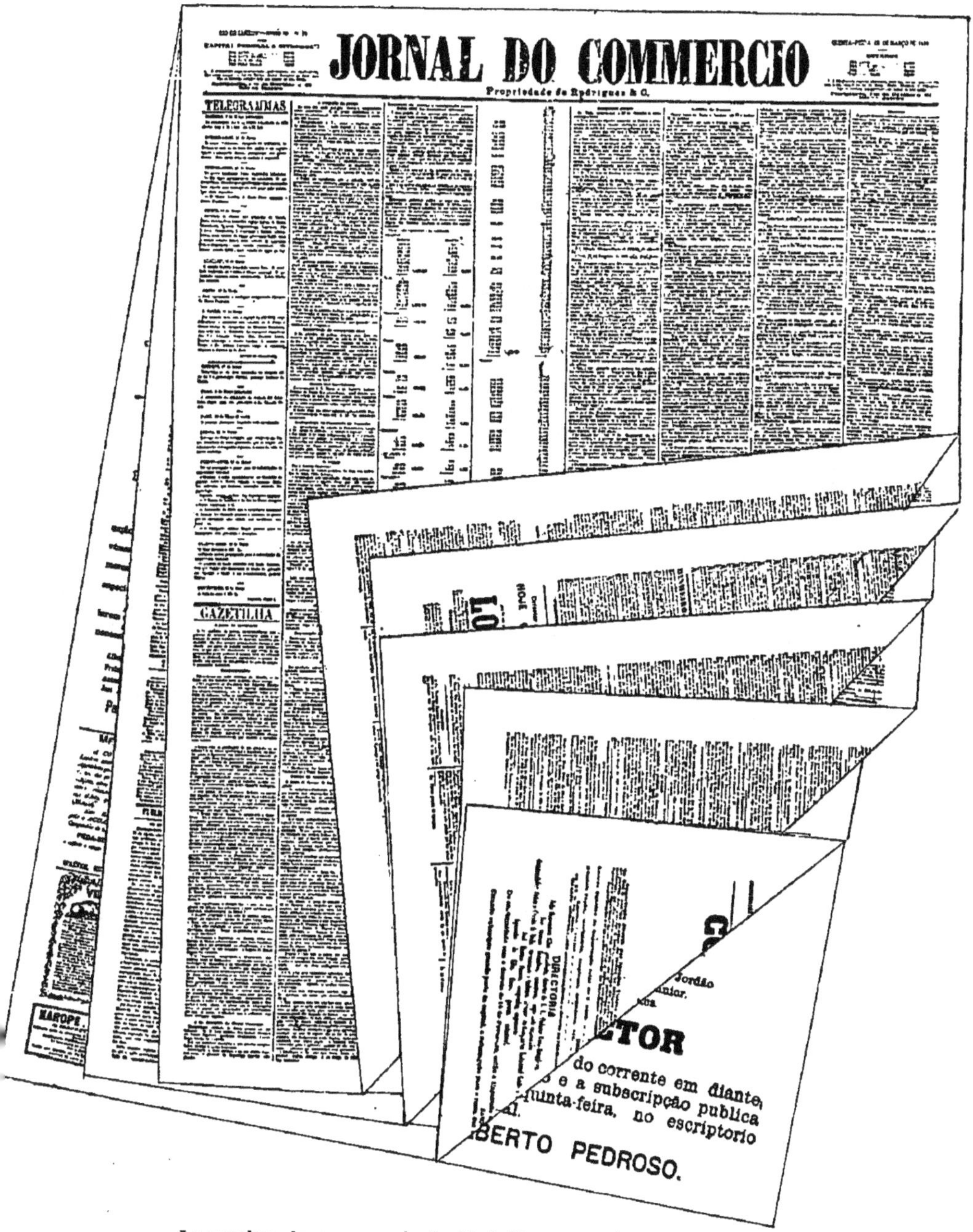

Le nombre de pages varie de 12 à 18 par numéro. Chaque feuille du journal mesure le double d'une feuille du *New-York Herald*. Si l'on prend un des très rares numéros de 20 pages du *Times*, sa composition mesure 67,880 centimètres carrés, tandis qu'un numéro du *Jornal* en contient **70,084**.

…uxieme édition — 40e année. — N° 203 — Lundi 26 août

LA MEUSE

JOURNAL DE LIÈGE ET DE LA PROVINCE

Liège, 26 août

REVUE POLITIQUE

L'attentat de Paris

FRANCE

UN ATTENTAT ANARCHISTE

CONTRE LE

Baron Alphonse de Rothschild

ALLEMAGNE

Bulletin Télégraphique

Dernières Nouvelles

BELGIQUE

A LA CHAMBRE

ACTES OFFICIELS

CHRONIQUE LOCALE

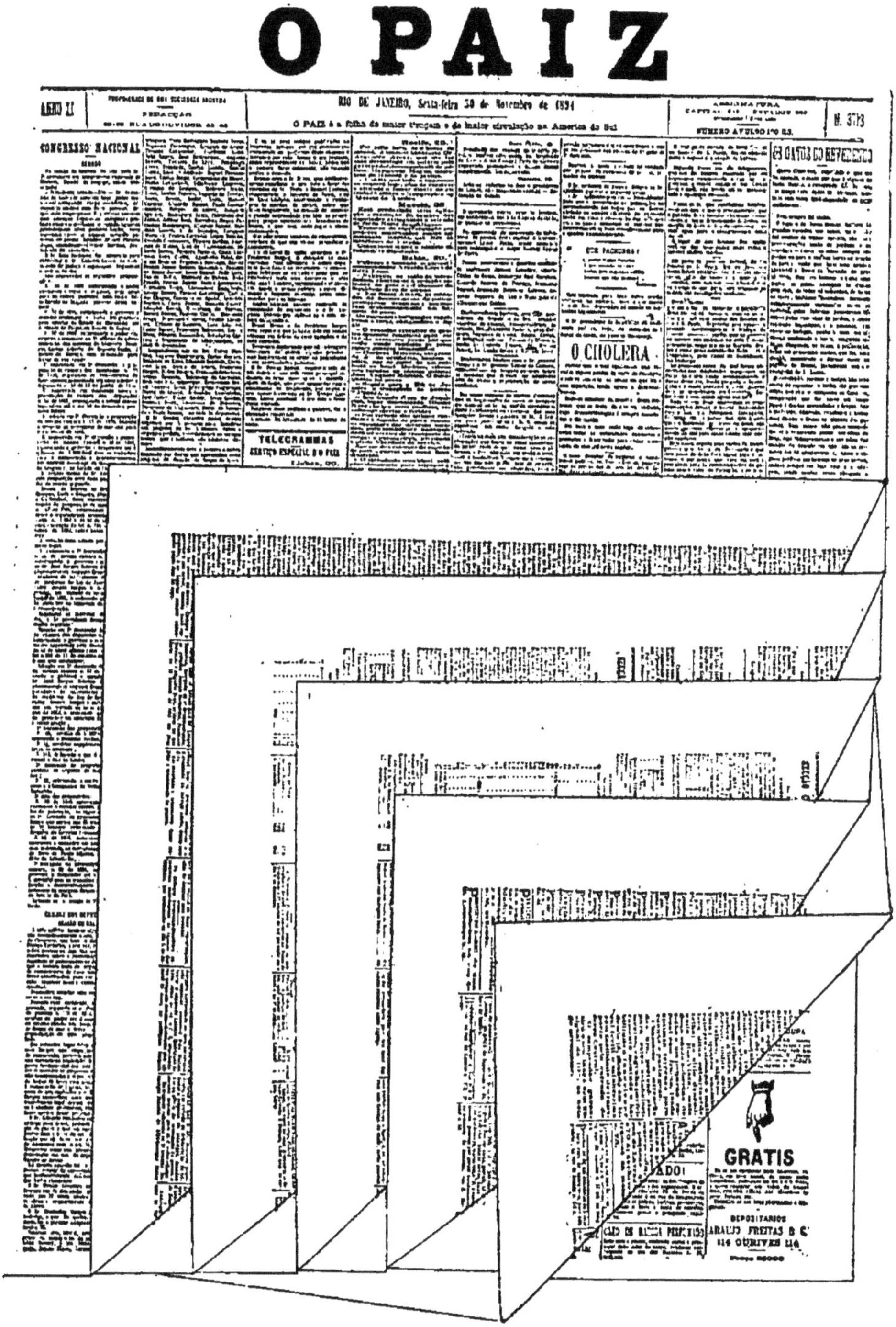

Imprimé sur machines MARINONI

Phot. Benque.

Le Journalisme mène à tout — Il mène à la fortune, il mène à la célébrité — à la condition qu'on y reste.

Jules Claretie

1er Mai 1895.

ASSOCIATIONS

DE LA

PRESSE FRANÇAISE

Comité général des Associations de la Presse française.

Le Comité général des Associations de la Presse française est composé des délégués des associations suivantes: il tient ses séances une fois par mois, au siège de l'Association des journalistes républicains, 46, rue Vivienne.

Syndicat de la Presse parisienne : MM. A. Hébrard, Édouard Hervé, Eugène Mayer.
Association des Journalistes parisiens : MM. Mézières, Victor Heurtault, Eugène Pitou.
Association des Journalistes républicains : MM. Paul Strauss, Alph. Humbert, Lucien Victor-Meunier, Théodore Henry.
Association de la Presse républicaine départementale : MM. Gustave Simon, Chapon.
Association de la Presse départementale monarchique : M. Dufeuille.
Association de la Presse plébiscitaire départementale : M. Merson.

Bureau pour 1895-1896

Président : M. A. Hébrard.
Vice-présidents : MM. Mézières, A. Ranc, Léon Brière, E. Dufeuille, E. Merson.
Secrétaires : MM. Lucien Victor-Meunier, Edmond Robert.

Association syndicale de la Presse parisienne.

Siège social : 61, rue de La Fayette, à Paris.

Ce syndicat, ouvert à toutes les opinions, a pour mandat exclusif de représenter la Presse auprès des pouvoirs publics, de veiller à la sauvegarde de ses droits et à la défense des intérêts professionnels.

Autorité. — Bulletin des Halles. — Charivari. — Courrier du Soir. — Croix. — Débats. — XIXe Siècle. — Droit. — Écho agricole. — Écho de Paris. — Éclair. — Étendard. — Figaro. — Français quotidien. — France militaire. — France nouvelle. — Gaulois. — Gazette du Palais. — Gazette des Tribunaux. — Gil Blas. — Jour. — Journal. — Justice. — Lanterne. — Liberté. — Matin. — Messager de Paris. — Moniteur universel. — National. — Observateur français. — Paix. — Paris. — Patrie. — Pays. — Petit Journal. — Petit Moniteur. — Petit Parisien. — Petite Presse. — Peuple français. — Presse. — Radical. — Rappel. — République française. — République radicale. — Signal. — Soir. — Soleil. — Temps. — Vérité. — Voltaire.

Comité pour l'exercice 1895-1896:

MM.

Adrien Hébrard (*Temps*), Président.

Philippe Jourde, Président honoraire.

Edouard Hervé (*Soleil*), Vice-Président.

Pierre Lefèvre (*Rappel*), Secrétaire.

Georges Rouy, ✻, Secrétaire adjoint.

Jean Dupuy (*Petit Parisien*), Trésorier.

Cazet (*Éclair*), Membre.

MM.

Denis Guibert (*Observateur français*), Membre.

Marinoni (*Petit Journal*), Membre.

Arthur Meyer (*Gaulois*), Membre.

Fernand de Rodays (*Figaro*), Membre.

Valentin Simond (*Écho de Paris*), Membre.

Victor Simond (*Radical*), Membre.

P. Véron (*Charivari*), Membre.

Association des Journalistes parisiens

RECONNUE COMME ÉTABLISSEMENT D'UTILITÉ PUBLIQUE

par décret en date du 15 janvier 1890.

Siège social : 14, rue de la Grange-Batelière.

Bureau pour l'exercice 1895-1896 :

MM. Alfred Mézières, député, Président.
Edouard Hervé, Vice-Président.
Eugène Pitou, Vice-Président.
Albert Bataille, Secrétaire.
Joseph Denais, Secrétaire.
Georges Grisier, Secrétaire.
Victor Heurtault, Trésorier.
André Pautard, Agent comptable.

Membres :

MM.

Ayraud-Degeorge.
Albert Bataille.
Fernand Bourgeat.
L. de La Brière.

MM.

Charles Canivet.
Jules Cornély.
Joseph Denais.
Charles Frémine.

Diplôme des Victimes du Devoir

DESSIN D'ÉDOUARD DETAILLE

MM.
Georges GRISIER.
Eugène GUYON.
Edouard HERVÉ.
Victor HEURTAULT.
George HUILLARD.

MM.
Gaston JOLLIVET.
Alfred MÉZIÈRES.
Georges MONTORGUEIL.
Georges NIEL.
Eugène PITOU.

Association syndicale professionnelle des journalistes républicains français.

Siège social : 46, *rue Vivienne, à Paris.*

Le conseil, pour l'exercice 1895, est composé de :

MM. Edouard LOCKROY, *président honoraire;*
RANC, *président;*
Paul STRAUSS, Jules CLARETIE, Alphonse HUMBERT, *vice-présidents;*
Lucien VICTOR-MEUNIER, *secrétaire général;*
F. OBERMAYER, BERTOL-GRAIVIL, *secrétaires adjoints;*
Théodore HENRY, *trésorier;*
A. CALMES, *agent comptable.*

La Caisse des Victimes du Devoir

Société de bienfaisance, fondée le 25 *octobre* 1885, *et reconnue d'utilité publique par décret du* 18 *mai* 1889.

Siège social : 61, rue de La Fayette.

Membres fondateurs en 1885 :

MM. Gaston CARLE, préfet de Vaucluse.
Edouard CORROYER, architecte.
Henri DUGUIÈS, directeur du *Messager de Paris*, trésorier de l'*Association des Journalistes parisiens*, mort le 29 mars 1894.
Charles DUVERDY, directeur de la *Gazette des Tribunaux*, conseil du *Syndicat de la Presse parisienne.*
Louis GAL, directeur de la *Liberté*, mort le 6 août 1893.
Eugène GUYON, directeur de la *Patrie.*
Adrien HÉBRARD, sénateur, président du Conseil général de la Haute-Garonne, directeur du *Temps*, président du *Syndicat de la Presse parisienne.*
Jacques HÉBRARD.
Philippe JOURDE, président honoraire du *Syndicat de la Presse parisienne*, président du Conseil général des Bouches-du-Rhône, ancien juge au tribunal de commerce de la Seine.
Jules-Jean LAFFITE, ancien directeur du *Voltaire.*
Francis MAGNARD, rédacteur en chef du *Figaro*, mort le 18 novembre 1894.

MM. Hippolyte MARINONI, directeur du *Petit Journal*.
Paul MEURICE, ancien directeur littéraire du *Rappel*.
Hector PESSARD, ancien directeur du *National*.
Auguste VACQUERIE, rédacteur en chef du *Rappel*, mort le 19 février 1895.

Conseil d'administration pour 1895.

Président : M. Philippe JOURDE.
Trésorier : M. Hippolyte MARINONI.
Secrétaire : M. Lucien MARC.
Membres : MM. DUVERDY. — GUYON. — Adrien HÉBRARD. — Paul MEURICE. — Émile ROBIN. — Pierre VÉRON.
Secrétaire général : M. Georges ROUY.

Association et Syndicat de la presse républicaine départementale de France.

Siège social : 22, chaussée d'Antin, à Paris.

COMITÉ POUR L'EXERCICE 1895-1896:

MM.
BOUCHET, directeur de *l'Industriel elbeuvien*.
BOURRAGEAS, directeur du *Petit Marseillais*.
Léon BRIÈRE, directeur du *Journal de Rouen*.
Paul CARLE, directeur de *l'Indépendant* de Montargis.
CHAPON, directeur de *la Petite Gironde*, Bordeaux.
COUZINET, ancien directeur de *la Dépêche*, Toulouse.
DELAROCHE, directeur du *Progrès*, Lyon.
DUBAR, directeur de *l'Écho du Nord*, Lille.
FERROUILLAT, directeur du *Lyon républicain*, Lyon.
GOUNOUILHOU, directeur de *la Gironde*, Bordeaux.
GUILLEMOT, réd. en chef du *Courrier du Centre*, à Limoges.
HINZELIN, directeur de *l'Impartial de l'Est*, Nancy.

MM.
H. LAVERTUJON, directeur du *Petit Centre*, Limoges.
LETRÉGUILLY, directeur du *Nouvelliste*, Avranches.
LUGEOL, directeur de *la Charente*, Angoulême.
MONTLOUIS, directeur du *Moniteur du Puy-de-Dôme*, Clermont-Ferrand.
RÉAL, rédacteur en chef de *l'Indépendant rémois*, Reims.
REFFRAY (Léon), réd. en chef de *l'Indépendant de Loir-et-Cher*, Blois.
SCHWOB, directeur du *Phare de la Loire*, Nantes.
SYLVIN, rédacteur en chef du *Progrès de l'Est*, Nancy.
L. TERRIER, directeur du *Réveil national*, à Dreux.
VILLEBRUN, rédacteur en chef, Troyes.

Le Bureau est constitué de la manière suivante :

MM. BRIÈRE, *président*.
GOUNOUILHOU, *vice-président*.
DUBAR, *vice-président*.
SIMON (G.), *vice-président honoraire*.
RÉAL, *secrétaire*.
MONTLOUIS, *trésorier*.

Association de la Presse monarchique et catholique des départements.

Siège social : 265, rue Saint-Honoré, Paris.

MM. Eugène Dufeuille, *président.*
Alexandre Rocoffort, } *vice-présidents.*
J. de Godlewski, }
L. de La Chanonie, *secrétaire général.*
Edmond Robert, *trésorier.*
Paul Tailliez, *rapporteur.*

Association de la Presse plébiscitaire départementale.

Siège social, 25, boulevard Magenta.

Membres du Comité :

MM. Ernest Merson, *Union bretonne,* président.
de Lassalle, *Journal de Lot-et-Garonne,* vice-président.
Tardiveau, *Courrier de l'Eure,* secrétaire-trésorier.
P. Delbarre, *Journal de la Vienne.*
Engerand, *Ami de l'ordre de Caen.*
Gieure, *Adour.*
Grandin, *Journal du Cher.*

Syndicat professionnel des Journalistes et Écrivains français.

262, *boulevard Saint-Germain.*

Conseil :

Président : V. de Marolles, 1, rue Las-Cases, Paris.
Vice-Président : Bon Tristan-Lambert, à Fontainebleau.
Secrétaire : Nemours-Godré, 42, rue du Bac, Paris.
Trésorier : Lecoy de la Marche, 32, rue de Verneuil, Paris.

Membres : Léon de La Brière, 18, avenue de La Bourdonnais, Paris. — Chan. de Benque, 10, rue Léon-Cogniet. — Georges Bois, 11, rue d'Arcole. — Ernest Delloye (*Émancipateur*), Cambrai. — Ed. Drumont, 14, boulevard Montmartre. — Ch. d'Héricault, 5, place de Rennes. — Gab. Levasnier, 218, boulevard Raspail. — R.-P. de Pascal, 4, rue de Commailles. — Petit-Barmon (*Croix*), 5, rue Bayard. — Léonce de La Rallaye, 34, rue Appert, Angers.

Association confraternelle et mutuelle de la Presse judiciaire parisienne.

Société de secours mutuels approuvée par décret du 10 mars 1887.

Siège social : au Palais de Justice.

COMITÉ POUR L'EXERCICE 1895 :

Président : M. A. BERGOUGNAN.
Vice-président : M. V. TAUNAY.
Secrétaire : M. H. VONOVEN.
Trésorier : M. Amédée BLONDEAU.
Membres : MM. F. DUCUING, G. VANNESSON, V. RIFFARD, PUJO.

Association syndicale professionnelle des journalistes parlementaires.

Siège social : 4, rue Pasquier.

COMPOSITION DU BUREAU POUR 1895 :

MM. E. MAIRESSE, *Président.*
H. VALOYS, *Vice-Président.*
MAZE, *Secrétaire-Trésorier.*

Syndicat de la Presse départementale parlementaire.

Siège : 46, rue Vivienne, et à la Chambre des Députés.

Chargé du service parlementaire à la Chambre et au Sénat, le Syndicat est constitué de la façon suivante :

Président : M. Théodore HENRY, de l'Association des Journalistes républicains.
Secrétaire : Edmond ROBERT, de l'Association de la Presse monarchique départementale.
Membres : MM. Paul STRAUSS, de l'Association des Journalistes républicains; CHAPON, de l'Association et Syndicat de la Presse républicaine départementale; Ferdinand RÉAL, de l'Association et Syndicat de la Presse républicaine départementale; TARDIVEAU, de l'Association de la Presse plébiscitaire départementale.

Association professionnelle des Informateurs parisiens.

Société de secours mutuels.

Siège social : 41, Chaussée-d'Antin.

COMITÉ POUR 1895-1896 :

Président : M. Charles CHINCHOLLE, du *Figaro.*

Vice-présidents : MM. J. Cardane, du *Figaro,* et de Bourgade, du *Matin.*
Secrétaire : M. Charles Bos, du *Rappel.*
Trésorier : M. Stiegler, de *l'Écho de Paris.*
Syndic : M. Bois-Glavy, du *Journal.*
Membres du Comité : MM. Fernand Lefèvre, du *Rappel ;* Robert Charvay, de *l'Echo de Paris ;* Montheuil, du *XIXe Siècle ;* Vallin, du *Petit Journal ;* Philippe Dubois, de *l'Intransigeant,* et Léo Montaigut, de *l'Éclair.*

Association générale des Nouvellistes parisiens.

Comité pour 1895 :

Président : M. Félix Barbereau.
Vice-Présidents : MM. Georges Quatremain, Lucien Bally.
Secrétaire : M. Maurice Delphin.
Trésorier : M. Henry Oriol.
Membres : MM. Léon Brésil, Raymond Lacan, Paul Fontaine, Georges Grison, Francis Gilles, Henry Grenet, N...

Syndicat de la Presse périodique.

Siège social, au Cercle de la Librairie, 117, *boulevard Saint-Germain.*

Comité pour l'exercice 1895 :

Président : M. Brunetière, directeur de la *Revue des Deux Mondes.* — *Vice-président :* M. Lucien Marc, directeur de *l'Illustration.* — *Secrétaire :* M. Abel Goubaud, directeur du *Moniteur de la Mode.* — *Trésorier :* M. Jules Hetzel, directeur du *Magasin d'éducation.* — *Membres :* MM. Baudouin, Bourguignon, Ferrari, Talansier, Templier.

Syndicat des Journaux spéciaux et professionnels de France, fondé en 1886.

Siège social : 33, *rue Jean-Jacques-Rousseau, à Paris.*

Membres du bureau pour 1895 :

Président : M. Paul Le Sourd, directeur du *Moniteur vinicole.*
Vice-Présidents : M. Edmond Rousset, directeur de *la Métallurgie* et du *Bulletin des Travaux.* — M. Ch. Bivort, directeur du *Bulletin des Halles.*
Secrétaire général : M. Charles Constant, avocat-conseil.
Trésorier : M. Charles Vincent, directeur du journal *la Halle aux Cuirs.*
Secrétaire-Archiviste : M. Alex. Durant, directeur de *l'Indépendant français.*

Adresser la correspondance, les demandes de renseignements, etc., à M. Durant, secrétaire-archiviste, 38, rue de la Chaussée-d'Antin, à Paris.

Syndicat de la Presse municipale parisienne

Siège social : Hôtel de Ville.

BUREAU :

Président d'honneur : M. VILLAIN (*Temps*), *conseiller municipal.*
Président : M. Albert MONTHEUIL (*Écho de Paris*).
Vice-présidents : MM. Ch. CHINCHOLLE (*Figaro*); D. MASSONEAU (*Intransigeant*).
Trésorier : M. PÉAN (*Soir*).
Secrétaire : M. DÉGLISE (*Petit Parisien*).
Membres : MM. BOISGLAVY (*Journal*); VERGOZ (*Libre Parole*), MOCQUAND (*Débats*).
Syndic : M. TAUNAY (*Gazette de France*).
Conseil judiciaire : M. DAVRILLÉ DES ESSARDS, conseiller municipal.
Médecin : Dr FLOQUET.

Syndicat des Journalistes socialistes

Fondé le 26 juillet 1893.

Siège social : 10, rue Chabanais.

CONSEIL SYNDICAL :

MM. BRIAND (A.).
Mme CHÉLIGA-LOEVY.
M. CIPRIANI (Amilcare).
Mme DUC-QUERCY.
MM. ETIÉVANT (A.).
FRANKEL (Léo).
GUESDE (Jules).
JACLARD (V.).
MM. LONGUET (Ch.).
MILLERAND (M.).
Mme Paule MINCK.
MM. PELLOUTIER (Fernand).
SARRAUT (Maurice).
Mmes SARRAZIN (Hélène).
M. VEBER (A.).

BUREAU POUR 1895 :

Secrétaire général : M. V. JACLARD.
Secrétaires adjoints : Mme DUC-QUERCY, MM. Félix TEULON, Maurice SARRAUT.
Trésorier : M. Raoul DELONS.
Trésorier adjoint : M. Paul LAGARDE.
Secrétaire-Archiviste : Mme Hélène SARRAZIN.

Syndicat de la Presse républicaine périodique de Paris et de la banlieue.

Fondée en 1888.

Siège social : 33, rue Saint-Merri.

BUREAU POUR 1895 :

Président : D. MASSONEAU.
Secrétaire général : V. BONNIFET.
Secrétaire de séance : TOUSSAINT-MARTEL
Trésorier : SANANDRÉ.

Association de la Presse médicale

Fondée en 1889.

Siège social : 23, rue de Dunkerque.

SYNDICS POUR 1895 :

MM. le professeur CORNIL, sénateur, 19, rue Saint-Guillaume, *président.*
Dr CÉZILLY, directeur du *Concours médical*, 23, rue de Dunkerque, *syndic-trésorier.*
Dr DE RANSE, 53, avenue Montaigne, *syndic.*
Dr MARCEL BAUDOUIN, 14, boulevard Saint-Germain, *secrétaire général.*

Union de la Presse parisienne et départementale.

Siège social : 41, Chaussée-d'Antin.

ADMINISTRATION ET COMITÉ DE SURVEILLANCE :

Président : M. le vicomte DE CONSTANTIN. — MM. Charles DE LORBAC, Amédée RYS. — *Commissaire :* Claudius CAVORET.

Cercle de la Critique musicale et dramatique.

BUREAU POUR 1895 :

Président : M. N..... — *Vice-Présidents :* MM. A. BRUNEAU et Paul GINISTY. — *Archivistes :* MM. NOËL et E. STOULLIG. — *Secrétaire :* M. M.-Auguste VITU.

Syndicat de la Critique littéraire.

Siège social : 17, rue du Faubourg-Montmartre.

Président : M. Paul PERRET. — *Vice-Président :* M. Jules LERMINA. — *Secrétaires :* MM. Charles FUSTER, Henri DUVERNOIS. — *Archiviste :* M. Emile BLÉMONT. — *Trésorier :* M. Paul BONHOMME. — *Membres :* MM. Jean BERNARD, Léon DESCHAMPS, VIGNÉ D'OCTON, Edouard PETIT, Clément JANIN, Paul D'ARMON.

Syndicat de la Presse française périodique

Fondé en 1894.

Siège social : 25, rue Daguerre.

BUREAU DU SYNDICAT POUR L'ANNÉE 1894-1895.

Président d'honneur : M. Victorin JONCIÈRES. — *Président effectif:* M. A. CLAIROUIN, *Avenir artistique.* — *Vice-Présidents :* MM. Philippe LE BEAU, *Paris jovial;* Paul PIEL, *Journal de Cabourg.* —

Secrétaire général : M. A. Ismaël DUPLESSIS, *Europe artiste*. — *Secrétaire-adjoint* : M. Alcanter DE BRAHM, *Revue d'art dramatique*. — *Trésorier général* : M. J. DUTHILT, *Novateur musical*. — *Trésorier-adjoint* : M. A. Pascal ESTIENNE, *Europe artiste*.

Syndicat de la Presse française sportive

Provisoirement : 19, boulevard Montmartre.

COMITÉ POUR 1895.

Président : M. MARC DE BRUS, *Chasseur illustré*. — *Vice-président* : Docteur DENEUVE, *France aérienne*. — *Secrétaire général* : M. Marcel CHAMPIMONT, *Japon artistique*. — *Trésorier* : M. Th. RIBOUD, *Stand*. — *Secrétaire* : M. BOUILLOT, *Pêcheur*. — *Conseil judiciaire* : Me Paul REULLIER. — *Conseil médical* : Docteur Louis JULIEN. — *Conseil vétérinaire* : M. G. FRÉGIS.

Association de la Presse cycliste

Fondée en 1894.

Siège social : 29 et 31, rue Jean-Jacques-Rousseau.

BUREAU POUR 1895.

Président : MM. Jean BATAILLE, avocat à la Cour d'Appel. — *Vice-Présidents* : Louis MINART ; Adolphe DE PALLISSAUX. — *Secrétaire* : Gustave VITERBO. — *Trésorier* : Alexandre PERAGALLO. — *Trésorier-adjoint* : Georges DENIZOT.

Syndicat de la Presse marseillaise.

Siège du Syndicat : 48, rue Paradis, Marseille.

Présidents honoraires : T. SAMAT, directeur du *Petit Marseillais*; FONTAINE, directeur du *Petit Provençal*; Eugène ROSTAND, du *Journal de Marseille*.

Président : M. Horace BERTIN (*Sémaphore*). — *Vice-présidents* : MM. PHILIP (*Petit Marseillais*); Pierre ROUX (*Petit Provençal*). — *Trésorier* : M. L. BARBIER (*Petit Provençal*). — *Vice-trésorier* : M. E. VÉRAN (homme de lettres). — *Secrétaire général* : Alph. FEAUTRIER (*Bavard*). — *Vice-secrétaire* : M. Karl DOTUN (*Mondain*). — *Conseillers* : MM. J. GRÈS (*Marseille Artiste*); A. GIRY (*Soleil du Midi*); A. PERRIMET (*Étincelle*); X. MAUNIER (*Mondain*); Barth. MARTIN (*Petit Provençal*); GLEIZE-CRIVELLI (*Petit Marseillais*); F. DUBOIS (*Bavard*); G. GALY-FARRÉ (*Petit Marseillais*).

JOURNAL DE ROUEN

JOURNAL DU HAVRE

Politique, Commercial, Maritime et Financier

AKHBAR

Journal de l'Algérie républicain indépendant

Direction, Rédaction et Administration

LE PETIT BOURGUIGNON

Journal politique quotidien

LE PROGRÈS DU NORD

L'INDEPENDANT DE MONTARGIS

Journal politique, littéraire, agricole et d'annonces judiciaires

CHRONIQUE DE FOUGÈRES

Feuille Politique, Commerciale & d'Annonces

GAZETTE DE PÉRONNE

Écho du Santerre

LE MONITEUR DE BOURGOIN

et de l'arrondissement de La Tour-du-Pin

JOURNAL DE SANCERRE

LA VOIX DES ARDENNES

Journal républicain du département

L'INDÉPENDANT de l'Auxois et du Morvan

L'ECLAIR

L'INDICATEUR SAVOISIEN

Liberté — Égalité — Fraternité

LE RÉPUBLICAIN LANDAIS

Journal démocratique du Sud-Ouest

LE RÉPUBLICAIN DE L'YONNE

Paraissant le mercredi et le samedi

CINQ CENTIMES

L'EST RÉPUBLICAIN

Paraissant tous les jours

L'UNION LIBÉRALE

Le mercredi et le samedi soir

L'UNION MALOUINE & DINANNAISE

LE RÉPUBLICAIN DE LA HAUTE-SAÔNE

Douze francs par an

LE PROGRÈS DE LA HAUTE-MARNE

Journal Politique et des Intérêts Commerciaux, Industriels et Agricoles du Département

JOURNAL DE CAEN

Organe républicain du département du Calvados

L'ARGUS SOISSONNAIS

LE PETIT HAVRAIS

Journal quotidien du matin

Syndicat des journalistes marseillais

Fondé en 1890.

Siège social : 10, rue de la Loge.

Président : M. Ch. AUDIBERT, directeur du *Radical*.
Vice-présidents : MM. Albert ESPANET, du *Petit Marseillais ;* Louis PAYOUD, du *Tout-Marseille*.
Secrétaire : M. G. MARTZ, du *Radical*.
Trésorier : M. Joseph VACHE, de la *Vigie*.
Conseillers : MM. Alfred VALZ, Henry AMAYON, Marius RIEUBON, Paul CAPEILLE.

Syndicat de la Presse de Seine-et-Marne.

Président : M. Eugène DROSNE, *Melun*.
Vice-présidents : MM. P. PADER, *Coulommiers ;* MICHELIN, *Melun ;* LOUAGE, *Provins ;* Félix RIBEYRE, *Meaux*.
Secrétaire général, archiviste perpétuel : H. BUREAUD-RIOFREY, *Melun*.
Secrétaire annuel : Maurice BOURGES, *Fontainebleau*.
Trésorier : L. PARDÉ, *Montereau*.

Syndicat de la Presse cannoise.

12, rue du Chemin-de-Fer, à Cannes.

Président : M. H.-G. BON, I. Q, ✠, directeur de *l'Avenir des Alpes-Maritimes*.
Vice-président : M. Gustave VAUDEY, directeur du *Midi hivernal*.
Trésorier : M. Maurice LANOIX, publiciste.
Secrétaire général : M. Maurice RAIMBAULT, rédacteur au *Littoral*.
Membres : MM. Paul GAUTIER, Q, publiciste; François VERNE, directeur du *Courrier ;* Henry GIRAUD, rédacteur à l'*Avenir ;* F. CHÉREST (*Eureka*), rédacteur à l'*Avenir ;* GRANDVAUX, directeur de l'*Indicateur ;* LUMBERT, directeur du *Cannes-Gazette ;* A. NIER, rédacteur au *Littoral illustré*.

Syndicat de la Presse cadurcienne.

Fondé en 1892.

Siège social : 34, rue du Lycée, à Cahors.

Président : M. LAYTOU, Q, directeur du *Journal du Lot*.
Vice-président : M. F. DELPÉRIER, directeur du *Réformateur du Lot*.
Secrétaire archiviste : M. Georges CASTANET.
Trésorier : M. Antonin DISSÈS.
Membres : MM. Jules BERGON, Jules LURGUIE, Étienne DEPEYRE, Paul LESCALE, Justin DE MAYNARD, Léon LAINÉ.

Syndicat de la Presse bordelaise.

Fondé en 1886.

Siège social : au domicile du Président.

Présidents honoraires : MM. A. Cordier et A. Judlin.
Président : M. Henri Aymel.
Vice-président : M. G. Lafargue-Decazes.
Secrétaire : M. Raoul Béchade.
Trésorier : M. G. Pillod.
Questeurs : MM. Ch. Dalbaret, Dessiaux.

PRINCIPALES CORRESPONDANCES

POUR LES JOURNAUX

AGENCE CENTRALE DE PUBLICITÉ ET DE TÉLÉGRAPHIE. — (1884.) 4, rue Montaigne. — Dir., Fernand SONNENBERG, ✠. — Réd. en chef, Georges ALLARD.

Républicaine. — Service télégraphique pour la presse étrangère, spécialement pour la Russie et les pays scandinaves. — Publicité dans les journaux de France et de l'Étranger. — Corresp. à Saint-Pétersbourg, Londres et New-York.

AGENCE FOURNIER. — Société anonyme française de publicité. — Capital : 1,500,000 fr. — (1879.) — 9, place de la Bourse. — Dir., Georges FOURNIER, ✠.

Services télégraphiques, téléphoniques et postaux. — Envoi de dépêches aux agents de change, banquiers, cercles, cafés. — Pour les journaux de province, services politiques par dépêches, moyennant 0 fr. 05 par mot, ou à forfait. — Annonces commerciales et bulletin financier dans tous les journaux de Paris, de province et de l'Étranger. — Succursales : Londres, Saint-Pétersbourg, Constantinople.

AGENCE FRANÇAISE. — (1888.) — 152, rue Montmartre. — Dir., Georges CHAZEAUD.

Éminemment nationale et indépendante. — Grâce à la rapidité et à la sûreté de ses informations, l'*Agence française* est aujourd'hui répandue partout. — Elle donne intégralement tous les communiqués officiels, et les fait suivre, avec une entière impartialité, de tous les commentaires qu'ils provoquent dans les milieux politiques.

AGENCE GÉNÉRALE D'INFORMATIONS POLITIQUES (L'). — 41, rue Fontaine. — Dir., Jules BARIOL. — Ab., un mois, 25 fr.

Service télégraphique pour les journaux de province.

AGENCE GÉNÉRALE STÉNOGRAPHIQUE *et de travaux de copie à la machine à écrire.* — (1892.) — 17, rue d'Arcole. — Dir., Georges BUISSON. — Nombreux collaborateurs, spécialistes français et étrangers.

Sténographie d'interviews, Conversations téléphoniques, Conférences, Congrès, Procès, etc. — Paris, province, étranger. — Copies de romans, pièces de théâtre, etc. etc., à un ou plusieurs exemplaires, par un procédé spécial. — Livraison rapide de tous les travaux, en caractères typographiques, par les machines à écrire. — Demander spécimens.

AGENCE GROMIER, *correspondance de la presse étrangère.* — Quot. — (1866.) — 9, rue Milton. — Dir., M.-A. GROMIER. — Ab., 5 fr. par mois.

Républicaine. — Cette agence est l'organe officiel de l'*Association économique des Amis de la paix pour une union méditerranéenne,* dont M. Gromier est le fondateur et le président depuis 1865, et qui comprend près de 15,000 membres.

AGENCE INTERNATIONALE DE LA PRESSE. — Quot. — (1874.) — 7, villa Poirier. — Dir., J. MERLEY. — Ab., 500 fr. par an.

AGENCE MAZZINI. — (1891.) — 7, rue Saint-Marc. — Dir., Pierre MAZZINI.

Articles politiques ; chroniques littéraires, mondaines, artistiques, scientifiques, etc. — Articles de politique extérieure. — Bulletin du jour et des Chambres. — Publicité dans tous les journaux étrangers.

AGENCE NATIONALE (DÉPÊCHES DALZIEL). — 50, rue Notre-Dame-des-Victoires. — Dir., Louis MOREL.

L'**Agence nationale** a succédé à l'**Agence Dalziel**, qui ne fonctionne plus à Paris depuis le 1er juillet 1893. C'est une des plus importantes agences d'informations télégraphiques, téléphoniques et de publicité ; elle publie quotidiennement un très grand nombre de feuilles d'informations, a pour abonnés les journaux de Paris et un grand nombre de journaux de province et de l'étranger. Elle fait par abonnement, à forfait ou à la commission, des services télégraphiques et téléphoniques pour les journaux de province et de l'étranger.

L'**Agence nationale** a inauguré récemment un service quotidien d'*Informations clichées* destiné à envoyer aux journaux de province, par les derniers départs du soir, sept colonnes de composition toutes clichées, comprenant un article d'actualité, le compte rendu des Chambres, des informations politiques et générales, des nouvelles de l'étranger, etc. Services spéciaux pour les journaux tri et bihebdomadaires. Demander spécimen et conditions.

L'**Agence nationale** possède une collection considérable de plus de 1,300 clichés de portraits-actualités comprenant toutes les illustrations modernes. Elle publie un portrait chaque jour. Abonnements au mois pour journaux. Vente au détail. Elle fait des clichés sur commande. Demander catalogue et conditions.

L'**Agence nationale** a un service économique très développé. Elle publie tous les jours : **deux feuilles financières**, une le matin et une le soir, donnant les nouvelles et les cours de toutes les principales places françaises et étrangères ; **une feuille des mines d'or**, donnant les cours des principales valeurs aurifères ; **deux feuilles commerciales** : 1° celle du matin, donnant les cours et les comptes rendus télégraphiques des principaux marchés européens et américains, en ce qui concerne les blés et céréales, sucres, alcools, cafés, cotons, huiles, etc., etc. ; 2° celle du soir, destinée plus spécialement à la province et donnant les cours et le compte rendu du marché de Paris, ainsi que les avis télégraphiques ou téléphoniques des marchés étrangers du jour même, notamment en sucres, alcools et huiles ; **une feuille agricole** paraissant le soir, résumant les prix des denrées agricoles en France et à l'étranger et publiant les cours du jour même de tous les marchés du monde, y compris ceux de New-York et Chicago ; **une feuille spéciale des cafés**, donnant chaque matin le change brésilien, les stocks, les recettes et les prix des cafés de la veille à Rio et à Santos, ainsi que les cours de toutes les places d'Europe et d'Amérique, s'occupant des cafés à terme ; enfin **une feuille des mines d'or**, donnant les cours des marchés de Londres et de Paris.

AGENCE RUSSE, *politique, télégraphique.* — (1891.) — 6, rue de la Pépinière. — Dir., Akim-Alexandrovitch EFFROAD, ✠, ✵.

AGENCE TÉLÉGRAPHIQUE, *Reuter's Telegram Company* de Londres. — Paris, 14, rue de Châteaudun. — Correspondant et représentant, V.-R. MOONEY.

AGENCE TÉLÉGRAPHIQUE RÉPUBLICAINE, *Correspondances parisiennes et dépêches télégraphiques pour les journaux des départements.* — 101, rue de Richelieu. — Dir., Jules CHAPON.

Périodicité suivant les besoins des journaux correspondants. — Rédacteurs en permanence à la Chambre et au Sénat.

AGENCE TÉLÉGRAPHIQUE VERAX. — 3, rue d'Amboise.

Service télégraphique et téléphonique. — Informations politiques, financières et commerciales. — Publicité. — Rédacteurs en permanence à la Chambre et au Sénat.

ARGUS DE LA PRESSE (L'). — Quot. — (1879.) — 155, rue Montmartre.

Informations universelles. — *Pour être sûr de ne pas laisser échapper un journal qui l'aurait nommé, il était abonné à l'***Argus de la Presse**, « *qui lit, découpe et traduit tous les journaux du monde, et en fournit les extraits sur n'importe quel sujet* ». (Hector Malot, *ZITE*, pp. 70 et 323.) — L'*Argus de la Presse* fournit aux artistes, littérateurs, savants, hommes politiques, tout ce qui paraît sur leur compte dans les journaux et revues du monde entier. — L'*Argus de la Presse* est le collaborateur indiqué de tous ceux qui préparent un ouvrage, étudient une question, s'occupent de statistique, etc., etc. — **L'Argus lit 5,000 journaux par jour.** — *Téléphone.*

BULLETIN DE L'ASSOCIATION DE LA PRESSE COLONIALE. — (1890.) 21, rue des Martyrs. — Dir., Henri MAGER. — Paraissant au départ de chaque courrier d'outre-mer. — Ab., France et colonies, 48 fr.

BULLETIN DE RENSEIGNEMENTS COLONIAUX. — Mens. — (1881.) — 15, rue du Cardinal-Lemoine. — Dir.-fond.-gér., Gaston LAFOREST. — Ab., 7 fr.

CLICHERIE (LA) DE LA PRESSE. — (1883.) — 129, rue Montmartre. — Dir., E. LANDESQUE ET Cie. — Réd. en chef, LAUZET. — Adm., E. NICOLLIER.

Service spécial d'informations et de romans clichés. — La *Clicherie de la presse* expédie chaque soir, ou suivant la périodicité des journaux, un service cliché contenant toutes les informations du jour, les documents politiques, les comptes rendus parlementaires et gravures d'actualité. — Economie de 60 0/0 sur les frais de composition.

CORRESPONDANCE ATHENÆUM. — Hebd. — 166, boul. du Montparnasse. — Dir., GUYOT-DAUBÈS. — Ab., 20 fr.

Correspondance pour les journaux, sciences, agriculture, industrie, médecine, etc.

CORRESPONDANCE CATHOLIQUE (LA). — Hebd. — (1892.) — 10, rue Cassette. — Ab., 20 fr.; U. P., 25 fr.

CORRESPONDANCE DES CHEMINS DE FER (LA). — Hebd. — (1882.) — 72, rue Blanche. — Dir.-réd. en chef, Ch. RAYMOT. — Gér., GOUBERT.

CORRESPONDANCE CONSERVATRICE (LA). — Quot. — (1885.) — 259, boulevard Pereire sud. — Dir.-réd. en chef, P.-P. BERTUCCI. — Ab., 100 fr. — Service spécial pour la presse des départements.

Fondée en 1885 par le baron Price, elle est dirigée par P.-P. Bertucci depuis 1887. — Organe républicain progressiste. — Service spécial d'informations. — Comptes rendus de la Chambre des députés et du Sénat. — Service télégraphique pour les journaux abonnés, sans autres frais que le coût du télégramme. — Représentation de journaux de province. — Service particulier d'informations. — Revue de la presse parisienne.

CORRESPONDANCE DÉPARTEMENTALE (LA). — Hebd. — (1885.) — 15, rue du Faubourg-Montmartre. — Gér., B. CASTA-LUMIO. — Ab., 1 mois, 5 fr.

CORRESPONDANCE FRANÇAISE (LA). — Quot. — (1892.) — 9, rue Lagrange. — Dir.-gér., Jean MAGNIN. — Réd., VAUTHIER-BAY, O. BEC, LEROUSSEAU, R. CHARLY. — Ab. mensuel à 20 fr.; consulter la circulaire aux reporters.

Informations pour la presse parisienne et départementale.

CORRESPONDANCE FRANÇAISE (LA). — (1888.) — 152, rue Montmartre. — Dir.-réd. en chef, Georges CHAZEAUD.

Comptes rendus des Chambres, articles politiques. Bruits de couloirs. Chroniques théâtrales et plis hors sacs, etc. — C'est le complément de l'Agence française.

CORRESPONDANCE GÉNÉRALE (LA). — (1890.) — Office de correspondance et de publicité. — 1, rue Suger. — Dir., E.-G. RAYMOND. — Prix : article-essai, 4 fr.; 12 articles, 40 fr.; 50 articles 100 fr.

Correspondance *manuscrite* expédiée par lettres. — Les articles sont rédigés par des rédacteurs de tous les partis, et de manière à suivre exactement la ligne politique du journal abonné. — Service télégraphique à prix réduit. — Dessins, gravures et clichés en tout genre. — Gravure sur bois, photogravure, similigravure, etc. — Spécialité de clichés de portraits, collection des célébrités contemporaines (deux formats). — Correspondances littéraires, scientifiques, commerciales, etc.

CORRESPONDANCE HAVAS (LA). — 34, rue Notre-Dame-des-Victoires. — Dir., Ed. LEBEY.

L'universalité et la notoriété de l'*Agence Havas*, bien connue de tous les journaux, rendent inutiles toutes notes la concernant.

CORRESPONDANCE HELVÉTIQUE (LA). — Quot. — (1869.) — 135, boul. Magenta. — Dir., L. MACON. — Ab., 150 fr. par mois. — Pour la feuille n° 1, correspondance politique; — pour la feuille n° 2, bulletin financier; — et pour la feuille n° 3, chroniques littéraires, artistiques, théâtrales, bibliographiques, scientifiques.

CORRESPONDANCE HISTORIQUE ET ARCHÉOLOGIQUE. — Mens. — (1892.) — 11, quai Conti. — Ab., 10 fr.; U. P., 12 fr.

CORRESPONDANCE INTERNATIONALE (Otto WALDAU). — Paraît plusieurs fois par jour à Paris et à l'étranger. — Dir., Max-Otto WALDAU, ✠, ✠, ✠. — Réd. en chef, Paul VERYN. — Réd. : A. THADEN, Charles LAUTERBACH. — 13, rue Cortambert. — Ab., suivant le nombre d'articles.

La *Correspondance internationale* paraît plusieurs fois par jour en *français*, *anglais*, *allemand* et *italien*; s'occupe de questions politiques, littéraires, financières et commerciales; fournit des articles et des télégrammes spéciaux. — Sa lettre hebdomadaire, très documentée, sur tout ce qui concerne l'actualité parisienne, est d'une grande valeur pour les journaux des départements.

CORRESPONDANCE DE LAVIGERIE. — (1887.) — 22, place Vendôme. — Réd. en chef, DE LAVIGERIE, ✵, Q, G. O. ✠ ✵.

CORRESPONDANCE LITTÉRAIRE (LA) *Adolphe Favre.* — (1851.) — 2, rue Pigalle. — Dir., Paul HEUZÉ.

Fondée, en 1851, par Ad. FAVRE. — Reproduction de feuilletons et publications de nouvelles hebdomadaires pour la presse de province.

CORRESPONDANCE LITTÉRAIRE PARISIENNE (LA). — Quot. — (1894.) — 25, boulevard Poissonnière. — Dir., CHAPEAU DES VARENNES, Q, ✵, et Cie.

Principaux collaborateurs : Paul Arène, vicomte Henri de Bornier, Marie-Anne de Bovet, Fabrice Carré, François Coppée, Léo Claretie, H. Conti, Alphonse Daudet, Ernest Daudet, Joseph Fabre, Camille Flammarion, général XXX, Gyp, Alexandre Hepp, Arsène Houssaye, Jocelyne, Gaston Jollivet, de Mahy, Marcel Prévost, Saint-Simon, Armand Silvestre, André Theuriet, Georges Vanor, etc.

CORRESPONDANCE MARITIME COMMERCIALE. — Bihebd. — (1878.) — 84, rue Lepic. — Dir., Th. BAUDRAIS. — Réd. en chef, Pierre FIDERT. — Ab., France et U. P., 100 fr.; le n°, 5 fr.

Organe des intérêts français aux colonies et dans les pays d'outre-mer.

CORRESPONDANCE MERLEY. — Quot. et hebd. — (1876.) — 7, villa Poirier, — Dir., J. MERLEY.

CORRESPONDANCE PARISIENNE (LA). — *Tablettes d'un spéculateur.* — 4 fois par mois. — (1876.) — 6 *bis*, rue Ravignan. — Dir.-fond., L.-Ch. MOREAU DE SAINEVILLE, ✠. — Secr.-gér., Maxime DE LAROQUE. — Ab., France et U. P., 3 fr.; le n°, 25 c.

La *Correspondance parisienne* est en *entier* et *gratuitement* à la disposition des journaux de province, moyennant un service régulier d'échange.

CORRESPONDANCE POLITIQUE FRANÇAISE (LA) et *Agence parlementaire.* — (1879.) — 16, place Delaborde. — Dir., C. ROMANET, O. ✠.

CORRESPONDANCE POLITIQUE ET LITTÉRAIRE (LA). — 17, avenue de La Bourdonnais. — Dir., Georges ROCHER.

Gratuite pour les journaux ayant un traité avec la Société des gens de lettres.

CORRESPONDANCE DE LA PRESSE (LA). — Quot. — (1885.) — 10, boulevard des Italiens.

Publications hebdomadaires de la *Correspondance de la Presse* : *Propos de Rosalie*, par Tante Rosalie ; la *Semaine anecdotique*, par Pierre Patient ; *Bulletin politique*, par Jean Cricq, *Contes de la semaine*, par Marie-Louise Néron ; *Semaine militaire*, par le commandant Schambion ; *Courrier parisien*, par Un Bourgeois de Paris ; *Article politique* (républicain), par Jean Bernard. — L'administration se charge de trouver des correspondances particulières et inédites par des hommes de lettres de Paris, pour les journaux des départements et de l'étranger.

CORRESPONDANCE DE LA PRESSE DÉPARTEMENTALE (LA). — Hebd. — (1884.) — Adm. et réd., 92, rue de Richelieu. — Adm., G. TONNELIER. — Gér., L. SÉZILLE.

Républicaine indépendante. — Articles politiques et économiques, études sociales, revues agricoles et industrielles. — Bulletin financier. — Feuilleton. — Composée en caractères typographiques. — Très utilisée par un grand nombre de journaux des départements.

CORRESPONDANCE RÉPUBLICAINE (LA). — (1871.) — 28, rue de Varenne. — Adm., E. STAHL. — Réd. en chef, MANSUY, Q, ✠. — Ab. pour journaux, suivant périodicité.

Fondée en 1871 sous les auspices de la gauche républicaine de l'Assemblée nationale. — D'un caractère essentiellement politique, elle compte parmi sa clientèle un grand nombre de journaux des départements.

CORRESPONDANCE RUSSE (LA). — (1891.) — 6, rue de la Pépinière. — Dir., Akim-Alexandrovitch EFFROAT, ✠, ❄.

Organe de l'*Agence politique russe*.

CORRESPONDANCE TÉLÉGRAPHIQUE (LA), *militaire, maritime et coloniale*. — Quot. — (1892). — 25, boulevard Poissonnière. — Dir. CHAPEAU DES VARENNES.

CORRESPONDANCE THÉATRALE (LA). — Bimens. — (1885.) — 41, rue Fontaine. — Dir., J. BARIOL. — Ab., 3 fr. ; le n°, 10 c.

Renseignements aux journaux sur les théâtres et concerts.

COURRIER DE LA PRESSE (LE). — (1889.) — 21, boul. Montmartre. — Dir., A. GALLOIS.

Fondé en 1889, le *Courrier de la Presse* fournit des *coupures* de journaux et de revues sur tous sujets et personnalités. — Succursales à Londres, New-York, Berlin, Vienne, Madrid, Rome, etc., etc.

Tarif : 0 fr. 30 par coupure.

Tarif réduit, payement d'avance, sans période de temps limitée : 25 fr. par 100 coupures ; — 55 fr. par 250 coupures ; — 105 fr. par 500 coupures ; — 200 fr. par 1,000 coupures.

EXPRESS-AGENCE. — (1890.) — Passage des Princes, 97, rue de Richelieu. — Dir., Emile GIOT.

DÉPÊCHE CLICHÉE (LA). — (1894.) — 8, rue Malebranche. — Dir., Théodore FAVIER. — Réd. en chef, E. VAUQUELIN. — Adm., colonel AILLERY, O. ❄. — 7 fr. par jour, *franco*.

D'une neutralité absolue, la *Dépêche clichée* fournit à tous les journaux un service cliché d'informations et de comptes rendus des Chambres. — Son système de blocs et ses clichés assurent un parfait tirage. — Fait un service télégraphique et téléphonique à ses abonnés, gratuitement.

EXPRESS-CLICHÉ (L'). — (1894.) — 8, rue Malebranche. — Adm.-prop., Émile HOUPIED. — Dir., Théodore FAVIER. — Réd., MANIÈRE. — Service complet; bourse et portrait compris, 7 fr. 30, *franco* en gare. — Service sur 6 col., avec portrait, 7 fr. 15.

Voir : *Dépêche clichée.*

FEUILLE (LA). — Hebd. — (1893.) — 18, rue du Rocher. — Dir., Albert POITEVIN. — Adm.-gér., L. OLIVI.

Correspondance spéciale, organe des intérêts de la presse départementale. — A la disposition des journaux de province pour leur fournir tous renseignements.

FEUILLETS REPRODUCTIBLES (NOS). — (1893.) — 12, rue de la Chaussée-d'Antin. — Réd., Gaston RAYSSAC.

Correspondance rédigée par un groupe de membres de la Société des gens de lettres

FINANCIÈRE DÉPARTEMENTALE (LA). — 48, rue Notre-Dame-des-Victoires. — Dir., Gustave PESSARD.

Envoyée à 250 journaux des départements.

GRANDE CORRESPONDANCE (LA). — Quot. — (1882.) — 27, quai de la Tournelle. — Dir.-réd. en chef, A. POUGET.

INFORMATION PARISIENNE (L'). — (1894.) — 22, rue de Clignancourt. — Dir., G.-R. DEMESNIL.

Correspondance politique et littéraire.

INFORMATIONS DE LA PRESSE, *agence internationale.* — 159, faub. Poissonnière. — Dir.-prop., C.-V. GILSE.

Lit, découpe et traduit tous les journaux du monde et en fournit les extraits sur n'importe quel sujet.

NOUVELLES CLICHÉES (LES). — (1894.) — Direction, 13, rue Hérold. — Réd.-adm., et ateliers, 129, rue Montmartre. — Dir., Alfred TASTEVIN. — Secrét. de la réd., A. de NOUVELLE. — Adm., Georges TASTEVIN.

Service quotidien complet d'informations, comptes rendus parlementaires, etc. — 7 colonnes, 7 fr., *franco.* — Service télégraphique et téléphonique. — Seule *Agence conservatrice et catholique* neutre en ce qui concerne la forme du gouvernement.

NOUVELLE AGENCE TÉLÉGRAPHIQUE (LA). — (1885.) — 5, rue de la Bourse. — Dir., Louis MURANY.

La *Nouvelle Agence* fournit des dépêches spéciales aux principaux journaux de Paris, des départements et de l'étranger.

PARIS CORRESPONDANCE CO ET PRESSE AGENCY. — 13, rue de Belzunce. — Dir., Fréd. CONNER. — Secrét., Edward CONNER.

Fournit des articles, des lettres et des télégrammes spéciaux, à la presse française, anglaise, américaine et coloniale. — *Paris, Londres, New-York* et *Melbourne.*

PARISER KURIER (*Courrier de Paris*). — Biquot. — (1894.) — 24, rue de Saint-Quentin. — Dir., Dr SCHWEIZER. — Réd. en chef, Th. STEINHERZ.

Correspondance politique, littéraire, financière, scientifique, la plus répandue en Allemagne, Autriche, Russie, Suisse et dans l'Amérique du Nord.

PETITE CORRESPONDANCE BLANCHE (LA). — (1890.) — 17, rue Eugène-Delacroix. — Dir., Léon BIGOT, Q, O. ✠, ✠, ✠.

Service régulier de correspondance littéraire pour les journaux des départements. — Feuilletons, nouvelles et chroniques envoyés aux journaux ayant un traité avec la Société des gens de lettres. — Télégrammes quot., bihebd. et hebd., adressés à la Presse départementale à forfait.

PETITE CORRESPONDANCE FRANÇAISE. — (1884.) — Adm. et réd., 92, rue de Richelieu. — Adm., G. Tonnelier. — Gér., L. Sézille.

Républicaine indépendante. — Articles politiques, économiques, agricoles, industriels. — Chroniques. — Bulletin financier. — Composée en caractères typographiques ; très utilisée par un grand nombre de journaux des départements.

SERVICE CENTRAL DE LA PRESSE. — (1889.) — 6, rue de Provence. — Dir., Juge et Rabaroust.

Le *Service central de la Presse* fournit la correspondance parisienne littéraire et politique de quarante-huit des principaux journaux de province et de l'étranger. — Collaborateurs : Doumer, Dupuy-Dutemps, Hubbard, Leydet, Mesureur, Millerand, Naquet, Rivet, Rouanet, Terrier, députés ; Henry Fouquier, Ginisty, E. Gautier, G. Montorgueil, Max de Nansouty, H. Pessard, A. Pougin, A. Tabarant, etc.

TABLETTES DES CONNAISSANCES UTILES. — Hebd. — (1891). — 166, rue Lafayette. — Gér., L. Petit. — Ab., 100 fr.

Correspondance pratique des journaux départementaux.

TABLETTES D'UN SPECTATEUR (LES). — Biquot. — (1869.) — 58, rue J.-J.-Rousseau. — Dir., A. Ballero. — Adm.-gér., Eugène Petit, I. ✪. — Ab. mens., 500 fr.

PRINCIPALES AGENCES DE PUBLICITÉ

POUR LES JOURNAUX

ADAM. — 38, rue de Varenne.

AFFICHAGE NATIONAL. — **Dufayel.** — 11,13,15, boulevard Barbès.

Concessionnaire exclusif de la publicité sur les murs de la ville de Paris, sur les colonnes postales, dans la Tour Eiffel, au théâtre du Châtelet, aux Folies-Bergère, etc., et sur les urinoirs de la ville de Paris. — Affichage dans plus de 5,000 cadres réservés. — Réduction de prix pour les journaux. — Téléphone. — Distribution à domicile de prospectus, sous enveloppe et sous bande. — Publicité dans les vagons de la Compagnie de l'Ouest.

AFFICHAGE GÉNÉRAL ET DISTRIBUTION D'IMPRIMÉS. **L. Audbourg et Cie.** — 4, rue Sainte-Anne. — Directeur, L. DUEZ.

Afficheurs de la ville, des mairies, octrois, monts-de-piété, etc. — Elections. — Journaux. — Apposition des affiches de MM. les Notaires, Avoués, Huissiers et Commissaires-priseurs, du Commerce, de l'Industrie, des Chemins de fer, Théâtres, Bals, Concerts, Fêtes, Courses, Stations thermales, etc., etc.

AGENCE BULLIER. — 33, rue Vivienne. — Journaux français et étrangers.

AGENCE CENTRALE DE PUBLICITÉ ET DE TÉLÉGRAPHIE. — 4, rue Montaigne.

AGENCE FOURNIER. — Société anonyme française de publicité. — Capital 1,500,000 fr. — (1879.) — 9, place de la Bourse.

Annonces commerciales et bulletin financier dans tous les journaux de Paris, de province et de l'étranger.

AGENCE GÉNÉRALE DE PUBLICITÉ. — Dir., CH. KRONBERG ET Cie. — 75, boulevard de Magenta.

AGENCE GÉNÉRALE STÉNOGRAPHIQUE. — 17, rue d'Arcole. — Voir : *Principales correspondances.*

AGENCE HAVAS. — 8, place de la Bourse.

Annonces dans tous les journaux de province et de l'étranger.

AGENCE NOUVELLE DE PUBLICITÉ. — (1891.) — 83, rue de Dunkerque. — Dir., VELEINE.

Correspondant des journaux des départements.

AGENCE PARISIENNE DE PUBLICITÉ. — 7, rue Joquelet. — Dir., LECOMTE et A. POIDATZ.

Publicité dans tous les journaux. — Concessionnaire de l'*Annuaire des Téléphones* de Paris et des principales villes de France et d'Algérie.

AGENCE DE PUBLICITÉ INTERNATIONALE UNIVERSELLE *de la Reuter's International Agency, L. de Londres.* — 14, rue de Châteaudun.

AGENCE ROQUES. — 11, rue de Maubeuge.

AGENCE TÉLÉGRAPHIQUE VERAX. — (1891.) — 3, rue d'Amboise.

Publicité dans les *Tableaux-Dépêches* (propriété exclusive de l'Agence). — Annonces dans tous les journaux de Paris, de province, de l'étranger, et dans le journal la *Dépêche Verax.*

AGENCE UNIVERSELLE. — 9, rue du Faubourg-Montmartre. — Dir., MOROT ET Cie.

Publicité dans les journaux français et étrangers, contre payement en marchandises.

AMARD (GEORGES). — 22, rue Croix-des-Petits-Champs.

Publicité judiciaire et légale pour les officiers ministériels.

AUDBOURG (L.) ET Cie. — 10, place de la Bourse.

Office spécial d'annonces des journaux quotidiens à 5 cent., de Paris, et des journaux illustrés.

BONNARD-BIDAULT ET JANVIER ET Cie. — 8, rue Montesquieu.

BRAY (Émile) et Cie. — 23, quai de l'Horloge.

Agence spéciale pour les annonces des officiers ministériels et les annonces légales. — Publicité commerciale, industrielle et financière dans tous les journaux.

BUSSIENNE ET VARIOT. — *Express-publicité.* — 70, rue Montmartre.

COMPAGNIE GÉNÉRALE DE PUBLICITÉ. — JONES ET Cie (JOHN F.). — 31 *bis*, rue du Faubourg-Montmartre.

Fermiers des principaux journaux de Hollande, Belgique, Grande-Bretagne, Pays scandinaves, Allemagne, Autriche-Hongrie, Italie, Roumanie, Orient. — Succursales à Londres, Amsterdam, etc. — Agences dans toutes les grandes villes d'Europe et d'Amérique.

COMPTOIR INTERNATIONAL DE PUBLICITÉ. — Dir., MAYENCE, FAVRE et Cie, successeurs de Amédée PRINCE et Cie, 18, rue de la Grange-Batelière.

Annonces dans les journaux du Portugal, de l'Amérique du Sud, les Antilles, l'Amérique centrale, la Chine, le Japon, la Cochinchine, l'Australie, le Canada, etc.

CORRESPONDANCE GÉNÉRALE (LA). — 1, rue Suger.

DESPORTES ET CHARTRON. — 42, rue du Cherche-Midi.

DOLLINGEN ET Cie. — 16, rue de la Grange-Batelière.

Agence spéciale du *Figaro.*

DREYFUS (Paul). — 24, boulevard Poissonnière.

FERRER, directeur du journal *Europa y America.* — 21, rue Caumartin.

FEUILLETS REPRODUCTIBLES (NOS). — 12, Chaussée d'Antin. Voir : *Principales correspondances.*

GASSIER (A.). — 11, avenue de Clichy.

Publicité dans les journaux de province et de Paris, pour le compte des maisons.

GODEMENT et Cie. — 15, rue de la Grange-Batelière.

Régie du *Petit Journal*, du *Journal illustré*, du supplément du *Petit Journal*, de l'*Eclair*, de la *Petite République*, du *Rapide*, etc., etc.

HALL DE PUBLICITÉ BORDELAISE. — 22, rue Calvé, à Bordeaux. — Adm., ALBERT LEROUX. — Annonces économiques pour tous pays. — *Comptoir de commissions.* — Office spécial de représentation et dépôts.

JOURNAL DE LA SURDITÉ. — 112, boulevard Rochechouart.

L'administration du *Journal de la surdité* et la *Phtisiologie* a établi un service spécial de publicité qui traite directement avec les directeurs de journaux.

LAGRANGE, CERF ET Cie. — 8, place de la Bourse.

Annonces dans tous les journaux.

LAVIGERIE (DE). — 22, place Vendôme.

MAHLER. — 23, rue Richer. — Office de publicité d'outre-mer.

MAYENCE, FAVRE ET Cie, successeurs de Amédée Prince et Cie, 18, rue de la Grange-Batelière.

OFFICE GÉNÉRAL DE PUBLICITÉ. — Place de la Bourse, entrée : 1, rue de la Bourse.

Journaux de Paris, des départements et de l'étranger.

PANIS. — 45, rue des Petites-Écuries.

Publicité dans les journaux vinicoles, agricoles et de commerce des vins et spiritueux.

PAZ (Émile). — 34, rue Saint-Marc.

Publicité dans les journaux illustrés.

PESSARD (Gustave). — 131, rue Montmartre.

Publicité dans tous les journaux. — Bulletins et renseignements financiers. — Journaux en régie : la *Gazette des Tribunaux*, l'*Economiste européen*, la *Réforme économique*, le *Journal de la Santé*, etc., etc.

PORTEBOS. — 33, rue Vivienne.

PUBLICITÉ GÉNÉRALE. — 125, rue Montmartre. — Dir., A. BONNEVAY.

RÉGIE DES PETITS JOURNAUX RÉUNIS. — 35, rue Vivienne.

SOCIÉTÉ CATHOLIQUE DE PUBLICITÉ. — 28, rue Saint-Lazare.

Régie de journaux conservateurs et religieux français et étrangers.

SOCIÉTÉ FERMIÈRE DES ANNUAIRES. — 53, rue de La Fayette. — Dir., G.-E. PUEL DE LOBEL.

SOCIÉTÉ GÉNÉRALE DES ANNONCES. — LAGRANGE, CERF ET Cie. — 8, place de la Bourse.

Régie des grands journaux de Paris et des journaux de province de l'agence Havas.

SOCIÉTÉ DE PUBLICITÉ. — 92, rue de Richelieu. — Adm. délégué, Adolphe EWIG, fermier de la publicité du *Charivari*, journal quotidien illustré.

Publicité spéciale des *Semaines religieuses* de France et journaux des départements. — Annonces dans tous les journaux français et étrangers.

SYNDICAT DES JOURNAUX CATHOLIQUES ET AGRICOLES. — 22, place Vendôme. — Adm. délégué, F. SONNENBERG. — Secr. gén., Gustave VITERBO.

UNION CATHOLIQUE DE PUBLICITÉ. — 11, rue de Lille. — Agent général délégué, L. NAUDIN, 169, rue Montmartre.

LA PRESSE ÉTRANGÈRE

LES SYNDICATS DE LA PRESSE ÉTRANGÈRE

M. I. PAVLOVSKY, *syndic*,

Nommé par la questure de la Chambre des députés et du Sénat.

Syndicat de la presse étrangère.

Siège social : 135, boulevard Magenta.

Comité pour 1895 :

M. Louis Macon, I. ✪, ✠ ✠, *président par intérim*.

MM. H.-L. Israëls, *secrétaire général*.
F. Simonnet, *trésorier*.
E. Garcia Ladevèse, *délégué*.
J. Janzon, *délégué*.
Berri, *délégué*.
Cabrera, *délégué*.
Raymond Daly, *délégué*.

Président honoraire : M. E.-H. Moguez.

Vice-président honoraire : M. Ch. de Lorbac.

Membres :

M. Arslan, *Lissan-Ul Arabe* (Alexandrie), *Al Mokalame* (le Caire), 46, boulevard Saint-Germain.

Mme Barrett (S.-C.) (« Sapho »), *Cleveland Leader* (Cleveland), *Washington Chronicle* (Washington), 29, rue Cortambert.

MM. Berri (J.), *Diritto* (Rome), 22, rue Rossini.

Blachon (G.), *Narodni Listy* (Prague), 37, rue de Rivoli.

Blackith (Huggons), *Evening and Post* (Londres), 6, rue Richepanse.

Bullet (Mlle Emma), *Eagle* (Brooklyn), 31, rue de Tocqueville.

Bunge (E.), *Oprechte Haarlemsche Courant* (Haarlem), 7, rue de Laborde.

Burnside (Thomas), *Tribune* (Chicago), 2, rue Glück.

MM. Cabrera (H.), *Revista* (Puerto-Rico), *Democracia* (Ponce), 1, rue de Stockholm.

Canals (S.), *El Heraldo* (Madrid), 10, rue Croix-des-Petits-Champs.

Carvalho (Xavier de), *O Seculo* (Lisbonne), *O Pais* (Rio-de-Janeiro), 5, rue Geoffroy-Marie.

Chamberlin (F.-Carleton), *Globe* (Boston), 9, rue de l'Université.

Mme Chéliga-Loévy (Marya), *Kuryer Codzienny* (Varsovie), *Swiat* (Cracovie), etc., 271, rue Saint-Jacques.

MM. Daly (Raymond), *Sun* (New-York), 34, rue Drouot.

Delacovias (Nicolas), *Ephémeris Sisitiscon*, *Acropolis* (Athènes), 3, rue de l'Odéon.

Del Rincon (Pedro Fernandez), *El Diario de Avisos* (Saragosse), 44, rue de Villejust.

Ensenal (J.-B.), *El Liberal* (Madrid), 19, rue de la Tour-d'Auvergne.

Feuillet (Maurice), *New Budget* (Londres), 21 *bis*, rue d'Armaillé.

Forest (de), *Haspers Magazine* (New-York), 40, avenue Victor-Hugo.

Franck (Emilio), *la Justicia* (Madrid), 7, rue de la Tour-d'Auvergne.

Gourvitsch (Robert), *la Vie Russe* (Saint-Pétersbourg), 19, rue Turgot.

Hassib (Aghiah), *Servet-i-Funoun* (Constantinople), 84, rue Monge.

Haynie (Henry), *The Boston Herald* (Boston), *The Chicago Herald* (Chicago), *The San-Francisco Chronicle* (San-Francisco), *The New-Orleans Picayune* (Nouvelle-Orléans), *The American Musician* (New-York), 5, rue Marbeuf.

Homère (S.), *Palingenessia* (Athènes), 41, rue de Saint-Pétersbourg.

Hoopper (Mlle), *Evening Telegraph*, *Philadelphie*, *Post Despatch*, *Saint-Louis* (Etats-Unis), 3, place Malesherbes.

Israëls (Louis), *Handelsblad* (Amsterdam), 135, boulevard Magenta.

Janzon (J.), *Stockholms Dagblad* (Stockholm), 19, avenue de Wagram.

Kellès-Krauz (C. de), *Kuryjer Warzawska* (Varsovie), 20, rue de la Glacière.

Korner, *National Zeitung* (Bâle), 12, rue de Gérando.

La Luberne (H.), *The Cosmopolitan* (Londres), *The Boston Times* (Boston), 5, place du Calvaire.

Ladevèse (E. Garcia), *El Monitor republicano* (Mexico), *la Nacion* (Buenos-Ayres), 13, rue de Turin.

Leblanc, *Nouvelle Gazette* (Zurich), 12, rue du Commandant-Rivière.

Lévy (C.), *Illustrazione Italiana* (Milan), 31, rue de Maubeuge.

Lorbac (Ch. de), *l'Italie*, etc., etc. (Rome), 56, rue Notre-Dame-de-Lorette.

Macon (Louis), *Correspondance helvétique* (Paris), 135, boulevard de Magenta.

Málécot, *Démocrate* (Delémont), 27 *bis*, rue Bréda.

Moguez (E.-H.), *la Gazette de Bruxelles* (Bruxelles), 59, rue Pigalle.

Pollonais, *Indépendance belge* (Bruxelles), 11 *bis*, rue Viète.

MM. PRENDES (E.), *El Commercio* (Gijon, Espagne), 8 *bis*, cité Trévise.
RAQUENI (R.), *Gazzetta del Popolo* (Turin), *Provincia di Brescia* (Brescia), 9, rue Geoffroy-Marie.
RIGALT (P.), *El Noticiero universal* (Barcelone), *El Correo de Valencia* (Valence), 10, rue de Florence.
SCHIFF (R.), *Diario de Avisos* (Madrid), 13, avenue Carnot.
STEINHERZ, *Pariser Kurier* (Paris), 24, rue de Saint-Quentin.
SIMONNET (F.), *le Courrier de la Plata* (Buenos-Ayres), 50, rue Paradis.
SOL (A.), *Niews van den Dag* (Amsterdam), 88, boulevard de La Tour-Maubourg.
STRAUBE (Mme), *Svenska Dagbladet* (Stockholm), 97, avenue de Clichy.
VOUTYRAS, *Neologos* (Constantinople), 34, rue d'Ulm.
WATTEVILLE (A. DE), *Berner Tagblatt* (Berne), 1 *bis*, boulevard des Italiens.
WEINBERG (Alexandre), *Omonia*, *Phare* (Alexandrie), 40, rue Saint-Séverin.
WEIT (Amateur), *Riforma* (Bellinzona), 13, rue Crespin.
WOLFF (Alfred), *Anhalter Kurier* (Bernburg), 20, rue Laffitte.
YARON (Yvan), *Noworossisky Telegraphe* (Odessa), 15 *bis*, rue de Maubeuge.

Association syndicale de la presse étrangère à Paris

Fondée en 1879.

Siège social : 59, *rue de Maubeuge.*

Président : M. J. CLIFFORD MILLAGE.
Vice-président : M. I. CAPONI.

BUREAU :

Secrétaire général : M. Ricardo BLASCO.
Trésorier : M. F. DE SCHEIDLEIN.
Secrétaire : M. L. MONTAIGUT.
Délégués : MM. L. DE ARZUBIALDE.
Robert CRAWFORD.
R.-W. MOONEY.
E. DE ROBERTI.
Max SAENGER.
R. STRONG.

Membres du syndicat :

MM.

ARKELL.	*Philadelphia Times*. .	PHILADELPHIE.
ARZUBIALDE (L. DE). .	*El Imparcial*	MADRID.
BERNASCONI (P.). . .	*Corriere della Sera*.	MILAN.
BLASCO (E.).	*El Liberal*.	MADRID.
BLASCO (Ricardo). . .	*Correspondencia de España*, *Illustration Española y americana*, etc.	MADRID.

CABRERA (Henri). . .	*Revista.*	PUERTO-RICO.
CADET (Léon)	*Novosti Dnia.*	MOSCOU.
CANE.	*Gazetta Piemontese.*	TURIN.
CAPONI (I.)	*Perseveranza, Tribuna Fanfulla*, etc.	ROME, MILAN.
CRAWFORD (Robert). .	*Daily News.*	LONDRES.
DELATTE	*El Nacional.*. . . .	MADRID.
GAMA (Domicio DE). .	*Gazeta de Noticias* .	RIO-DE-JANEIRO.
HEYRMANN.	*New York Advertiser.*	NEW-YORK.
HUERTAS (É. DE). . .	*Las Ocurencias* . . .	MADRID.
LATHAM (J.-B.) . . .	*Leeds Mercury.* . . .	LEEDS.
MERRICK.	*The Globe.*	LONDRES.
MESTRE Y AMABILE. .	*Journaux américains*	CARACAS, MEXICO.
MILLAGE (J. CLIFFORD).	*Daily Chronicle.* . .	LONDRES.
MONTAIGUT.	*The Sun.*	NEW-YORK.
MOONEY.	*Agence Reuter.* . . .	LONDRES.
PARSLOW	*The United Press.* . .	NEW-YORK.
POLLONAIS (G.). . . .	*Indépendance belge.* .	BRUXELLES.
RATAFLUTIS (P. Coll).	*El Globo.*.	MADRID.
ROBERTY (E. DE) . . .	*Novosti.*	SAINT-PÉTERSBOURG.
SAENGER (Max). . . .	*Neues Wiener Tagblatt.*	VIENNE.
SARRUS.	*Gazette de Bruxelles.*	BRUXELLES.
SCALISI (Federigo). .	*Piccolo, la Discusion Paese, Pungolo* . .	NAPLES.
SCHEIDLEIN (F. DE). .	*Gazette de Cologne.*	COLOGNE.
SCHERARD.	*Pall Mall Gazette.* .	LONDRES.
STRONG (R.).	*Morning Post.* . . .	LONDRES.
WALLER.	*Agence Dalziel.*. . .	LONDRES.
WEIL (Daniel). . . .	*Egyptian Gazette.* .	ALEXANDRIE.

Foreign press association in London

7, New Coventry Street, Haymarket, W.

L'Association de la Presse étrangère à Londres se compose de 35 correspondants de différents journaux d'Europe, résidant à Londres.

Elle est administrée par une Commission exécutive composée de :

Président : M. N...

Vice-Président : M. H. POLLAK, correspondant des *Wiener Börsen Correspondenz; Wiener Handelsbericht*, de Vienne ; *Das Ausland*, de Stuttgart.

Trésorier : M. J. MAGNY, correspondant de la *Revue socialiste* de Paris.

Secrétaire : M. V. PAPUCCI, correspondant de la *Tribuna* de Rome et de *Il Mattino* de Naples.

ADRESSES DES CORRESPONDANTS

DE

JOURNAUX ÉTRANGERS A PARIS

ARKELL. — *Philadelphia Times*, **Philadelphie**, 8, rue de Villejust.
ARAUJO (D'). — *Democrata*, **Para** (Brésil), 210, boulevard Raspail.
ARSLAN. — *Lissan ul Arabe*, **Alexandrie**, 46, boulevard Saint-Germain.
ARZUBIALDE (L.). — *El Impartial*, **Madrid**, 374, rue Saint-Honoré.
BARRETT. — *Cleveland Leader*, **Cleveland**, 51, avenue Henri-Martin.
BARY (Émile). — *Meuse*, **Liège**, 6, avenue du Colisée, à Saint-Maur.
BECKER (Georges). — *Le Genevois*, **Genève**, 89, rue de Dunkerque.
BÉRARDI (Gaston). — *Indépendance belge*, **Bruxelles**, 17, rue Galilée.
BERGGRUEN (Oscar). — *Magazine of Music*, **Londres**, 17, rue Caumartin.
BERNARD (A.). — *Bosphore égyptien*, **le Caire**, 50, rue Jacob.
BERNASCONI. — *Corriere della Sera*, **Milan**, 192, rue de Courcelles.
BERRI (G.). — *Diritto*, **Rome**, 22, rue Rossini.
BLACHON (G.). — *Narodny Listy*, **Prague**, 37, rue de Rivoli.
BLACKITH (C.-H). — *Evening News and Post*, **Londres**, 6, rue Richepanse.
BLASCO (Eusebio), O. ✻. — *Epoca*, **Madrid**, 68 *bis*, rue Jouffroy.
BLASCO (Ricardo). — *Correspondencia de España*, **Madrid**, 96, avenue Niel.
BLOWITZ (DE), O. ✻. — *Times*, 2, rue Greuze.
BOWES. — *Standard*, **Londres**, 25, rue de la Paix.
BROUWER. — *Leeuwarder Courant*, 14, rue de Condé.
BULLET (Mlle). — *Brooklyn Eagle*, **New-York**, 31, rue de Tocqueville.
BUNGE. — *Oprechte Haarlemsche Courant*, **Haarlem**, 7, rue de Laborde.
CABRERA (H.). — *Democracia*, **Puerto-Rico**, 1, rue de Stockholm.
CADET (Léon). — *Novosti Dnia*, **Moscou**, 124, rue de Paris (Vincennes).
CAMPBELL-CLARKE, O. ✻, Q. — *Daily Telegraph*, 116, avenue des Champs-Élysées.
CAMPBELL (G.). — *Cincinnati commercial*, **Cincinnati**, 123, avenue de Malakoff.
CANE. — *Gazzetta piemontese*, **Naples**, 20, rue Louis-le-Grand.
CAPONI (J.), ✻. — *Tribuna*, **Rome**, *Perseveranza*, etc., **Milan**, 1, cité Gaillard.
CARVALHO (DE). — *O Seculo*, **Lisbonne**, 5, rue Geoffroy-Marie.
CHAMBERLIN. — *Globe*, **Boston**, 9, rue de l'Université.
CHÉLIGA-LOÉVY (Mme). — *Kurjev Codzienny*, **Varsovie**, 271, rue Saint-Jacques.
CIAMPI (Ezio). — *Trovatore*, **Milan**, 66, rue de Rome.
CIANELLI (G.), ✻. — 6, boulevard des Capucines.

Civiny (de). — *Degne*, **Saint-Pétersbourg**, 45, rue de l'Abbé-Grégoire.
Conner (Fréd.). — *Press Agency*, **Paris**, 13, rue de Belzunce.
Crawford (E.). — *New-York Tribune*, **New-York**, 60, boulevard de Courcelles.
Crawford (R.), ✻. — *Daily News*, 5, rue du Quatre-Septembre.
Croce (Henri). — *Progresso*, **Lisbonne**, etc., 22, rue Lavoisier.
Cuers (René de). — *Courrier de Saïgon*, 157, rue du Faubourg-Saint-Denis.
Daly (Raymond). — *Sun*, **New-York**, 34, rue Drouot.
Delacovias. — *Ephemeris Sisitiscon*, **Athènes**, 3, rue de l'Odéon.
Delatte. — *El Nacional*, **Madrid**, 5, rue Saint-Marc.
Delestraint (E. Loisel). — *Journal de Waterloo*, **Canada**, 4, rue Martel.
Delines (Michel). — *Novosti*, **Saint-Pétersbourg**, 5, avenue Montaigne.
Del Rincon (Pedro-Fernandez). — *El Diario de Avisos*, **Saragosse**, 44, rue de Villejust.
Demeny. — *Roma*, **Naples**, 10, rue du Faubourg-Montmartre.
Demonget. — *Petit Bengali*, **Chandernagor**, 212, boulevard de la Villette.
Eandi. — *Secolo*, **Milan**, 13, rue Saint-Marc.
Eça de Queiroz. — *Gazette de Noticias*, **Rio-de-Janeiro**, 36, rue de Berri.
Ensenat. — *El Liberal*, **Madrid**, 19, rue de La Tour-d'Auvergne.
Farman (Th.). — *Standard*, **Londres**, 25, rue de la Paix.
Farman (Mme S.). — *Glasgow Herald*, 53, rue de La Fayette.
Feldmann. — *Extrablatt*, **Vienne**, etc., 33, rue des Mathurins.
Feuillet. — *Pall Mall Budget*, **Londres**, 21 *bis*, rue d'Armaillé.
Figarola (Domingo). — *Lucha*, **la Havane**, 31, rue Fontaine.
Fillonneau-Yapp (Mme). — *The Queen*, 3, place Wagram.
Forest (de). — *Haspers Magazine*, **New-York**, 40, avenue Victor-Hugo.
Frangoudis (Georges). — *Acropolis*, **Athènes**, 50, rue des Écoles.
Franck (Emilio). — *Justicia*, etc., **Madrid**, 7, rue de la Tour-d'Auvergne.
Gatti. — *Venezia*, **Venise**, 135, boulevard de Magenta.
Georgesco. — *Adeverul*, **Bucharest**, 4 *bis*, rue des Écoles.
Gervandt-Claine (Mme). — *Nya Daglight*, **Stookholm**, 89, rue du Cherche-Midi.
Goldmann (Paul). — *Gazette de Francfort*, 24, rue Feydeau.
Gourvitsch (Robert). — *La Vie Russe*, **Saint-Pétersbourg**, 19, rue Turgot.
Halt (Robert). — *Jornal do Commercio*, **Porto**, 59, rue Raynouard.
Harding (H.). — *Tribune*, **Saint-Paul**, 68 *bis*, rue de la Faisanderie.
Hassib (Aghiah). — *Servet-i-Fumoun*, **Constantinople**, 84, rue Monge.
Haxthausen (H. de). — *Nordjilland*, **Danemark**, 1, rue Pierre-le-Grand.
Haynie (Henry), ✻. — *Chicago-Herald*, **Chicago**, 5, rue Marbeuf.
Heydemann. — *New-York Advertiser*, **New-York**, 20, rue des Petites-Écuries.
Herzl (Théodore). — *Nouvelle Presse libre*, **Vienne**, 8, rue de Monceau.
Higgins. — *The Press*, **New-York**, 3, rue Scribe.
Homère (Socrate). — *Palingenessia*, **Athènes**, 41, rue de Saint-Pétersbourg.

Hooper (Mlle). — *Port Despatch*, **Saint-Louis**, 76, rue des Petits-Champs.
Huertas (de). — *Las Ocurencias*, **Madrid**, 39, rue de Moscou.
Huni (E.). — *Le Bund*, **Berne**, 103, rue de La Fayette.
Israëls (Louis). — *Handelsblad*, **Amsterdam**, 135, boulevard Magenta.
Janzon (J.). — *Stockholms-Dagblad*, **Stockholm**, 19, avenue de Wagram.
Kellès-Kranz (de). — *Kuryjer Warzawski*, **Varsovie**, 20, rue de la Glacière.
Krouchkoll (Dr). — *Messager d'Europe*, **Saint-Pétersbourg**, 6, rue Édouard-Detaille.
Kuhn (Hermann). *Vossische Zeitung*, **Berlin**; *Vaterland*, **Vienne**; *Kolnische Volkszeitung*, **Cologne**, 19, rue Brunel.
Ladevèse (Garcia). — *Nacion*, **Buenos-Ayres**, 13, rue de Turin.
Lagoudakis (Socrate). — *Proia*, **Athènes**, 19, rue Washington.
La Luberne (H.). — *Morning Advertiser*, **Londres**, 5, place du Calvaire.
Lapidoth. — *Nieuves van den Dag*, **Amsterdam**, 61, rue Louis-Blanc.
Latham. — *Leeds Mercury*, 14, rue de Longchamp.
Leblanc (E.). — *Nouvelle Gazette*, **Zurich**, 12, rue du Commandant-Rivière.
Lévy. — *Illustrazione italiana*, **Milan**, 31, rue de Maubeuge.
Lisboa. — *A Folha do Povo*, **Lisbonne**, 8, rue Halévy.
Lorbac (Ch. de). — *Art en Italie*, **Rome**, 56, rue Notre-Dame-de-Lorette.
Lorette. — *A Federaçao*, **Porto-Alègre**, 61, rue Caumartin.
Mac Douglas. — *Boston-Tribune*, **Boston**, 5, rue Chauchat.
Macon (Louis). — *Journaux suisses*, 135, boulevard de Magenta.
Mager (Henri). — *Le Réveil*, de **Saint-Denis** (Réunion), 21, rue des Martyrs.
Malécot. — *Le Démocrate*, **Delémont**, 27 *bis*, rue de Bréda.
Mar (Alberto). — *Nuevo Mundo*, **Madrid**, 36, rue de Bellefond.
Marin (Paul). — *Courrier de Genève*, 14, rue du Pont-Neuf.
Mazzini (Pierre). — *Roma*, **Naples**, 5, rue Saint-Marc.
Mestre y Amabile (de). — *Opinion nacional*, etc., **Caracas**, 6, Chaussée-d'Antin.
Merrick. — *The Globe*, **Londres**, 8, rue Coquillière.
Meunier (Léon), ✠. — *Courrier des États-Unis*, **New-York**, 8, rue Castellane.
Mickievics (Ladislas de). — *Courrier de Varsovie*, 7, rue Guénégaud.
Millage (Clifford). — *Daily Chronicle*, **Londres**, 59, rue de Maubeuge.
Moguez. — *Gazette de Bruxelles*, **Bruxelles**, 59, rue Pigalle.
Mooney. — *Agence Reuter*, **Londres**, 14, rue de Châteaudun.
Montaigut (Léo). — *The Sun*, **New-York**, villa Clara (Colombes).
Nasser (G.) — *Progrès*, **Beyrouth**, 80, rue d'Assas.
Nicholson. — *Madras Times*, **Madras**, 179, boulevard Haussmann.
Nordau (Max). — *Vossische Zeitung*, 34, avenue de Villiers.
Omer bey. — *Tarik*, **Constantinople**, 44, rue Jacob.
Paque (Pierre). — *Opinion*, **Anvers**, 10, rue Duperré.
Parslow (John). — *United Press* et *Recorder*, **New-York**, 36, avenue de l'Opéra.
Pavlovsky (J.). — *Novoïe Vremia*, **Saint-Pétersbourg**, 7, rue Gounod.
Pennink (Dr J.-Frederik). — *Nieuwe Rotterdamsche Courant*, **Rotterdam**, 2, rue Moncey.

PHILIPP (Fabian). — *Local-Anzeiger*, 148, rue de la Pompe.
POLLONAIS. — *Jurisprudence belge*, **Bruxelles**, 11 *bis*, rue Viète.
PRENDES. — *El Comercio*, **Gijon** (Espagne), 8 *bis*, cité Trévise.
PUEL DE LOBEL. — *Wsemirnaja illustrazia*, **Saint-Pétersbourg**, 53, rue de La Fayette.
RAFFALOWITZ. — *Journal de Saint-Pétersbourg*, 19, avenue Hoche.
RATAFLUTIS (P. Coll). — *El Correo*, **Madrid**, 21, rue de Berne.
RAQUENI. — *Gazzetta del Popolo*, **Turin**, 9, rue Geoffroy-Marie.
RAUCH (Alfred de), ✠. — *Warxhawski Dniewnick*, **Varsovie**, 125, avenue de Villiers.
RIGALT. — *Noticiero universal*, **Barcelone**, 10, rue de Florence.
RINCON (Pedro Joel). — *Diario de avisos*, **Saragosse**, 44, rue de Villejust.
ROBERTY (DE). — *Novosti*, **Saint-Pétersbourg**, 43, rue Spontini.
RÖSE (Otto). — *New-York Staats Zeitung*, **New-York**, 5, rue Victor-Massé.
SAENGER (Max). — *Neues Wiener Tagblatt*, **Vienne**, 11, boulevard des Italiens.
SARRUS. — *Gazette de Bruxelles*, **Bruxelles**, 4, rue du Faubourg-Montmartre.
SCALISI. — *Piccolo, la Discusione*, **Naples**, 8, rue de Londres.
SCHEIDLEIN (DE). — *Koelnische Zeitung*, **Cologne**, 31, rue Vivienne.
SHERARD. — *Westminster Gazette*, **Londres**, 123, boulevard Magenta.
SCHIFF. — *Journaux officiels étrangers*, 13, avenue Carnot.
SIEVERTS-DREWETT (S.). — *The Queen*, **Londres**, *the Gentlewoman*, *Anglo-American*, Paris et Nice, **Londres**, 37, avenue de l'Opéra.
SIKLOSY. — *La Bohemia*, **Prague**, 89, avenue de Neuilly.
SIMONNET. — *Courrier de la Plata*, **Buenos-Ayres**, 50, rue de Paradis.
SMITH. — *Society Herald*, **Londres**, 1, rue du Bac.
SMITH (E.-W.). — *Mail and Express*, **New-York**, 1, rue du Bac.
SOL (A.). — *Niews van den Dag*, **Amsterdam**, 88 *bis*, boulevard de La Tour-Maubourg.
SPITZER (Léopold). — *Gazette de Francfort* (corr. financier), 8, rue Drouot.
STANLEY-MUZIO. — *New-York Times*, **New-York**, 95, boulevard Pereire.
STANTON. — *Associated Press*, **New-York**, 9, rue de Bassano.
STEINHERZ (Th.). — Rédacteur en chef du *Pariser Kurier*, *Volkswirtschaftliche Wochenschrift*, **Vienne**, 24, rue Saint-Quentin.
STRAUBE (Mme). — *Svenska Dagbladet*, **Malmoë**, 97, avenue de Clichy.
STRONG. — *Morning Post*, 20, rue Saint-Vincent-de-Paul.
THIBAULT (A.). — *Stamboul*, **Constantinople**, 98, rue de Miromesnil.
VÉRA (H.). — *La Gran Via*, **Madrid**, 55, boulevard Beaumarchais.
WALLER. — *Agence Dalziel*, **Londres**, 50, rue Notre-Dame-des-Victoires.
WATTEVILLE — *Berner Tagblatt*, 1 *bis*, **Berne**, boulevard des Italiens.
WEIL (Daniel). — *Egyptian Gazette*, **Alexandrie**, 56, rue Jouffroy.
WEINBERG (Alexandre). — *Omonia*, *Phare*, **Alexandrie**, 40, rue Saint-Séverin.
WEIT. — *Riforma*, **Bellinzona**, 13, rue Crespin.

Woil (J.). — *Skanska Aftonbladet*, **Malmoë**, 147, Faubourg-Poissonnière.
Wolff (Alfred). — *Anhalter Kurier*, **Bernburg**, 20, rue Laffitte.
Wood. — *Morning Advertiser*, 3, rue de Miromesnil.
Woutyras. — *Néologos*, **Constantinople**, 34, rue d'Ulm.
Yaron (Yvan). — *Teatralini Mirok*, **Saint-Pétersbourg**, 15 *bis*, rue de Maubeuge.
Zapolska.— *Journaux polonais*, **Varsovie**, 41, avenue Trudaine.

MARINONI
MARINONI
SEUL·GRAND·PRIX
POUR·LES·MACHINES
A IMPRIMER
96, — Rue d'Assas, — Paris

LES

INDUSTRIES DE LA PRESSE

MARINONI

La plupart des journaux de France et de l'Étranger sont imprimés sur des machines de différents systèmes sortant des ateliers de la maison Marinoni.

Presses typographiques en blanc, dite **Presse indispensable** et **Presse universelle.**

Presses à retiration à deux cylindres imprimant également les journaux illustrés.

Presses à réaction à deux cylindres, nouveau modèle perfectionné marchant à *grande vitesse.*

Presses rotatives de tout système et de tout format avec ou sans plieuses;

Rotatives à grande vitesse pour journaux quotidiens;

Rotatives à formats variables;

Rotatives pour labeurs et illustrations;

Rotatives imprimant en plusieurs couleurs;

Rotatives pour revues ou brochures avec couverture pouvant être imprimées en même temps, le tout complètement encarté, coupé, cousu et plié mécaniquement.

Ci-après la liste des acquéreurs des Machines rotatives construites par la Maison Marinoni.

LISTE DES JOURNAUX

ACQUÉREURS DES PRESSES ROTATIVES

DE LA MAISON MARINONI

ALLEMAGNE

Dresdner Nachrichten	*Dresde*	1
Franckfurter Zeitung	*Francfort*	1
Volks-Zeitung	*Berlin*	1

ANGLETERRE

The Financial News	*Londres*	1
The Echo	*Londres*	11
Topical Times, **avec plieuse**	*Londres*	1
The Globe, **avec plieuse**	*Londres*	2
Methodist Recorder, **avec plieuse**	*Londres*	1
The Sporting Times (**Illustré**)	*Londres*	3
Rare Bits, **avec plieuse**	*Londres*	1
The Weekly Dispatch, **avec plieuse**	*Londres*	8
The Morning advertiser	*Londres*	3
The Observer	*Londres*	1
Licenced Victualers Gazette, **avec plieuse**	*Londres*	1
The Weekly Times	*Londres*	5
The Daily Graphic (**Illustré**), **avec plieuse**	*Londres*	2
The Bird of Freedom (**Illustré**)	*Londres*	1
Financial Times	*Londres*	1
The Sporting Life, **avec plieuse**	*Londres*	8
The Referce, **avec plieuse**	*Londres*	2
Beir's Life	*Londres*	1
The Christian World, **avec plieuse**	*Londres*	2
The War Cry (**Illustré**), **avec plieuse**	*Londres*	3
The Pall Mall Gazette, **avec plieuse**	*Londres*	2
The Little Soldier (**Illustré**)	*Londres*	1
The Daily News	*Londres*	1
The News of the World	*Londres*	2
Nignt and Day	*Londres*	1

ANGLETERRE (Suite).

London Colour Printing C° L^ed (**Illustré, formats variables**)	*Londres*	1
Illustrated London News (**Illustré**), **avec plieuse**	*Londres*	1
Cartwright (**Illustré**), **avec plieuse**	*Londres*	1
Fancy Wock, Basket (**Illustré**), **avec plieuse**	*Londres*	1
Leach's Childrens Dressmaker (**Illustré**), **avec plieuse**	*Londres*	1
Leach's Practical Family Dressmaker (**Illustré**), **avec plieuse**	*Londres*	1
The Lady's Companion (**Illustré**), **avec plieuse**	*Londres*	1
The Methodist Times, **avec plieuse**	*Londres*	1
Answers Supplement (**Illustré**), **avec plieuse**	*Londres*	1
Forget me not (**Illustré**), **avec plieuse**	*Londres*	1
Comic Cuts (**Illustré**), **avec plieuse**	*Londres*	3
The Star	*Londres*	3
Judd and C° (**Illustré**), **avec plieuse**	*Londres*	2
The Girls Own Paper (**Illustré**), **avec plieuse**	*Londres*	2
Family Reader (**Illustré**), **avec plieuse**	*Londres*	1
Ally Sloper's half Holiday (**Illustré**), **avec plieuse**	*Londres*	1
Weckly Times and Echo	*Londres*	1
Weckly Budget, **avec plieuse**	*Londres*	1
Imprimerie Clowes et Sons (**Illustré**), **avec plieuse**	*Londres*	1
Imprimerie Walbrook et C°, **formats variables**	*Londres*	4
Funny Cuts (**Illustré**), **avec plieuse**	*Londres*	1
The Dawn of Day (**Illustré**), **avec plieuse**	*Londres*	1
The People	*Londres*	3
Sunday Times	*Londres*	1
The Sunday Sun	*Londres*	1
The Half-penny Marvel (**Illustré**), **avec plieuse**	*Londres*	1
The Million (**Illustré en couleurs**), **avec plieuse**	*Londres*	3

ANGLETERRE (Suite).

The Argus Printing C°, **formats variables.**	*Londres*	1
Robson et Son, **formats variables**	*Londres*	1
Field **(Illustré), avec plieuse**	*Londres*	3
The Queen **(Illustré), avec plieuse**	*Londres*	1
Harrison et Sons **(Illustré), avec plieuse**	*Londres*	1
Harrisson et Sons **(Illustré), formats variables**	*Londres*	1
West Sussex Gazette, **avec plieuse**	*Arundel*	3
The Evening Citizen	*Glascow*	4
The Daily Courier	*Liverpool*	2
Hampshire Telegraph, **avec plieuse**	*Portsmouth*	2
Southern Standard	*Portsmouth*	1
Northampton Herald	*Northampton*	1
Daily Chronicle	*Northampton*	1
The Northampton Mercury	*Northampton*	1
Northampton Daily Reporter	*Northampton*	1
The West Cumberland Times, **avec plieuse.**	*Cockermouth*	1
South Wales Daily Telegram	*Newport*	1
Leeds Times, **avec plieuse**	*Leeds*	1
Leeds Evening Express	*Leeds*	1
Northern Daily Telegraph, **avec plieuse**	*Blackburn*	4
The North Star	*Darlington*	1
The Northern Standar	*Darlington*	1
Tyneside Echo	*Newcastle*	2
The Midland Echo	*Birmingham*	2
The Argus, **avec plieuse**	*Birmingham*	2
The Evening Star	*Wolverhampton*	1
The Midland Counties Guardian	*Wolverhampton*	2
The Midland Counties Express	*Wolverhampton*	1
The Wolverhampton Chronicle, **avec plieuse.**	*Wolverhampton*	2
Express and Star	*Wolverhampton*	1
Chronicle Express	*Wolverhampton*	1
The Daily Gazette, **avec plieuse**	*Middlesbro*	2
The North Eastern Gazette, **avec plieuse**	*Middlesbro*	3

ANGLETERRE (Suite).

The Sunderland Echo	*Sunderland*	2
The Kentish Mercury	*Greenwich*	1
The Gazette	*South Shields*	1
Shields Daily Gazette	*South Shields*	1
The Northern Leader	*South Shields*	1
The Grantham Journal, **avec plieuse**	*Grantham*	1
Surrey Advertiser	*Guildford*	1
The Staffordshire Knot, **avec plieuse**	*Hanley*	1
The Staffordshire Morning Knot, **avec plieuse**	*Hanley*	1
The Evening News, **avec plieuse**	*Hanley*	1
Bradford County Constitutional Press, **avec plieuse**	*Bradford*	1
Daily Argus, **avec plieuse**	*Bradford*	1
Sauvée, **formats variables avec plieuse**	*Londres*	1

AUSTRALIE

The Evening World, **avec plieuse**	*Melbourne*	1
Melbourne Herald, **avec plieuse**	*Melbourne*	1
Daily Telegraph, **avec plieuse**	*Melbourne*	1
War Cry (**Illustré**), **avec plieuse**	*Melbourne*	1
Advertiser, **avec plieuse**	*Adélaïde*	1

AUTRICHE

Neue Freie Presse	*Vienne*	3
Neues Wienner Tagblatt	*Vienne*	2
Wiener Allgemeine Zeitung	*Vienne*	2

BELGIQUE

L'Étoile belge, **avec plieuse**	*Bruxelles*	5
Le Moniteur belge	*Bruxelles*	1
Le National	*Bruxelles*	1
La Gazette, **avec plieuse**	*Bruxelles*	2
L'Indépendance belge, **avec plieuse**	*Bruxelles*	1
Le Petit Journal Belge	*Bruxelles*	1
Het Vlaamsche Volk	*Bruxelles*	1
Het Volk	*Bruxelles*	1
Le Peuple, **avec plieuse**	*Bruxelles*	1

BELGIQUE (Suite).

L'Écho du Peuple, **avec plieuse**	*Bruxelles*	1
De Gentenaar, **avec plieuse**	*Gand*	1
Journal de Charleroi, **avec plieuse**	*Charleroi*	1
Gazet van Antwerpen, **avec plieuse**	*Anvers*	2
Le Matin	*Anvers*	1

BRÉSIL

Gazeta de Noticias	*Rio-Janeiro*	3
Jornal do Commercio, **avec plieuse**	*Rio-Janeiro*	3
O Paiz, **avec plieuse**	*Rio-Janeiro*	2
Diario do Commercio, **avec plieuse**	*Rio-Janeiro*	1
Diario do Noticias, **avec plieuse**	*Rio-Janeiro*	1
Correio do Povo, **avec plieuse**	*Rio-Janeiro*	1
Jornal do Brazil, **avec plieuse**	*Rio-Janeiro*	1

CANADA

La Presse, **avec plieuse**	*Montréal*	1
La Minerve, **avec plieuse**	*Montréal*	1
Le Canadien, **avec plieuse**	*Québec*	1
L'Événement, **avec plieuse**	*Québec*	1
Le Cultivateur, **avec plieuse**	*Québec*	1

CHILI

El Ferro Carril, **avec plieuse**	*Santiago*	2
La Tribuna, **avec plieuse**	*Santiago*	1
La Republica, **avec plieuse**	*Santiago*	1

ESPAGNE

Heraldo de Madrid	*Madrid*	2
La Correspondencia	*Madrid*	4
Ve Iglesias et fils (**En blanc**)	*Madrid*	2
El Liberal	*Madrid*	5
El Dia	*Madrid*	1
El Imparcial	*Madrid*	2
El Imparcial (**Illustré**) **en 6 couleurs, avec plieuse**	*Madrid*	1
Papeterie Duras (**Cahiers d'écriture**)	*St-Sébastien*	1
El Noticiero Universal, **avec plieuse**	*Barcelone*	1
Papelera Vizcaina (**En blanc, 2 couleurs**)	*Arrigorriaga*	1

FRANCE

Le Temps	*Paris*	1
Le Petit Temps	*Paris*	1
La Liberté	*Paris*	2
Le National	*Paris*	2
L'Estafette	*Paris*	3
Le Petit National	*Paris*	1
Le Figaro	*Paris*	7
Le Figaro, 6 pages, **avec plieuse** (1895)	*Paris*	3
Journaux officiels, **avec plieuse**	*Paris*	4
Le Journal officiel, édition des communes, (**En blanc**)	*Paris*	1
Le Bulletin français	*Paris*	4
Imprimerie Nationale, **formats variables**	*Paris*	1
Le Petit Journal	*Paris*	12
Le Petit Journal, **nouveau format** (1887)	*Paris*	12
Le Petit Journal, **nouv. format agrandi** (1894)	*Paris*	10
Le Petit Journal (**Illustré en 6 couleurs**), **avec plieuse**	*Paris*	7
Le Soleil, **avec plieuse**	*Paris*	1
Le Soleil	*Paris*	3
La Petite République	*Paris*	1
Le Rappel	*Paris*	3
Le Gaulois	*Paris*	4
La France	*Paris*	5
Le Peuple Français	*Paris*	4
La Terre de France	*Paris*	1
Le Vélo	*Paris*	2
Paris	*Paris*	1
Paris-Vélo	*Paris*	1
Le Petit Parisien	*Paris*	3
Le Petit Moniteur universel	*Paris*	1
La Petite Presse	*Paris*	1
Le Moniteur des tirages financiers	*Paris*	2
Imprimerie Lahure	*Paris*	1
La Paix	*Paris*	1
Galignani's Messenger	*Paris*	1
Blanchet et Tolmer (**Illustré en couleurs**), **avec plieuse**	*Paris*	1
L'Autorité	*Paris*	2

FRANCE (Suite).

Imprimerie Jourdan (**Illustrations en couleurs), avec plieuse**	*Paris*	1
Imprimerie de la Presse	*Paris*	10
Le Jour	*Paris*	1
Imprimerie Paul Dupont	*Paris*	2
Imprimerie Paul Dupont (**Formats variables**)	*Paris*	1
Imprimerie Paul Dupont (rue du Bouloi)	*Paris*	17
Imprimerie Lahure (**Formats variables**)	*Paris*	1
La Gazette de Paris	*Paris*	1
Le Journal des Débats	*Paris*	4
Le Soir	*Paris*	1
La France régionale	*Paris*	1
Le Moniteur financier	*Paris*	2
La Cote de la Bourse	*Paris*	1
Maison Rigollot et Cie (**2 couleurs**) (1878)	*Paris*	1
Imprimerie Kugelmann	*Paris*	2
The Morning News	*Paris*	1
Le Matin	*Paris*	2
Les Annales politiques et littéraires, **avec plieuse**	*Paris*	1
Le Radical	*Paris*	1
La Journée (**Illustrée**), **avec plieuse**	*Paris*	1
Imprimerie Moderne	*Paris*	2
L'Intransigeant	*Paris*	5
L'Intransigeant (**Illustré**), **avec plieuse**	*Paris*	2
Le XIXe Siècle	*Paris*	1
Paris-Course	*Paris*	1
Le Siècle	*Paris*	1
L'Écho de Paris	*Paris*	3
La Libre Parole (**Illustrée en couleurs**), **avec plieuse**	*Paris*	1
La Libre Parole	*Paris*	1
La Croix	*Paris*	4
Le Pèlerin (**Illustré**)	*Paris*	1
Le Pèlerin (**Illustré en 6 couleurs**), **avec plieuse**	*Paris*	1
Le Gil Blas	*Paris*	1
Auteuil-Longchamp	*Paris*	2

FRANCE (Suite).

<table>
<tr><td>L'Éclair</td><td>Paris</td><td>3</td></tr>
<tr><td>Le Clairon</td><td>Paris</td><td>1</td></tr>
<tr><td>La Cocarde</td><td>Paris</td><td>1</td></tr>
<tr><td>La Nation</td><td>Paris</td><td>1</td></tr>
<tr><td>La Patrie</td><td>Paris</td><td>2</td></tr>
<tr><td>La Presse</td><td>Paris</td><td>2</td></tr>
<tr><td>Imprimerie des Arts et Manufactures</td><td>Paris</td><td>9</td></tr>
<tr><td>Grande Imprimerie nouvelle (Paul Dupont, rue du Croissant)</td><td>Paris</td><td>17</td></tr>
<tr><td>Imprimerie Paul Dupont (Illustrations en couleurs, Formats variables), avec plieuse</td><td>Clichy</td><td>3</td></tr>
<tr><td>Le Petit Marseillais (Nouveau format)</td><td>Marseille</td><td>5</td></tr>
<tr><td>Le Petit Provençal</td><td>Marseille</td><td>6</td></tr>
<tr><td>La Gironde, avec plieuse</td><td>Bordeaux</td><td rowspan="4">12</td></tr>
<tr><td>La Petite Gironde</td><td>Bordeaux</td></tr>
<tr><td>La Gironde (Illustrée), avec plieuse</td><td>Bordeaux</td></tr>
<tr><td>Les Grands Romans (Illustrés), avec plieuse</td><td>Bordeaux</td></tr>
<tr><td>Le Nouvelliste</td><td>Bordeaux</td><td>2</td></tr>
<tr><td>La France du Sud-Ouest</td><td>Bordeaux</td><td>2</td></tr>
<tr><td>Bordeaux-Journal</td><td>Bordeaux</td><td>2</td></tr>
<tr><td>La Dépêche</td><td>Toulouse</td><td>4</td></tr>
<tr><td>La Croix, avec plieuse</td><td>Toulouse</td><td>2</td></tr>
<tr><td>Le Télégramme, avec plieuse</td><td>Toulouse</td><td>3</td></tr>
<tr><td>L'Express du Midi, avec plieuse</td><td>Toulouse</td><td>2</td></tr>
<tr><td>Imprimerie Jevain</td><td>Lyon</td><td>2</td></tr>
<tr><td>Le Progrès</td><td>Lyon</td><td>5</td></tr>
<tr><td>Le Progrès de Lyon (Illustré), avec plieuse</td><td>Lyon</td><td>1</td></tr>
<tr><td>Le Nouvelliste</td><td>Lyon</td><td>2</td></tr>
<tr><td>Le Lyon Républicain</td><td>Lyon</td><td>1</td></tr>
<tr><td>Les Annales de la propagation de la foi (Illustrées), avec plieuse</td><td>Lyon</td><td>1</td></tr>
<tr><td>Le Nouveau Lyon</td><td>Lyon</td><td>1</td></tr>
<tr><td>Le Petit Lyonnais</td><td>Lyon</td><td>1</td></tr>
<tr><td>Le Courrier de Lyon</td><td>Lyon</td><td>1</td></tr>
<tr><td>Le Rhône</td><td>Lyon</td><td>1</td></tr>
<tr><td>Le Peuple</td><td>Lyon</td><td>2</td></tr>
<tr><td>Le Progrès du Nord</td><td>Lille</td><td>2</td></tr>
</table>

FRANCE (Suite).

Le Nord	*Lille*	1
Le Nouvelliste, **avec plieuse**	*Lille*	2
La Dépêche, **avec plieuse**	*Lille*	2
La Croix du Nord	*Lille*	1
Le Réveil du Nord	*Lille*	1
L'Égalité	*Roubaix-Tourcoing*	1
Imprimerie Neyret (**formats variables**), **illustrations avec plieuse et couture**	*Saint-Étienne*	1
Le Radical de l'Yonne	*Auxerre*	1
Le Petit Briard	*Melun*	1
Le Petit Centre	*Limoges*	1
Imprimerie Charaire (**Publications illustrées en couleurs**), **avec plieuse**(1886)	*Sceaux*	1
Imprimerie Charaire (**Publications illustrées en couleurs**), **avec plieuse** (1888)	*Sceaux*	1
Imprimerie Charaire (**Illustré en couleurs**), **avec plieuse** (1891-1895)	*Sceaux*	4
Le Petit Var	*Toulon*	1
Le Républicain orléanais	*Orléans*	1
Le Populaire	*Nantes*	2
Le Petit Phare	*Nantes*	1
Le Mémorial d'Amiens	*Amiens*	1
La République du Midi	*Montpellier*	1
Les Affiches de Seine-et-Marne	*Provins*	1
Le Journal de Rouen **avec plieuse**	*Rouen*	2

HONGRIE

Budapesti Hirlap (**Illustré**), **avec plieuse**	*Buda-Pesth*	1
Imprimerie Schlésinger (**Illustré en couleurs, avec plieuse**)	*Buda-Pesth*	1
Neues Politisches Volksblatt (**Illustré en couleurs**), **avec plieuse**	*Buda-Pesth*	1

ITALIE

Sinimberghi, Cecchini et Palotta (**2 couleurs et numéroteurs**) (1880)	*Rome*	1
Il Messagero	*Rome*	2
La Riforma, **avec plieuse**	*Rome*	1

ITALIE (Suite).

Il Torneo, **avec plieuse**	*Rome*	1
La Tribuna (**Illustrée en couleurs**), **avec plieuse**	*Rome*	1
Il Messaggero	*Naples*	1
Il Pungolo	*Naples*	1
Giannini et fils	*Naples*	1
Gazetta del Popolo, **avec plieuse**	*Turin*	2
Gazetta di Torino, **avec plieuse**	*Turin*	1
La Epoca (**Illustrée**)	*Gênes*	1
Il Secolo XIX, **avec plieuse**	*Gênes*	1
La Lombardia	*Milan*	1
Il Secolo . . . . Il Secolo Illustrato (**Illustré**) . . . . Emporio Pittoresco (**Illustré**) . . . . Il Romanziere (**Illustré**) . . . . La Musica Popolare (**Illustrée**) . . . . . Giornale dei Viaggi (**Illustré**) . . . . . . La Scienza per Tutti (**Illustrée**) . . . . . La Moda Illustrata (**Illustrée**) . . . . . . Il Piccolo Illustrato (**Illustré**)	Imprimerie Sonzogno. *Milan.*	9

JAPON

Kuan-pô (Journal officiel de l'Empire du Japon).	*Tokio*	2
Tokio-Asahi (le Soleil Levant)	*Tokio*	1
Nippon (le Nippon)	*Tokio*	1
Tokio Nichinichi Shimbun (Journal quotidien de Tokio)	*Tokio*	2
Kokkuai (le Parlement)	*Ko-Kai*	1
Chiuwo Shimbun (Nouvelles Centrales) . . .	*Tokio*	1
Mainichi Shimbun (Journal quotidien)	*Osaka*	1
Osaka Asahi (le Soleil Levant)	*Osaka*	3
Chugai Shoghio Shimpo (Journal du Commerce international)	*Yokohama* . . .	1

PAYS-BAS

Het Nieuwsblad (**illustré en couleurs**), **avec plieuse**	*Amsterdam* . . .	1
Het Vliegend Blad, **avec plieuse**	*Amsterdam* . . .	1
De Amsterdammer Weekblad voor Nederland, **avec plieuse**	*Amsterdam* . . .	1

PORTUGAL

Correio da Noite	*Lisbonne*	1
Diario de Noticias	*Lisbonne*	1
Diario de Noticias, **avec plieuse**	*Lisbonne*	1

RÉPUBLIQUE ARGENTINE

El Globo, **avec plieuse**	*Buenos-Ayres*	1
La Prensa, **avec plieuse**	*Buenos-Ayres*	4
La Nacion, **avec plieuse**	*Buenos-Ayres*	4
Sud-America, **avec plieuse**	*Buenos-Ayres*	1
El Diario, **avec plieuse**	*Buenos-Ayres*	4
Bergmann et Cie, **avec plieuse**	*Buenos-Ayres*	1
Loteria nacional da Beneficiencia	*Buenos-Ayres*	1

ROUMANIE

Universul, **avec plieuse**	*Bucarest*	1

RUSSIE

Swet, **avec plieuse**	*St-Pétersbourg*	2
La Gazette de St-Pétersbourg, **avec plieuse**	*St-Pétersbourg*	1
Les Nouvelles d'Odessa, **avec plieuse**	*Odessa*	1
Odessky Listoc, **avec plieuse**	*Odessa*	1
Kurjer Porrany, **avec plieuse**	*Varsovie*	1

SUÈDE

Nya Dagligt Allehanda, **avec plieuse**	*Stockholm*	1

URUGUAY

La Tribuna Popular, **avec plieuse**	*Montevideo*	1

---

633 MACHINES ROTATIVES VENDUES

Dont 226 avec plieuses.

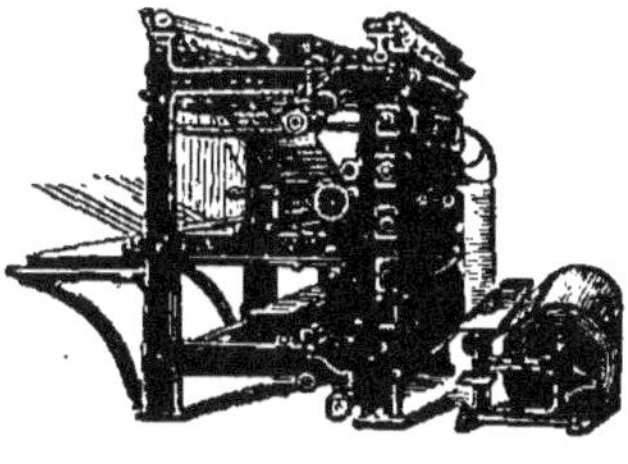

Presse Rotative Marinoni.

FONDERIE TYPOGRAPHIQUE **WARNERY FRÈRES**

6 et 8, rue Humboldt — Paris

Paris, le 1er Octobre 1895.

La Fonderie Warnery frères, en soumettant à Messieurs les Imprimeurs Étrangers, Directeurs de Journaux et Commissionnaires, son nouveau Tarif réduit, a l'honneur de les informer qu'elle est à même, comme par le passé, de fournir en moins de **huit jours**, *le matériel nécessaire à la création d'imprimeries pour Journaux, Labeurs, Travaux de Ville, etc.*

Pénétrée de la nécessité de livrer **promptement**, *elle possède en magasin* **tous** *les caractères qui figurent dans son spécimen général.*

Elle peut, en outre, livrer à **réception** *des ordres qui lui sont transmis, tous les caractères* *pour* **titres** *et* **annonces,** *ainsi que les* **blancs, interlignes, filets** *en matière et en cuivre,* **lingots** *et* **garnitures.**

La spécialité qu'elle s'est faite pour la fourniture des caractères pour **journaux** *fondus en matière* **extra-dure** *résistant au clichage continu, lui a valu une notoriété méritée, dont les clients trouveront la consécration en consultant la liste des principaux journaux qu'elle fournit, et près desquels il leur sera facile de se renseigner.*

Elle attire tout spécialement l'attention de Messieurs les Imprimeurs Étrangers, et notamment de ceux du Brésil et de la Plata, sur la spécialité de caractères avec **accents portugais** *et* **espagnols** *fondus* **hauteur américaine** *et établis en* **polices spéciales** *qu'elle possède toujours en magasin.*

LISTE DES PSEUDONYMES

SOUS LESQUELS

les Journalistes signent leurs Articles

DANS LES JOURNAUX DE PARIS

PSEUDONYMES.	NOMS.
Ablady (Pierre d')	Pierre Menusier.
Aigremont (Paul d') (Petit Journal) .	Mme E. de Roussen.
Alba (Gaëtan d')	C. Rosetti.
Albano (Léoné d').	Léon de Rosny.
Albens (Vte d') (Revue internationale).	Mme de Rute.
Alberty.	Bertie-Marriott.
Alceste (Grande Revue)	Arsène Houssaye.
Alceste (Semaine illustrée).	Du Bled.
Alesson (Gazette des Femmes). . . .	J.-B. Alès.
Alló.	Charles Friedlander.
Alq (Louise d') (Causeries familières).	Mme de Rieupeyroux.
Alter (Monde illustré).	Lorédan Larchey.
Alvarez (Gil Blas)	Eusebio Blasco.
Amateur de spectacles (L').	Emile Desbeaux.
Amyr	G. Nouette-Delorme
André (Émile) (Sports et Théâtres). .	Raballet.
André (Paul).	Emile Blavet.
Anonyme	Anatole Cerfberr.
Ap.... (Libre Parole).	de Saint-Auban.
Araules (Jean d') (Voltaire).	Georges Rocher.
Arbroix (E. d') (Mandoline) . . .	Pons.
Arces (L. de)	Lucien Burlet.
Archimède (Tam-Tam)	Alfred Delilia.
Arcos (Triboulet).	Vte Oscar de Poli.
Arcy (Raymond d') (Paris-Moderne) .	André Péri.
Argissonne (Jehan d') (Gazette critique)	Fabius de Champville.
Ariel (Figaro)	Emile Bergerat.
Ariel	Henry de Lanoye.
Ariste.	Victor de Swarte.
Aristo.	J. Cornély.
Arlequin (Orchestre).	Roger Braun.
Armentières (Valentin d')	Adrien Marx.
Arsac (F.) (Événement)	Obermayer.
Artevelde (Jacques)	Boué, dit de Villers.
Arthez.	Arthur Tézard.
Arvède Barine (Nouvelle Revue) . . .	Mme Vincens.
Asmodée (Gil Blas)	Bon de Vaux.
Asmodée (Divers).	Gustave Claudin.
Attente (Pierre d').	Vte Oscar de Poli.
Atto-Troll (Événement)	V. Brunières.

PSEUDONYMES.	NOMS.
Aubertin (M^{e}) (Voltaire)	Monteux.
Auger (Chaîne magnétique)	Louis Auffinger.
Aulètès	Charles Widor.
Aunis (Raoul d') (Rappel)	Fernand Lefèvre.
Auray (Maurice d')	Maurice Guillemot.
Auterrive (d')	Louis Lavedan.
Auvray (A. d') (France)	Henry de Lanoye.
Auzay (C. d')	Arthur Ranc.
Avettes (Jean des) (Gil Blas)	Emile Villemot.
Avone (Ch. d') (Croix)	Abbé Chardavoine.
Avrial (Patrie)	Paul Pascal.
Aymerillot	Georges Aubry.
Azed	Camille Le Senne.
Azur (Guy d') (Veilleur financier)	Guirand-Buffier fils.
Azy (Louis d') (Travail)	Louis Macon.
Bac (Daniel)	Emile Louvet.
Badaud (Un) (Figaro)	Hugues Le Roux.
Bagatelle	Eugène Emler.
Bagaudes (J.) (Voix des Communes)	G. Meynet.
Balthasar	Aurélien Scholl.
Barry (Furet)	A. Martini.
Bartel (P.)	P. Savouillan.
Bassompierre	Alexis Doinet.
Baudry (Jean) (Événement)	Théodore Avonde.
Beauchamps (Raoul)	Ernest Vauquelin.
Beautiran (H. de) (Nouvelle revue internationale)	Charriaut-Bertrand de Terrière.
Bentzon (Th.)	Mme Thérèse Leblanc.
Berleux (Jean)	Maurice Quentin-Bauchart.
Bernard (Camille)	Mme de Rute.
Bernard (Paul) (Opinion publique)	Ph. Gros.
Bernard (A. de) (Divers)	Cte de Calonne.
Bertalisse (A.)	Albert Lévy.
Berthaud (Max)	Cte A. de Calonne.
Bertol-Graivil	Domicent.
Bertrand (Félix)	Da Costa Athias.
Bianchon (Horace) (Figaro)	Maurice de Fleury.
Bias (Camille)	Mme Martin.
Bicoquet (Écho de Paris)	Maxime Boucheron.
Bilboquet (Moniteur des Loteries)	Fabius de Champville.
Biniou (Courrier français)	Louis Macon.
Blag-Fort	P.-P. Bertucci.
Blasius (Intransigeant)	H. Ayraud-Degeorge.
Bois-Sablé (Salon de la Mode)	A. d'Amezeuil.
Bonnard (Virgile)	Armand d'Artois.
Bonneville (Paris mondain)	Bonnet-Delaville.
Bormaure	Charles Buet.
Bourgeois (Jules)	Bon Jules Legoux.
Bourgeois de Paris (Un) (Événement)	Passerieu.
Brada (Illustration)	C^{sse} de Puliga.
Brahm (Al. de) (Paris joyeux)	Marcel Bernhardt.
Braun (Roger) (Orchestre)	R. Urban.
Bréhalles (H. de)	Georges Huillard.
Briard (Marcel)	A. Monniot.
Brie (Jehan de) (Fermier)	A. Canas.
Brio (Carolus)	Brillaud-Laujardière.
Brioché (Gaulois)	A. Lévy.

PSEUDONYMES.	NOMS.
Brimborion (Gil Blas)	Mme Pauline Savari.
Brissac (Rive gauche).	Ludovic de Laere.
Brizacier	Gustave Rivet.
Brumaire (D.) (Petit Caporal). . . .	Robert Mitchell.
Cadet de mes Soucis (Divers). . . .	Vte de Colleville.
Cadillac (Gaulois)	Petit de Meurville.
Cadillac (Charles)	Robert Kemp.
Cairaud.	Philippe Dauriac.
Caliban	Émile Bergerat.
Camille-Henri	Mme Della Rocca.
Camilliacus (Ouest artistique) . . .	H. Baguenier-Désormeaux.
Camors.	Paul Escudier.
Campairol (Revue générale)	Auguste Fraysse.
Campremy (de) (Enlumineur). . . .	Alphonse Labitte.
Canalis.	Alfred Capus.
Candide	Gabriel Terrail.
Caprice (Don) (Gil Blas)	Bernard.
Caran d'Ache	Emmanuel Poiré.
Cardane (Soleil)	Jules Cardon.
Cardeillac (Gaulois).	Raballet.
Caribert.	Octave Lebesgue.
Carmaur	Ch. Baude de Maurceley.
Carmentran (Gil Blas)	Joanne-Magdelaine.
Cayrol	Ayraud-Degeorge.
Cénar (Jules de)	J. de Carné.
Cerlier (Événement).	Anatole Cerfberr.
Chaintré (Clément de).	Tony Révillon.
Chalette (Louis) (Monde théâtral) . .	Edmond Floury.
Chamant (Intransigeant)	Lescardé.
Chamblanc (Association ouvrière). .	A. Davaud.
Chambry (Gaulois).	Edmond Le Roy.
Chamillac.	Cte de Maugny.
Chamoisel (G. de) (Petite Revue). . .	Georges Brunel.
Char (Edmond) (Gil Blas illustré). .	Charbonnaud.
Charles-Edmond	Choïesky.
Charley (Siècle)	Camille Le Senne.
Châteaufort (René de).	Raphaël Sunyé.
Chefboutonne.	Bigot.
Chenevières (de) (Courrier de Londres)	Pol Gustave.
Cherchequi.	Léon Baron.
Chicot (Figaro)	E. Grosclaude.
Choiselat (P. de) (Journal des Haras)	Paul Lefebvre.
Chose et Machin (Gil Blas)	Abraham Dreyfus.
Christophe (Vie parisienne)	Théodore Decazes.
Chut (Vie parisienne).	Csse de Mirabeau.
Cim (Albert).	Albert Cimokowski.
Cintré (Gaston de).	Ad. Rosay.
Clagnens (G. de).	François Bournand.
Clary (Arthur).	Anatole Cerfberr.
Claude (Courrier de France).	Géo Bossière.
Claude (Temps)	Grosclaude.
Clausse (Hippolyte).	J.-N. Gung'l.
Clavel.	Georges Rolle.
Clenne (Al.) (National)	E. Leblanc.
Clet (Gazette des pays latins)	Clément Gairaud.
Clic-Clac	Domicent.
Clitandre (Autorité)	Gugenheim.

PSEUDONYMES.	NOMS.
Clodion (Illustration).	C. Perruchot.
Cobb (William)	Jules Lermina.
Cœur (Pierre)	Mme de Voisins.
Colin de La Neffe.	J. Meulemans.
Colin-Tampon	Grosclaude.
Collodion	Maurice Guillemot.
Colomba (Echo de Paris)	Henry Fouquier.
Colombey (Émile).	Émile Laurent.
Colombine (Gil Blas)	Pseudonyme collectif.
Commodore (Tam-Tam).	Bapaume.
Conseil (Jean)	Paul Berton.
Coolus (Romain) (Revue blanche). . .	René Weil.
Coqhardy	Bon Toussaint.
Cornélius	Emile Blavet.
Corréo (El) (Gil Blas).	Firmin Javel.
Correspondant (Le)	Anatole Cerfberr.
Coupiac (Emme de).	Marcellin Moyzen.
Courrier (Jacques)	Edmond Potonié.
Courteline	Georges Moinaux.
Covielle (Triboulet).	Albert Rogat.
Crafty (Publications illustrées). . . .	Victor Géruzez.
Crandal (Presse)	Waternaud.
Crispin (XIXe Siècle)	F. Mobisson.
Criton.	G. Wertheim.
Croisy (du).	Henry de Lanoye.
Crotoy (du).	Paul Eudel.
Croixmare.	G. Viterbo.
Dagobert (Gil Blas).	Eusebio Blasco.
Dahirelle.	Auguste Magen.
Dame de Trèfle (Artiste).	Mme de Saint-Amé.
Damedor.	Raphaël Gouniot.
Damoclès	Pierre Denis.
Damon (Univers illustré)	Fernand Bourgeat.
Dancourt (Gazette de France)	Raoul de Fréchencourt.
Dancourt (Léon)	Léon Lebrun.
Danglemeuse	Baude de Maurcelay.
Daniel (Vie parisienne)	Félix Mornand.
Daniel René (Soleil).	A. Claveau.
Danyll (Louis) (Echo du XXe). . . .	V. Delval.
Darcours (Charles) (Figaro).	Charles Réty.
Darmailly.	Georges Maillard.
Darnelle (Albert)	Albert Dubrujeaud.
Darsay (Courrier du Soir)	Henri David.
Daryl (Philippe) (Temps, etc.). . . .	Paschal-Grousset.
Daulne (Jacques)	E. Baudouin.
Davenay.	Gaston Calmette.
Dawell (L.) (Echo du XXe)	V. Delval.
Dax (Pol)	Arthur Pougin.
Débonnaire (Jean) (Siècle).	Meurgé.
Debonnefoy (Echo du XXe).	V. Delval.
Debord (Henri) (Rive gauche)	Ludovic de Laere.
Decernay (Matin).	Victor Lichtlé.
Defère (Alphonse) (Soir).	Alphonse Duchemin.
Degé (Henri).	Gourdon de Genouilhac.
Deher (Maurice)	H. Demesse.
Delsol (Maurice) (France artistique) .	Cadot de Solange.
Delval (Jules) (Evénement).	Pseudonyme collectif.

PSEUDONYMES.	NOMS.
Democède	Paul Eudel.
Derby (Soirée théâtrale)	Dieudé de Fly.
Deridi (Vulgarisateur)	Léon Didier.
Derviller (G.)	Masseras.
Deschamps (Jacques) (Presse)	G. Fabius de Champville.
Desroches (P.-Pierre) (Revue-Gazette)	E. Pliquet.
Dessources (E.) (France catholique)	E. Bellot.
Destrelle (Pays, Autorité)	Félix Dunal.
Devienne (P.) (Revue vinicole)	Paul Taquet.
Dey (Henry)	H. Dichard.
Diable boiteux (Gil Blas)	Bon de Vaux.
Diavolo	P. Lordon.
Dick (Génie)	de Vautheleret.
Didier	Francis Enne.
Didier (Frédéric)	Ayraud-Degeorge.
Didier (Marcel)	Alfred Delilia.
Dienay (Paul)	Paul Bosc.
Diplomate (Un) (Figaro)	Léon Lavedan.
Dobrée (Jean)	Paul Perret.
Doges (N.)	Albert Pinard.
Domido	Fabius de Champville.
Domino (Gaulois)	Ferdinand Bloch.
Dona Sol	Raphaël Sunyé.
Dora	Ernest Daudet.
Dorval (Jules) (Corr. conservatrice)	P.-P. Bertucci.
Dracia (Jean)	Jean Aicard.
Drack (Maurice)	Auguste Poitevin.
Draner (Charivari)	Renard.
Dubois (Pierre) (Journal des Arts)	Auguste Dalligny.
Dubreuil (Robert)	Maurice Denécheau.
Duclos (Jacques)	Léon de La Brière.
Dugers (Paul)	Ulysse Pic.
Dulac (Montmartre-La Chapelle)	André Péri.
Duparc (Paul)	P. Lordon.
Dupont des Arts (Gil Blas)	Abraham Dreyfus.
Duprey (Georges)	Maurice Denécheau.
Dupuis (Lucien) (Divers)	V. Paquet.
Dupuis et Cotonnet (Gaulois)	Capus et Grosclaude.
Durand (Claude)	Tony Révillon.
Duret (Georges) (Gil Blas)	E. Mairesse.
Durville (Illustration)	Alfred Marc.
Dusoll (Réveil immobilier)	G. de Brejac.
Dutreil (Charles)	H. Lapauze.
Duvar (Jean) (Hygiène pour tous)	Félix Brémond.
Dux (Gaulois)	Etienne Tréfeu de Fréval.
Eaque (Gil Blas)	Emilien Chesneau.
Echerennes (A. d') (Chenil)	Arthur Porte.
Edgy	Mlle Louise Thioust.
Edward (Sir)	Edouard Siebecker.
Ego (Illustration)	C^{sse} de Molènes.
Eiram	Cte Meyners d'Estrey.
Eliacin	Paul Hervieu.
Ellah (Chaîne magnétique)	Louis Auffinger.
Eller (France)	Lutier.
Encre (Gabriel d')	Gabriel Terrail.
Entremonts (d') (Divers)	Lucien Burlet.
E. Pée (Vie parisienne)	C^{sse} de Molènes.

PSEUDONYMES.	NOMS
Epheyre (Charles) (Revue scientifique) .	Charles Richet.
Escamillo	Jules Vidal.
Escoleux (J. d') (Hirondelle).	Vsse de Peloux.
Estagel (X. d') (Courrier républicain).	Max Sacerdot.
Este (Henry).	Albert Kaempfen.
Estevan (Don) (Vie mondaine). . . .	G. Viterbo.
Estoile (P. de L').	Arsène Houssaye.
Estrange (Jehan de L').	Camille de Vos.
Etaules (Jean) (Travail)	Louis Bourne.
Etincelle (Figaro)	Bonne Double.
Eurotas (Moniteur universel)	Gustave Claudin.
Evron (Émile)	Richard Penart.
Ex-officier (Un).	Auguste Dumont.
Fabius (Gustave) (Fermier)	Fabius de Champville.
Falaise (Jean de).	Mis de Chennevières.
Faliéri (Correspondance conservatrice).	P.-P. Bertucci.
Fantasio (Charivari)	Pierre Véron.
Farfadet (Indépendance belge)	Gaston Jollivet.
Farmer (The) (Gil Blas).	Dupressoir.
Fauchery (Intransigeant)	Louis de Gramont.
Faure (Charles) (Divers)	Charles Ostench.
Fauvel (L.) (République française) . .	Achille Mercier.
Fauvet (Bertrand), critique dramatique	Bertrand de Laflotte.
Ferney (X.)	Albert Kaempfen.
Ferney (de)	Emile Blavet.
Feutrier (Michel).	Maurice de La Fargue.
Fiat (Docteur)	Dr Decaisne.
Fidelis.	Edmond Leroy.
Fidus (Revue du monde catholique). .	Eugène Loudun.
Flamberge	Maurice Lefèvre.
Flamen (Victor) (Lumière)	Mme Lucie Grange.
Flayosc (Hygiène pour tous).	Félix Brémond.
Fleurey (Georges) (Réforme économique)	E. Baudouin.
Fleury (Revue d'art dramatique) . . .	L. Muhlfeld.
Flic Flac (Gil Blas)	Hardy-Polday.
Flirt (Figaro)	Fernand Honoré.
Floupette (Adoré).	Gab. Vicaire, H. Beauclair.
Flûte.	Adolphe Possien.
Fly (Soirée théâtrale)	Dieudé de Fly.
Foncarbonnière (Paris-Gazette) . . .	Vte de Constantin.
Fontenay (A.)	Paul Bosq.
Fontenay (Georges).	P. Mahalin.
Fonteneille (Figaro).	Gaston Jollivet.
Fontenelle (Jacques de)	Joseph Denais.
Fontenoy	Jehan Soudan.
Forestier (Paul) (Matin).	Armand Silvestre.
Fortunio (Evénement)	Maurice Millot.
Forville (R. de) (Messager des Tirages).	E. Alary.
Fourcherolles (H. de)	Husson.
Fox.	Domicent.
Fox.	Petit de Meurville.
Fracasse (National).	Edmond Stoullig.
Fracasse (Capitaine) (Écho de Paris) .	Germain.
Franc Picard (Gazette de France). .	Raoul de Fréchencourt.
France (Anatole).	Jacques-Anatole Thibaut.

PSEUDONYMES.	NOMS.
France (Charles)	Domicent.
Frank (Francis) (Monde financier)	Prineau.
Franklin (Ecole nouvelle)	G. Francolin.
Frascata (Gil Blas)	Bon Toussaint.
Fresnay	Dr Hamon.
Frétillon (Don Quichotte)	Mme Paulin-Savary.
Frigolet (Le Journal)	Pierre Wolff.
Froissart (Petit Journal)	Georges Grison.
Froll	Simon Boubée.
Fronsac	Adolphe Tavernier.
Frontenay (Gérard de) (Événement)	Aurélien Scholl.
Frontin	Fernand Xau.
Froustey (Frédéric)	A. Bouvard.
Furetières	Georges Niel.
Fusain (Jean)	Fulbert-Dumonteil.
Galli (H.)	Gallichet.
Garcias (Pedro) (Divers)	Jaime.
Gardenia (Paris-Gazette)	Vte de Constantin.
Gardenia (Soirée théâtrale)	Guillon de Montléon.
Gardet (Petit Messager parisien)	Edgar Pourcelle.
Gastyne (J. de)	Jules Benoist.
Gays (Louis)	Louis Gerdebat.
Genio (Progrès artistique)	E. Ecochard.
Gentil (Nicolas)	Tony Révillon.
Gentil-Bernard	Gabriel Scellier.
Génuard (L. de)	Alfred Marc.
Gérals (Etendard)	Glaser.
Gérard (Max)	Ferrari.
Gerfaut (Ph.)	Mme Dardenne de La Grangerie.
Germania (Soir)	Stubenrauch.
Germinal	Paul Lenglé.
Gérôme (Univers illustré)	Me Félix.
Gervasy (M^{e}) (XIXe Siècle)	Saint-Ange Ébrard.
Gesvres (Jacques de)	Domicent.
Gi-Hess	Jehan Soudan.
Gilbert (Frédéric) (Gaulois)	Yveling RamBaud.
Gillot (Claude) (Événement)	Cte d'Avrecourt.
Girard (Paul) (Charivari)	Pierre Véron.
Girard (Maxime)	Pierre Giffard.
Girenthy (Paul) (Observateur)	H. Pyault.
Glass (G.) (Corresp. internationale)	Otto Waldau.
Glouvet (J. de)	Quesnay de Beaurepaire
G. Py (Paris-Moderne)	André Péri.
Grain d'orge	Alfred Capus.
Grancey (Jacques)	Eugène Pitou.
Grandin (Soir)	Leser.
Grandlieu (Philippe de) (Figaro)	Léon Lavedan.
Gratin	Pierre Decourcelle.
Gray (Maurice)	Arthur Pougin.
Grécourt (E. de) (Gazette mondaine)	F. Guibert.
Greffier (Le) (Gil-Blas)	Maurice Coste.
Grelot (Triboulet)	Gaston Jollivet.
Grepps (Paul)	Yvan de Wœstyne.
Griff	Maurice Lefèvre.
Griffe (Bulletin)	Giraudeau.
Gril	Edmond Lepelletier.

PSEUDONYMES.	NOMS.
Grim	Charles Biqual.
Grimm (Thomas) (Petit Journal). . .	Pseudonyme collectif.
Gros-René (Mascarille)	Emile d'Ernay.
Guérin (Me) (Univers illustré)	Fernand Bourgeat.
Guétin (Pierre de) (Réveil de la Gaule)	Edouard Achard.
Guesde (Jules).	Basille.
Guignolet.	Ed. Grosclaude.
Guillaume Tell (Paris-Rome).	Louis Macon.
Guinot (G.) (Soleil).	Georges Guignard.
Guinot (Jules)	Edouard Lockroy.
Gutello (Courrier du Soir).	Goulet.
Guy (Maxime)	Henry Mallet.
Gyp (Vie parisienne)	Mme de Martel.
Hab (Lumière).	Mme Lucie Grange.
Hairdet (J.)	Joseph Denais.
Halbran (Maxime) (Soir).	Georges Maillard.
Hamoise (Henri) (Figaro).	Charles Chincholle.
Hamor (Illustration)	Dussaud.
Harcourt (Ch. d').	Charles Réty.
Harlemont (Pierre d')	Fernand Fouquet.
Haroun (Vie parisienne)	Charles Joliet.
Harville (Raoul d') (Gazette parisienne).	R. de La Guette.
Hector (T.) (Orphéon).	J. Torchet.
Helvète (J.) (Gazette des Étrangers).	Louis Macon.
Helvetius (Correspondance helvétique).	Louis Macon
Hem (Henri) (Petit Moniteur)	H. Mallet.
Hem (H. de) (Vie parisienne).	Henri de Montaut.
Henot (Pays).	Georges Ohnet.
Henriot (Charivari).	Henri Maigrot.
Henrique (Louis)	L. Duluc.
Henry	Em. Carnoy.
Henry (Théodore)	Henry Yvan.
Herbenville (Jehan d')	Léon Bigot.
Herz (Henry) (Gil Blas).	Oscar Comettant.
Heuzy (Intransigeant).	Bridoye.
Heuzy (Paul).	Alf. Guinotte.
Heylli (Georges d')	Poinsot.
Hic-Hac (Gil Blas)	Hardy-Polday.
Hiks (Jean) (Petite Revue).	Fernand Hue.
Historien (Jehan l') (Divers).	Georges de Monmerqué.
Hix	F. Berr de Turique.
Hors (Louis d') (Divers).	Fabius de Champville.
Houx (Henry des)	Durand-Morimbeau.
Huissier du Préfet (France)	A. Grébauval.
Hura (Lucien d').	L. Huard.
Huron (Le).	Abel Peyrouton.
Hys (Charles d')	Charles Maynard.
Iéna (Gaulois)	Valfrey.
Ignotus (Novosti).	G. de Roberty.
Igny (Pierre d')	Gaston Jollivet.
Indret (Charles d')	Baude de Maurceley.
Ingénu.	Hugues Le Roux.
I. Pique (Photographie).	J. Delton.
Iratus (Univers)	Arthur Loth.
Ivry (Victor d') (Horloger-Bijoutier).	Ed. Aubriot.
J. (Don) (Vie parisienne).	du Tillet.

PSEUDONYMES.	NOMS.
Jaamos	Louis Macon.
Jac-Mercier	Paul Bosq.
Jacqueline	Mme Séverine.
Jacques Bonhomme (Petite Presse)	Victor Mahut.
Jagonzac (de) (Saison mondaine)	Gustave Cornut.
Janus	Robert de Bonnières.
Jaquillou	A. Couteaux.
Jean-Bernard	Passerieu.
Jean de Nivelle (Soleil)	Charles Canivet.
Jean de Paris (Figaro)	Georges Grison.
Jean de Paris	Pierre Véron.
Jean de la Butte	G. Moineaux.
Jean de la Seine	Edgar Monteil.
Jean des Gaules	Edouard Siebecker.
Jean-Qui-Rit	Houssot.
Jean-sans-Peur	H. Babou.
Jean-sans-Terre (Petit Journal)	Pierre Giffard.
Jeanne (Comtesse)	Csse de Blignières.
Jeanne (la Cousine) (Petit Journal)	Mme Georges Régnal.
Jeanne (Princesse)	Vte de Colleville.
Jehan des Francs (Journal)	Patricelli.
Jehan des Ris (Evénement)	V. Brunières.
Jennius (Liberté)	Victorin Joncières.
Jestières (Al. de)	Alphonse Bouvret.
Jib Tapsail (Figaro)	Arman de Caillavet.
Johanne (Ludovic)	Joanne-Magdelaine.
Josse (Monsieur) (Revue bleue)	Abraham Dreyfus.
Joubert (Louis) (Correspondant)	Léon Lavedan.
Joyeuse (Léon)	Fortuné Calmels.
Julien (Louis)	Me Laferrière.
Julius	Jules Meulemans.
Kamoushka (Vie parisienne)	Paul Devaux.
Karl (Alphonse) (France-Album)	A. Carmagnolle.
Karl (Vie parisienne)	Carle des Perrières.
K. d' Rile (Divers)	Vte de Colleville.
Kergall (Marquis de)	Acloque d'Amezeuil.
Kerguen (H. de) (Liberté)	H. de Villeblanche.
Ker-Vindex	Jules Gresland.
Kisedy (Soirée théâtrale)	Dieudé de Fly.
Klak (Vie parisienne)	Jacques Saint-Cère.
Koff (Pierre)	P. Delcouet.
Kuntz (Liberté)	Dr Nicolas.
Kwick (Vie parisienne)	Jacques Redelsperger.
La Crosse (Pierre de)	Auguste Drumont.
La Vieuville (de) (Monaco)	Mlle Polyxène Philip.
Lacroix (Sigismond) (Radical)	J. Krzyzanowsky.
Laisne (Arthur de) (Europe artiste)	Ismaël Duplessis.
Lalouvet (Th.) (Réforme économique)	J. Domergue.
Lamber (Juliette) (Nouvelle Revue)	Mme Edmond Adam.
Lambert (Louis) (Gaulois)	Pseudonyme collectif.
Landelles (J. des) (Ouest artistique)	P.-E. Adam.
Landry (Ch.)	Pierre Vrignault.
Langevin (Observateur français)	Chassaigne de Néronde.
Lanluest (Charles de) (Divers)	Georges de Monmerqué.
Lapprat (Félicien)	François Caquet.
Larcher (Claude) (Vie parisienne)	Paul Bourget.
Laroque (Adrien)	Emile Abraham.

PSEUDONYMES.	NOMS.
Lastry (Mandoline)	Pons.
Latinus	A. Gromier.
Latinus (Epoque)	Raqueni.
Laujol (Henry) (Revue bleue)	Henri Roujon.
Launay (F. de) (Divers)	Fabius de Champville.
Launey (Georges)	G. de Dubor.
Lauriame	Victor Nadal.
Laury (Louis) (Soleil)	Louis Aubertin.
Laverdac	René de Cuers.
Lavergne (Georges)	G. de Bompar.
Lazarille	Fernand Bourgeat.
Le Blond (Victor) (Etat)	H. Simon de St-Sauveur.
Le Breton (Henry) (Etat)	H. Simon de St-Sauveur.
Le Sage	Adrien Duvand.
Lecoq	Lionel Moguez.
Lefranc (Pierre)	A. Vervoort.
Lemanus	Louis Macon.
Lennor (Chimère)	Paul Redonnel.
Lers (Jules de) (Sport)	Jules d'Aoust.
Lescot (le Ralliement)	A. Aron.
Lestrapade (Vie parisienne)	Vte de Lestrade.
Létorières (Vicomte de)	C^{sse} de Peronny.
Liban (O.) (Hygiène pour tous)	Félix Brémond.
Liéven (Louis) (France)	de Bourneuf.
Lin Phocas	Passerieu.
L'Isle (Maurice de) (Revue vinicole)	Paul Taquet.
Listang (de) (Furet)	Martiny.
Lizy (Robert de)	Robert Papin.
Lhomme (Revue d'art dramatique)	Lefranc.
Lockroy (Edouard)	Edouard Simon.
Lœtitia (comtesse) (Divers)	Mme G. Régnal.
Loisne (Arthur de) (Annales politiques)	Ismaël Duplessis.
Lomagne (B. de) (Soir)	Albert Soubies.
Lombard (Maurice) (Vélo)	Paul Rousseau.
Lorrain (Le)	A. de Latouche.
Lostanges (A. de) (Finance pour tous)	A. Schmidt.
Loti (Pierre)	Jules Viaud.
Loudun (Eugène)	Eugène Balleyguier.
Loustalot	Louis Teste.
Loyal (Gaston) (Gazette mondaine)	Gaston de Leval.
Lozeral (Henri) (Elégance pratique)	Victor Nadal.
Lucet (Raoul)	Emile Gautier.
Lucilius	Dr Berillon.
Lui (Vie mondaine)	G. Viterbo.
Lumen (Photographie française)	L. Gastine.
Lutécia (Univers illustré)	Mme G. Régnal.
Lux (Clarisse)	Maurice Guillemot.
Lys	Octave Mirbeau.
Mab (Vie parisienne)	Mlle de Bovet.
Maël (Pierre) (Soleil)	Charles Causse.
Magus (Nature, Ouvrier)	Baret.
Maillard (Horloger-Bijoutier)	Ed. Aubriot.
Maizeroy (René)	Bon Toussaint.
Malus (Jean)	Maujan.
Manchecourt (Vie parisienne)	Henri Lavedan.
Mandar (Petite République)	Armand Lévy.
Manuel	René Martin.

PSEUDONYMES.	NOMS.
Marc Ell (*D*r)	Marcel Baudouin.
Marc (*Maurice*) (*Petit Caporal*)	G. Blanchet.
Marc-Mario	Maurice Jogand.
Marcel (*Paul*) (*Gil Blas*)	D. Solins.
Marcello (*Siècle*)	Camille Le Senne.
Marchand (*Alfred*) (*Temps*)	Kauffmann.
Marcoy (*Paul*) (*Tour du Monde*)	Saint-Cric.
Mardoche (*Indépendance belge*)	Gaston Bérardi.
Maréchal (*Le*)	Georges Niel.
Marion (*Vie parisienne*)	Mme de Laspeyres.
Marsac (*de*) (*Journal agricole*)	Noël Rouchès.
Marsange (*Spectateur*)	William Garcias.
Marsy (*Emile*) (*Rappel*)	Fernand Lefèvre.
Mascarille (*Soir, Siècle*)	Eugène Fraumont.
Masque de fer (*Le*) (*Figaro*)	J. Cardane et Huret.
Masure (*Noël*)	Léon Bigot.
Matassin	Jacques Peyrot.
Maubinac	Ferdinand Bloch.
Maubourg (*Jean*) (*Parti ouvrier*)	Labusquière.
Maubry (*Victorien*) (*Gaulois*)	Victor Mahut.
Maugars (*René*)	G. Astruc.
Maumusson (*Observateur français*)	Denis Guibert.
Mello (*Apiculteur*)	Sevalle.
Ménalque (*Journal illustré*)	Julien Mauvrac.
Ménier (*Georges*)	A. Bernard.
Méric (*Paul de*) (*Note diplomatique*)	Lefebvre-Roncier.
Mermeix	Gabriel Terrail.
Mérouvel (*Charles*)	Chartier.
Meyra (*Léonce*) (*Lois nouvelles*)	Léonce Mayer.
Milo	Michélis di Rienzi.
Minck (*Paule*)	Mme Boyanowich.
Miousic	Georges Bans.
Miramont	Paul Lenglé.
Mirandol (*Soirée théâtrale*)	Gabriel Astruc.
Mirandol	A. Tavernier.
Mirié (*Léo de*)	Fouraignan.
Mirliton	Guillaume Livet.
Mistigris	Georges Loiseau.
Mitschi (*Vie parisienne*)	Armand Rosenthal.
M. O'Derne	Baude de Maurceley.
Moine (*Le*) (*Croix*)	R.-P. Bailly.
Mondragon (*Figaro*)	Eusebio Blasco.
Monocle	Ferdinand Bloch.
Monsieur du Balcon (*Figaro*)	J. Huret.
Monsieur de l'Orchestre (*Figaro*)	Saint-Cère et René Martin.
*M*r *du Parterre* (*Petit Messager parisien*)	Edgar Pourcelle.
Monsieur en habit noir (*Journal*)	Félicien Champsaur.
Monsieur qui passe (*Gil Blas*)	Abraham Dreyfus.
Montagne (*de la*) (*Agence centrale*)	Sonnenberg.
Monthuchet (*P.*) (*Union normande*)	Th. Geslain.
Montil (*Pierre*) (*Petite République*)	Gustave Hû.
Montclar (*Patrice*)	Félicien Champsaur.
Montfermeil	Lucien Victor-Meunier.
Montjoyeux (*Echo de Paris*)	Jules Poignant.
Montmartre (*Jean de*) (*Radical*)	Edmond Lepelletier.
Montorgueil (*Georges*)	Octave Lebesgue.

PSEUDONYMES.	NOMS.
Mora (Gil Blas)	Bon Toussaint.
Moray (Tiburce)	Paschal Grousset.
Moreno (Ménestrel)	Henri Heugel.
Morlon (G. de)	Mis de Cherville.
Morthomier (J. de)	d'Audeville.
Mosca (Vie parisienne)	Csse de Puliga.
Moulinot	Charles Mainard.
Mousk (Vie parisienne)	Paul Devaux.
Musani (France chevaline)	Charles Mansuy.
Musician (Vie mondaine, etc.)	W. Smyth.
Mustapha (Vie parisienne)	Théodore Yung.
Mustel (Observateur français)	Denis Guibert.
Nadar (Lanterne)	Félix Tournachon.
Nain Jaune (Le)	Aurélien Scholl.
Nancey (André) (XIXe Siècle)	I. Isay.
Nangis (A.) (Libre Parole)	Albert Monniot.
Nangis (Raoul de)	Raoul Daran.
Narsay	G. Nouette-Delorme.
Navarre (Petite République)	Ferville.
Nayler (Génie)	de Vautheleret.
Nazim (Georges)	G. Mazinghien.
Nemo (Écho du XXe)	V. Delval.
Nemo (Journal des Postes)	Michélis di Rienzi.
Nemo (Gazette des Étrangers)	Louis Macon.
Nera	Armand de Barenton.
Néron (Marie-Louise) (Correspondance de la Presse)	Mme Passerieu.
Nestor (Écho de Paris)	Henry Fouquier.
Neuter (Charivari)	Pierre Véron.
Nick (Vie parisienne)	Csse de Mirabeau.
Nicodème	Aclocque d'Amezeuil.
Nicolet (Gaulois)	Ed. Noël et Lionel Meyer.
Nimporteki (Gil Blas)	Abraham Dreyfus.
Nitouche (Gil Blas)	Patrice Eyriès.
Nocam	Louis Macon.
Noé (Bulletin vinicole)	Louis Rey.
Noël (Novateur musical)	Labroue.
Nogaret (Albert)	Oscar de Poli.
Noirot (Émile)	Francis Gilles.
Noll	Jules Guillemot.
Nomis (Etat)	H. Simon de St-Sauveur.
Normand (Pierre) (Rampe)	Robert de Mursant.
Normand (Un)	Mis de Chennevières.
Noutous (Jean)	Gustave Goetschy.
Nuque (de La) (Vie parisienne)	Vte de Lestrade.
Nyl (Vie parisienne)	Mme Luneau.
Nymphéa (Plume)	F. Raisin.
O'Cantin (William)	Maurice Quentin-Bauchart
O'Divy (Libre Parole)	de Saint-Auban.
Ogimont (Camille d') (Lutin)	Mme Chayrou.
Olibrius	Fortuné Calmels.
Olly (G. d')	René de Cuers.
O'Monroy (Richard)	Vte de Saint-Geniès.
Orbier (Stany) (Revue et Gazette des Théâtres)	Stany Oppenheim.
O'Regor	Roger Mollard.
Orfer (Léo d')	Marius Pouget.

PSEUDONYMES.	NOMS.
Orphée (Monde musical)	Mangeot.
Outidanos (Célébrités parlementaires)	Michélis di Rienzi.
Ouvreuse du Cirque d'Été	Willy.
Ox (Dr) (France aérienne, Monde humanitaire)	Dr Deneuve.
Paf (Charivari)	Renard.
Pan (Gaulois)	Capus.
Panoptès (Etat)	H. Simon de St-Sauveur.
Papus	Dr G. Encausse.
Pâquerouge (Parti Ouvrier)	Victor Dalle.
Parisis (Octave de) (Grande Revue)	Arsène Houssaye.
Pascaline (Vie parisienne)	Csse de Molènes.
Pas Perdus (Figaro)	A. Claveau.
Pasquin	Georges Coutant.
Pas-Quint (Illustration)	Obermayer.
Passant (Le)	Charles Frémine.
Passant (Un)	Gustave Rivet.
Passant (Un) (Rappel)	Ernest d'Hervilly.
Passe (Jean)	Charles Margat.
Patient (Pierre)	Mme Passerieu.
Patys (Paul)	Paul Hugonnet.
Pauper (Michel)	Edmond Lepelletier.
Pavilly (Albert) (Télégraphe)	Emile Pliquet.
Pax (Correspondance conservatrice)	P.-P. Bertucci.
Peccadille	Simon Boubée.
Perck (Nouvelle France chorale)	Camille de Vos.
Perrichon (Gil Blas)	Abraham Dreyfus.
Perrin (Georges)	Favarel.
Petit Bibliophile (le)	Albert du May.
Peyramont	Louis Rigondaud.
Peyrebrune (G. de)	de Judicis de Mirandole.
Phœbus (Gaston)	Fortuné Calmels.
Philidor (Gil Blas)	Grosclaude.
Philinte (Autorité)	F. Chevassus.
Pictor	Ed. Texier et C. Le Senne.
Pierre et Paul (Hommes d'aujourd'hui)	Léon Vanier.
Pif (Charivari)	H. Maigrot.
Pitt (Vie parisienne)	Charles Akar.
Polane (Jean de)	Paul Lenglé.
Pol-Jul (Patrie)	Paul Pascal.
Montmor (Courrier de Londres)	Pol Gustave.
Pompier de service (le) (Paix)	Louis Schneider.
Pompon (Gil Blas)	A. Martin.
Pons	Anatole Cerfberr.
Pons (Le Cousin) (Figaro)	Yveling RamBaud.
Pontaillac (Gaulois)	Alexandre Hepp.
Pont-Rieul	Achille Blum.
Poornick	Cte A. de Calonne.
Populus (Jean)	Jules Viard.
Potonié-Pierre	Edmond Potonié.
Poup (Vie parisienne)	Georges Lachaud.
P. P. C. (Vie parisienne)	Armand Nisard.
Pradel (Georges)	Emmanuel Pradier.
Prætor (Julius)	Julia.
Prime (E.) (Télégraphe)	E. Pliquet.
Profit (Jacques)	Charles Friedlander.
Prudent (Gaulois, Bulletin du Crédit)	de la Ponterie.

PSEUDONYMES.	NOMS.
Pyfardan	Maurice Denécheau.
Quatrelles	Ernest Lépine.
Questlan (de) (Causeries familières)	Georges Lanquest.
Quidam	A. Claveau.
Quiquengrogne	Georges Petilleau.
Qui sait (Gaulois)	A. Claveau.
Quixada (Don)	Charles Fuster.
Rabagas	Eusebio Blasco.
Racné (L. de) (Marine et Colonies)	Dutilh de La Tuque.
Radiros (Eusèbe) (Voix des Communes)	G. Meynet.
Rado (Hygiène pour tous)	Félix Brémond.
Raitif de la Bretonne (Écho de Paris)	Jean Lorrain.
Ralph (Charivari)	Pierre Véron.
Rameau (Nouvelle France chorale)	Camille de Vos.
Ramus (Nouvelle Revue)	Eugène Trolard.
Ranson (Jules)	A. Daniel Blin.
Rapière (Événement)	Louis de Caters.
Reader (Michel) (Paris)	Michel Delines.
Régnal (Georges)	M. et Mme Langer.
Reibrach (Jean)	Chabrier.
Remo (Félix) (Europe artiste)	Pascal Estienne.
Renée (Gaulois)	Mme Séverine.
Reval (Olivier de)	Fernand Fouquet.
Revel (État)	H. Simon de St-Sauveur.
Revel (Jean-Jacques)	Victor de Swarte.
Richard (Jules)	Jules Maillot.
Ridal (Fulgence)	Anatole Cerfberr.
Rieux (Claude)	Georges Duval.
Rigoletto (Liberté)	E. de Molènes.
Riverolles	Charles Mainard.
Rixio (État)	H. Simon de St-Sauveur.
Robert-Dubreuil	Maurice Denécheau.
Robert-Milton (Figaro)	A. de Saint-Albin.
Robin (Octave)	Auguste Magen.
Robur (Petite Revue)	Georges Bans.
Roby (Robert de)	Robert Kemp.
Rochelle	Amédée Marteau.
Rocheray (Petit Moniteur)	Georges-Ernest Daudet.
Roger (Camille)	E. Baudouin.
Roland (Patrie)	Guiraud.
Rolla	Charles Mordacq.
Rolland (Jacques)	Auguste Magen.
Rollin (Jacques)	Catulle Mendès.
Roulin (Chronique populaire)	J. Rabagny.
Rousselane (V.) (Revue des Deux Mondes)	Bonne d'Uxkull.
Royaumont	Adolphe Tavernier.
Royer (P.)	Anatole Cerfberr.
Ruy Blas	Fabius de Champville.
Ryno (Gil Blas)	Mme de Laspeyres.
Saba (Léo) (Vie parisienne)	Sabatier.
Sabas (Hilarion)	Fulbert Dumonteil.
Sahib (Vie parisienne)	Lesage.
Saineville (de) (Livers)	L. Charles Moreau.
Saint-Albin (A. de)	Neyroud-Lagayère.
Saint-Alvère (Georges de) (Divers)	Georges Buisson.
Saint-Cère (Jacques) (Figaro)	Armand Rosenthal.
Saint-Crispin	Raballet.

PSEUDONYMES.	NOMS.
Saint-Genest (Figaro)	Bucheron.
Saint-Georges	Adolphe Tavernier.
Saint-Georges (France)	Georges Grisier.
Saint-Harem (Monde thermal)	E. Debriges.
Saint-Jehan	Jehan Soudan.
Saint-Léonard (Ouest artistique)	H. Baguenier-Désormeaux.
Saint-Loup (de) (Vie pratique)	Henri Grignet.
Saint-Maurice (Ch. de) (Conseiller des Mères)	Charles Mainard.
Saint-Michel	Bouvattier.
Saint-Patrice (de)	Bon Harden-Hickey.
Saint-Pierre	Casta-Lumio.
Saint-Potin (Paix)	E. Gugenheim.
Sainte-Claire (Plume)	Léon Deschamps.
Sainte-Gemme (Divers)	Georges de Monmerqué.
Santenay (A.)	Albert Verly.
Sapho (Gil Blas)	Mme de Laspeyres.
Sarailhac (Soleil)	P. Jousset.
Sarcisque (Evénement)	Alphonse Franck.
Satin (Vie parisienne)	Mme de Molènes.
Saubissan (G. de)	Louis Gerdebat.
Sauvenière (Al. de)	Alfred Terdu.
Savenay	Roger Marx.
Savernon (Paul)	Victor Nadal.
Scamp (Vie parisienne)	Csse de Martel.
Scapin	Alfred Delilia.
Scapin (Petit Messager parisien)	Edgar Pourcelle.
Scaramouche	Henry Fouquier.
Scarron	J. Daurelle.
Schiller (Robert)	Camille de Vos.
Senex (République française)	Bernard-Derosne.
Serda (Jacques) (Événement)	G. Vitoux.
Serquigny (Pierre) (Presse)	E. Baudouin.
Séverac (Pierre) (Echo national)	Belz de Villas
Sevère (Maxime) (Gazette illustrée)	Edouard Cadol.
Sévy (Richard)	Bon de Constantin.
Sibilly (Mandoline)	A. Jayet.
Sido	Mlle Marie Moreau.
Sigognac	Georges Rolle.
Simon (Maurice)	Tony Révillon.
Sina (Dr) (Gazette odontotechnique)	Dr Charles Quincerot.
Sincère (Jean) (France immobilière)	Dutilh de La Tuque.
Siob	Bois-Glavy.
Siobud (Curiosité militaire)	Dubois.
Smock (Vie parisienne)	Mme C. Selden.
Solignac (Phare de Montmartre)	Jean Soussengeas.
Sorel (Julien)	Charles Joliet.
Sorgues (Paul de) (Revue vinicole)	Paul Taquet.
Sourdès (André)	Charles Mainard.
Soutache (Vie parisienne)	Csse de Molènes.
Soyer (Alfred) (Triboulet)	Oscar de Poli.
Spada	Adolphe Tavernier.
Sparckling (Georges)	Petilleau.
Spectator (Paris)	Durranc.
Sphinx (le) (Evénement)	V. Brunières.
Spilett (Gédéon)	L. Serizier.
Spoll (E.)	Leprieur-Accoyer.

PSEUDONYMES.	NOMS.
Stamir (A. Cte)	Stamirowski.
Stany (Liberté)	G. Astruc.
Steck (Vie parisienne)	Armand Rosenthal.
Stello	Jules Poignand.
Stephen	Me Caraby.
Sternay	É. Mairesse.
Sterny (le Jour)	Georges Loiseau.
Stop (Journal amusant)	Louis Morel-Retz.
Sylva (Carmen)	Reine Élisabeth de Roumanie.
T. (Temps)	Jules Lemaître.
Tabarin	Gaston Schaedler.
Tabarin (Echo de Paris)	Abel Peyrouton.
Taleb (Intransigeant)	A. Berthier.
Talmeyr (Maurice)	Maurice Coste.
Tambourin (Evénement)	Charriaut-Bertrand de Terrièrre.
Tamerlan	H. de Callias.
Tancrède (Vie cosmopolite)	Victor Syllié.
Taxil (Léo)	Gabriel Jogand-Pagès.
Téléphe (Pierre)	Pierre Menusier.
Telio (Vie parisienne)	Charles Joliet.
Tell (Adrien)	Vapereau.
Thémis (Orient)	Nicolas Nicolaïdès.
Teneo (Martial)	Jules Decloux.
Theo (Liberté)	Th. Avonde.
Théo-Critt	Théodore Cahu.
Théols (Armée territoriale)	E. Chevalet.
Théophraste	Paul Hervieu.
Thiberte (Blaise)	Georges Boyer.
Thilda (France)	Mme Stevens.
Thomassy (Jean de) (Divers)	Henri Corbel.
Thommery (Maxime)	J.-B. Alès.
Thouvenin	Fernand Bourgeat.
Titi (Un) du Paradis (Jeune Revue)	Fabius de Champville.
Toison d'Or	Cte de Calonne.
Tom-Tit (Illustration, Chercheur)	Arthur Good.
Tomyar (Avenir des chemins de fer)	Charles Raymot.
Touchatout (Tintamarre)	Léon Bienvenu.
Touchebelle	Jehan Soudan.
Tournelles (Des) (Moniteur universel)	René-Benoist.
Tout-Paris (Gaulois)	Pseudonyme collectif.
Tracassin (Soir)	G. de Porto-Riche.
Tranquille (Père) (Aviron)	A. Lein.
Traveller (Gazette des Etrangers)	Louis Macon.
Tremon (Ed. de) (Monde thermal)	A. Cazaux.
Trezenick (Léo)	Léon Épinette.
Trick (Charivari)	Joseph Belon.
Triors (Gabriel de) (Univers)	Mis R. de La Tour du Villard.
Tristan (Petit Journal)	Ernest Judet.
Tristan (Intransigeant)	Em. Bouisson.
Trois Étoiles (Vie parisienne)	Csse de Molènes.
Trouvaredir	Edmond Potonié.
Trublot	Paul Alexis.
Tybalt (Écho de Paris)	Laurent Tailhade.
Un Tel (Figaro)	René Martin.
Ursus (Rappel)	Ernest Blum.

PSEUDONYMES.	NOMS.
Ursus (Revue bleue)	Henri Roujon.
Ursus (Gaulois)	Gaston Jollivet.
Uzès (Chat noir)	G. Lemot.
V... (Débats)	André Heurteau.
Valbert (G.) (Revue des Deux Mondes)	Victor Cherbuliez.
Valengin	Grosclaude.
Valère (Autorité)	Henri Presseq.
Valérie	Mme Gustave Fould.
Valette (Lucien)	André Maurel.
Valjean (Jean)	Gérault-Richard.
Valleyres (Marc de)	Cristin.
Valmont (Correspondance helvétique)	Louis Macon.
Valnay (Raoul) (Soleil)	Edouard Hervé.
Valousset (René) (Presse)	Edmond Robert.
Valvert (Echo national)	Belz de Villas.
Van Berghe	C. Rosenquest.
Vanor (Georges)	C. van Ormelingen.
Varennes (Henri) (Intransigeant)	Henri Vonoven.
Varennes (Roger des)	Jules Chapeau.
Varret (Dr Maurice)	B^{on} de Kœnigswarter.
Vasili (Nouvelle Revue)	Durand-Morimbeau.
Vasistas (France)	Robert Godefroy.
Vaughan (Intransigeant)	Boutin.
Vély (Adrien)	Adrien Lévy.
Venezia	François Bournand.
Vento (Claude)	C^{sse} de Laincel.
Vérax	Georges Dutailly
Vermond (Louis de)	Louis Enault.
Vermont (Gabriel de)	Gabriel Terrail.
Verner (Georges)	Henry Houssaye.
Vernon (Henri)	Alexandre Piédagnel.
Vertuchou	Gabriel Astruc.
Veyran (L. de) (Revue d'art dramatique)	Vernay.
Viator	Armand d'Allemagne.
Viator	Félix Ribeyre.
Vidal (Jean) (Parti Ouvrier)	Victor Dalle.
Villa (Paul)	Paul Vibert.
Villedeau (E.)	J. Meulemans.
Villemer (Marquis de)	Charles Yriarte.
Villeneuve (Vie parisienne)	Georges Duruy.
Villeroy (Roger) (Union normande)	Eugène Longuet.
Villette (A.-D.)	A. d'Allemagne.
Vincent (Jacques) (Revue des Deux Mondes)	Mme A. Dussaud.
Violette (Écho de Paris)	C^{sse} de Laincel.
Vir Videns	Michélis di Rienzi.
Vistre (Jean du)	Fernand Dide.
Vitellius	Maurice Dancourt.
Voisembert (Moniteur des Finances)	Maxime-Auguste Vitu.
Voland (Jacques) (France)	Pseudonyme collectif.
Wasa	Gustave Coquelin.
Werneyr (Revue européenne)	Eugène Chatelain.
Will-Furet (Gaulois)	Jules Margat.
Willy (Echo de Paris)	Henry Gauthier-Villars.
Wisth (Figaro)	Valfrey.
X. (M^{e}) (Gaulois)	Me Davrillé des Essards.
Xanrof	Léon Fourneau.

PSEUDONYMES.	NOMS.
XX. (*Vie parisienne*).	Théodore Decazes.
XY (*Nouvelle Revue*)	L. de Brotonne.
Y. (*Liberté*).	Paul Perret.
Yakovlev (*Raoul*).	J. Pavlowsky.
Yann.	Aclocque d'Amezeuil.
Yann Nibor (*Poète chansonnier des Matelots*).	Albert Robin.
Yorick (*Gil Blas*).	Bon de Crèvecœur.
Yvel (*Armand*).	Armand Lévy.
Zap (*Tirages financiers*).	Félix Paz.
Zut (*Vie parisienne*).	C^sse de Mirabeau.

10839. — Lib.-Imp. réunies, MAY ET MOTTEROZ, 7, rue Saint-Benoît, Paris.

www.ingramcontent.com/pod-product-compliance
Lightning Source LLC
Chambersburg PA
CBHW070745170426
43200CB00007B/658
* 9 7 8 2 0 1 2 6 8 8 1 9 3 *